Die allgemeine Energiekompetenz
im Primärrecht der Europäischen Union

Studien zum deutschen und europäischen Gesellschafts- und Wirtschaftsrecht

Herausgegeben von Ulrich Ehricke

Band 16

PETER LANG
Frankfurt am Main · Berlin · Bern · Bruxelles · New York · Oxford · Wien

Daniel Hackländer

Die allgemeine Energiekompetenz im Primärrecht der Europäischen Union

Eine Analyse des Artikels 194
des Vertrags über die Arbeitsweise
der Europäischen Union in der Fassung
des Vertrags von Lissabon
unter Berücksichtigung
der historischen Entwicklung
der Energiekompetenz

PETER LANG
Internationaler Verlag der Wissenschaften

Bibliografische Information der Deutschen Nationalbibliothek
Die Deutsche Nationalbibliothek verzeichnet diese Publikation in der Deutschen Nationalbibliografie; detaillierte bibliografische Daten sind im Internet über http://dnb.d-nb.de abrufbar.

Zugl.: Köln, Univ., Diss., 2010

Umschlaggestaltung:
Olaf Glöckler, Atelier Platen, Friedberg

Gedruckt auf alterungsbeständigem,
säurefreiem Papier.

D 38
ISSN 1614-581X
ISBN 978-3-631-60878-4

www.peterlang.de

Inhaltsübersicht

Inhaltsverzeichnis

Literaturverzeichnis

Aidelojie, Kenneth / Makuch, Zen: Multilateral organisations, fossil fuels and energy law and policy: the tower of Babel re-visited, in: European Energy and Environmental Law Review 2008, S. 227-255.

Alexy, Robert: Theorie der Grundrechte, Baden-Baden 1985.

Alexy, Robert: Rechtsregeln und Rechtsprinzipien, in: Alexy, Robert / Koch, Hans-Joachim / Kuhlen, Lothar / Rüssmann, Helmut, Elemente einer juristischen Begründungslehre, Baden-Baden 2003, S. 217-233.

Bartsch, Michael / Röhling, Andreas / Salje, Peter / Scholz, Ulrich (Hrsg.): Stromwirtschaft – Ein Praxishandbuch, 2. Auflage, Köln / München 2008.

Basedow, Jürgen: Zielkonflikte und Zielhierarchien im Vertrag über die Europäische Gemeinschaft, in: Due, Ole / Lutter, Marcus / Schwarze, Jürgen (Hrsg.), Festschrift für Ulrich Everling, Band I, Baden-Baden 1995, S. 49-68.

Basedow, Jürgen: Das Sozialmodell von Lissabon: Solidarität statt Wettbewerb?, in: EuZW 2008, S. 225.

Baumann, Florian / Turek, Jürgen: Die europäische Energiepolitik im Vertrag von Lissabon, in: Weidenfeld, Werner (Hrsg.), Lissabon in der Analyse – der Reformvertrag der Europäischen Union, Baden-Baden 2008.

Baur, Jürgen F. / Blask, Holger: Regelungszuständigkeiten der EG im Bereich Energie, et 2002, S. 340-345.

Baur, Jürgen F.: Normative Grundlagen für die Europäische Politik im Energiebereich, in: ders. (Hrsg.), Leitungsgebundene Energie und der Gemeinsame Markt, Baden-Baden 1990, S. 59-83.

Becker, Anne C.: Die Handlungsformen im Vertrag von Lissabon – bloß die symbolische Beseitigung des Symbolischen oder wesentliche Veränderungen?, in: Pernice, Ingolf (Hrsg.), Der Vertrag von Lissabon: Reform der EU ohne Verfassung? – Kolloquium zum 10. Geburtstag des WHI, Baden-Baden 2008, S. 139-145.

Becker, Peter / Leiße, Olaf: Die Zukunft Europas – Der Konvent zur Zukunft der Europäischen Union, Wiesbaden 2005.

Behrens, Peter: Der Wettbewerb im Vertrag von Lissabon, in: EuZW 2008, S. 193.

Beutler, Bengt / Bieber, Roland / Pipkorn, Jörn / Streil, Jochen: Die Europäische Gemeinschaft –Rechtsordnung und Politik, 3. Auflage, Baden-Baden 1987.

Bibiliographisches Institut (Hrsg.): Meyers Handbuch über die Wirtschaft, 2. Auflage, Mannheim / Wien / Zürich 1970.

Bieber, Roland / Epiney, Astrid / Haag, Marcel: Die Europäische Union – Europarecht und Politik, Baden-Baden 2009.

Bleckmann, Albert: Europarecht – Das Recht der Europäischen Union und der Euro-päischen Gemeinschaften, 6. Auflage, Köln / Berlin / Bonn / München 1997.

Bogdandy, Armin von / Bast, Jürgen / Westphal, Dietrich: Die vertikale Kompetenzordnung im Entwurf des Verfassungsvertrags, integration 4/2003, S. 414-427.

Bogdandy, Armin von: Europäisches Verfassungsrecht – theoretische und dogmatische Grundzüge, Berlin 2003.

Bogdandy, Armin von: Prinzipien der Rechtsfortbildungen im europäischen Raum – Überlegungen zum Lissabon-Urteil des BVerfG, in: NJW 2010, S. 1-5.

Börner, Bodo: Wirtschaftswissenschaftliche Begriffe im GWB, in: Forschungsinstitut für Wirtschaftsverfassung und Wettbewerb e.V. Köln (Hrsg.), Wettbewerbsordnung im Spannungsfeld von Wirtschafts- und Rechtswissenschaft, Festschrift für Gunther Hartmann, Köln / Berlin / Bonn / München 1976, S. 77-86.

Böske, Johannes: Zur Ökonomie der Versorgungssicherheit in der Energiewirtschaft, Münster (Westfalen), Univ., Diss., 2007.

Bothe, David / Riechmann, Christoph: Hohe Versorgungszuverlässigkeit bei Strom wertvoller Standortfaktor für Deutschland, in: et 10/2008, S. 30-35.

Böttcher, Enno: Market Coupling in Europa, in: emw 2/2009, S. 24-28.

Braams, Beate: Die Kompetenzordnung im Vertrag von Lissabon, in: Pernice, Ingolf (Hrsg.), Der Vertrag von Lissabon: Reform der EU ohne Verfassung? – Kolloquium zum 10. Geburtstag des WHI, Baden-Baden 2008, S. 109-128.

Breier, Siegfried: Der Streit um die richtige Rechtsgrundlage in der Rechtsprechung des Europäischen Gerichtshofes, in: EuR 1995, S. 46-53.

Brok, Elmar / Selmayr, Martin: Per Popularklage zurück nach Nizza? – Zu den Verfassungsklagen gegen den Reformvertrag von Lissabon, in: EuZW 2008, S. 487-491.

Brok, Elmar / Selmayr, Martin: EU-Verfassungskonvent und Regierungskonferenz: Monnet oder Metternich? in: Weidenfeld, Werner (Hrsg.), Die Europäische Union – Politisches System und Politikbereiche, Bonn 2004, S. 673-693.

Buck, Carsten: Über die Auslegungsmethoden des Gerichtshofs der Europäischen Gemeinschaft, Frankfurt am Main, 1998.

Büdenbender, Ulrich: EnWG –Kommentar zum Energiewirtschaftsgesetz, Köln 2003.

Bundesregierung (Hrsg.): Denkschrift zum Vertrag von Lissabon vom 13. Dezember 2007, URL: http://www.auswaertiges-amt.de/diplo/de/Europa/Downloads/Denkschrift-lissabon.pdf (Abruf am 23.03.2010).

Burgbacher, Fritz: Beginn einer europäischen Energiewirtschaftspolitik?, et 1964, S. 282-283.

Burgbacher, Fritz: Koordinierung der Energiepolitik innerhalb der Europäischen Wirtschaftsgemeinschaft? in: gwf 1963, S. 889-896.

Calliess, Christian: Mitverantwortung der Rechtswissenschaft für die Verwendung des Verfassungstopos – Die Europäische Verfassung als Opfer der symbolischen Tragweite des Begriffes?, in: Pernice, Ingolf (Hrsg.), Der Vertrag von Lissabon: Reform der EU ohne Verfassung? – Kolloquium zum 10. Geburtstag des WHI, Baden-Baden 2008, S. 49-74.

Calliess, Christian: Rechtsstaat und Umweltstaat – zugleich ein Beitrag zur Grundrechtsdogmatik im Rahmen mehrpoliger Verfassungsrechtsverhältnisse, Tübingen 2001.

Calliess, Christian / Ruffert, Matthias (Hrsg.): EUV/EGV – Das Verfassungsrecht der Europäischen Union mit Europäischer Grundrechtecharta, 3. Auflage, München 2007.

Calliess, Christian / Ruffert, Matthias (Hrsg.): EUV/EGV – Das Verfassungsrecht der Europäischen Union mit Europäischer Grundrechtecharta, 2. Auflage, Neuwied und Kriftel 2002.

Calliess, Christian / Ruffert, Matthias (Hrsg.): Verfassung der Europäischen Union – Kommentar der Grundlagenbestimmungen, München 2006.

Canaris, Claus-Wilhelm: Systemdenken und Systembegriff in der Jurisprudenz – entwickelt am Beispiel des deutschen Privatrechts, Berlin 1969.

Classen, Dieter: The Draft Treaty Establishing a Constitution for Europe: A Contribution to the Improvement of Transparency, Proximity, and Efficiency of the European Union, in: GYIL 46 (2003), S. 323-352.

Constantinesco, Léontin-Jean: Das Recht der Europäischen Gemeinschaften – Band 1: Das institutionelle Recht, Baden-Baden 1977.

Cremer, Wolfram: Staatlich geförderter Klimaschutz und Gemeinschaftsrecht - Sind das Erneuerbare-Energien-Gesetz (EEG) und das Kraft-Wärme-Kopplungsgesetz (KWKG) seit dem 1. 7. 2007 gemeinschaftsrechtswidrig? in: EuZW 2007, S. 591-596.

Cremer, Wolfram: Die Neuordnung des Sekundärrechts zur Förderung Erneuerbarer Energien – Entwicklungen in Europa und Konsequenzen für das Recht der Mitgliedstaaten, in: Schulze-Fielitz, Helmuth / Müller, Thorsten (Hrsg.), Europäisches Klimaschutzrecht, Baden-Baden 2009, S. 121-135.

Cusack, Thomas F.: A tale of two treaties: an assessment of the Euratom Treaty in relation to the EC Treaty, in: CMLR, S. 117-142.

Daintith, Terence / Williams, Stephen F.: The legal integration of energy markets, Berlin 1987.

Danner, Wolfgang / Theobald, Christian (Hrsg.): Energierecht – Energiewirtschaftsgesetz mit Verordnungen, EU-Richtlinien, Gesetzesmaterialien, Gesetze und Verordnungen zu Energieeinsparung und Umweltschutz sowie andere energiewirtschaftlich relevante Rechtsregelungen – Kommentar, Loseblattsammlung, Stand: 63. Ergänzungslieferung, März 2009.

Danwitz, Thomas von: Fragen vertikaler Kompetenzabgrenzung nach dem EURATOM-Vertrag – Ist die Europäische Atomgemeinschaft für die Verpflichtung der Mitgliedstaaten zur Einrichtung von Finanzierungsfonds für die Stilllegung kerntechnischer Anlagen zuständig?, Stuttgart / München / Hannover / Berlin / Weimar / Dresden 2003.

Dauses, Manfred A. (Hrsg.): Handbuch des EU-Wirtschaftsrechts, München, Loseblattsammlung, Stand: 24. Ergänzungslieferung, März 2009.

Domschke, Wolfgang / Scholl, Armin: Grundlagen der Betriebswirtschaftslehre – Eine Einführung aus entscheidungsorientierter Sicht, 4. Auflage, Berlin / Heidelberg 2008.

Dudenredaktion (Hrsg.): Duden Herkunftswörterbuch – Etymologie der deutschen Sprache, 3. Auflage, Mannheim / Leipzig / Wien / Zürich 2001.

Dworkin, Ronald: Taking Rights Seriously, London 1977.

Ehricke, Ulrich: Staatliche Maßnahmen zur Förderung umweltfreundlicher Energien und europäisches Wettbewerbsrecht, in: RdE 2003, S. 57-65.

Ehricke, Ulrich: Der europäische Regelungsansatz zur Versorgungssicherheit in Bezug auf Stromnetze – zum Richtlinienvorschlag für die Sicherung der Elektrizitätsversorgung, in: ZNER 2004, S. 211-217.

Ehricke, Ulrich / Hackländer, Daniel: Europäische Energiepolitik auf der Grundlage der neuen Bestimmungen des Vertrags von Lissabon, in: ZEuS 2008, S. 579-600.

Epiney, Astrid: Umweltrecht in der Europäischen Union – Primärrechtliche Grundlagen – Gemeinschaftliches Sekundärrecht, 2. Auflage, Köln / Berlin / München 2005.

Erdmann, Georg / Zweifel, Peter: Energieökonomik – Theorie und Anwendungen, Berlin / Heidel-berg 2008.

Europäische Kommission (Hrsg.): EU energy and transport in figures, Statistical Pocketbook 2009, Belgien 2009.

Europäisches Parlament (Hrsg.): Weißbuch zur Regierungskonferenz 1996, Band II – Aufzeichnung über die Positionen der Mitgliedstaaten der Europäischen Union im Hinblick auf die Regierungskonferenz 1996, Luxemburg 1996.

Fischer, Joschka: Vom Staatenverbund zur Föderation – Gedanken über die Finalität der europäischen Integration, in: integration 3/2000, S. 149-170.

Fischer, Klemens H: Der Europäische Verfassungsvertrag – Texte und Kommentar, Baden-Baden 2005.

Fischer, Klemens H: Der Vertrag von Lissabon – Text und Kommentar zum Europäischen Reformvertrag, Baden-Baden 2008.

Fischer, Klemens H: Der Vertrag von Nizza – Text und Kommentar einschließlich der konsolidierten Fassung des EUV und EGV sowie des Textes der EU-Charta der Grundrechte, Baden-Baden 2001.

Fischer, Klemens H: Konvent zur Zukunft Europas – Texte und Kommentar; einschließlich Begleit-CD-ROM mit Gesamtdokumentation, Baden-Baden 2003.

Fischer, Severin: Energie- und Klimapolitik im Vertrag von Lissabon: Legitimationserweiterung für wachsende Herausforderungen, integration 1/2009, S. 50-62.

Fouquet, Dörte/Uexküll, Ole von: Der Beihilfecharakter der steuerlichen Freistellung von Rückstellungen der deutschen Atomindustrie, in: ZNER 2003, S. 310-319.

François, Etienne: Die Verfassung für Europa: Lassen sich Lehren aus dem „Nein“ der Franzosen ziehen?, in: Pernice, Ingolf / Angelov, Miroslav, Auf dem Weg zum Vertrag von Lissabon, Baden-Baden 2008, S. 43-46.

Franzke, Hans-Georg: Das weitere Schicksal des Vertrags von Nizza, in: ZRP 2001, S. 423-426.

Frenz, Walter: Europäisches Umweltrecht, München 1997.

Friedensburg, Ferdinand: Die Rohstoffe und Energiequellen im neuen Europa, Oldenburg / Berlin 1943.

Frondel, Manuel / Schmidt, Christoph M.: Die Sicherheit der Energieversorgung in Deutschland: eine empirische Analyse, in: et 4/2008, S. 8-14.

Gärditz, Klaus Ferdinand / Hillgruber, Christian: Volkssouveränität und Demokratie ernst genommen – Zum Lissabon-Urteil des BVerfG, in: JZ 2009, S. 872-881.

Geden, Oliver / Fischer, Severin: Die Energie- und Klimapolitik der Europäischen Union – Bestandsaufnahme und Perspektiven, Baden-Baden 2008.

Geden, Oliver / Noetzel, Timo: Europas Energiestrategie – Die deutsche Ratspräsidentschaft auf dem Weg zu einer gemeinsamen Energiepolitik?, SWP Aktuell 5, Januar 2007, Berlin.

Geden, Oliver: Die Energie- und Klimapolitik der EU – zwischen Implementierung und strategischer Neuorientierung, in: integration 4/2008, S. 353-364.

Geiger, Rudolf: EG-Vertrag – Kommentar zu dem Vertrag zur Gründung der Europäischen Gemeinschaft, München 1993.

Gnansounou, Edgard: Assessing the energy vulnerability: Case of industrialised countries, in: Energy Policy 2008, S. 3734-3744.

Göler, Daniel / Marhold, Hartmut: Die Konventsmethode, in: integration 4/2004, S. 317-330.

Göler, Daniel / Maurer, Andreas: Die Konventsmethode in der Europäischen Union – Ausnahme oder Modell?, SWP-Studie S 44, November 2004, Berlin.

Görlach, Benjamin / Meyer-Ohlendorf, Nils: Energy Policy in the Constitutional Treaty – Future Options for a European Energy Policy and Implications for the Environment, in: Ecologic Institute (Hrsg.), Ecologic Briefs – A Sustainable Constitution for Europe, Berlin 2003.

Görlitz, Niklas: Europäischer Verfassungsvertrag und künftige EU-Kompetenzen – Materielle Kompetenzverschiebungen zwischen Europäischer Union und EU-Staaten nach den Vorgaben des Konventsentwurfs eines künftigen EU-Verfassungsvertrags, in: DÖV 2004, S. 374-383.

Götz, Volkmar: Kompetenzverteilung und Kompetenzkontrolle in der Europäischen Union, in: Schwarze, Jürgen (Hrsg.), Der Verfassungsentwurf des Europäischen Konvents – verfassungsrechtliche Grundstrukturen und wirtschaftsverfassungsrechtliches Konzept, Baden-Baden 2004, S. 43-62.

Grabitz, Eberhard / Hilf, Meinhard (Hrsg.): Das Recht der Europäischen Union, München, Loseblattsammlung, Stand: 38. Ergänzungslieferung, April 2009.

Groeben, Hans von der: Koordinierte Energiewirtschaft im nationalen und übernationalen Rahmen, in: Friedrich-Ebert-Stiftung (Hrsg.), Übernationale Energiepolitik – Referate einer Fachtagung der Forschungsstelle, Hannover 1961.

Groeben, Hans von der / Thiesing, Jochen / Ehlermann, Claus-Dieter (Hrsg.): Kommentar zum EWG-Vertrag, 4. Auflage, Baden-Baden 1991.

Groeben, Hans von der / Thiesing, Jochen / Ehlermann, Claus-Dieter (Hrsg.): Kommentar zum EU-/EG-Vertrag, 5. Auflage, Baden-Baden 1999.

Gruber, Urs Peter: Methoden des internationalen Einheitsrechts, Tübingen 2004.

Grunwald, Jürgen: Das Energierecht der Europäischen Gemeinschaften – EGKS-Euratom-EG – Grundlagen - Geschichte - Geltende Regelungen, Berlin 2003.

Grunwald, Jürgen: EURATOM-Vertrag und europäischer Binnenmarkt, in: Pelzer, Norbert, Kernenergierecht zwischen Ausstiegsforderung und europäischem Binnenmarkt – Tagungsbericht der AIDN / INLA Regionaltagung in Würzburg 1990, Baden-Baden 1991, S. 149-156.

Gundel, Jörg: Bindung des Gemeinschaftsgesetzgebers an das im Vertrag vorgesehene System für die Delegation von Rechtssetzungsbefugnissen, in: JA 2008, S. 910-912.

Haghighi, Sanam S: Energy Security – The External Legal Relations of the European Union with Major Oil- and Gas-Supplying Countries, Oxford and Portland, Oregon 2007.

Haghighi, Sanam S: Energy Security and the Division of Competences between the European Community and ist Member States, in: European Law Journal 2008, S. 461-482.

Hallstein, Walter: Der unvollendete Bundesstaat – europäische Erfahrungen und Erkenntnisse, Düsseldorf 1969.

Hänsch, Klaus: Der Konvent – Unkonventionell, in: integration 4/2003, S. 331-337.

Hänsch, Klaus: Die Verfassung für die Europäische Union – nach der Regierungskonferenz, in: ZEuS 2004, S. 1-10.

Harks, Enno: Der globale Ölmarkt – Herausforderungen und Handlungsoptionen für Deutschland, SWP-Studie S 11, Mai 2007, Berlin.

Hatje, Armin / Kindt, Anne: Der Vertrag von Lissabon – Europa endlich in guter Verfassung?, NJW 2008, S. 1761-1768.

Heller, W.: Euratom-Vertrag – quo vadis?, in: atw 2003, S. 420.

Heller, W.: „nuclear package" ante portas – zur Regelungskompetenz der EU, in: atw 2002, S. 788.

Hellwig, Fritz: Möglichkeiten und Grenzen einer koordinierten Energiepolitik im Gemeinsamen Markt, in: Friedrich-Ebert-Stiftung (Hrsg.), Energiepolitik im Gemeinsamen Markt, Hannover 1963, S. 9-26.

Hermes, Georg: Auf dem Weg zu einem europäischen Atomrecht? – Zur Kompetenz der Europäischen Atomgemeinschaft für das „Nuklearpaket" vor dem Hintergrund der jüngsten Rechtsprechung des EuGH, in: ZUR 2004, S. 12-25.

Hieronymi, Tonia: Solidarität als Rechtsprinzip in der Europäischen Union, Frankfurt am Main, 2003.

Hilf, Meinhard: Notwendige oder zweckmäßige institutionelle Veränderungen der Europäischen Union, in: Forschungsinstitut für Wirtschaftsverfassung und Wettbewerb (Hrsg.), EU-Regierungskonferenz ´96 – Perspektiven für die Wettbewerbsfähigkeit Europas, FIW-Schriftenreihe, Heft 169, Köln 1996, S. 63-80.

Hobe, Stephan: Energiepolitik, EuR 2009, Beiheft 1, S. 219-231.

Hoffmann, Florian J.: Was ist gut an „billig"? in: et 9/2008, S. 28-29.

Hoffmeister, Frank: Das Prinzip der Solidarität zwischen den Mitgliedstaaten im Vertrag von Lissabon, in: Pernice, Ingolf (Hrsg.), Der Vertrag von Lissabon: Reform der EU ohne Verfassung? – Kolloquium zum 10. Geburtstag des WHI, Baden-Baden 2008, S. 146-151.

Hohe Behörde der EGKS / Kommission der EWG / Kommission der EAG (Hrsg.): Untersuchung der langfristigen energiewirtschaftlichen Aussichten der Europäischen Gemeinschaft, 2. Auflage, Luxemburg 1964.

Hölscheidt, Sven / Menzenbach, Steffi: Referenden in Deutschland und Europa, in: DÖV 2009, S. 777-785.

Hölscheidt, Sven / Schotten,Thomas: Von Maastricht nach Karlsruhe – der lange Weg des Vertrages über die Europäische Union, Darmstadt 1993.

Horstmann, Karl-Peter / Cieslarczyk, Michael (Hrsg.): Energiehandel – Ein Praxishandbuch, Köln / Berlin / München 2006.

Howarth, David: The Compromise on Denmark and the Treaty on European Un-ion: A Legal and Political Analysis, in: CMLR 1994, S. 765-805.

Hüffer, Uwe / Ipsen, Knut / Tettinger, Peter J: Die Transitrichtlinien für Gas und Elektrizität – eine Studie zu den rechtlichen Schranken bei der Verwirklichung des Binnenmarktes für Energie, Stuttgart 1991.

Hummer, Waldemar / Obwexer, Walter: Irlands „Nein zu Nizza“: Konsequenzen aus dem negativen irischen Referendum vom 07. Juni 2001, in: integration 3/2001, S. 237-249.

Inglis, Kirstyn: Anticipating New Union Competences in Energy, in: MJ 2008, S. 125-134.

Ipsen, Hans-Peter: Fusionsverfassung Europäische Gemeinschaften, Bad Homburg 1969.

Ipsen, Hans-Peter: Europäisches Gemeinschaftsrecht, Tübingen 1972.

Jasper, Maren: Der Verfassungsentwurf des europäischen Konvents und mögliche Konsequenzen für das Energie- bzw. Atomrecht, in: ZNER 2003, S. 210-213.

Jochimsen, Reimut: Revisionskonferenz 1996: Wirtschafts- und Währungspolitischen Anforderungen an ein Maastricht II, in: Grimm, Dieter (Hrsg.), Zur Neuordnung der Europäischen Union: die Regierungskonferenz 1996/97, Baden-Baden 1997, S. 33-64.

Kahl, Wolfgang: Energie und Klimaschutz – Kompetenzen und Handlungsfelder der EU, in: Schulze-Fielitz, Helmuth / Müller, Thorsten (Hrsg.), Europäisches Klimaschutzrecht, Baden-Baden 2009, S. 21-70.

Kahl, Wolfgang: Die Kompetenzen der EU in der Energiepolitik nach Lissabon, in: EuR 2009, S. 601-621.

Kahl, Wolfgang: Alte und neue Kompetenzprobleme im EG-Umweltrecht – Die geplante Richtlinie zur Förderung Erneuerbarer Energien, in: NVwZ 2009, S. 265-270.

Kämmerer, Jörn Axel: Das Déjà-vu von Dublin – Gedanken zum Ausgang des zweiten irischen Referendums über den Vertrag von Nizza, in: NJW 2002, S. 3596-3598.

Keyhanian, Cimin: Rechtliche Instrumente zur Energieeinsparung – Insbesondere in den Bereichen Industrie, Gebäude und Straßenverkehr, Baden-Baden 2008.

Klein, Eckhart: Die Internationalen und die Supranationalen Institutionen, in: Vitzthum, Wolfgang / Bothe, Michael, Völkerrecht, 3. Auflage, Berlin 2004, S. 245-355.

Krämer, Hans R.: Die Europäische Gemeinschaft und die Ölkrise, Baden-Baden 1974.

Krötz, Almut: EG-Kompetenzen einer europäischen Energiepolitik – Kompetenzielle Kernfragen nach geltendem und künftigem Recht, Bonn, Univ., Diss., 2008.

Kühling, Jürgen: Sektorspezifische Regulierung in den Netzwirtschaften – Typologie – Wirtschaftsverwaltungsrecht – Wirtschaftsverfassungsrecht, München 2004.

Kühling, Jürgen: Die neuen Engpass-Leitlinien der Kommission im grenzüberschreitenden Stromhandel – Freie Fahrt für das Open Market Coupling in Deutschland? in: RdE 2006, S. 173-182.

Kuhlmann, Josefine: Kompetenzrechtliche Neuerungen im europäischen Energierecht nach dem Vertrag von Lissabon, EI Working Paper No. 79, Wien 2008.

Lafan, Brigid: Getting to European Constitution: From Fischer to the IGC, in: Puntscher Riekmann, Sonja / Wessels, Wolfgang (Hrsg.), The Making of a European Constituion – Dynamics and Limits of the Conventions Experience, Wiesbaden 2006, S. 68-89.

Lais, Martina: Das Solidaritätsprinzip im Europäischen Verfassungsverbund, Baden-Baden 2007.

Lapie, Pierre Olivier: Die politische Bedeutung einer gemeinsamen Energiewirtschaftspolitik für den Fortgang der Europäischen Integration, in: Energiewirtschaftliches Institut (Hrsg.), Probleme einer einheitlichen Energiewirtschaftspolitik im Gemeinsamen Markt, S. 53-70.

Larenz, Karl: Methodenlehre der Rechtswissenschaft, 6. Auflage, Berlin / Heidelberg / New York / London / Paris / Tokyo / Hong Kong / Barcelona / Budapest 1991.

Larenz, Karl: Richtiges Recht – Grundzüge einer Rechtsethik, München 1979.

Lecheler, Helmut: Ungereimtheiten bei den Handlungsformen des Gemeinschaftsrechts – dargestellt anhand der Einordnung von „Leitlinien“, in: DVBl 2008, S. 873-880.

Lecheler, Helmut / Gundel, Jörg: Ein weiterer Schritt zur Vollendung des Energie-Binnenmarktes: Die Beschleunigungs-Rechtsakte für den Binnenmarkt für Strom und Gas, EuZW 2003, S. 621-628

Lecheler, Helmut: Die Verschärfung des Regulierungsregimes durch die drei neuen Verordnungs-Entwürfe im Paket vom 19.9.2007, in: RdE 2008, S. 167-172.

Lehnert, Wieland / Vollprecht, Jens: Neue Impulse von Europa: Die Erneuerbare-Energien-Richtlinie der EU, in: ZUR 2009, S. 307-317.

Leisner, Walter Georg: Die subjektiv-historische Auslegung des Gemeinschaftsrechts - Der „Wille des Gesetzgebers“ in der Judikatur des EuGH, EuR 2007, S. 689-706.

Linkohr, Rolf: Der Preis bestimmt, nicht das Parlament – Der Energieartikel im Europäischen Verfassungsvertrag schwächt die Europäische Energiepolitik, in: Wuppertal Bulletin 2/2004, S. 2-5.

Lukes, Rudolf: Das Verhältnis des EAG-Vertrages zum EWG/EG-Vertrag, in: Due, Ole / Lutter, Marcus / Schwarze, Jürgen (Hrsg.), Festschrift für Ulrich Everling, Band I, Baden-Baden 1995, S. 741-763.

Lyons, Paul K.: EC Energy Policy – A detailed guide to the Community´s impact on the energy sector, London 1992.

Madlener, Reinhard / Alcott, Blake: Steigerung der Energieeffizienz: Problem oder Lösung? in: et 10/2007, S. 70-71.

Maichel, Gert: Das Energiekapitel in der Europäischen Verfassung – mehr Integration oder mehr Zentralismus für die leitungsgebundene Energiewirtschaft Europas? in: Hendler, Reinhard, „Für Sicherheit, für Europa", Festschrift für Volkmar Götz zum 70. Geburtstag, Göttingen 2005, S. 55-72.

Maichel, Gert: Energiepolitik in Europa – Perspektiven für den Standort Deutschland - Eröffnungsansprache zur Wintertagung 2003, in: atw 2003, S. 156-160.

Mankiw, N. Gregory / Taylor, Mark P.: Grundzüge der Volkswirtschaftslehre, 4. Auflage, Stuttgart 2008.

Maurer, Andreas Verhandlungen zum Reformvertrag unter deutschem Vorsitz, in: APuZ 43/2007, S. 3-8.

Mayer, Franz C.: Wege aus der Verfassungskrise – Zur Zukunft des Vertrags über eine Verfassung für Europa, in: JZ 2007, S. 593-601.

Mayer, Franz C.: Die Rückkehr der Europäischen Verfassung? – Ein Leitfaden zum Vertrag von Lissabon, in: ZaöRV 2007, S. 1141-1217.

Meier-Weigt, Bernhard: Die Vorhaben von europäischem Interesse nach den Transeuropäischen Energienetze-TEN-E Leitlinien und ihre Umsetzung in den europäischen Mitgliedstaaten, IR 2007, S. 7-8.

Michaelis, Hans / Salander, Carsten (Hrsg.): Handbuch Kernenergie – Kompendium der Energiewirtschaft und Energiepolitik, Frankfurt am Main 1995.

Michaelis, Hans: Europäische Rohstoffpolitik, Essen 1976.

Michaelis, Hans: Energiemarkt und Energiepolitik in einer Europäischen Union, Frankfurt am Main 1976.

Möllers, Christoph: Tertiäre Rechtsetzung im Europarecht, in: Schmidt-Aßmann, Eberhard / Schöndorf-Haubold, Bettina (Hrsg.), Der Europäische Verwaltungsverbund, Tübingen 2005, S. 293-318.

Müller, Friedemann: Energie-Außenpolitik – Anforderungen veränderter Weltmarktkonstellationen an die internationale Politik, SWP-Studie S 33, November 2006, Berlin.

Müller, Friedrich / Christensen, Ralph: Juritische Methodik, Band II, Europarecht, Berlin 2007.

Müller, Thorsten / Bitsch, Christian: Die Umweltkompetenz nach Art. 175 Abs. 2 EG – Die geplante Richtlinie zur Förderung erneuerbarer Energien als erster Anwendungsfall? in: EurUP 2008, S. 220-227.

Müller, Thorsten / Bitsch, Christian: Zur Vereinbarkeit einer europaweiten Einspeiseregelung mit dem europäischen Primärrecht – Ergebnisse der Begutachtung des BEE-Modells „EU - FIT“, in: ZNER 2007, S. 383-387.

Müller-Elschner, Axel: Die Stimme des Volkes in Europa, in: ZParl 1996, S. 75-81.

Müller-Graff, Peter-Christian: Die Zukunft des europäischen Verfassungstopos und Primärrechts nach der deutschen Ratspräsidentschaft, in: Pernice, Ingolf / Angelov, Miroslav, Auf dem Weg zum Vertrag von Lissabon, Baden-Baden 2008, S. 105-124.

Müller-Graff, Peter-Christian: Der Post-Nizza-Prozess – Auf dem Weg zu einer neuen europäischen Verfassung? in: integration 2/2001, S. 208-221.

Nettesheim, Martin: Das Energiekapitel im Vertrag von Lissabon, in: JZ 2010, S. 19-25.

Nettesheim, Martin: Die Kompetenzordnung im Vertrag über eine Verfassung für Europa, in: EuR 2004, S. 511-546.

Neveling, Stefanie: Der Europäische Verfassungsentwurf – Grundlage für eine erweiterte Energiepolitik der Europäischen Union?, in: et 2004, S. 340-345.

Nicolaysen, Gert: Europäisches Gemeinschaftsrecht – Bericht aus der Wissenschaftlichen Gesellschaft für Europarecht, in: NJW 1965, S. 1653-1658.

OECD (Hrsg.): energy policy – Problems and Objectives, Paris 1966.

Oppermann, Thomas: Die Europäische Union von Lissabon, DVBl 2008, S. 473-483.

Oppermann, Thomas: Europarecht – Ein Studienbuch, 3. Auflage, München 2005.

Oppermann, Thomas: Konventsmethode und „gemischte“ Entstehung der Unionsverfassung. Valéry Giscard d'Estaing, Elmar Brok und andere Conventionnels, in: Beckmann, Klaus / Dieringer, Jürgen / Hufeld, Ulrich (Hrsg.), Eine Verfassung für Europa, 2. Auflage, Tübingen 2005, S. 59-82.

Oppermann, Thomas: Europäischer Verfassungskonvent und Regierungskonferenz 2002-2004 – Zur „gemischten“ Entstehung der Europäischen Verfassung 2004, in: DVBl 2004, S. 1264-1271.

Oschmann, Volker / Ragwitz, Mario / Resch, Gustav: Die Förderung von Strom aus Erneuerbaren Energien in der Europäischen Union – praktische Erfahrungen und rechtliche Perspektiven, in: ZNER 2006, S. 7-12.

Pache, Eckhard / Rösch, Franziska: Der Vertrag von Lissabon, NVwZ 2008, S. 473-480.

Pache, Eckhard / Schorkopf, Frank: Der Vertrag von Nizza – Institutionelle Reform zur Vorbereitung der Erweiterung, in: NJW 2001, S. 1377-1386.

Pahl, Marc-Oliver: Umwelt, Energie und Landwirtschaft, in: Pernice, Ingolf (Hrsg.), Der Vertrag von Lissabon: Reform der EU ohne Verfassung? – Kolloquium zum 10. Geburtstag des WHI, Baden-Baden 2008.

Papenkort, Katja: Der Euratom-Vertrag im Lichte des Vertrags über eine Verfassung für Europa, Berlin 2008.

Papenkort, Katja / Wellershoff, Jan-Kristoff: Der Energietitel im Vertrag von Lissabon – Alter Wein in neuen Schläuchen –, in: RdE 2010, S. 77-83.

Pechstein, Matthias / Drechsler, Carola Die Auslegung und Fortbildung des Primärrechts, in: Riesenhuber, Karl (Hrsg.), Europäische Methodenlehre – Handbuch für Ausbildung und Praxis, Berlin 2006.

Pechstein, Matthias: Elektrizitätsbinnenmarkt und Beihilfenkontrolle im Anwendungsbereich des Euratom-Vertrags, in: EuZW 2001, S. 307-311.

Pleuger, Gunter: Der Vertrag von Nizza : Gesamtbewertung der Ergebnisse, in: integration 4/2001, S. 1-7.

Pritzsche, Kai / Stephan, Michael / Pooschke, Sebastian: Engpassmanagement durch marktorientiertes Redispatching, in: RdE 2007, S. 36-46.

Pröfrock, Matthias Christoph: Energieversorgungssicherheit im Recht der Europäischen Union/ Europäischen Gemeinschaften, Tübingen, Univ., Diss., 2007.

Püttner, Günter: Die Rechtsfragen einer Energiepolitik, in: Clauder, Arnulf (Hrsg.), Einführung in die Rechtsfragen der europäischen Integration, 2. Auflage, Köln 1972, S. 142-149.

Reimer, Franz: Ziele und Zuständigkeiten – Die Funktionen der Unionszielbestimmungen, in: EuR 2006, S. 992-1012.

Rengeling, Hans-Werner: Rechtsgrundsätze beim Verwaltungsvollzug des Europäischen Gemeinschaftsrechts – zu den Grundlagen des Verwaltungsvollzuges sowie zur Theorie und Konkretisierung der Rechtsgrundsätze unter besonderer Berücksichtigung der Rechtsvergleichung, Köln 1977.

Rengeling, Hans-Werner / Jakobs, Michael Ch.: Europäische Verfassung – Bemerkungen zum gegenwärtigen Diskussionsstand, in: DVBl. 1984, S. 773-777.

Riedel, Daniel: Die Durchführungsrechtsetzung nach Art. 211, 4. Sp. EG – zwei Arten tertiärer Kommissionsakte und ihre dogmatischen Fragestellungen, in: EuR 2006, S. 512-543.

Roggen, Peter: Die Internationale Energie-Agentur – Energiepolitik und wirtschaftliche Sicherheit, München 1979.

Roggenkamp, Martha M. / Hammer, Ulf (Hrsg.): European Energy Law Report I, Antwerpen / Oxford 2004.

Ruffert, Matthias: An den Grenzen des Integrationsverfassungsrechts: Das Urteil des Bundesverfassungsgerichts zum Vertrag von Lissabon, in: DVBl 2009, S. 1197-1208.

Ruffert, Matthias: Schlüsselfragen der Europäischen Verfassung der Zukunft – Grundrechte - Institutionen - Kompetenzen - Ratifizierung, EuR 2004, S. 165-201.

Rusche, Tim Maxian: Die beihilferechtliche Bewertung von Förderregelungen für die Stromerzeugung aus erneuerbaren Energiequellen: Ein Überblick über die Entscheidungspraxis der Europäischen Kommission, in: ZNER 2007, S. 143-155.

Salje, Peter: Energiewirtschaftsgesetz – Gesetz über die Elektrizitäts- und Gasversorgung vom 7. Juli 2005 (BGBl. I S. 1970) – Kommentar, Köln / Berlin / München 2006.

Samuelson, Paul A. / Nordhaus, William D.: Volkswirtschaftslehre – Das internationale Standardwerk der Makro- und Mikroökonomie, 3. Auflage, Landsberg am Lech 2007.

Sauer, Heiko: Kompetenz- und Identitätskontrolle von Europarecht nach dem Lissabon-Urteil – Ein neues Verfahren vor dem Bundesverfassungsgericht?, in: ZRP 2009, S. 195-198.

Schalast, Christoph: Das EU-Energiepaket 2007 – Wettbewerb, Binnenmarkt und Umweltschutz, in: IR 2007, S. 74-77.

Schärf, Wolf-Georg: Europäisches Nuklearrecht, Berlin 2008.

Scheuing, Dieter H.: Das Europäische Umweltverfassungsrecht als Maßstab gerichtlicher Kontrolle – Eine Analyse der Rechtsprechung des EuGH, in: EuR 2002, S. 619-659.

Schmidt-Preuß, Matthias: Der Wandel der Energiewirtschaft vor dem Hintergrund der europäischen Eigentumsordnung, EuR 2006, S. 463-488.

Schmidt-Preuß, Matthias: Gemeinschaftskompetenz oder nationale Gestaltungsautonomie – Strukturfragen im Kontext der Energiepolitik, in: Büdenbender, Ulrich / Kühne, Gunter (Hrsg.), Das neue Energierecht in der Bewährung – Bestandsaufnahme und Perspektiven – Festschrift zum 65. Geburtstag von Professor Dr. Jürgen F. Baur, 2002, S. 309-326.

Schmidt-Preuß, Matthias: Europarechtliche und verfassungsrechtliche Rahmenbedingungen der Energiepolitik, in: Hendler, Reinhard u.a., Energierecht zwischen Umweltschutz und Wettbewerb, 17. Trierer Kolloquium zum Umwelt- und Technikrecht vom 9. bis 11. September 2001, S. 27-69.

Schmidt-Preuß, Matthias: Energieversorgung als Aufgabe der Außenpolitik? – Rechtliche Aspekte, in: RdE 2007, S. 281-287.

Schmidt-Preuß, Matthias: Energiepolitik - jetzt in Brüsseler Hand? in: et 2003, S. 776.

Schmidt-Preuß, Matthias: Europäisches Gemeinschaftsrecht und deutsches Atom- und Strahlenschutzrecht, in: Rengeling, Hans-Werner (Hrsg.), Handbuch zum europäischen und deutschen Umweltrecht, Köln / Berlin / Bonn / München, 2003, S. 478-543.

Schmidt-Preuß, Matthias: Europäische Energiepolitik – Aktuelle Entwicklungen und rechtliche Aspekte, in: Pitschas, Rainer (Hrsg.), Wege gelebter Verfassung in Recht und Politik – Festschrift für Rupert Scholz zum 70. Geburtstag, Berlin 2007, S. 903-921.

Schmuck, Otto: Der Gipfel von Edinburgh: Erleichterung nach einem europapolitisch schwierigem Jahr, in: integration 1/1993, S. 33-36.

Schneider, Jens-Peter / Theobald, Christian Recht der Energiewirtschaft – Praxishandbuch, 2. Auflage, München 2008.

Schneider, Siegbert / Schäfer, Silke: EU-Nuklearpaket – der richtige Weg zu mehr nuklearer Sicherheit in Europa? – Zu den Richtlinienvorschlägen der Kommission, in: EurUP 2004, S. 197-208.

Scholz, Rupert / Langer, Stefan: Europäischer Binnenmarkt und Energiepolitik, Berlin 1992.

Schomerus, Thomas: Rechtliche Instrumente zur Verbesserung der Energienutzung, in: NVwZ 2009, S. 418-423.

Schorkopf, Frank: Die Europäische Union im Lot – Karlsruhes Rechtsspruch zum Vertrag von Lissabon, in: EuZW 2009, S. 718-724.

Schröder, Meinhard: Vertikale Kompetenzverteilung und Subsidiarität im Konventsentwurf für eine europäische Verfassung, in: JZ 2004, S. 8-13.

Schroeder, Werner: Die Auslegung des EU-Rechts, JuS 2004, S. 180-186.

Schroeder, Werner: Die Sicherung eines hohen Schutzniveaus für Gesundheits-, Umwelt- und Verbraucherschutz im europäischen Binnenmarkt, in: DVBl 2002, S. 213-221.

Schroeder, Werner: Das Gemeinschaftsrechtssystem – eine Untersuchung zu den rechtsdogmatischen, rechtstheoretischen und verfassungsrechtlichen Grundlagen des Systemdenkens im Europäischen Gemeinschaftsrecht, Tübingen 2002.

Schroeder, Werner: Die Euratom – auf dem Weg zu einer Umweltgemeinschaft, in: DVBl 1995, S. 322-329.

Schübel-Pfister, Isabel: Sprache und Gemeinschaftsrecht – die Auslegung der mehrsprachig verbindlichen Rechtstexte durch den Europäischen Gerichtshof, Berlin 2004.

Schübel-Pfister, Isabel / Kaiser, Karen: Das Lissabon-Urteil des BVerfG vom 30. 6. 2009 – Ein Leitfaden für Ausbildung und Praxis, in: JuS 2009, S. 767-772.

Schubert, Jens M. / Schwithal, Tim Torsten: Das Nein der Iren zum Vertrag von Lissabon – Konsequenzen, Lösungswege, Chancen, in: NJ 2008, S. 337-342.

Schürmann, Heinz Jürgen: Finanzkrise und Energiepreisturbulenzen – 2008 brachte große Verwerfungen, in: et 12/2008, S. 42-45.

Schuster, Gunnar: Der Sonderstatus Dänemarks im Vertrag über die Europäische Union, in: EuZW 1993, S. 177-180.

Schwarze, Jürgen: Der Reformvertrag von Lissabon – Wesentliche Elemente des Reformvertrages, EuR 2009, Beiheft 1, S. 9-27.

Schwarze, Jürgen: Europäische Verfassungsperspektiven nach Nizza, in: NJW 2001, S. 993-998.

Schwarze, Jürgen: Ein pragmatischer Verfassungsentwurf - Analyse und Bewertung des vom Europäischen Verfassungskonvent vorgelegten Entwurfs eines Vertrags über eine Verfassung für Europa, in: EuR 2003, S. 535-573.

Schwarze, Jürgen (Hrsg.): EU-Kommentar, 1. Auflage, Baden-Baden 2000.

Schwarze, Jürgen (Hrsg.): EU-Kommentar, 2. Auflage, Baden-Baden 2009

Schweitzer, Albin A.: Der grenzüberschreitende Stromverbund in Europa – Rechtsgrundlagen eines Gemeinsamen Marktes für Elektrizität, Baden-Baden 1984.

Siegler, Heinrich von: Dokumentation der europäischen Integration, Band I, Bonn 1961.

Steeg, Marcus ter: Eine neue Kompetenzordnung für die EU – Die Reformüberlegungen des Konvents zur Zukunft Europas, in: EuZW 2003, S. 325-330.

Steindorff, Ernst: Grenzen der EG-Kompetenzen, Heidelberg 1990.

Streinz, Rudolf: Der Vertrag von Amsterdam – Einführung in die Reform des Unionsvertrages von Maastricht und erste Bewertung der Ergebnisse, in: EuZW 1998, S. 137-147.

Streinz, Rudolf (Hrsg.): EUV/EGV, Vertrag über die Europäische Union und Vertrag zur Gründung der Europäischen Gemeinschaft, München 2003.

Streinz, Rudolf / Hermann, Christoph: Missverstandener „Judicial Self-restraint" – oder: Einmischung durch Untätigkeit, in: EuZW 2007, S. 289.

Streinz, Rudolf / Ohler, Christoph / Hermann, Christoph: Die neue Verfassung für Europa – Einführung mit Synopse, München 2005.

Streinz, Rudolf / Ohler, Christoph / Hermann, Christoph: Der Vertrag von Lissabon zur Reform der EU – Einführung mit Synopse, 2. Auflage, München 2008.

Temple Lang, John: The Irish Court Case which delayed the Single European Act: Crotty v. An Taoiseach and Others, in: CMLR 1987, S. 709-718.

Temple Lang, John: Legal and Constitutional Implications for Ireland of Adhesion the the EEC Treaty, in: CMLR 1972, S. 167-178.

Terhechte, Jörg Philipp: Der Vertrag von Lissabon: Grundlegende Verfassungsurkunde der europäischen Rechtsgemeinschaft oder technischer Änderungsvertrag?, EuR 2008, S. 143-189.

Terhechte, Jörg Philipp: Sourveränität, Dynamik und Integration – making up the rules as we go along? – Anmerkungen zum Lissabon-Urteil des Bundesverfassungsgerichts, in: EuZW 2009, S. 724-731.

Thomas, Sven: Der Vertrag von Lissabon (EUV) und die Rolle des Europäischen Parlaments im Rahmen der Europäischen Atomgemeinschaft (EURATOM/EAGV), in: atw 2008, S. 12-13.

Thomas, Sven: Euratom-Vertrag und Regierungskonferenz, in: atw 2007, S. 631-634.

Thym, Daniel: Außenverfassungsrecht nach dem Lissaboner Vertrag, in: Pernice, Ingolf (Hrsg.), Der Vertrag von Lissabon: Reform der EU ohne Verfassung? – Kolloquium zum 10. Geburtstag des WHI, Baden-Baden 2008, S. 167-183.

Tomuschat, Christian: Die Rechtsetzungsbefugnisse der EWG in Generalermächtigungen, insbesondere in Art. 235 EWG, in: EuR 1976, Sonderheft, S. 45-67.

Trüe, Christiane: EU-Kompetenzen für Energierecht, Gesundheitsschutz und Umweltschutz nach dem Verfassungsentwurf, in: JZ 2004, S. 779-788.

Ullrich, Meike: Die Wahl der Rechtsgrundlage als Rechtsproblem des Gemeinschaftsrechts, in: ZEuS 2000, S. 243-272.

Umbach, Frank: Europäische und deutsche Energieversorgungssicherheit am Scheideweg, in: et 2005, S. 629-639.

Vedder, Christoph / Heintschel von Heinegg, Wolff (Hrsg.): Europäischer Verfassungsvertrag – Handkommentar, Baden-Baden 2007.

Vedder, Christoph: Die Außenbeziehungen der EU und die Mitgliedstaaten: Kompetenzen, gemischte Abkommen, völkerrechtliche Verantwortlichkeit und Wirkungen des Völkerrechts, in: EuR Beiheft 3/2007, S. 57-90.

Vranes, Erich: Gemischte Abkommen und die Zuständigkeit des EuGH – Grundfragen und neuere Entwicklungen in den Außenbeziehungen, in: EuR 2009, S. 44-79.

Wägenbauer, Rolf: Die Erklärung von Laeken zur Zukunft der EU, in: EuZW 2002, S. 65.

Weber, Albrecht: Vom Verfassungsvertrag zum Vertrag von Lissabon, EuZW 2008, S. 7-14.

Wendel, Mattias: Vertragsauslegung nach Lissabon. Methodische Implikationen des Reformprozesses am Beispiel des detaillierten Mandats und der Erläuterungen zur Charta der Grundrechte, in: Pernice, Ingolf (Hrsg.), Der Vertrag von Lissabon: Reform der EU ohne Verfassung? – Kolloquium zum 10. Geburtstag des WHI, Baden-Baden 2008, S. 152-162.

Wernicke, Stephan: Der Vertrag von Lissabon und das Wettbewerbsprinzip – Status quo ante, Neugewichtung oder Unwucht? in: Pernice, Ingolf (Hrsg.), Der Vertrag von Lissabon: Reform der EU ohne Verfassung? – Kolloquium zum 10. Geburtstag des WHI, Baden-Baden 2008, S. 184-190.

Wetzel, Daniel: Energieversorgung wird zur sozialen Frage, in: et 7/2008, S. 4.

Wiedmann, Thomas: Der Vertrag von Nizza – Genesis einer Reform, in: EuR 2001, S. 185-215.

Wirtenberger, Franzz: Erneuerbare Energien in der Europäischen Union – Politik und Rechtsetzung, in: EurUP 2008, S. 11-19.

Wöhe, Günter: Einführung in die Allgemeine Betriebswirtschaftslehre, 23. Auflage, München 2008.

Wuermeling, Joachim: Kalamität Kompetenz: Zur Abgrenzung der Zuständigkeiten in dem Verfassungsentwurf des EU-Konvents, in: EuR 2004, S. 216-229.

Zenke, Ines / Schäfer, Ralf: Energiehandel in Europa – Öl, Gas, Strom, Derivate, Zertifikate, 2. Auflage, München 2009.

Zimmer, Christian u.a.: Weiterentwicklung des grenzüberschreitenden Engpassmanagements im europäischen Stromnetz, in: et 2004, S. 786-789.

Zuleeg, Manfred: Vorbehaltene Kompetenzen der Mitgliedstaaten der Europäischen Gemeinschaft auf dem Gebiete des Umweltschutzes, in: NVwZ 1987, S. 280-286.

Abkürzungsverzeichnis

ABl.	Amtsblatt der Europäischen Gemeinschaften bzw. der Europäischen Union
Abs.	Absatz
AEUV	Vertrag über die Arbeitsweise der Europäischen Union
APuZ	Aus Politik und Zeitgeschichte
Art.	Artikel
atw	International Journal for Nuclear Power
BR-Drucks.	Bundesrats-Drucksache
bspw.	beispielsweise
BT-Drucks	Bundestags-Drucksache
BT-Plpr.	Bundestags-Plenarprotokoll
BullEG	Bulletin der Europäischen Gemeinschaften
BullEGKS	Bulletin der Europäischen Gemeinschaft für Kohle und Stahl
BVerfG	Bundesverfassungsgericht
bzw.	beziehungsweise
CIG	Dokument der Regierungskonferenz 2003/2004 bzw. 2007
CMLR	Common Market Law Review
CONF	Dokument der Regierungskonferenz 1996/1997
CONV	Dokument des Europäischen Konvents
d.h.	das heißt
ders.	derselbe
dies.	dieselbe
DÖV	Die öffentliche Verwaltung
DVBl	Deutsches Verwaltungsblatt
EAG	Europäische Gemeinschaft für Kohle und Stahl
EAGV	Vertrag zur Gründung der Europäischen Atomgemeinschaft
EEA	Einheitliche Europäische Akte
EEG	Gesetz für den Vorrang erneuerbarer Energien
EG	Vertrag zur Gründung der EG in der Fassung von Amsterdam / Nizza
EGV	Vertrag zur Gründung der EG in der Fassung von Maastricht
ELJ	European Law Journal
emw	Zeitschrift für Energie, Markt, Wettbewerb
endg.	endgültig
EnWG	Energiewirtschaftsgesetz

EP	Europäisches Parlament
et	Energiewirtschaftliche Tagesfragen
EU	Europäische Union
EuG	Europäisches Gericht erster Instanz
EuGH	Europäischer Gerichtshof
EuR	Europarecht
Euratom	Europäische Atomgemeinschaft
EurUP	Zeitschrift für Europäisches Umwelt- und Planungsrecht
EUV a.F.	Vertrag über die Europäische Union in der Fassung von Maastricht, bzw. Amsterdam und Nizza
EUV	Vertrag über die Europäische Union in der Fassung des Vertrags von Lissabon
EUVV	Vertrag über eine Verfassung für Europa
EuZW	Europäische Zeitschrift für Wirtschaftsrecht
EWG	Europäische Wirtschaftsgemeinschaft
EWGV	Vertrag zur Gründung der Europäischen Wirtschaftsgemeinschaft
f.	folgende
FAZ	Frankfurter Allgemeine Zeitung
ff.	fortfolgende
Fn.	Fußnote
FS	Festschrift
GASP	Gemeinsame Außen- und Sicherheitspolitik
gem.	gemäß
GG	Grundgesetz für die Bundesrepublik Deutschland
gwf	Das Gas- und Wasserfach
h.M.	herrschende Meinung
Hrsg.	Herausgeber
IAEO	Internationale Atomenergieorganisation
IR	InfrastrukturRecht
JA	Juristische Ausbildung
JZ	Juristenzeitung
KOM	Dokumente der Kommission
KWK	Kraft-Wärme-Kopplung
lit.	Buchstabe
m.w.N.	mit weiteren Nachweisen
MJ	Maastricht Journal of European and Comparative Law
NJ	Neue Justiz
NJW	Neue Juristische Wochenschrift

Nr.	Nummer
NVwZ	Neue Zeitschrift für Verwaltungsrecht
OECD	Organisation für wirtschaftliche Zusammenarbeit und Entwicklung
RdE	Recht der Energiewirtschaft
Rdn.	Randnummer
RL	Richtlinie
Rs.	Rechtssache
S.	Seite
SEC	Dokumente des Sekretariats der Kommission (englisch)
SEK	Dokumente des Sekretariats der Kommission
Slg.	Sammlung
sog.	sogenannte
SWP	Stiftung Wissenschaft und Politik
TE	Entwurf eines Energiekompetenztitels der Kommission vom 21. Oktober 1990
Tz.	Textziffer
u.a.	unter anderem
UAbs.	Unterabsatz
verb.	verbundene
vgl.	Vergleiche
VO	VO
VVE	Verfassungsentwurf des Europäischen Konvents
WD	Working Document
WG	Working Group
WTO	World Trade Organisation
z.B.	zum Beispiel
ZaöRV	Zeitschrift für ausländisches öffentliches Recht und Völkerrecht
ZEuS	Zeitschrift für Europarechtliche Studien
ZNER	Zeitschrift für Neues Energierecht
ZParl	Zeitschrift für Parlamentsfragen
ZRP	Zeitschrift für Rechtspolitik
ZUR	Zeitschrift für Umweltrecht

Kapitel 1: Einleitung

A. Der Vertrag von Lissabon

Am 1. Dezember 2009 trat der „Vertrag zur Änderung des Vertrags über die Europäische Union und des Vertrags zur Gründung der Europäischen Gemeinschaft“[1] in Kraft. Der zunächst „Grundlagen-“ oder „Reformvertrag“, später nach dem Ort der Unterzeichnung und der Tagung der Regierungskonferenz offiziell „Vertrag von Lissabon“ genannte Änderungsvertrag wurde bereits am 18. und 19. Oktober 2007 von den Staats- und Regierungschefs der EU-Mitgliedstaaten unterzeichnet.[2] Der Vertrag selbst sah ein Inkrafttreten zum 1. Januar 2009 vor, sofern bis dahin alle Ratifizierungsurkunden hinterlegt worden seien, andernfalls am ersten Tag des auf die Hinterlegung der letzten Ratifikationsurkunde folgenden Monats.[3] Der ursprüngliche Plan der Staats- und Regierungschefs, die Ratifizierung bis spätestens zu den Wahlen zum Europäischen Parlament im Juni 2009 abzuschließen,[4] scheiterte jedoch an dem ablehnenden Referendum der Iren vom 12. Juni 2008. Erst nach einem zweiten irischen Referendum mit positivem Ausgang am 2. Oktober 2009 und nach Abschluss mehrerer Verfahren vor nationalen Verfassungsgerichten stand fest, dass der Vertrag von Lissabon überhaupt Geltung erlangen würde.

Inhaltlich übernimmt der Vertrag von Lissabon die meisten substantiellen Änderungen des aufgrund der ablehnenden Referenden in Frankreich und den Niederlanden Mitte des Jahres 2005 gescheiterten Vertrags über eine Verfassung für Europa (im Folgenden: EUVV).[5] Strukturell bestehen demgegenüber einige Unterschiede zwischen dem EUVV und dem Vertrag von Lissabon. Insbesondere entfällt die in der Verfassung vorgesehene Kombination des Vertrags über die Europäische Union (EUV a.F.) und des Vertrags zur Gründung der Europäischen Gemeinschaften (EGV / EG)[6] zu einem Gesamttext. Der EUV a.F. bleibt nach den Änderungen des Vertrags von Lissabon bestehen (EUV)[7], während der

---

1 ABl. 2007, Nr. C 306, S. 1.

2 Zusammenfassende Darstellungen zum Vertrag von Lissabon finden sich u.a. bei: *Schwarze*, EuR Beiheft 1/2009, S. 9; *Oppermann*, DVBl 2008, 473; *Pache/Rösch*, NVwZ 2008, 473; *Hatje/Kindt*, NJW 2008, 1761; *Weber*, EuZW 2008, 7; *Dougan*, CMLR 2008, 617; *Terhechte*, EuR 2008, 143.

3 Art. 6 Abs. 2 Vertrag von Lissabon, ABl. 2007, Nr. C 306, S. 135.

4 Europäischer Rat (Brüssel), 21./22. Juni 2007, Schlussfolgerungen des Vorsitzes, 11177/1/07 REV 1 CONCL 2, S. 2.

5 ABl. 2004, Nr. C 310, S. 1.

6 Um die Fundstellen nach neuerer und nach alter Nummerierung des Vertrags zu unterscheiden, wird der Zitierweise des EuGH gefolgt, der den EG-Vertrag in der Fassung des Vertrags von Maastricht mit „EGV“ und die Fassungen des Vertrags von Amsterdam und Nizza mit „EG“ abkürzt.

7 Konsolidierte Fassung: ABl. 2008, Nr. C 115, S. 13.

EG in „Vertrag über die Arbeitsweise der Europäischen Union“ (AEUV)[8] umbenannt wird. Beim Vertrag von Lissabon handelt es sich also um einen bloßen Artikel- oder Mantelvertrag, der keine neue Rechtsgrundlage für die Union schafft, sondern die bestehenden Verträge abändert. Obwohl die Grundlagenbestimmungen damit weiterhin auf zwei Verträge verteilt sind, findet – wie sich bereits in der Umbenennung des EG äußert – eine Verschmelzung der Europäischen Gemeinschaften mit der Europäischen Union statt, der nunmehr ausdrücklich Rechtspersönlichkeit zukommt, Art. 47 EUV.

B. Materielles Energierecht im AEUV

Unter den zahlreichen Änderungen, die der Vertrag von Lissabon für die rechtlichen Grundlagen der Europäischen Union vornahm, finden sich auch einige mit Relevanz für den Energiesektor.

I. Die allgemeine Energiekompetenz nach Art. 194 AEUV

Die zentrale Neuerung für das europäische Energierecht liegt in der Aufnahme des Kapitels über den Bereich „Energie“ in Titel XXI des AEUV, der aus einem einzigen Artikel 194 besteht.[9] Der im Folgenden „Energieartikel“ oder „Energiekompetenztitel“[10] genannte Art. 194 AEUV wurde in den Dritten Teil über die „internen Politiken und Maßnahmen der Union“ des AEUV eingefügt und ist damit systematisch als eigenständiger Politikbereich einzuordnen. Seit der Gründung der Europäischen Gemeinschaften hat keine derart weit reichende Änderung der Rechtsgrundlagen der gemeinsamen Energiepolitik stattgefunden. Das rechtliche Instrumentarium der Europäischen Atomgemeinschaft (EAG) und der seit dem Jahr 2002 nicht mehr existenten Europäischen Gemeinschaft für Kohle und Stahl (EGKS / Montanunion) wurde nie wesentlich verändert. Die Europäische (Wirtschafts-)Gemeinschaft und die Europäische Union verfügten schon gar nicht über spezifisch energiebezogene Rechtsgrundlagen. Dies änderte sich erst mit der Einführung des Art. 194 AEUV, dessen herausragende Bedeutung in seiner Eigenschaft als allgemeine, d.h. nicht auf bestimmte Brennstoffe begrenzte, energiepolitische Ermächtigungsgrundlage liegt. Die Absicht der Einführung eines Energiekompetenztitels war indes kein Novum der jüngsten Ver-

8 Konsolidierte Fassung: ABl. 2008, Nr. C 115, S. 47.

9 Artikel 194 AEUV ist in Anhang V dieser Bearbeitung abgedruckt. Im Vertrag von Lissabon lautet die Nummerierung des Energiekapitels „Titel XX, Art. 176a“. Nach Art. 5 des Vertrags von Lissabon wird die Zählweise jedoch entsprechend der im Anhang zum Vertrag abgedruckten Übereinstimmungstabelle umnummeriert, wonach sich der Energieartikel in Art. 194 AEUV findet. Im Folgenden wird darum die in den konsolidierten Fassungen der Verträge verwendete Nummerierung zu Grunde gelegt.

10 Genau genommen ist Art. 194 Abs. 2 UAbs. 2 AEUV die kompetenzbegründende Regelung der Vorschrift. Der inhaltliche Zusammenhang mit den Zielen des Abs. 1 und die Zusammenfassung in einem einzigen Artikel rechtfertigen aber die gemeinsame Bezeichnung als Energiekompetenztitel.

tragsreform, sondern bei vielen Änderungen der grundlegenden Gemeinschaftsverträge in der einen oder anderen Form Gegenstand der Diskussion. Über das Stadium eines Textentwurfs hinaus gelangte aber lediglich Art. III-256 EUVV,[11] der die mit wenigen Änderungen übernommene Vorlage für Art. 194 AEUV bildet und sich seinerseits an früheren Entwürfen der Kommission orientiert.

Den Kern der Energiekompetenz bilden die Ziele des Art. 194 Abs. 1 AEUV, nämlich die Sicherstellung des Funktionierens des Energiemarkts (lit. a), die Gewährleistung der Energieversorgungssicherheit in der Union (lit. b), die Förderung der Energieeffizienz und von Energieeinsparungen sowie die Entwicklung neuer und erneuerbarer Energiequellen (lit. c) und die Förderung der Interkonnektion der Energienetze (lit. d). Die energiepolitischen Ziele sind maßgeblich für den Inhalt der Energiegesetzgebung nach Art. 194 Abs. 2 UAbs. 1 und Abs. 3 AEUV. Beeinflusst werden die Ziele von den im einleitenden Satz des Art. 194 Abs. 1 AEUV enthaltenen Leitprinzipien der Energiepolitik, nämlich dem Geist der Solidarität zwischen den Mitgliedstaaten, dem Rahmen der Verwirklichung oder des Funktionierens des Binnenmarkts sowie der Berücksichtigung der Notwendigkeit der Erhaltung und Verbesserung der Umwelt. Besondere Grenzen der Unionskompetenz im Energiebereich enthält Art. 194 Abs. 2 UAbs. 2 AEUV.

II. Weitere Regelungen des materiellen Energierechts

Die zweite in kompetenzieller Hinsicht bedeutsame Vorschrift des Energie-Primärrechts ist die novellierte Regelung über Maßnahmen der Union bei gravierenden Schwierigkeiten in der Warenversorgung, Art. 122 Abs. 1 AEUV. Anders als dessen Vorgängerregelung, Art. 100 Abs. 1 EG, bezieht Art. 122 Abs. 1 AEUV den Energiebereich ausdrücklich in seinen Anwendungsbereich ein. Die sog. Maßnahmenermächtigung steht nicht im Titel über die Energiepolitik, sondern stellt einen Unterfall der Wirtschaftspolitik der Union dar. Art. 122 Abs. 1 AEUV betrifft also den Energiebereich nicht hauptsächlich, sondern – im Rahmen einer wirtschaftspolitischen Regelung – nur nebenbei. Einen eingegrenzten Aspekt der Energiepolitik berühren auch die Vorschriften über den Ausbau der transeuropäischen Netze im Bereich Energie (TEN-E) nach Art. 170 ff. AEUV. Schließlich bleibt die EAG nach den Änderungen des Vertrags von Lissabon als Gemeinschaft neben der Union bestehen. Deren Rechtsgrundlage, der Vertrag zur Gründung der Europäischen Atomgemeinschaft (EAGV), enthält eine Vielzahl von Regelungen zum Atomenergierecht.

---

[11] Siehe Anhang IV dieser Bearbeitung.

C. Eingrenzung des Themas

Das Ziel dieser Arbeit ist die umfassende rechtliche Würdigung der allgemeinen Energiekompetenz im Primärrecht der Europäischen Union, insbesondere die Analyse der Ziele und Leitprinzipien des Art. 194 Abs. 1 AEUV und die Abgrenzung gegenüber anderen Rechtsgrundlagen.

Mit dem Begriff der *allgemeinen Energiekompetenz* soll der Gegenstand der Untersuchung zunächst von Bestimmungen anderer Politikbereiche abgegrenzt werden, denen zwar unter Umständen eine gewisse Relevanz für den Sachbereich „Energie" zukommt, diesen aber textlich nicht erwähnen.[12] Insofern handelt es sich schon nicht um eine „Energiekompetenz" im Sinne des Wortes. Die genannten Art. 122 Abs. 1 AEUV und Art. 170 ff. AEUV stellen dagegen Bestimmungen dar, die lediglich einen Teilausschnitt der Energiepolitik betreffen; sie sind also keine „allgemeinen", sondern besondere Energiekompetenzen. Dasselbe gilt für die Vorschriften des EAGV, der zwar verschiedene Ermächtigungen für den Erlass energiepolitischer Maßnahmen enthält, jedoch auf das Atomenergierecht beschränkt ist.[13] Besondere Energiekompetenzen werden im Folgenden nur untersucht, soweit sie für die allgemeine Energiekompetenz von Relevanz sind, was insbesondere dann der Fall ist, wenn sich tatbestandliche Überschneidungen ergeben und damit die Frage nach Konkurrenzen erwächst.

Dass sich Kompetenzen, d.h. hoheitliche Befugnisse, nur aus dem *Primärrecht* und nicht aus dem Sekundärrecht ergeben können, ist unter der Geltung des Prinzips der begrenzten Einzelermächtigung nach Art. 5 Abs. 1 S. 1 EUV (vgl. Art. 5 Abs. 1 EG) selbstverständlich.[14] Mit dem Titel dieser Arbeit soll ausgedrückt werden, dass Art. 194 AEUV zwar den Ausgangspunkt und Hauptgegenstand der Untersuchung bildet, aber nicht den alleinigen Maßstab für die Beurteilung der allgemeinen Energiekompetenz darstellen kann. Der Schlüssel für das richtige Verständnis der vorerst jüngsten Fassung des Energieartikels ist die Kenntnis seiner Ursprünge. Der Vergleich von Unterschieden und Gemeinsamkeiten zwischen Art. 194 AEUV und seinen Vorgängernormen liefert wichtige

---

12 So etwa die Binnenmarkt- und die Umweltpolitik nach Art. 26 ff., 114 ff. AEUV bzw. Art. 191 ff. AEUV. Eine synoptische Gegenüberstellung der energiepolitisch relevanten Vorschriften nach alter und neuer Rechtslage findet sich bei *Fischer*, Integration 1/2009, 50 (53 f.).

13 Vgl. insbesondere die Aufgaben- und Tätigkeitsbeschreibungen in Art. 1 und 2 EAGV sowie die Aufzählung der vom Vertrag betroffenen (Kern-)Brennstoffe in Art. 197 EAGV.

14 Zum Primärrecht zählen neben den Gründungsverträgen der Europäischen Gemeinschaften und der Europäischen Union auch die entsprechenden Änderungsverträge und angehängten Protokolle. Dieses wird durch die Mitgliedstaaten erlassen und geändert, vgl. Art. 48 EUV, es besteht also keine „Kompetenz-Kompetenz". Das Sekundärrecht bildet die Summe der aus dem Primärrecht abgeleiteten Rechtsakte der Gemeinschaften bzw. der Union.

Anhaltspunkte für die Auslegung der Tatbestandsmerkmale. Zwei frühere Versionen des Energiekompetenztitels sind diesbezüglich von besonderem Interesse. Zum einen handelt es sich dabei um Art. III-256 EUVV, der die direkte Vorlage für den aktuellen Energieartikel bot und bis auf wenige – aber nicht unwesentliche – Einzelheiten mit Art. 194 AEUV übereinstimmt. Die spezifische Bedeutung des Art. III-256 EUVV liegt darin, dass seine Entstehung anlässlich des öffentlich tagenden Verfassungskonvents gut dokumentiert ist und damit Rückschlüsse auf die Motive des Gesetzgebers zulässt, die wiederum auf Art. 194 AEUV übertragbar sind. Zum anderen existiert, vom energierechtlichen Schrifttum kaum beachtet, der Entwurf eines Energiekompetenztitels der Europäischen Kommission aus dem Jahr 1990. Der im Vorfeld der Regierungskonferenz von 1992 erstellte Textentwurf (TE) enthält Vorgaben, die erhebliche Übereinstimmungen mit den späteren Energieartikeln aufweisen.[15] Obwohl dieser mangels politischer Einigung nicht den Weg in den Vertrag von Maastricht fand und nicht durch ein erfolgreiches Vertragsänderungsverfahren legitimiert ist, liefert der TE doch als Urfassung des Energiekompetenztitels wichtige Anhaltspunkte für die Auslegung des Art. 194 AEUV.

Die Untersuchung der Energiekompetenz im Primärrecht der *Europäischen Union* bedeutet schließlich, dass die Rechtslage nach dem ehemaligen EG-Energierecht – sofern man von einem solchen überhaupt sprechen kann – weitgehend außer Betracht bleibt. Abgesehen von dem folgenden, ebenfalls vor dem Hintergrund des Inkrafttretens der Energiekompetenz erstellten Überblick zur Politik im Energiebereich und dem rechtlichen Reformbedarf, wird der Bezug zum ehemaligen Recht nur dort hergestellt, wo es für die Auslegung des Art. 194 AEUV erforderlich ist. Aus Gründen der Übersichtlichkeit wird lediglich bei der Zitierung von Vorschriften, die durch den Vertrag von Lissabon keine substantiellen Änderungen erfahren haben, die entsprechende Vorgängerregelung im EG/EUV a.F. in Klammern mitzitiert.

15 Abgedruckt in BullEG, Beilage 2/91, S. 151 f. sowie in Anhang I dieser Bearbeitung.

D. Methodik: Die Auslegung des Energieartikels

Die Auslegung des Art. 194 AEUV und der übrigen für das europäische Primär-Energierecht grundlegenden Vorschriften sieht sich den Problemen ausgesetzt, die die Untersuchung jüngst in Kraft getretener Rechtsmaterie aufwirft. Bei der Untersuchung des Unionsrechts kann bislang weder auf eine gefestigte Praxis der EU-Organe, noch auf Rechtsprechung des EuGH zurückgegriffen werden. Aufgrund dieser Besonderheiten kommt neben der Untersuchung des Wortlauts auch der historischen Auslegung des Energiekompetenztitels besondere Bedeutung zu.

I. Die Auslegung nach Wortlaut, Teleologie und Systematik

Wie im Völkerrecht und den nationalen Rechtsordnungen der Mitgliedstaaten gilt bei der Auslegung des Gemeinschafts- bzw. Unionsrechts als erster Grundsatz, dass der Text gemäß seinem Wortlaut aus sich selbst heraus auszulegen ist.[16] Gibt der Wortlaut klaren Aufschluss, erübrigen sich alle anderen Methoden eines Vorgehens nach Zweck, Systematik und Willen des Gesetzgebers.[17] Die Bestimmung des natürlichen und des juristischen Wortsinns begegnet auf europäischer Ebene aber besonderen Schwierigkeiten. Nach Art. 55 EUV (Art. 53 EUV a.F.) sind die Verträge wie bisher nicht nur in der Urfassung einer Sprache, sondern in allen nach aktuellem Erweiterungsstand 23 genannten Amts- und Arbeitssprachen der Union verbindlich. Die inhaltsgleiche Regelung des Art. 314 EG wurde zwar nicht in den AEUV übernommen. Es ist aber davon auszugehen, dass der Gesetzgeber eine separate Normierung der Bestimmung aufgrund der Verschmelzung von Union und Gemeinschaften für nicht erforderlich hielt,[18] Art. 55 EUV also auch für die Auslegung des AEUV gilt.[19]

Die Mehrsprachigkeit des Unionsrechts bietet einerseits Vorteile, da die Übersetzung der Vorentwürfe im Gesetzgebungsverfahren Unstimmigkeiten des Normtextes zu Tage bringt und dadurch die Gesetzesqualität verbessert, führt jedoch andererseits unweigerlich zu Sprachdivergenzen.[20] Vor allem im Sekundärrecht, das von einer hohen Regelungsdichte gekennzeichnet ist und häufig unter Zeit- und Ergebnisdruck zustande kommt, können die Sprachfassungen

---

16 Vgl. *Oppermann*, Europarecht, § 8 Rdn. 20; *Pechstein/Drechsler*, in: Riesenhuber, Europäische Methodenlehre, § 8 Rdn. 18. Gesichert wird die Auslegung – wie die Wahrung des Rechts insgesamt – vom EuGH, vgl. Art. 19 EUV (Art. 220 EGV).

17 *Leisner*, EuR 2007, 689 (701).

18 Vgl. *Hatje*, in: Schwarze, EU-Kommentar, Art. 314 EGV Rdn. 4.

19 Art. 55 EUV ist im Hinblick darauf, dass die Regelung nur auf „Diese[n] Vertrag“ Bezug nimmt, an anderer Stelle aber meist von „den Verträgen“ die Rede ist, vgl. nur Art. 1 Abs. 3 EUV, misslungen.

20 Dazu ausführlich *Schübel-Pfister*, Sprache und Gemeinschaftsrecht, S. 92 ff.

Unterschiede aufweisen. Wie im Folgenden am Beispiel des Art. 194 AEUV deutlich wird,[21] existieren Abweichungen zwischen den verwendeten Begriffen bzw. den von ihnen ausgedrückten Bedeutungen jedoch auch im Primärrecht. Im Fall der inhaltlichen Inkongruenz mehrerer Sprachfassungen überprüft der EuGH den Wortlaut der betroffenen Regelung am Maßstab teleologischer und systematischer Aspekte und zieht somit auch andere Auslegungsmethoden zu Rate.[22]

Die Wortbedeutung in der Mehrheit der Amtssprachen kann bei missverständlichen Begriffen ebenfalls zur Auslegung herangezogen werden, bildet allein jedoch kein hinreichendes Kriterium zur Feststellung des Norminhalts.[23] Der EuGH nimmt einen wertenden Textvergleich vor und entscheidet sich für diejenige Sprachfassung, die der Systematik sowie dem Sinn und Zweck der Gesamtregelung am besten entspricht.[24] Die Auslegung des Wortlauts wird also durch andere Interpretationsmethoden gestützt und bestätigt.[25] Ein Rangverhältnis der einzelnen Auslegungsmethoden ergibt sich weder aus dem Primärrecht selbst, noch aus den Urteilen des EuGH.[26] Bei der Bestimmung des Wortsinns ist darüber hinaus zu beachten, dass sich die Interpretation einer Norm nach der Rechtsprechung des EuGH weder an dem gewöhnlichen Sprachgebrauch, noch an gleich lautenden Begriffen im nationalen Recht, sondern an dem spezifischen Sprachgebrauch des Primärrechts orientiert.[27] Im Laufe dieser Arbeit wird auf den Text anderer Sprachfassungen immer dann eingegangen, wenn Abweichungen in der Bedeutung eines Wortes eine Auseinandersetzung erforderlich machen.

---

21 Siehe bspw. unten Kap. 3 E. III. 1. c) sowie Kap. 3 H. III. 3. b).

22 *Buck*, Über die Auslegungsmethoden des EuGH, S. 176; *Pechstein/Drechsler*, in: Riesenhuber, Europäische Methodenlehre, § 8 Rdn. 20.

23 Buck, Über die Auslegungsmethoden des EuGH, S.176.

24 Gelegentlich ist der EuGH jedoch davon ausgegangen, dass bei eindeutigem Wortlaut nicht mehr auf andere Auslegungsmethoden zurückzugreifen sei („*in claris non fit interpretatio*"), vgl. *Oppermann*, Europarecht, § 8 Rdn. 21; *Schübel-Pfister*, Sprache und Gemeinschaftsrecht, S. 133 f; Buck, Über die Auslegungsmethoden des EuGH, S. 161 ff.; *Müller/Christensen*, Juristische Methodik, S. 28 ff.

25 Vgl. insbesondere EuGH, Rs. C-36/98 (Spanien/Rat), Slg. 2001, I-779, Tz. 49: „Weichen aber die sprachlichen Fassungen einer Gemeinschaftsvorschrift voneinander ab, so muss die Vorschrift anhand der allgemeinen Systematik und des Zweckes der Regelung ausgelegt werden, zu der sie gehört."

26 Vgl. *Leisner*, EuR 2007, 689 (695, 700); *Pechstein/Drechsler*, in: Riesenhuber, Europäische Methodenlehre, § 8 Rdn. 39. Zu den Bedenken gegenüber der Anwendung der historischen Auslegung sogleich.

27 *Schroeder*, JuS 2004, 180 (185) unter Verweis auf EuGH, Rs. 43/75 (Defrenne/Sabena), Slg. 1976, 455 Tz. 28.

II. Die historische Auslegung

Zu den klassischen Auslegungsmethoden des nationalen Rechts zählt darüber hinaus die historische Auslegung. Die historische Auslegung bezieht sich auf den rechts- und gesetzgebungsgeschichtlichen Hintergrund einer Regelung, z.B. etwaigen Vorläufern der Norm oder politisch-sozialen Entwicklung, und bezieht dabei insbesondere die Analyse der Gesetzgebungsmaterialien ein.[28] Hauptsächlich wird dabei („subjektiv-historisch“) auf den tatsächlichen Willen des historischen Gesetzgebers abgestellt, teilweise daneben oder stattdessen („objektiv-historisch“) die Funktion der Norm zum Zeitpunkt ihrer Entstehung untersucht.[29] „Gesetzgeber“ des Primärrechts im Sinne der historischen Auslegung ist die Gesamtheit der vertragsschließenden Mitgliedstaaten.[30]

Ohne dass der EuGH ausdrücklich einen Nachrang gegenüber einer anderen Interpretationsmethode angenommen hat, kommt der historischen Auslegung des primären Gemeinschaftsrechts gegenüber den übrigen Auslegungsmethoden bislang eine untergeordnete Rolle zu.[31] Eine Schwierigkeit tatsächlicher Art besteht darin, dass die Normen des Gemeinschaftsrechts von politischen Entscheidungen und Kompromissen geprägt sind.[32] Meist lassen primärrechtliche Vorschriften keinen einheitlichen Willen der Mitgliedstaaten erkennen, sondern sind im Gegenteil von verschiedenen, unter Umständen widerstreitenden Interessen gekennzeichnet. Wenn man berücksichtigt, dass eine Regelung unter systematischen Gesichtspunkten kein unteilbares Ganzes darstellt, sondern sich in verschiedene Funktionseinheiten untergliedern lässt, muss der Kompromisscharakter einer Norm ihrer historischen Auslegung aber nicht entgegenstehen. Das Beispiel des Art. 194 AEUV zeigt, dass etwa Motive für die Aufnahme von Ausnahmeregelungen über das Verständnis des Regelfalls Aufschluss geben. Wenn wie beim Energieartikel mehrere zu unterschiedlichen Zeitpunkten entstandene Versionen einer Norm existieren, kann die Übernahme oder die Streichung eines bestimmten Elementes ebenfalls Erkenntnisse über die Bedeutung der Norm vermitteln. Der Zweck einer Norm ist auch zum Zeitpunkt ihrer Ent-

---

28 Der zuletzt genannte Aspekt, der Erforschung des gesetzgeberischen Willens anhand der Gesetzesmaterialen wird teilweise als selbständige Auslegungsmethode erachtet. Die sog. genetische Auslegung lässt sich aber – wie hier im Folgenden – ebenso als Unterfall der historischen Auslegung begreifen. Unterschiede in der Sache ergeben sich nicht, vgl. *Gruber*, Methoden des internationalen Einheitsrechts, S. 163.

29 Vgl. *Pechstein/Drechsler*, in: Riesenhuber, Europäische Methodenlehre, § 8 Rdn. 1, 32.

30 *Leisner*, EuR 2007, 689 (697, 702).

31 *Müller/Christensen*, Juristische Methodik, S. 319; *Oppermann*, Europarecht, § 8 Rdn. 25; *Bleckmann*, in: Bleckmann, Europarecht, Rdn. 538; *Pechstein/Drechsler*, in: Riesenhuber, Europäische Methodenlehre, § 8 Rdn. 1, 32; *Schübel-Pfister*, Sprache und Gemeinschaftsrecht, S. 131 f.

32 *Pechstein/Drechsler*, in: Riesenhuber, Europäische Methodenlehre, § 8 Rdn. 32.

stehung regelmäßig nicht so weit eingeschränkt, dass er eine dynamische, zeitgemäße Auslegung für die Zukunft behindert.[33]

Die zurückhaltende Anwendung der historischen Auslegungsmethode durch die Rechtsprechung hat andere Gründe. Das rechtsstaatliche Prinzip des rechtlichen Gehörs im Verfahren verbot es dem EuGH nach eigenem Verständnis bislang, zur Konkretisierung von Gesetzen Materialien heranzuziehen, die nicht allen Teilnehmern des Verfahrens nicht zugänglich waren.[34] Das Erfordernis einer solchen methodischen Beschränkung hat jedoch aufgrund der verbesserten Transparenz des Verlaufs der politischen Entscheidungsfindung gegenüber früheren Vertragsänderungen nachgelassen. Insbesondere die Arbeit des Verfassungskonvents, aber auch die Ergebnisse der Regierungskonferenzen der Jahre 2000, 2004 und 2007 wurden dokumentiert und der Öffentlichkeit zugänglich gemacht. Damit sind die Motive der an den Reformen beteiligten Akteure zumindest teilweise offen gelegt und lassen Rückschlüsse auf den Zweck und die Zielsetzung der Vertragsformulierung zu. Taugliche Grundlagen für die Ermittlung des gesetzgeberischen Willens sind sämtliche Unterlagen unabhängig von ihrer Bezeichnung, z.B. als „Dokumente", „Materialien" oder „Vorarbeiten".[35] Aus empirischer Sicht lassen sich die für die Entstehung des Energieartikels maßgeblichen Verhandlungen des EUVV und des Vertrags von Lissabon darum durchaus für dessen Auslegung fruchtbar machen.[36] Wenn der Rückschluss von mangelnder Zugänglichkeit von Gesetzgebungsmaterialien auf eine geringere Bedeutung der historischen Auslegungsmethode jemals tragfähig war,[37] so ist dieser Einwand mit der Veröffentlichung der Informationen über den Hintergrund der Vertragsentstehung entfallen. Es bestehen auch keine grundsätzlichen Bedenken, Rechtsauffassungen nationaler Instanzen wie Parlamenten oder Verfassungsgerichten, die über Inhalt und Tragweite von Hoheitsübertragungen auf die Union Aufschluss geben, in die Auslegung einzubeziehen.[38] Es ist daher zu erwarten, dass die historische Interpretation des Primärrechts, wie sie im Folgenden kontinuierlich angewendet wird, auch die Rechtsprechung des EuGH

---

33 So aber wohl *Pechstein/Drechsler*, in: Riesenhuber, Europäische Methodenlehre, § 8 Rdn. 32.

34 Aus diesem Grund gilt die zurückhaltende Anwendung der historischen Auslegungsmethode durch den EuGH auch nicht für das sekundäre Gemeinschaftsrecht, das der Begründungspflicht nach Art. 253 EG unterliegt und die Gründe der Rechtsetzung regelmäßig ausreichend dokumentiert, *Müller/Christensen*, Juristische Methodik, S. 68, 319 m.w.N.

35 Siehe *Leisner*, EuR 2007, 689 (703).

36 Grundsätzlich a.A. ist scheinbar *Schwarze*, in: Schwarze, EU-Kommentar, Art. 220 EGV Rdn. 28: eine historische Auslegung, die nach dem Willen des Normgebers fragt, sei in Bezug auf das Vertragsrecht mangels Zugänglichkeit der Verhandlungsprotokolle nicht möglich.

37 Kritisch insbesondere auch *Leisner*, EuR 2007, 689 (696).

38 *Leisner*, EuR 2007, 689 (704).

beeinflussen wird. Im europawissenschaftlichen Schrifttum lässt sich ein verstärkter Rückgriff auf die Begleitdokumente des Reformprozesses zum Zweck der Vertragsauslegung bereits beobachten.[39]

E. Gang der Untersuchung

Im Anschluss an diese Einleitung befasst sich Kapitel 2 mit der Entstehungsgeschichte des Energiekompetenztitels. Zunächst werden die verschieden Phasen europäischer Energiepolitik, ihre bruchstückhaften Rechtsgrundlagen sowie die Notwendigkeit einer umfassenden Energiepolitik der Union dargestellt (A.). Im Anschluss (B.) wird die Geschichte des Vertrags von Lissabon erörtert, bevor im Hauptteil des zweiten Kapitels (C.) die Bemühungen um die Einführung einer allgemeinen Energiekompetenz von den Gründungsverträgen der Europäischen Gemeinschaften bis zum Vertrag von Lissabon (C.I.-C.X.) geschildert werden.

Vorschläge und Änderungen, die über bestimmte Teilaspekte der Energiekompetenz Aufschluss geben, werden an der jeweils relevanten Stelle in Kapitel 3 erörtert. Darin erfolgt die umfassende Untersuchung des Energieartikels, wobei dessen Stellung im Kompetenzgefüge der Unionsrechtsordnung nach dem Vertrag von Lissabon den Ausgangspunkt bildet (A.), bevor der Frage nachgegangen wird, was die „Energiepolitik“ im Sinne ihrer Verwendung als Rechtsbegriff ausmacht (B.). Im Hauptteil dieser Arbeit werden die unterschiedlichen Elemente des Art. 194 Abs. 1 AEUV (C.I.), nämlich die energiepolitischen Leitprinzipien im einleitenden Satz (C.II.) und die Zielbestimmungen des Art. 194 Abs. 1 lit. a-d AEUV (C.III.), sowie ihr Verhältnis zu- und untereinander (C.IV.) analysiert. Im Zusammenhang mit den einzelnen Zielbestimmungen, die für den Inhalt energiepolitischer Rechtsakte maßgeblich sind, wird auch auf die Konkurrenzen zu überschneidenden Sachpolitiken eingegangen. Nach einer Darstellung der in Art. 194 Abs. 2 UAbs. 1 und Abs. 3 AEUV vorgesehenen Handlungsformen und Arten des Gesetzgebungsverfahrens (D.) findet eine Auseinandersetzung mit den Grenzen der energiepolitischen Ermächtigung statt (E.). Am Ende der Untersuchung steht die Zusammenfassung der Ergebnisse (F.).

---

39 *Wendel*, in: Pernice, Der Vertrag von Lissabon, S. 152 m.w.N.

Kapitel 2: Hintergrund und Entstehungsgeschichte des Energieartikels

A. Die gemeinsame Energiepolitik im Überblick

I. Die Entwicklung der europäischen Energiepolitik

1. Die frühe gemeinschaftliche Energiepolitik

Mit dem im Jahr 1952 in Kraft getretenen Vertrag über die Europäische Gemeinschaft für Kohle und Stahl (EGKSV) wurde die Rechtsgrundlage für ein umfassendes Konzept zur Vergemeinschaftung des Energieträgers Kohle gelegt. Die Schaffung eines gemeinsamen Marktes auf diesem Gebiet diente der Rüstungskontrolle und war damit in erster Linie friedens- bzw. sicherheitspolitischer Art.[40] Der Begriff der gemeinschaftlichen Energiepolitik tauchte zum ersten Mal 1955 während der Messina-Konferenz auf, die den Weg zu einer erweiterten europäischen Integration in Gestalt der Europäischen Wirtschaftsgemeinschaft (EWG) und der Europäischen Atomgemeinschaft (EAG / EURATOM) ebnete.[41] Im Jahr 1957 wurde der EAGV gemeinsam mit dem Vertrag zur Gründung der Europäischen Wirtschaftsgemeinschaft (EWGV) in Rom ratifiziert. In ihrem energiepolitischen Kern, der Gewährleistung der Versorgungssicherheit, der Nichtdiskriminierung und der Bildung marktwirtschaftlicher Preise, stimmten EAGV und EGKSV überein.[42] Zwei der drei Europäischen Gemeinschaften dienten damit der gemeinschaftlichen Kontrolle der Energieträger „Kohle", bzw. „Kernbrennstoff". Die ursprüngliche Fassung des EWGV enthielt demgegenüber keine energiepolitische Ermächtigungsgrundlage. Eine sektorübergreifende Energiepolitik der Gemeinschaften fand nicht statt. Weder die Vereinbarung über „Mittel und Wege zu einer koordinierten Energiepolitik"[43] noch die spätere Einsetzung einer Arbeitsgruppe „Energie", der jeweils zwei Mitglieder der drei Exekutiven der Gemeinschaften angehörten, führten zu wirkungsvollen Beschlüssen.[44]

Trotz des Strukturwandels auf dem Energiemarkt blieb die Energiepolitik der Gemeinschaften, insbesondere die der jungen EWG, lange Zeit vom Stillstand geprägt.[45] Die Mitgliedstaaten handelten nicht konzertiert, sondern trafen

---

40 Vgl. nur *Grunwald*, Das Energierecht der EG, S. 37 ff.

41 *Faross*, in: Michaelis/Salander, Handbuch Kernenergie, S. 205 f.

42 *Grunwald*, Das Energierecht der EG, S. 15.

43 Dazu *Grunwald*, Das Energierecht der EG, S. 41.

44 *Ipsen*, EG-Recht, 49/26 (S. 910).

45 Ende der 50er Jahre kam es zu einer Veränderung der Nachfragestruktur, die zusammen mit der Steigerung des Gesamtenergieverbrauchs zu einem sprunghaften Anstieg der weltweiten Erdölförderung und -gewinnung führte. Der zunächst nachhaltig erscheinende Kohlemangel der Nachkriegsjahre wurde durch den Bedarf an Erdölerzeugnissen ab-

jeweils eigene Maßnahmen, um die Einfuhr von Kohle aus Drittstaaten zu beschränken.[46] Die vereinzelten Vereinbarungen zwischen EG-Organen oder auf Regierungsebene bezogen sich nicht auf die Etablierung eines gemeinschaftseigenen energiepolitischen Betätigungsfeldes, sondern hatten zumeist beratenden oder analytischen Charakter und stellten lediglich den Versuch einer Koordinierung der einzelnen nationalstaatlichen Maßnahmen dar.[47]

Erst in den 1960er Jahren kam es zu ersten, vereinzelten Initiativen und Vorschlägen, die jenseits einer sektorspezifischen Förderung der Energieträger Kohle und Kernenergie einen weiteren Ansatz verfolgten und eine umfassende europäische Energiepolitik einleiteten. Politisch bedeutsam – aber ohne rechtliche Folgen – waren das „Memorandum über eine Energiepolitik" von Juni 1962 und das darauf aufbauende „Protokoll eines Abkommens betreffend die Energiefragen" von April 1964.[48] In dem Regierungsabkommen wurde das Gesamtvorhaben eines gemeinsamen Energiemarktes beschrieben, indem Vorhaben für einzelne Energien bezeichnet und gemeinsame Wettbewerbsregeln und -bedingungen für alle Energieträger aufgestellt wurden.[49] Abgesehen von der rechtlich höchst umstrittenen Gestaltung[50] erlangte das Protokoll auch kaum praktische Bedeutung. Organisatorisch fehlte es zur Realisierung des Abkommens an einer einheitlichen Exekutive, die erst mit dem Inkrafttreten des Fusionsvertrags am 1. Juli 1967 ihre Arbeit aufnahm.[51] Auch das Basisdokument einer „Erste[n] Orientierung einer gemeinschaftlichen Energiepolitik" unter der Gemeinsamen Kommission von EGKS, EWG und EAG aus dem Jahr 1968 führte nicht zu vermehrter Rechtsetzungstätigkeit der Gemeinschaften.[52] Eine

---

gelöst. Hinzu kam der Wettbewerbsdruck, unter dem die heimische Kohleproduktion gegenüber der deutlich günstigeren Importkohle aus Übersee stand. Vgl. dazu *Hellwig*, in: Friedrich-Ebert-Stiftung, Energiepolitik im Gemeinsamen Markt, S. 12; *Ipsen*, EG-Recht, 49/1 (S. 891); *Hallstein*, Der unvollendete Bundesstaat, S. 168 f.

46 So setzte bspw. Frankreich auf mengenmäßige Einfuhrbeschränkungen, während in Deutschland Zölle erhoben wurden, *Daintith/Williams*, Legal Integration of Energy Markets, S. 134.

47 *Hüffer/Ipsen/Tettinger*, Die Transitrichtlinien für Gas und Elektrizität, S. 103 f.

48 Bull.EGKS 1962, 2. Sondernummer; ABl. 1964, Nr. 69, S. 1099.

49 *Ipsen*, EG-Recht, 49/26 (S. 910 f.); *Püttner*, in: Clauder, Einführung in die Rechtsfragen der europäischen Integration, S. 144; *Hallstein*, Der unvollkommene Bundesstaat, S. 173.

50 Rechtlich handelte es sich um den Abschluss eines völkerrechtlichen Vertrages der beteiligten Staaten durch ihre Regierungen ohne Ratifizierung mit dem Inhalt eines Auftrages und einer Ermächtigung an die Exekutivorgane der Gemeinschaften, im Sinne der beschlossenen Grundsätze tätig zu werden, *Püttner*, in: Clauder, Einführung in die Rechtsfragen der europäischen Integration, S. 144.

51 Vgl. *Ipsen*, EG-Recht, 49/26 (S. 911); zu den Auswirkungen des Fusionsvertrags auf das primäre Energierecht der Gemeinschaften siehe unten Kap. 2 C. II.

52 S. *Grunwald*, Das Energierecht der EG, S. 43.

Ausnahme bildet einzig die Richtlinie 68/414/EWG,[53] die in mehrfach modifizierter Form noch heute gilt und die Mitgliedstaaten zur Mineralölbevorratung verpflichtet. Das „Protokoll eines Abkommens betreffend die Energiefragen" und die „Erste Orientierung" markierten die ersten Versuche, eine Grundlage für eine bereichsübergreifende europäische Energiepolitik zu schaffen.[54] Von einem ganzheitlichen energiepolitischen Konzept waren die Gemeinschaften aber noch weit entfernt.[55]

2. Energiepolitik in Krisenzeiten

Erst vor dem Hintergrund der ersten Ölkrise wurde der überstaatlichen Energiepolitik größere Aufmerksamkeit zuteil. Nachdem die Mitgliedstaaten der Organisation Erdöl exportierender Länder (OPEC) im Oktober 1973 die Referenzpreise für Rohöl unter gleichzeitiger Drosselung der Produktion erhöhten, kam es zu einer Steigerung des Preises von zunächst 3 auf 5, später auf etwa 12 Dollar je Barrel Rohöl, was in weiten Teilen Europas und der Welt zu erheblichen konjunkturellen Schwierigkeiten führte. Trotz reger Vorschlagstätigkeit der Kommission traf der Rat erst etwa ein Jahr nach den Ereignissen des Herbstes 1973 die „Entschließung betreffend eine[r] neue[n] energiepolitische[n] Strategie für die Gemeinschaft, in der er gemeinschaftliche Ziele und Maßnahmen formulierte, um „eine sichere und dauerhafte Versorgung mit Energie unter zufrieden stellenden wirtschaftlichen Bedingungen" zu erreichen.[56] Darin betonte der Rat zum ersten Mal, dass „eine gemeinschaftliche Energiepolitik durch die neuen Gegebenheiten auf dem Weltenergiemarkt notwendig und dringlich geworden" sei.[57] Am 9. und 10. Dezember 1974 kamen die Regierungschefs der damals neun Mitgliedstaaten der Europäischen Gemeinschaften zu einem Gipfeltreffen[58] zusammen und ersuchten die Organe der Gemeinschaft, so bald wie möglich eine gemeinsame Energiepolitik auszuarbeiten und durchzuführen. Die „weltweiten Aspekte der Energieprobleme" erforderten „eine Zusammenarbeit der Verbraucherländer untereinander sowie zwischen Verbraucherländern und

---

53 ABl. 1968, Nr. L 308, S. 14.

54 *Burgbacher*, et 1964, 282, bezeichnet das „Protokoll eines Abkommens betreffend die Energiefragen" als den Beginn einer europäischen Energiewirtschaftspolitik. *Ipsen*, EG-Recht, 49/26 (S. 911) sieht in der „Ersten Orientierung" unter Hinweis auf die Parallelen zu den allgemeinen Integrationszielen des EWGV eine Grundlage für die „künftige Entwicklung einer gemeinschaftlichen Energiepolitik".

55 Vgl. *Grunwald*, Das Energierecht der Europäischen Gemeinschaften, S. 41 ff.; *Oppermann*, Europarecht, § 20 Rn. 6 ff.; *Krämer*, Die Europäische Gemeinschaft und die Ölkrise, 1974, S. 9 ff.; *Daintith/Williams*, Legal Integration of Energy Markets, S. 134 ff.

56 ABl. 1975, Nr. C 153, S. 1 ff.

57 ABl. 1975, Nr. C 153, S. 1.

58 Im Schlusskommuniqué der Veranstaltung wurde vereinbart, dass die Gespräche fortan in regelmäßigen Abständen stattfinden sollten, womit der Europäische Rat eingesetzt wurde, der im folgenden Jahr zum ersten Mal tagte.

Erzeugerländern".[59] Die gemeinsame Politik beschränkte sich nach der ersten Ölkrise aber noch darauf, Leitlinien für die Mitgliedstaaten aufzustellen, die eine Senkung der Energienachfrage und die Umstellung der Struktur des Energieverbrauchs auf sichere Energiequellen, d.h. auf andere als Rohöl, bezweckten.[60] Insbesondere ließ sich zu diesem Zeitpunkt unter den Mitgliedstaaten der Europäischen Gemeinschaften keine Einigkeit über energieaußenpolitische Maßnahmen erzielen. Die Unterschiede in den Standpunkten wurden durch den Boykott der OPEC-Staaten, der die europäischen Staaten je nach ihrer Position zum Nahostkonflikt unterschiedlich traf, noch verschärft. Während etwa Spanien, Frankreich und das Vereinigte Königreich bevorzugt behandelt wurden, wurde über „feindselige" Staaten wie die Niederlande und Portugal ein Embargo verhängt.[61] Im Zuge der iranischen Revolution von 1979 und dem ersten Golfkrieg 1980 kam es erneut zur Drosselung der Ölproduktion, die zu Turbulenzen auf dem Öl-Weltmarkt führten. Die beiden Ölkrisen lösten seitens der EG-Mitgliedstaaten die Erkenntnis aus, dass gemeinsame Maßnahmen getroffen werden müssen, um die Verwundbarkeit Europas auf dem Gebiet der Energieversorgung zu reduzieren. Eine weitere Folge der Verteuerung der Erdölprodukte war die Förderung der Atomenergie, deren Anteil an der Elektrizitätsversorgung der Gemeinschaft zwischen 1973 und 1983 von 8% auf 20% stieg.[62]

3. Die Europäisierung der Energiepolitik

Gegenüber den Anfangsjahren der gemeinschaftlichen Energiepolitik hat die Zahl der Gesetzgebungsverfahren auf dem Gebiet der Energiepolitik in jüngerer Zeit stark zugenommen.[63] Die Gemeinschaft hat eine energiepolitische Führungsrolle[64] übernommen. Obwohl es seitens der Mitgliedstaaten starke Bestrebungen gibt, die Energiepolitik als Gegenstand nationalen Gestaltungsspielraums zu erhalten, werden weite Teile des nationalen Energierechts nicht erst seit Inkrafttreten des Vertrags von Lissabon vom sekundären Gemeinschaftsrecht geprägt. Diese widersprüchliche Entwicklung ist in erster Linie den Bemühungen um die Verwirklichung des Energiebinnenmarktes geschuldet. Neben der Strom-[65] und der kurze Zeit später erlassenen Gasrichtlinie[66] hatte vor allem

---

59 ABl. 1975, Nr. C 153, S. 1.

60 Vgl. *Michaelis*, Europäische Rohstoffpolitik, S. 70; *ders.*, Energiemarkt und Energiepolitik in einer Europäischen Union, S. 34 f.

61 *Haghighi*, Energy Security, S. 36.

62 *Lyons*, EC Energy Policy, S. 44.

63 Eine wachsende Dynamik im Bereich der gemeinsamen Energiepolitik beobachten *Baumann/Turek*, in: Weidenfeld, S. 160 „seit 2006", *Geden/Fischer*, Die Energie- und Klimapolitik der EU, S. 9, „seit Ende 2005". Laut *Pahl*, in: Pernice, Der Vertrag von Lissabon, S. 199, steht die Energiepolitik „spätestens" seit dem „ersten Halbjahr 2007" vor einem „Europäisierungsschub".

64 So *Schmidt-Preuß*, EuR 2006, 463 (465).

65 RL 96/92/EG, ABl. 1997, Nr. L 27, S. 20.

deren Novellierung durch die sog. Beschleunigungsrichtlinien aus dem Jahr 2003[67] maßgeblichen Einfluss auf den energiewirtschaftsrechtlichen Ordnungsrahmen der Mitgliedsstaaten. Trotz umfangreicher Rechtsetzungsaktivität ist die Verwirklichung des Energiebinnenmarktes aus Sicht der Kommission weder in rechtlicher noch in tatsächlicher Hinsicht zufrieden stellend gelungen, was zu den Initiativen des „dritten Binnenmarktpakets" führte.[68]

Die Liberalisierung der Märkte für leitungsgebundene Energien steht jedoch nicht mehr allein im Zentrum der europäischen Energiepolitik. Insbesondere die umwelt- und klimapolitischen Anforderungen haben maßgeblichen Einfluss auf die Entwicklung der EU-Energiepolitik genommen. Die nachdrückliche Betonung des Umweltschutzaspektes zeigt sich nicht zuletzt in der Wortwahl der Kommission, die beabsichtigt, eine „neue industrielle Revolution" hin zu einem kohlenstoffarmen Wachstum in Gang zu setzen.[69] Die Vorschläge des „Energie- und Klimapakets", die der Umsetzung der Ziele zur Senkung der Treibhausgasemissionen und der Erhöhung des Anteils erneuerbarer Energien auf 20% bis 2020 dienen sollen,[70] wurden bereits in die Tat umgesetzt.[71] Ein weiteres Handlungsfeld, auf dem eine vermehrte Tätigkeit erst seit wenigen Jahren zu beobachten ist, ist die Gewährleistung der Energieversorgungssicherheit, etwa durch energiepolitische Dialoge und Partnerschaftsabkommen mit Transit- und Lieferländern[72] oder durch Rechtsakte über Bevorratungspflichten im Öl- und Gasbereich.[73]

II. Rechtsgrundlagen der Energiepolitik vor Lissabon

Die tief greifenden Veränderungen der nationalen Energierechtgesetzgebung durch die europäischen Vorgaben führen zu der Frage nach den Grenzen der Unionskompetenz. Das Sekundärrecht der EU entfaltet zwar nicht nur im Energiesektor eine hohe Regelungsdichte, sondern trifft auch in anderen Sachbereichen flächendeckende Regelungen, was die unionale Kompetenzordnung insgesamt

---

66 RL 98/30/EG, ABl. 1998, Nr. L 204, S. 1.

67 RL 2003/54/EG, ABl. 2003, Nr. L 176, S. 37 bzw. RL 2003/55/EG, ABl. 2003, Nr. L 176, S. 57.

68 Vgl. KOM (2007) 528-532 endg.

69 KOM (2007) 1 endg., S. 6.

70 KOM (2008) 13 endg.; KOM (2008) 16-19 endg.; Europäischer Rat (Brüssel), 8. / 9. März 2007, Schlussfolgerungen des Vorsitzes, 7224/1/07 REV 1 CONCL 1 S. 10 ff.

71 RL 2009/28/EG, ABl. 2009, Nr. L 140, S. 16; RL 2009/29/EG, ABl. 2009, Nr. L 140, S. 63; RL 2009/31/EG, ABl. 2009, Nr. L 140, S. 114; Entscheidung 406/2009/EG, ABl. 2009, Nr. L 140, S. 136.

72 Vgl. Europäischer Rat (Brüssel), 23. /24. März 2006, Schlussfolgerungen des Vorsitzes, 7775/1/06 REV 1 CONCL 1 S. 16; Europäischer Rat (Brüssel), 8. / 9. März 2007, Schlussfolgerungen des Vorsitzes, 7224/1/07 REV 1 CONCL 1 S. 19.

73 Vgl. 2006/67/EG, ABl. 2006, Nr. L 217, S. 8; RL 2004/67/EG, ABl. 2004, Nr. L 127, S. 92.

dem Vorwurf ausgesetzt hat, sie weise einen Automatismus auf, welcher der mitgliedstaatlichen Ebene Kompetenzen entziehe und sie somit ihrer politischen Relevanz und Staatlichkeit untergrabe.[74] Die Kritik der „Europäisierung" ganzer Rechtsgebiete gilt aber in besonderem Maße für die nicht umfassend geregelten Bereiche der Unionsrechtsordnung wie der Energiepolitik.

1. Das Fehlen einer allgemeinen Energiekompetenz

Obwohl die Union schon lange eine Energiepolitik betreibt, die weit über die sektoralen Befugnisse aus EGKSV und EAGV hinausgeht, fehlte es an einer umfassenden energiepolitischen Kompetenzzuweisung im EG. Die Vorschriften des EGSKV, die nach dem Auslaufen des Vertrags im Jahr 2002 ohnehin keine Rechtswirkung mehr entfalteten, betrafen ebenso wie die Regelungen des EAG lediglich spezielle Energieträger und enthielten auch hierfür keineswegs eine energiepolitische Gesamtkonzeption, aus der sich verallgemeinerungsfähige Schlüsse ziehen ließen.[75] Angesichts des Mangels einer ausdrücklichen Zuständigkeit wurde unter der Geltung des EWGV noch bezweifelt, ob die Befugnis für eine bereichsunabhängige gemeinschaftliche Energiepolitik besteht. Bis in die 70er Jahre entsprach es verbreiteter Auffassung, den EWGV in Bezug auf die von ihm ausdrücklich geregelten Wirtschaftsbereiche als abschließend anzusehen, so dass diejenigen Regelungsmaterien, die durch den Vertrag nicht genannt wurden, auch nicht seinem Anwendungsbereich unterfielen.[76] Es sollte zudem zwischen ermittelnder und beratender Tätigkeit einerseits und dem Erlass verbindlicher Entscheidungen andererseits differenziert werden. Während die Entscheidungsbefugnisse strikt zu interpretieren seien, hätten die Gemeinschaftsorgane im Übrigen einen weiten Spielraum und könnten auch Gegenstände in ihre Betrachtung ziehen, hinsichtlich derer ihnen Entscheidungsbefugnisse nicht oder nur in begrenztem Maße zustünden.[77] Das restriktive Verständnis der Möglichkeiten der Gemeinschaftsrechtsetzung wurde jedoch nach und nach zugunsten des sog. Prinzips der Universalität des EWGV aufgegeben, wonach der EWGV grundsätzlich auf sämtliche Wirtschaftszweige Anwendung finden sollte, Bereichsausnahmen also nicht existierten.[78] Die gegenteilige Gemeinschaftspraxis und die weitgehende Akzeptanz durch die Mitgliedstaaten hatten die ent-

---

74 Vgl. nur *von Bogdandy/Bast/Westphal*, Integration 4/2003, 414.

75 *Scholz/Langer*, Europäischer Binnenmarkt und Energiepolitik, S. 208; *Hüffer/Ipsen/Tettinger*, Die Transitrichtlinien für Gas und Elektrizität, S. 102.

76 Vgl. nur *Steindorff*, Grenzen der EG-Kompetenz, S. 75 ff.; *Hüffer/Ipsen/Tettinger*, Die Transitrichtlinien für Gas und Elektrizität, S. 102; *Ipsen*, EG-Recht, S. 890 f.: „Es gibt keine gemeinsame Energiepolitik. Die für ihre Gestaltung erforderlichen Rechtsgrundlagen sind nicht vorhanden." Ebenso: *Rengeling*, Rechtsgrundsätze beim Verwaltungsvollzug des Europäischen Gemeinschaftsrechts, S. 59.

77 *Püttner*, in: Clauder, Einführung in die Rechtsfragen der europäischen Integration, S. 143.

78 *Hüffer/Ipsen/Tettinger*, Die Transitrichtlinien für Gas und Elektrizität, S. 102 m.w.N.

sprechende Auffassung der Kommission bestätigt.[79] Erst eine solche Sichtweise ermöglichte einen eigenen Ansatz der Gemeinschaft, der sich nicht darauf beschränkte, die Energiepolitik der Mitgliedstaaten „außerhalb der Normen" zu koordinieren.[80]

Mit der Einführung des Art. 3 lit. t EGV (Art. 3 Abs. 1 lit. u EG) durch den Vertrag von Maastricht wurde die Gemeinschaftszuständigkeit im Energiebereich schließlich primärrechtlich verankert. Dies bedeutete zwar die grundsätzliche Entscheidung für eine allgemeine Energiepolitik der Gemeinschaft. Ohne Entsprechung in den Politiken des Vertrages blieb die Energie-Zielbestimmung[81] aber unvollkommen. Die in Art. 3 Abs. 1 lit. u EG aufgeführten Bereiche Energie, Katastrophenschutz und Fremdenverkehr waren die einzigen des Art. 3 EG, denen nach kein Kompetenztitel gegenüber gestellt wurde. Aus der Formulierung „nach Maßgabe dieses Vertrags" ergab sich, dass es sich bei den Aufzählungen in Art. 3 Abs. 1 EG lediglich um Zielbestimmungen handelte, die für sich genommen nicht kompetenzbegründend wirkten und keinerlei operative Handlungsbefugnisse mit sich brachten.[82] Grundsätzlich verblieb die Energiepolitik damit im Hoheitsbereich der Mitgliedstaaten. Um dem Auftrag aus Art. 3 Abs. 1 lit. u EG nachzukommen, musste bislang auf Kompetenzvorschriften zurückgegriffen werden, die Handlungsermächtigungen mit anderer Zielrichtung darstellen. Eine „Energiepolitik im engeren Sinne", die über die Zuständigkeit in anderen Gebieten hinaus reichte, fiel nicht in die Gemeinschaftskompetenz.[83]

2. Reichweite der Befugnisse des EG-Vertrags

Aufgrund des Fehlens einer allgemeinen Energiekompetenz war die entscheidende Frage bei der Wahrnehmung energiepolitischer Entscheidungen durch die Union nach bisherigem Recht, wie weit Zuweisungen in anderen Bereichen auch energiepolitische Maßnahmen tragen konnten.

Die binnenmarktbezogene Harmonisierungskompetenz aus Art. 95 EG stellte die für den Erlass energiepolitischer Maßnahmen wichtigste und am häufigsten herangezogene Rechtsgrundlage dar. Obwohl sich der Auftrag, einen euro-

---

79 *Schweitzer*, Der grenzüberschreitende Stromverbund in Europa, S. 117.

80 Vgl. *Lapie*, in: Energiewirtschaftliches Institut, Probleme einer einheitlichen Energiewirtschaftspolitik im Gemeinsamen Markt, S. 61.

81 Obwohl der Begriff nicht in Art. 3 EG enthalten war, hat sich – wie bei den „Aufgaben" des Art. 2 EG – die Bezeichnung der Tätigkeiten der Union als „Ziele" durchgesetzt.

82 *Streinz*, in: Streinz, EUV/EGV, Art. 3 Rdn. 5 EGV; *Ruffert*, in: Calliess/Ruffert, EUV/EGV, Art. 3 Rdn. 2 EGV; *v. Bogdandy*, in: Grabitz/Hilf, Das Recht der EU, Art. 3 Rdn. 3 EGV; *Hatje*, in: Schwarze, EU-Kommentar, Art. 3 EGV Rdn. 1. Demgegenüber scheint *Wirtenberger*, EurUP 2008, 11 (12) der Auffassung zu sein, dass sich aus dem vom Autor als „Kompetenzklausel" bezeichneten Art. 3 EG eine entsprechende Befugnis ergab.

83 Vgl. *Steindorff*, Grenzen der EG-Kompetenzen, S. 78.

päischen Binnenmarkt zu schaffen, unstreitig auch auf die Energiemärkte bezog, wurde die Kompetenz der Gemeinschaft zum Erlass der entsprechenden Binnenmarkt-Richtlinien angesichts der weit reichenden Folgen für die nationalen Rechtsordnungen oft in Frage gestellt.[84] Neben der Vorschrift über die Rechtsangleichung zur Liberalisierung des Binnenmarkts diente eine Vielzahl von Einzelzuständigkeiten dem Erlass energierelevanter Rechtsakte. Insbesondere die umweltrechtliche Kompetenznorm aus Art. 175 EG, die Zuständigkeit für den Erlass von Leitlinien über Transeuropäische Netze gem. Art. 156 EG und die Auffangkompetenz des 308 EG dienten der Gemeinschaft wiederholt als Rechtsgrundlagen für den Erlass energiepolitischer Maßnahmen. Vereinzelt wurden energierelevante Rechtsakte auch auf Art. 26, 47 Abs. 2, 55, 100, 133 und 300 EG gestützt.[85] Die Frage nach der Zuständigkeit für Energiepolitik war untrennbar mit der Reichweite dieser Einzelzuständigkeiten verbunden und konnte damit kaum abstrakt beantwortet werden.[86]

Die Kompetenzdebatte wurde nicht nur auf wissenschaftlicher und rechtspolitischer Ebene geführt, eine besondere Rolle kam auch der Rechtsprechung zu. Die Kontrolle der Einhaltung der gemeinschaftlichen Kompetenzordnung oblag nach bisherigem Recht – ebenso wie nach den Änderungen des Vertrags von Lissabon – dem EuGH.[87] Dass mit der Zunahme der sekundären Rechtsetzung im Energiebereich, die sowohl die Anzahl als auch die Qualität der Rechtsakte betraf, auch die Gefahr einer Verletzung der mitgliedstaatlichen Souveränität wuchs, schlug sich in der Rechtsprechung des EuGH kaum nieder. Im Gegenteil wiesen die Urteile zu den Energiekompetenzen nach dem EG-Vertrag in Richtung einer schrittweisen Ausdehnung der Gemeinschaftszuständigkeit in diesem Bereich.[88] Lediglich der extensiven Anwendung der binnenmarktbezogenen Harmonisierungskompetenz setzte der EuGH in dem Urteil zur Tabakwerbeverbotsrichtlinie 98/43/EG gewisse Grenzen.[89] Darin präzisierte er die Voraussset-

84 Mit Übersicht zu den überwiegend kritischen Ansichten in der Literatur: *Lecheler/Gundel*, EuZW 2003, 621 (622 f.).

85 Nach *Oppermann*, Europarecht, § 20 Rdn. 15, der von einem „Flickenteppich" von Einzelzuständigkeiten spricht.

86 Mit den Gemeinschaftskompetenzen im Energiebereich nach dem EG-Vertrag befassen sich u.a. folgende Autoren: *Schmidt-Preuß*, in: FS Baur 2002, S. 309; *ders.*, in: Energierecht zwischen Umweltschutz und Wettbewerb, S. 27 ff.; *Baur/Blask*, et 2002, 636; *Hüffer/Ipsen/Tettinger*, Die Transitrichtlinien für Gas und Elektrizität, S. 101 f.; *Lecheler/Recknagel*, in: Dauses, Handbuch des EU-Wirtschaftsrechts, Band II, M Rdn. 28 ff; *Krötz*, EG-Kompetenzen einer europäischen Energiepolitik, S. 96 ff.

87 Forderungen nach einem speziellen Kompetenzgericht haben sich nicht durchsetzen können, vgl. *von Bogdandy/Bast/Westphal*, Integration 2003, 414 (418).

88 Mit einer ausführlichen Analyse zum Einfluss der EuGH-Rechtsprechung im Bereich der Energieversorgungssicherheit: *Haghighi*, ELJ 2008, 461 (473 ff.); *dies.*, Energy Security, S. 83 ff.

89 EuGH, Rs. C-376/98 (Deutschland/Parlament), Slg. 2000, I-8419. Die praktische Bedeutung der Beschränkungen blieb allerdings gering. Die Rechtsangleichungskompe-

zungen des Erlasses eines Rechtsakts aufgrund der Rechtsangleichungskompetenz des Art. 100a EGV (Art. 95 EG) und stellte fest, dass eine Richtlinie, die ein weitgehendes Tabakwerbeverbot enthält, nicht als Maßnahme zur Herstellung des Binnenmarkts angesehen werden kann.

III. Die Notwendigkeit einer umfassenden europäischen Energiepolitik

Dem Fehlen der Rechtsgrundlage für eine umfassende Energiepolitik der Union stand das Bedürfnis eines gemeinsamen Ansatzes zur Regelung weiter Teile der energiepolitisch relevanten Fragen gegenüber.

1. Handlungsbereiche trans- und internationaler Bedeutung

Energiepolitik lässt sich bereits seit vielen Jahren nicht mehr als schwerpunktmäßig lokales Problem begreifen, sondern muss sich in vielerlei Hinsicht mit Problemen trans- und internationaler Dimension auseinandersetzen. Neben dem Auftrag zur Schaffung des europäischen Energiebinnenmarktes sind etwa Energieaußenpolitik und Energieumweltpolitik Beispiele für Aufgabenbereiche, die in Europa effektiv nur auf supranationaler Ebene wahrgenommen werden können.

Das auf absehbare Zeit vordringliche Projekt der europäischen Energiepolitik bleibt die Herstellung eines funktionierenden Energiebinnenmarktes, von dem unterschiedliche Auswirkungen positiver Art erhofft werden. Der grenzüberschreitende Handel mit Energie soll in erster Linie die Abschottung regionaler Versorgungsgebiete verhindern und so für echten Wettbewerb sorgen, der den Energieverbrauchern preislich zu Gute kommt. In Anbetracht der hohen Abhängigkeit Europas von Energielieferungen aus Drittländern[90] kann ein funktionierender Wettbewerb im europäischen Binnenmarkt allein aber keine Versorgungssicherheit gewährleisten. Um die kontinuierliche Versorgung mit Energielieferungen zu sichern, sind vielmehr gute Beziehungen zu den wichtigsten Energie exportierenden Ländern erforderlich. Da sich diese für die EU-Mitgliedstaaten je nach geographischer Lage, historischen Beziehungen und Zusammensetzung des Energiemixes unterscheiden,[91] ergibt die Energie-

---

tenz wurde mit Billigung des EuGH auch in den Folgejahren immer wieder für den Erlass von Rechtsakten herangezogen, deren ausreichender Bezug zum Binnenmarkt zumindest fraglich scheint, vgl. nur EuGH, Rs. C-301/06 (Vorratsdatenspeicherung).

90 Alle Mitgliedsstaaten der Europäischen Union mit Ausnahme Dänemarks sind Nettoenergieimporteure. Im Schnitt der EU-27 beträgt die Importabhängigkeit über 50% und ist bei den besonders bedeutenden Energieträgern Öl und Gas noch höher, vgl. *Europäische Kommission*, EU energy and transport in figures, Statistical Pocketbook 2009, S. 30.

91 So decken etwa Portugal und Spanien ihren Gasbedarf zu 100% bzw. 70% aus Algerien und Nigeria, während osteuropäische Länder häufig einseitig von russischen Importen abhängig sind. 2004 bezog Bulgarien 89% seines Rohöl- und 100% seines Gasbedarfs

Außenpolitik der Mitgliedstaaten bislang kein einheitliches Bild. Das System des noch herzustellenden europäischen Energiebinnenmarktes spricht aber dafür, dass sich die Unterschiede in der Versorgungsstruktur der Mitgliedstaaten mittel- und langfristig angleichen. Wenn sämtliche Energien über nationale Grenzen hinweg frei handelbar sind, kann ein Mitgliedstaat zwar noch über die Energieproduktion auf seinem Territorium bestimmen, hat aber wenig Einfluss darauf, auf welche Energieträger sich der heimische Verbrauch stützt.[92] Hinzu kommt, dass die Bedeutung der asiatischen Schwellenländer als Nachfrager auf dem Energiemarkt spiegelbildlich zu deren wirtschaftlichem Aufstieg zunimmt, während der Energiebedarf Europas nahezu stagniert. Eine gemeinsame europäische Energieaußenpolitik kann insoweit helfen, den Bedeutungsverlust und die damit verbundene Schwächung der Verhandlungsposition europäischer Staaten auf dem Weltenergiemarkt aufzufangen.[93]

Die Notwendigkeit gemeinsamen Handelns besteht schließlich auch hinsichtlich des Umwelt- und Klimaschutzaspektes der Energiepolitik. Ebenso wie Umweltschutz vor allem länderübergreifend betrieben werden muss, ist zumindest eine Koordinierung der mitgliedstaatlichen Energiepolitiken erforderlich.[94] Die durch hohen Energieeinsatz mitverursachte Erderwärmung lässt sich weder allein durch einzelstaatliche noch durch europäische Maßnahmen verhindern, sondern macht ein weltweites Handeln erforderlich.

2. Die EU als energiepolitische Akteurin

Neben der EU bestehen noch andere internationale Organisationen, die als Träger energiepolitischer Entscheidungsbefugnisse fungieren. Insofern stellt sich die Frage, ob ein Handeln der EU entscheidende Vorteile gegenüber anderen Einrichtungen bietet. Die wichtigste mit Energiefragen befasste intergouvernementale Organisation auf Seiten der westlichen Nachfrageländer ist die Internationale Energieagentur (IEA). Die 1973 als Reaktion auf die erste Ölkrise gegründete IEA vertritt heute beinahe alle Mitgliedstaaten der OECD und stellt damit einen Zusammenschluss der wichtigsten Industrieländer dar. Inhaltlich beschränken sich die Maßnahmen der IEA nicht auf die bei der Gründung der Organisation als vordringlich erachteten Krisenreaktionsmechanismen in Form der strategischen Erdölreserven. Mit der Zeit wurde das Mandat der IEA auf die Verfolgung allgemein-energiepolitischer Ziele („Shared Goals“) erweitert. Mit der Gewährleistung der Versorgungssicherheit, der Förderung der Energieeffi-

---

aus Russland. Ähnlich abhängig von russischem Öl und/oder Gas sind auch Finnland (77/100%), Ungarn (98/81%), Estland (-/100%), Lettland (97/100%), Litauen (94/100%), Polen (96/63%), Rumänien (62/100%), Slowakei (99/100%); EU Energy Policy Data, SEK (2007) 12.

92 Vgl. *Geden/Noetzel*, SWP Aktuell 5, Januar 2007, S. 6; *Haghighi*, ELJ 2008, 461 (476).

93 Vgl. *Schmidt-Preuß*, in: FS Scholz, S. 905; *ders.*, RdE 2007, 281.

94 Vgl. *Erberich*, in: Bleckmann, Europarecht, § 39 Rdn. 2861.

zienz und dem Schutz der Umwelt decken sich Maximen der IEA weitgehend mit den energiepolitischen Zielen der Union.

Effektive Energiepolitik kann die IEA jedoch nur hinsichtlich der Versorgung mit Erdöl betreiben, das auf dem Weltölmarkt gehandelt wird. Anders als beim Öl, das verhältnismäßig einfach über weite Distanzen transportabel ist, gibt es aufgrund der Leitungsgebundenheit des Gases und der Elektrizität keinen gemeinsamen Markt mit anderen IEA-Ländern wie den Vereinigten Staaten, Japan oder Australien, deren Versorgungsstruktur sich grundlegend von der europäischer Staaten unterscheidet. Die Vorteile eines umfassenden Energiebinnenmarkts sind damit schon aus tatsächlichen Gründen nur auf europäischer Ebene zu erreichen und müssen Gegenstand der EU-Politik sein.[95] Ein Unterschied zwischen EU und IEA besteht schließlich hinsichtlich der Art und Organisation der Aufgabenwahrnehmung. Während sich die IEA primär als Kooperationsplattform und Sicherheitssystem für die Regierungen ihrer Mitgliedstaaten versteht, betreibt die EU als supranationale Organisation eine eigene Energiepolitik. Die IEA sieht zwar für den Krisenfall die Möglichkeit der Beschlussfassung mit einfacher Mehrheit vor und unterscheidet sich diesbezüglich in ihrer institutionellen Struktur von den meisten anderen internationalen Organisationen, die regelmäßig nach dem Einstimmigkeitsprinzip entscheiden.[96] Den Europäischen Gemeinschaften bzw. der Union stehen jedoch die weiterreichenden Instrumente des Sekundärrechts zur Verfügung, die sie gegenüber internationalen Organisationen abheben.[97] Auf internationaler Ebene besteht mithin kein gleichwertiger Ersatz für eine in den allgemeinen Kontext der europäischen Integration eingebettete Energiepolitik.

3. Die Vereinheitlichung der rohstoffbasierten Energiepolitik

Unabhängig von der Frage, ob und inwieweit die oben genannten Handlungsbereiche oder einzelne Teile davon schon von den EG-Kompetenzen nach bisherigem Recht abgedeckt waren,[98] eine bereichsübergreifende, umfassende Zuständigkeit im Energiebereich also materiell erforderlich waren, sprachen auch Gründe der Zweckmäßigkeit für die Einführung des Energiekompetenztitels.

---

[95] Entsprechend schon im Jahr 1961: *von der Groeben*, in: Friedrich-Ebert-Stiftung, Übernationale Energiepolitik, S. 13 ff. zum Vorteil der Energiepolitik auf EWG-Ebene gegenüber einer Koordination durch die OECD.

[96] Vgl. *Roggen*, Die Internationale Energieagentur, S. 63; *Harks*, Der globale Ölmarkt, SWP-Studie 2007/S11, S. 27.

[97] Weitere Organisationen mit energiepolitisch relevantem Mandat (zu deren Mitgliedern teilweise die Europäischen Gemeinschaften selbst zählen) sind etwa die WTO, die IAEO und der Energiecharta-Vertrag. Zum Verhältnis zwischen der EU und internationalen Organisationen im Energiebereich siehe etwa: *Aidelojie/Makuch*, European Energy and Environmental Law Review 2008, 227; *Haghighi*, Energy Security, S. 187 ff.

[98] Siehe oben Kap. 2 A. II. 2.

a) Die Differenzierung zwischen verschiedenen Energieträgern

Im Primärrecht in der Fassung des Vertrags von Nizza wurde lediglich der Teilbereich der nuklearen Energieträger als ein Fragment der Energiepolitik umfassend primärrechtlich geregelt, während jegliche Regelung bezüglich fossiler oder erneuerbarer Energieträger fehlte. Wie oben dargestellt, hat sich die Struktur der Energieversorgung gegenüber den Anfangsjahren der Europäischen Gemeinschaften, als mit EGKSV und EAGV die wichtigsten Teilbereiche der Energiepolitik durch das Primärrecht abgedeckt waren, jedoch grundlegend verändert. Die rechtlichen Rahmenbedingungen waren demgegenüber in ihren Grundzügen bis vor kurzem dieselben wie vor fünfzig Jahren. Die überkommene Schwerpunktsetzung schlägt sich bis heute im Sekundärrecht nieder, das die wichtigen Energieträger wie Öl und Gas weit weniger ausführlich regelt als die von den beiden Energiegemeinschaften abgedeckten Bereiche.[99] Die rechtliche Unterscheidung zwischen der Kohle und anderen Energieträgern wurde zwar bereits mit dem Auslaufen der Montanunion hinfällig. Das besondere Regelungsregime des auf unbestimmte Zeit abgeschlossenen EAGV (vgl. Art. 208 EAGV) bestand jedoch auch über das 50-jährige Jubiläum der EAG fort, obwohl der Elektrizitätserzeugung durch Kernenergie gemessen an ihrem Beitrag zum Primärenergieverbrauch ein gegenüber fossilen Energieträgern untergeordneter Beitrag zukommt.[100]

Die Sonderstellung der Kernkraft ist nicht nur im Hinblick auf deren energiepolitische Bedeutung fraglich. Die primärrechtliche Unterscheidung nach Energieträgern ist generell nicht mehr zeitgemäß. Heute ist Energiepolitik insgesamt stärker darauf bedacht, einen „ausgewogenen Energiemix" bereitzustellen, also die Quellen der Energieversorgung zu diversifizieren, um einseitige Abhängigkeiten und die dadurch begründete Gefährdung der Energieversorgung zu verhindern. Die primären Energieträger stehen, insbesondere für die Elektrizitätserzeugung, miteinander im Wettbewerb, da sie weitgehend austauschbar sind.[101] Auch gelten die übergeordneten Ziele der Energiepolitik, Versorgungssicherheit, Wirtschaftlichkeit und Umweltverträglichkeit unabhängig von der Art und Weise der Energieerzeugung für alle Energieträger. Schließlich ist das Primärrecht auf Abstraktion angewiesen. Die Eigenheiten der besonders gefah-

---

99 So finden sich im „Fundstellennachweis des geltenden Gemeinschaftsrechts" (http://eur-lex.europa.eu/de/legis/latest/index.htm; Abruf am 23.03.2010) für den Bereich „Kernenergie" 115 Rechtsakte, während die ungemein wichtigeren Bereiche „Elektrizität" und „Kohlenwasserstoffe" nur auf jeweils 18 Rechtsakte und damit auf unwesentlich mehr als im Bereich „Kohle" (10 Rechtsakte) kommen.

100 2006 wurden 14% des Primärenergieverbrauchs der EU-27 durch Nuklearenergie gedeckt, Erdöl und Erdgas kommen zusammen auf einen Anteil von 60,9%, siehe *Europäische Kommission*, EU energy and transport in figures, Statistical Pocketbook 2009, S. 27.

101 So schon (im Jahr 1969): *Püttner*, in: Clauder, Einführung in die Rechtsfragen der europäischen Integration, S. 142.

renträchtigen Elektrizitätserzeugung durch Kernenergie oder der umweltfreundlichen Energiegewinnung durch nachhaltige Quellen lassen sich auf der Ebene des Sekundärrechts berücksichtigen.

b) Die unterschiedlichen Anforderungen des rechtlichen Instrumentariums

Die Zergliederung der Rechtsgrundlagen für den Erlass des sekundären Energierechts bringt zudem verfahrensrechtliche Probleme mit sich. Die energiepolitisch relevanten Kompetenzgrundlagen innerhalb des EG-Vertrags, etwa die für Binnenmarkt, Umwelt- und Gesundheitsschutz, unterschieden sich in ihren inhaltlichen Vorgaben und ließen unterschiedlich tiefgehende Sekundärrechtsetzung zu.[102] Teilweise kamen für den Erlass eines Rechtsakts mehrere überschneidende Kompetenzgrundlagen in Betracht, die allein oder auch in Kumulation herangezogen werden mussten.[103] Schwierigkeiten bereitete die Wahl der richtigen Rechtsgrundlage insbesondere wenn die – wie im Energiebereich aufgrund der Umweltauswirkungen regelmäßig der Fall – die Querschnittsklausel des Art. 6 EG zu berücksichtigen war.[104] Eine weitere Problematik kompetenzieller Überschneidung wirkt auch nach den Änderungen des Vertrags von Lissabon fort, nämlich die Wahl der richtigen Rechtsgrundlage bei der Atomenergie-Gesetzgebung der Union.[105] Insofern kamen und kommen grundsätzlich sowohl die Kompetenzen des EG bzw. des AEUV als auch die des EAGV in Betracht. Die Ermächtigungsgrundlagen Verträge stellen dabei unterschiedliche verfahrensmäßige Anforderungen an den Rechtsetzungsprozess und sehen die Beteiligung unterschiedlicher Organe vor.[106] Eine Entscheidung für und gegen eine ganz bestimmte Rechtsgrundlage muss auch schon im Hinblick auf die Begründungspflicht getroffen werden. Diese gilt für alle Unions- und Gemeinschaftsrechtsakte gleichermaßen, vgl. Art. 296 AEUV (Art. 253 EG) und Art. 162 EAGV. Danach muss der Urheber des Rechtsakts diesen mit einer Begründung versehen, die die wichtigsten rechtlichen und tatsächlichen Erwägungen erkennen lässt, wobei die objektiv zu bestimmenden Inhalte und Ziele des jeweiligen Rechtsakts maßgeblich sind.[107] Zu den wichtigsten Erwägungen der Be-

---

102 Im Einzelnen *Trüe*, JZ 2004, 779 (780); *Nettesheim*, in: von Bogdandy, Europäisches Verfassungsrecht, S. 473 ff.

103 Die sog. „Doppel- bzw. Mehrfachabstützung“ ist nur dann ausgeschlossen, wenn die Rechtsgrundlagen unterschiedliche Verfahren vorsehen, vgl. *Trüe*, JZ 2004, 779 (780); Müller/Bitsch, ZNER 2007, 383 (385) sowie unten Kap. 3 A. III. 2.

104 Dazu *Calliess*, in: Calliess/Ruffert, EUV/EGV, Art. 6 Rdn. 18 f. EGV; *Blanke*, in: Calliess/Ruffert, EUV/EGV, Art. 151 Rdn. 15 EGV; *Ress/Ukrow*, in: Grabitz/Hilf, Das Recht der EU, Art. 151 Rdn. 81 EGV; *Breier*, EuR 1995, 46 (51 f.); *Ullrich*, ZEuS 2000, 243 (254 ff.).

105 Zum Verhältnis zwischen EAGV und EG / AEUV ausführlich unten Kap. 3 B. II.

106 Vgl. *Trüe*, JZ 2004, 779 (780 f.).

107 *Gellermann*, in: Streinz, EUV/EGV, Art. 253 EGV Rdn. 6; *Calliess*, in: Calliess/Ruffert, EUV/EGV, Art. 253 Rdn. 9 EGV; *Schmidt*, in: von der Groeben/Schwarze, EUV/EGV, Art. 253 EG Rdn. 6, 19.

gründungspflicht zählt die genaue Angabe der einschlägigen Rechtsgrundlage und ist insofern unverzichtbar.[108] Der Wahl der richtigen Rechtsgrundlage kommt schließlich auch deswegen besondere Bedeutung zu, weil der EuGH in seinem Tabakwerbe-Urteil klargestellt hat, dass eine falsche Entscheidung diesbezüglich zur Nichtigkeit des Sekundärrechtsakts führen kann.[109]

IV. Zwischenergebnis

Eine umfassende Bewältigung energiepolitischer Herausforderungen ist angesichts der durch internationale Vorgänge bestimmten wirtschaftlichen, sozialen und technologischen Entwicklung auf nationalstaatlicher Ebene nicht möglich. Vor diesem Hintergrund ist es erklärbar, dass der gemeinschaftlichen Energiegesetzgebung trotz der bislang bruchstückhaften Rechtsgrundlagen weder seitens der Mitgliedstaaten noch vom EuGH Einhalt geboten wurde.[110] In rechtlicher Hinsicht war die Schaffung der Rechtsgrundlage für eine allgemeine europäische Energiepolitik jedenfalls überfällig. Die „randständige"[111] Erwähnung der Energie im EG-Vertrag und die Behandlung des Energiesektors als „Annexmaterie"[112] des Binnenmarktes, des Umwelt-, Steuer- und Wettbewerbsrechts wird der besonderen Bedeutung der Energieversorgung nicht gerecht.[113] Schon die unzweckmäßige Unterscheidung verschiedener Energieträger und die Zergliederung energiepolitischer Kompetenzen nach EG-Recht sprachen für die Normierung einer entsprechenden Zuständigkeit. Auch unter dem Gesichtspunkt der Transparenz war es notwendig, dass Art und Umfang der energiepolitischen Zuständigkeiten, die bislang unklar waren, im Primärrecht fixiert wurden. Die Zusammenfügung der verstreuten Rechtsgrundlagen ist darum sowohl im Hinblick auf die Herausforderungen der Energiepolitik und deren Ansprüche an das rechtliche Instrumentarium als auch unter dem formellen Aspekt der Vertragsvereinheitlichung zu befürworten. Diese von der unvollkommenen Zielbestimmung

---

108 Grundlegend EuGH, Rs. 45/86 (Kommission/Rat), Slg. 1987, 1493, wonach der bis dato häufig vorzufindende Erklärung „gestützt auf den Vertrag" grundsätzlich unzulässig ist.

109 EuGH, Rs. C-376/98 (Deutschland/Parlament und Rat), Slg. 2000, I-8419. Siehe dazu schon oben Kap. 2 A. II. 2.

110 Zum Verhältnis von Recht und Politik in Kompetenzfragen vgl. *Nettesheim*, EuR 2004, 511 (532).

111 *Oppermann*, Europarecht, § 20 Rdn. 15.

112 *Grunwald*, Das Energierecht der EG, S. 52.

113 In diesem Sinne auch: *Steindorff*, Grenzen der EG-Kompetenzen, S. 77 f.; *Grunwald*, Das Energierecht der EG, S. 52; *Baumann/Turek*, in: Weidenfeld, S. 163; *Püttner*, in: Clauder, Einführung in die Rechtsfragen der europäischen Integration, S. 149; *Kahl*, in: Schulze-Fielitz/Müller, Europäisches Klimaschutzrecht, S. 50 ff.; *Calliess*, in: Calliess/Ruffert, Verfassung der Europäischen Union, Art. I-14 Rdn. 18; *Rodi*, in: Vedder/Heintschel von Heinegg, EUVV, Art. III-256, Rdn. 1; *Oppermann*, Europarecht, § 20 Rdn. 40; *Nettesheim*, JZ 2010, 19 (20); *Terhechte*, EuR 2008, 143 (174). Kritisch dagegen: *Schmidt-Preuß*, et 2003, 776; *ders.*, in: FS Baur, 2002, S. 324.

des Art. 3 Abs. 1 lit. u EG hinterlassene Rechtslücke wurde mit der Einführung des Energiekompetenztitels geschlossen.[114]

[114] Eine Lücke im Primärrecht nach dem Vertrag von Nizza nehmen ebenfalls an: *Bieber/Epiney/Haag*, Die EU, § 25 Rdn. 2; *Kahl*, in: Schulze-Fielitz/Müller, Europäisches Klimaschutzrecht, S. 50; *Calliess*, in: Calliess/Ruffert, Verfassung der Europäischen Union, Art. I-14 Rdn. 18; *Fischer*, EUVV, S. 371; *Scholz/Langer*, Europäischer Binnenmarkt und Energiepolitik, S. 210; *Krötz*, EG-Kompetenzen einer europäischen Energiepolitik, S. 287.

B. Die Entwicklung des Vertrags von Lissabon

Die Schwierigkeiten und Verzögerungen des Reformverfahrens geben Anlass, den Ratifizierungsprozess, von dessen Gelingen das Inkrafttreten des Art. 194 AEUV abhing, genauer zu untersuchen.

I. Vom EUVV zum Vertrag von Lissabon

1. Die Ablehnung des Verfassungsvertrages

Am 23. Oktober 2004 wurde der „Vertrag über eine Verfassung für Europa" von den Staats- und Regierungschefs der Mitgliedstaaten unterschrieben.[115] Mit der Schaffung des EUVV ging auch die Frage einher, ob und in welcher Form nicht (nur) die demokratisch gewählten Repräsentanten sondern (auch) die Bürger selbst über die EU-Verfassung entscheiden sollten. Neun Mitgliedstaaten entschieden sich für Referenden über die EU-Verfassung, von denen aber nur vier stattfanden. Die Referenden wurden in Spanien und Luxemburg positiv, in Frankreich und den Niederlanden negativ beschieden. Auf Grund der gescheiterten Volksabstimmungen kam der Ratifizierungsprozess Mitte des Jahres 2005 zum Erliegen, nachdem sich bereits zehn Mitgliedstaaten für die Vertragsreform ausgesprochen hatten. In Frankreich stimmten am 29. Mai 2005 etwa 55% der Wähler mit „Nein", in Niederlanden lehnten am 1. Juni 2005 sogar fast 63% den EUVV ab. Als Ursache der negativen Referenden wurden zahlreiche innen- und europapolitische Gründe ausgemacht. Überwiegend wurde die ablehnende Haltung der Bürger nicht als generelle Absage an die europäische Einigung interpretiert, sondern vielmehr als Ausdruck des Misstrauens gegen die eigene Regierung.[116] Im Nachhinein wurde zudem offenbar, dass die in ihren Wirkungen falsch eingeschätzte Verfassungsidee maßgeblich zur Verunsicherung der Bür-

---

115 Die Neufassung der rechtlichen Grundordnung Europas unter dem Titel einer „Verfassung" rief eine kaum überschaubare Vielzahl an Kommentaren und Forschungsarbeiten hervor, vgl. nur *Ruffert*, EuR 2004, 165 (166 f.) mit Nachweisen über die Untersuchung seitens der Philosophie, Soziologie, Geschichts- und Politikwissenschaften. Die erhebliche Resonanz gründete nicht allein auf den Änderungen gegenüber den bestehenden Verträgen, sondern war auch und vor allem die Antwort auf den Versuch der formellen Konstitutionalisierung Europas. Zwar sollte trotz der etatistischen Sprache kein europäisches Gemeinwesen im Sinne einer bundesstaatlichen Ordnung geschaffen, sondern lediglich eine Erweiterung und Vertiefung des bestehenden Systems erreicht werden (*Calliess*, in: Calliess/Ruffert, Verfassung der Europäischen Union, Art. I-1, Rdn. 6). Mit der Verwendung des Verfassungsbegriffs wurde jedoch eine neue Entwicklungsstufe symbolischer Art betreten.

116 Vgl. *François*, in: Pernice/Angelov, Auf dem Weg zum Vertrag von Lissabon, S. 43 ff.; *Calliess*, in: Pernice, Der Vertrag von Lissabon, S. 58 ff.

ger und damit zur Ablehnung des EUVV beitrug.[117] Die Bezeichnung als „Verfassung“ und andere staatsanaloge Begriffe vermittelten den Eindruck eines europäischen Bundesstaates, der für die Mehrzahl der Unionsbürger kein Identifikationsobjekt war, sondern nahezu einhellig abgelehnt wurde.[118]

Ein weiterer und für die Zustimmung im Volk besonders wichtiger Aspekt, der vernachlässigt wurde, war die Lesbarkeit des Vertragstextes (der in Frankreich an alle Haushalte verschickt worden war) und die damit verbundene Nachvollziehbarkeit europäischer Entscheidungsverfahren. Gegenüber dem Konventsentwurf wurde der Umfang des endgültigen Verfassungstextes nur unwesentlich von 465 auf 448 Artikel verringert.[119] Mit dem Werk, das mit Protokollen, Anhängen und der Schlussakte weit über 130.000 Wörter umfasst,[120] war jedenfalls eines der im Vorfeld identifizierten Ziele der Reform, nämlich neben einer besseren Zuständigkeitsabgrenzung, einer Klärung des rechtlichen Status der Grundrechtecharta und der besseren Einbeziehung nationaler Parlamente zu einer Vereinfachung der Verträge beizutragen, objektiv gescheitert.[121]

2. Die Phase der Reflexion

In seiner ersten Sitzung nach den beiden negativen Referenden bekräftigte der Europäische Rat am 16. und 17. Juni 2005 seine Absicht, an der Reform der vertraglichen Grundlagen der Europäischen Union festzuhalten.[122] In der Erklärung zur Ratifizierung des Vertrags über eine Verfassung für Europa stellten die Staats- und Regierungschefs fest, dass den „Bedenken und Ängsten“ der Bürger Rechnung getragen werden müsse und es notwendig sei, die „gemeinsame Lage zu überdenken“. Es wurde beschlossen, in dieser „Zeit der Reflexion“ eine ausführliche Diskussion unter Beteiligung der Zivilgesellschaft, der Sozialpartner, der nationalen Parlamente und der politischen Parteien zu führen. Das gewünschte Ergebnis der Debatte wurde vom Europäischen Rat allerdings zugleich vorweggenommen, indem er betonte, die jüngsten Entwicklungen stellten nicht in Frage, dass „die Fortsetzung der Ratifizierungsprozesse gerechtfertigt“ sei. Bald setzte sich jedoch unter den Staats- und Regierungschefs die Er-

---

117 Der Bezeichnung als „Verfassung“ hatte man besondere Identifikations- und Integrationskraft zugeschrieben, vgl. *Streinz/Ohler/Hermann*, Der Vertrag von Lissabon zur Reform der EU, S. 23 m.w.N.; *Calliess*, in: Pernice, Der Vertrag von Lissabon, S. 53 ff.

118 Vgl. *Hatje/Kindt*, NJW 2008, 1761 (1767 f.).

119 Damit ist der EUVV wesentlich umfassender als jede der nationalen Verfassungen der Mitgliedstaaten, die im Durchschnitt nur aus 100 bis 150 Artikeln bestehen, vgl. *Classen*, GYIL 46 (2003), 323 (327).

120 Zum Vergleich: im Ganzen umfasst diese Dissertation etwas weniger als 100.000 Wörter.

121 Vgl. *Schwarze*, EuR 2003, 535 (536).

122 Erklärung der Staats- und Regierungschefs der Mitgliedstaaten der Europäischen Union zur Ratifizierung des Vertrags über eine Verfassung für Europa, Tagung des Europäischen Rats am 16./17. Juni 2005, SN 117/05.

kenntnis durch, dass die Absicht, die Ratifizierung des EUVV trotz der beiden negativen Referenden weiter zu verfolgen und die beiden gescheiterten Referenden zu wiederholen, keinen Erfolg versprach.[123]

Die selbst verordnete „Reflexionsphase" wurde erst im Januar 2007 durch die deutsche Ratspräsidentschaft für beendet erklärt. Die eineinhalb Jahre wurden genutzt, um die Ursachen der Ablehnung des Verfassungsvertrags zu ergründen, die Positionen der Mitgliedstaaten zu erfassen und mögliche Perspektiven des Integrationsprozesses aufzuzeigen.[124] Am 24. März 2007 verabschiedeten die Staats- und Regierungschefs anlässlich des 50. Jahrestags der Unterzeichnung der Römischen Verträge die sog. Berliner Erklärung, worin das Ziel formuliert wurde, die Europäische Union bis zu den Wahlen zum Europäischen Parlament 2009 auf eine erneuerte gemeinsame Grundlage zu stellen.

3. Das Mandat des Europäischen Rates für die Regierungskonferenz

Auf der Tagung des Europäischen Rates in Brüssel am 21. / 22. Juni 2007 wurden die Inhalte eines Reformvertrages vorgestellt, mit deren Ausarbeitung gem. Art. 48 EUV a.F. die Regierungskonferenz mandatiert wurde. Im Mandat des Europäischen Rates für die Regierungskonferenz hieß es: „Das Verfassungskonzept, das darin bestand, alle bestehenden Verträge aufzuheben und durch einen einheitlichen Text mit der Bezeichnung `Verfassung´ zu ersetzen, wird aufgegeben."[125] Neben dem Verfassungsbegriff sollten auch Flagge, Hymne und Leitspruch, die Umbenennung der EU-Rechtsakte zu „Gesetzen" und „Rahmengesetzen" sowie die Schaffung des Amtes eines „EU-Außenministers" entfallen. Abgesehen von dem Verzicht auf staatstypische Symbole sah das Mandat für die Regierungskonferenz 2007 aber die weitgehende Übernahme der Regelungen des EUVV vor.

Bei den von der Bundesregierung geführten bilateralen Verhandlungen hatte sich gezeigt, dass die übergroße Mehrheit der Mitgliedstaaten befürwortete, an der Substanz des Verfassungsvertrags festzuhalten und nur auf dieser Grundlage bereit war, über das weitere Vorgehen zu beraten.[126] Soweit überhaupt Änderungen vorgesehen waren, gab das Mandat – anders als die üblicherweise auf allgemeine Vorgaben beschränkten Mandate für die vorangegangen Vertragsrevisionen – häufig sogar den genauen Text der betreffenden Regelung vor. Die

---

123 *Fischer*, Der Vertrag von Lissabon, S. 23; *Streinz/Ohler/Hermann*, Der Vertrag von Lissabon zur Reform der EU, S. 23 f.

124 Vgl. nur Rat der Europäischen Union, Zwischenbericht über die nationalen Debatten während der „Zeit der Reflexion" betreffend die Zukunft Europas, 15576/2/05 REV 2; Europäischer Rat (Brüssel), 15./16. Juni 2006, Schlussfolgerungen des Vorsitzes, 10633/1/06 REV 1 CONCL 2. Zu den Verhandlungen im Einzelnen *Fischer*, Der Vertrag von Lissabon, S. 23 ff.

125 Europäischer Rat (Brüssel), 21./22. Juni 2007, Schlussfolgerungen des Vorsitzes, 11177/1/07 REV 1 CONCL 2 Anlage I, S. 15 (Rdn. 1).

126 Vgl. *Maurer*, APuZ 43/2007, S. 4.

wesentlichen Inhalte des Reformvertrages waren auf politischer Ebene und ohne die Beteiligung der Öffentlichkeit von den Staatschefs und Außenministern und einer Gruppe von Spitzenbeamten verhandelt worden.[127] Trotz der Übernahme der Substanz des Verfassungsvertrags, dem die Regierungen aller 25 Mitgliedstaaten bereits zugestimmt hatten, gingen dem 16-seitigen Mandat für die Regierungskonferenz schwierige Verhandlungen voraus.[128] Durch die Einführung einiger Ausnahmeregelungen gelang es schließlich, eine Einigung bezüglich der neu aufgeworfenen Forderungen, insbesondere der Polens, eine Veränderung im Abstimmungssystem des Rats vorzunehmen,[129] herbeizuführen.

4. Die Regierungskonferenz 2007

Auf dem Gipfeltreffen in Lissabon am 18. / 19. Oktober 2007 einigten sich die Staats- und Regierungschefs auf die endgültige Fassung des Reformvertrages. Zwar kamen allen Beteuerungen zum Trotz, sich an das Mandat des Europäischen Rates halten zu wollen, bereits kurze Zeit später unter den Mitgliedstaaten Wünsche und Forderungen auf, die nicht im Mandat festgehalten wurden.[130] Der portugiesischen Präsidentschaft gelang es jedoch, die Nachverhandlungswünsche größtenteils abzuwehren und beim Gipfeltreffen der Staats- und Regierungschefs am 18. und 19. Oktober 2007 den endgültigen Vertragstext vorzulegen.[131] Der „Vertrag von Lissabon zur Änderung des Vertrages über die Europäische Union und des Vertrages zur Gründung der Europäischen Gemeinschaft" wurde am 13. Dezember 2007 von den Staats- und Regierungschefs unterzeichnet.

II. Der Verlauf des Ratifizierungsverfahrens

Nach Art. 48 EUV a.F. durften die von der Regierungskonferenz vereinbarten Änderungen erst nach einer Ratifizierung aller Mitgliedstaaten gemäß ihrer verfassungsrechtlichen Vorschriften in Kraft treten. Dass die Verträge des Primärrechts nur einstimmig abänderbar sind, stellt auch Art. 6 Abs. 1 S. 1 des Vertrags von Lissabon klar.

1. Stand der Unterzeichnung bis zum 12. Juni 2008

Das Ratifizierungsverfahren durchlief die meisten nationalen Parlamente ohne großen Widerspruch, meist mit Zustimmung weiter Teile der Opposition. In Deutschland stimmten Bundestag und Bundesrat am 24. April bzw. 23. Mai

---

127 Vgl. *Fischer*, Der Vertrag von Lissabon, S. 29, 70.

128 S. *Fischer*, Der Vertrag von Lissabon, S. 29 ff.

129 Die polnische Regierung unter Ministerpräsident *Kaczyński* hatte darauf beharrt, dem Stimmengewicht im Rat nicht die Bevölkerungszahl, sondern die Quadratwurzel daraus zu Grunde zu legen.

130 Siehe *Fischer*, Der Vertrag von Lissabon, S. 69 f.

131 *Streinz/Ohler/Hermann*, Der Vertrag von Lissabon zur Reform der EU, S. 26.

2008 jeweils mit der bei Grundgesetzänderungen gem. Art. 79 Abs. 2 GG erforderlichen Zweidrittelmehrheit für den Vertrag von Lissabon.[132] Auch in Ländern, in denen im Vorfeld mit erheblichem Widerstand gegen die EU-Reform gerechnet wurde, fiel die Ablehnung im Zustimmungsverfahren gering aus. So hatte in Polen die rechtskonservative Oppositionspartei „Recht und Gerechtigkeit“, deren Führung unter Ministerpräsident *Kaczyński* zuvor selbst den Vertrag von Lissabon mitausgehandelt hatte, mit einer Ablehnung des Reformvertrages gedroht. Schließlich kam es aber zur Einigung zwischen Regierungs- und Oppositionspartei, ohne deren Stimmen die notwendige Zwei-Drittel-Mehrheit im Parlament nicht hätte erreicht werden können und das Ratifizierungsgesetz wurde durch beide Kammern des Parlaments mit der erforderlichen Mehrheit angenommen. Am 11. Juni 2008 stimmte das griechische Parlament mit 250 zu 42 Stimmen bei 8 Enthaltungen für die Annahme des Vertrags von Lissabon und schloss damit als 15. Mitgliedstaat das Ratifikationsverfahren ab.

2. Das vorläufige Scheitern durch das irische Referendum

Das einzige Referendum über den Vertrag von Lissabon fand am 12. Juni 2008 in Irland statt. Zunächst sagten die Meinungsumfragen konstant eine überwiegende Befürwortung des Vertrags von Lissabon voraus, die aber zunehmend schwächer wurde, je näher der Abstimmungstermin rückte.[133] Das irische Volk versagte dem Änderungsvertrag schließlich mit einer Mehrheit von 53,4 % zu 46,6 % seine Zustimmung.

a) Obligatorische und fakultative Referenden

Nach den für die Ratifizierung des Vertrags von Lissabon gem. Art. 48 EUV a.F. maßgeblichen verfassungsrechtlichen Vorschriften der Mitgliedstaaten war regelmäßig der Erlass eines Zustimmungsgesetzes durch die Volksvertretung und die Unterzeichnung durch das Staatsoberhaupt erforderlich, aber auch ausreichend. Die Entscheidung, neben der parlamentarischen Ratifizierung einen Volksentscheid durchzuführen, ist dann politischer Natur. Vor dem Hintergrund des Scheiterns des EUVV entschieden die Regierungen und Volksvertretungen der Mitgliedstaaten bei der Ratifizierung des Vertrags von Lissabon pragmatisch im Sinne der Vermeidung rechtlich nicht vorgeschriebener (fakultativer) Referenden. So fand etwa in Frankreich ein Antrag der Sozialistischen Partei, über den Vertrag von Lissabon erneut in einer Volksabstimmung abstimmen zu lassen, in der Nationalversammlung keine Mehrheit. Auch im Vereinigten Königreich gab es angesichts des für die EU-Verfassung angesetzten (aber nicht mehr ausgeführten) Referendums heftige Debatten im Unterhaus, das sich schließlich

132 Betroffen waren Art. 23, 45 und 93 GG; vgl. BT-Drucks. 16/8300; 16/8488; BR-Drucks. 276/08(B).

133 Vgl. FAZ vom 14.06.2008, S. 2.

gegen ein Referendum aussprach.[134] Die parlamentarische Zustimmung reicht nur dann nicht aus, wenn das Verfassungsrecht der Mitgliedstaaten politische Entscheidungen ausschließt und obligatorische Referenden vorsieht.[135] Dies ist einzig bei der irischen Verfassung der Fall. Zu obligatorischen Referenden über Verfassungsänderungen kann es zwar in mehreren Mitgliedstaaten kommen,[136] zumeist fordern die nationalen Rechtsordnungen für das Ratifizierungsverfahren aber keine Verfassungsänderung, sondern lassen den Erlass einfacher Gesetze oder sonstiger Formen der Zustimmung genügen.[137] Erst die Verknüpfung einer obligatorischen Volksabstimmung mit dem Erfordernis der Verfassungsänderung anlässlich der Zustimmung zu europäischen Vertragsreformen bewirkt die unter den 27 Mitgliedstaaten der Union einmalige Konstellation.

b) Verfassungsrechtlicher Hintergrund

Dass die Durchführung bedeutender Änderungen der Gemeinschaftsverträge in Irland immer der Zustimmung des Volkes bedarf, geht auf das Urteil „Crotty v.

---

134 Anlässlich der Zustimmung zum EUVV gab es auch in Deutschland entsprechende Forderungen. Die FDP-Fraktion im Bundestag hatte vergeblich die Änderung des Art. 23 GG gefordert, um die Durchführung eines Volksentscheids für die „Zustimmung zu einem Vertrag, mit dem eine europäische Verfassung eingeführt wird" festzulegen, siehe BT-Drucks. 15/1112, BT-Drucks. 15/2998 sowie die Beschlussempfehlung BT-Drucks. 15/4796. In der Debatte über das Zustimmungsgesetz zum Vertrag von Lissabon wurde das Fehlen einer Volksabstimmung dagegen nur vereinzelt bemängelt, vgl. BT-Plpr. 16/157.

135 Ein Überblick zu den unterschiedlichen Rechtslagen hinsichtlich der Europareferenden findet sich bei *Hölscheidt/Menzenbach*, DÖV 2009, 777 (780 ff.).

136 Vgl. bspw. Art. 138 der italienischen Verfassung.

137 Auch nach der dänischen Verfassung ist die Abhaltung eines obligatorischen Volksentscheids bei Reformen des europäischen Primärrechts möglich, was unter Umständen nicht nur vom Gegenstand der Abstimmung, sondern auch vom Ergebnis der parlamentarischen Willensbildung abhängig ist. § 20 Abs. 1 der dänischen Verfassung stellt klar, dass grundsätzlich Befugnisse dänischer Behörden „in näher bestimmtem Umfang" auf „zwischenstaatliche Behörden" übertragen werden können. § 20 Abs. 2 S. 1 der dänischen Verfassung sieht für die Annahme diesbezüglicher Gesetzesvorlagen eine qualifizierte Mehrheit von fünf Sechsteln der Mitglieder des Parlamentes vor. Beim Scheitern dieser Abstimmung ist nach § 20 Abs. 2 S. 2 i.V.m. § 42 der dänischen Verfassung ein verbindlicher Volksentscheid durchzuführen. Auf diese Weise wurden 1972 beim Beitritt Dänemarks zur EG und 1986 bei der Zustimmung zur EEA Volksabstimmungen durchgeführt, die jeweils positiv verliefen, anlässlich der Ratifizierung des Vertrags von Maastricht kam es 1992 zum ersten Europareferendum mit negativem Ausgang. Im Fall der Ratifizierung des Vertrags von Lissabon wurden jedoch die Voraussetzungen der Vorschrift, insbesondere ein staatlicher Souveränitätsverlust, von der dänischen Regierung nicht für einschlägig erachtet.

An Taoiseach"[138] des irischen Supreme Court vom 7. April 1987 zurück, das die Auslegung der Art. 46 und 47 der irischen Verfassung betrifft.

Art. 46 f. der irischen Verfassung normieren das Erfordernis eines Referendums im Falle einer Verfassungsänderung. Als die Republik Irland 1972 den Europäischen Gemeinschaften beitreten wollte, stand fest, dass die Übertragung judikativer, exekutiver und legislativer Befugnisse mit den institutionellen Bestimmungen des irischen Verfassungsrechts unvereinbar sein würde.[139] Aus diesem Grund wurde vor der Ratifizierung des Beitrittsvertrags ein Referendum abgehalten, das von einer großen Mehrheit der Bürger positiv beschieden wurde und damit zur dritten Änderung der irischen Verfassung führte. Die drei Gemeinschaften, denen die irische Regierung aufgrund des Verfassungszusatzes beizutreten ermächtigt wurde, fanden in dem Änderungsgesetz ausdrücklich Erwähnung.[140] Diese im Vergleich zu den verfassungsrechtlichen Vorgaben anderer Mitgliedstaaten sehr detailgenaue Ermächtigung wurde schon zur Zeit ihres Inkrafttretens als auf die drei bestehenden Gemeinschaften ausgelegte, begrenzte Ermächtigung interpretiert.[141] Einerseits war damit der Beitritt zu Gemeinschaftsverträgen, deren Gründung noch bevorstand, ausgeschlossen, andererseits verpflichtete der Wortlaut des Verfassungstextes die irische Regierung nicht auf den zur Zeit der Änderung geltenden Stand der Gemeinschaftsverträge.[142]

Dementsprechend sollte 14 Jahre später über die Zustimmung zur ersten bedeutenden substantiellen Änderung der Gemeinschaftsverträge, der EEA, ohne Verfassungsänderung entschieden werden. Ursprünglich hatte die irische Regierung das Zustimmungsverfahren schon vor Ende des Jahres 1986 abschließen wollen, was jedoch zunächst per einstweiliger Verfügung des High Court[143] verhindert wurde.[144] Der oppositionelle Geschichts- und Sozialwissenschaftler

---

138 Crotty v. An Taoiseach, [1987] IESC 4, [1987] IR 713. Der „Taoiseach" oder – in offizieller Bezeichnung mit Artikel – „An Taoiseach" ist der Premierminister der irischen Regierung

139 *Temple Lang*, CMLR 1972, 167.

140 Der Verfassungszusatz lautet: „*The State may become a member of the European Coal and Steel Community (established by Treaty signed at Paris on the 18th day of April, 1951), the European Economic Community (established by Treaty signed at Rome on the 25th day of March, 1957) and the European Atomic Energy Community (established by Treaty signed at Rome on the 25th day of March, 1957). No provision of this Constitution invalidates laws enacted, acts done or measures adopted by the State necessitated by the obligations of membership of the Communities or prevents laws enacted, acts done or measures adopted by the Communities, or institutions thereof, from having the force of law in the State*".

141 *Temple Lang*, CMLR 1972, 167.

142 *Temple Lang*, CMLR 1972, 167 (168).

143 Der High Court ist ein Zivil- und Strafgericht, das sowohl für Berufungen gegen Urteile der lokalen Gerichte (Circuit Courts), als auch erstinstanzlich – unter anderem für die Prüfung der Rechtmäßigkeit von Gesetzen – zuständig ist.

144 GRUR Int 1987, 364; *Temple Lang*, CMLR 1987, 709 (710).

Crotty hatte beantragt, die Verfassungswidrigkeit des parlamentarischen Zustimmungsgesetzes festzustellen. Die Stattgabe des Antrags kam überraschend, da der High Court bis zu diesem Zeitpunkt noch nie ein Urteil erlassen hatte, das die Befugnis der Regierung, zwischenstaatliche Abkommen abzuschließen, suspendierte.[145] Bei dem angegriffenen „European Communities (Amendment) Act, 1986“ handelt es sich um das zweite Gesetz zur Änderung des „European Communities Act, 1972“, das Gesetz über den Beitritt der Republik Irland zu den Europäischen Gemeinschaften. Im Februar 1987 attestierte der High Court eine Übereinstimmung des Ratifikationsgesetzes mit der Verfassung. Die Verfassungsänderung von 1972 habe den Beitritt Irlands zur Gemeinschaft, die trotz der Vertragsreform die Gemeinschaft im Rechtssinne bliebe, autorisiert.[146] Gegen die Ablehnung des Antrags auf Feststellung der Rechtswidrigkeit des Zustimmungsgesetzes zur Ratifizierung der EEA legte *Crotty* beim irischen Supreme Court erfolgreich Revision ein.[147] Von den verschiedenen Gründen, die der Kläger für die Verfassungswidrigkeit der EEA und der Ratifizierungsurkunde anführte, kam schließlich das Argument zum Tragen, die in der EEA beschlossene politische Zusammenarbeit auf dem Gebiet der Außenpolitik führe zu einer verfassungswidrigen Übertragung von Souveränität der Regierung auf die Gemeinschaften, bzw. andere Staaten.[148] Das Gericht befand, der European Communities Act beschränke die Erlaubnis zum Beitritt zu den Gemeinschaften zwar nicht auf den Stand der Verträge im Jahr 1973. Dies gelte jedoch nur, solange die Vertragsreform nicht den wesentlichen Geltungsbereich oder die Zielsetzung der Verträge berühre.[149] Die restriktive Auslegung des European Communities Act von 1972 hat zur Konsequenz, dass in Irland, anders als in Staaten deren Verfassungsrecht abstrakte Integrationsklauseln enthält, jeder wesentliche Integrationsschritt durch eine Einzelermächtigung legitimiert werden muss.[150] Fortan erforderte die Zustimmung zu den europäischen Änderungsverträgen aufgrund der mit der Ratifizierung verbundenen Delegation von Hoheitsgewalt eine Verfassungsänderung, die neben einer einfachen parlamentarischen Mehrheit auch eines vorangegangenen positiven Referendums bedurfte.

---

[145] *Temple Lang*, CMLR 1987, 709.

[146] Siehe *Temple Lang*, CMLR 1987, 709 (710).

[147] Lediglich ein Teil des Klägervorbringens wurde von einem abweichendem Votum zweier Richter verworfen; Crotty v. An Taoiseach, [1987] IESC 4, [1987] IR 713, Rdn. 63 ff.; 86 ff.

[148] Crotty v. An Taoiseach, [1987] IESC 4, [1987] IR 713, Rdn. 62; vgl. auch Art. 5, 6 der irischen Verfassung.

[149] Vgl. Crotty v. An Taoiseach, [1987] IESC 4, [1987] IR 713, Rdn. 6: „*... so long as such amendments do not alter the essential scope or objectives of the Communities*".

[150] *Kämmerer*, NJW 2002, 3596.

In Irland fanden bisher sechs Volksabstimmungen auf Basis des Urteils „Crotty v. An Taoiseach“ statt.[151] Die Volksabstimmung über die zehnte Verfassungsänderung zum Zweck der Ratifizierung der EEA ergab eine deutliche Zustimmung von 69,1 %. Auch die elfte und die achtzehnte Verfassungsänderung über die EU-Verträge von Maastricht und Amsterdam verliefen positiv.[152] Die Abstimmung über die vierundzwanzigste Verfassungsänderung anlässlich des Vertrags von Nizza am 7. Juni 2001 scheiterte jedoch mit 53,9% bei einer Wahlbeteiligung von nur 33,7%. Den Hauptgrund für die ablehnende bzw. indifferente Haltung seiner Landsleute sah der irische Premierminister *Ahern* in der Distanz zwischen den Institutionen der Europäischen Union und ihrer Bevölkerung.[153] Der Unterbrechung des Integrationsprozesses wurde aber durch ein zustimmendes Referendum etwa ein Jahr nach dem ersten ein Ende bereitet.[154]

3. Reaktionen auf das negative Referendum

Kommissionspräsident *Barroso* hatte bereits im Vorfeld der Abstimmung über den Vertrag von Lissabon wiederholt verlauten lassen, dass es für den Fall einer Ablehnung keinen „Plan B“ gäbe. Auch die Staats- und Regierungschefs der Mitgliedstaaten konnten auf ihrem Treffen am 19. und 20. Juni 2008 in Brüssel offiziell lediglich darin übereinkommen, dass der parlamentarische Ratifizierungsprozess in den Mitgliedstaaten fortgesetzt werden solle und im übrigen mehr Zeit benötigt werde, um die Situation einer Einschätzung unterziehen zu können.[155]

a) Lösungsansätze

Nach dem gescheiterten Referendum wurden zunächst mehrere Optionen für die Zukunft der Unionsverträge diskutiert.[156] Von Seiten der Europaskeptiker wurde gefordert, den Reformprozess auszusetzen und die Unions- und Gemeinschaftstätigkeit auf unbestimmte Zeit mit den Verträgen in der Fassung von Nizza fortzuführen. Vor dem Hintergrund der Schwächen des Nizza-Regimes[157] zeichnete

---

151 Die bisher durch Referenden gebilligten Ratifizierungen finden sich in Art. 29 Abs. 4 der irischen Verfassung.

152 69,1 % bzw. 61,7 % Zustimmung.

153 *Franzke*, ZRP 2001, 423.

154 Dazu *Kämmerer*, NJW 2002, 3596.

155 Europäischer Rat (Brüssel), Schlussfolgerungen des Vorsitzes, 19. / 20. Juni 2008, 11018/08 CONCL 2, S. 1. Insofern glich die Reaktion der Staats- und Regierungschefs den Reaktionen auf das gescheiterte irische Referendum zum Vertrag von Nizza, die sich ebenfalls darin erschöpfte, auf die Fortsetzung des Ratifizierungsprozesses zu drängen, Europäischer Rat (Göteborg), 15. / 16. Juni 2001, Schlussfolgerungen des Vorsitzes, SN 200/1/01 REV 1, S. 1.

156 Dazu *Schubert/Schwithal*, NJ 2008, 337 (341 f.); ähnlich zu den gescheiterten Referenden von 2004 bzw. 2001 bereits: *Mayer*, JZ 2007, 593; *Franzke*, ZRP 2001, 423.

157 Empirische Studien über die institutionelle Funktions- und Handlungsfähigkeit der EU-27 existieren bislang zwar nicht, es besteht jedoch zumindest der subjektive Eindruck

sich allerdings bald ab, dass die ersatzlose Streichung des Änderungsvertrags politisch kaum durchsetzbar sein würde.[158] So betonte etwa Bundeskanzlerin *Merkel*, dass der Vertrag von Nizza nicht mehr ausreiche und Europa sich keine neue Reflexionsphase leisten könne.[159] Erwogen wurde auch die Durchführung des – bislang nicht zur Anwendung gekommenen – Verfahrens der verstärkten Zusammenarbeit zwischen den Mitgliedstaaten nach Art. 43 ff. EUV a.F.. Das auch als „Europa der mehreren Geschwindigkeiten", der „variablen Geometrie" oder der „konzentrischen Kreise" umschriebene Konzept der verstärkten Zusammenarbeit stellt eine besondere, nur unter restriktiven Voraussetzungen zulässige Form des Zusammenwirkens integrationswilliger Staaten dar.[160] Beispiele verstärkter Zusammenarbeit europäischer Staaten mit den Mitteln des Völkerrechts haben gezeigt, dass die europäische Einigung durch die Anerkennung unterschiedlicher Standpunkte zwischen den Mitgliedstaaten profitiert hat. Bei den auf diesem Wege ausgeräumten Differenzen handelte es sich jedoch um sachlich begrenzte Einzelfragen.[161] Bei einer grundlegenden Reform der Verträge, wie sie mit dem Vertrag von Lissabon beabsichtigt wurde, ging es gerade nicht mehr um vereinzelte Unstimmigkeiten, sondern um die Gestalt der Europäischen Union selbst. Mehrere EU-Außenminister sprachen sich zudem bereits anlässlich ihres Treffens am 16. Juni 2008 in Luxemburg gegen ein solches Vorgehen aus, da auf diese Art und Weise Druck auf die irische Regierung und das irische Volk ausgeübt werde.[162] Das Verfahren der verstärkten Zusammenarbeit trug darum politisch wie rechtlich (vgl. Art. 43a EUV a.F.) den Charakter einer Notlösung. Eine teilweise oder vollständige Neuverhandlung des Reformvertrags kam angesichts des Charakters des Vertrags von Lissabon als „kleinstem gemeinsamen Nenner" ebenfalls nicht in Betracht. Das Risiko, dass die Änderungen den Kompromisscharakter des Gesamtpakets beeinträchtigen, die Änderungswünsche der beteiligten Staaten unüberschaubar machen und damit letzt-

---

einer Verschlechterung der Entscheidungsfindung innerhalb der EU-Institutionen, *Mayer*, JZ 2007, 593 (595).

158 Hinzu kam die in EUVV und in den Vertrag von Lissabon investierte politische Energie, die für sich genommen zwar nicht gegen die Beibehaltung der Verträge sprach, das Misslingen der Vertragsreform aber als umso unglücklicher erscheinen ließ.

159 FAZ vom 20.06.2008, S. 2.

160 Zur uneinheitlichen Terminologie: *Pechstein*, in: Streinz, EUV/EGV, Art. 43 EUV Rdn. 3; *Ruffert*, in: Calliess/Ruffert, EUV/EGV, Art. 43 EUV Rdn. 3 ff.; *Blanke*, in: Grabitz/Hilf, Das Recht der EU, Art. 43 EUV Rdn. 3; *Becker*, in: von der Groeben/Schwarze, EUV/EGV, Art. 43 EUV Rdn. 17 ff.

161 So wurde etwa das Schengen-Abkommen, an dem zur Zeit der Unterzeichnung nicht alle Mitgliedstaaten beteiligt waren, erst im Rahmen des Vertrags von Amsterdam ins EU-Recht integriert. Ähnlich verhält es sich mit der Wirtschafts- und Währungsunion, die als sektorale Sonderregelung ebenfalls keinen Anwendungsfall der Art. 43 ff. EUV darstellt.

162 FAZ vom 17.06.2008, S. 1.

lich die Vertragsreform insgesamt zum Scheitern bringen könnten, schien zu groß.[163]

Als Erfolg versprechendste Lösung der neuerlichen Vertragskrise wurde von Anfang an die Wiedervorlage des Reformvertrags unter Abhaltung eines neuen Referendums gehandelt.[164] Es bestand die nicht offiziell formulierte Hoffnung, das irische Volk würde seine Entscheidung in einem zweiten Referendum revidieren, wenn vorher alle 26 übrigen Mitgliedstaaten den Reformvertrag ratifizierten. Diese Vorgehensweise hatte schon in zwei Fällen, nämlich bei der Wiedervorlage zur Abstimmung über den Vertrag von Nizza in Irland sowie bei der zweiten Abstimmung über den Vertrag von Maastricht in Dänemark zu der benötigten Zustimmung geführt.

Anlässlich der Ratifizierung des Vertrags von Maastricht kam es in Dänemark 1992 zum ersten Europareferendum mit negativem Ausgang. Mit einer knappen Mehrheit lehnte das dänische Volk den Unionsvertrag ab und löste damit erstmalig eine breite Diskussion über die Bürgerbeteiligung an den Reformen der europäischen Verträge aus.[165] Um den Vertrag von Maastricht nicht erneut dem Ratifizierungsverfahren in den übrigen Mitgliedstaaten auszusetzen, musste eine Lösung gefunden werden, die für den Unionsvertrag keine Änderung, sondern lediglich eine Ergänzung darstellen und ausschließlich für Dänemark gelten würde[166] Nachdem die dänische Regierung eine Analyse der Vorbehalte gegenüber dem Vertrag von Maastricht vorgelegt hatte, wurde auf dem EU-Gipfel von Edinburgh am 11. und 12. Dezember 1992 eine Einigung über die gemeinsame Position zu den Forderungen Dänemarks erzielt. Die Schlussfolgerungen – teils gemeinsame Vereinbarungen, teils jeweils einseitige Erklärungen des Europäischen Rates und Dänemarks – bezogen sich vor allem auf Fragen der Unionsbürgerschaft, der gemeinsamen Verteidigungspolitik sowie der Wirtschafts- und Währungsunion.[167] Da ein Protokoll zum Vertrag von Maastricht eine erneute Ratifizierung der übrigen elf Mitgliedstaaten ausgelöst hätte, wurde die Rechtsform des „Beschlusses" gewählt. Die Vereinbarungen wurden einseitig auf Dänemark ausgerichtet und von den Regierungen der anderen Mitgliedstaaten „zur Kenntnis genommen". Ob die Beschlüsse der Anlagen zu Teil B der Schlussfolgerungen rechtsverbindlich waren oder lediglich Erwar-

---

163 Vgl. *Mayer*, JZ 2007, 593 (597). Schon der Verfassungsentwurf des Konvents wurde als „Maximum des Erreichbaren" bezeichnet, *Ruffert*, EuR 2004, 165 (201); vgl. auch *Schwarze*, EuR 2003, 535 (573).

164 *Schubert*, NJ 2008, 337 (342); vgl. auch FAZ vom 17.06.2008, S. 1, 20; FAZ vom 20.06.2008, S. 1.

165 *Müller-Elschner*, ZParl 1996, 75; *Hölscheidt/Schotten*, Von Maastricht nach Karlsruhe, S. 51.

166 *Hummer/Obwexer*, Integration 2001, 237 (243). *Schmuck*, Integration 1993, 33 (35 f.); *Schuster*, EuZW 1993, 177.

167 Siehe Europäischer Rat (Edinburgh), 11. / 12. Dezember 1992, Schlussfolgerungen des Vorsitzes, DOC/92/8, Rdn. 3, 4, Teil B.

tungen oder Meinungen zum Ausdruck brachten, war zunächst unklar.[168] Da die Vereinbarungen aber bereits durch den Vertrag von Amsterdam als Protokoll „über die Position Dänemarks" in den EG-Vertrag aufgenommen wurden,[169] stellt sich die Frage nach der Bindungswirkung heute nicht mehr.

Das zweite irische Referendum über den Vertrag von Nizza kam sogar ohne (potentiell) verbindliche Ausnahmeregelungen aus. Für den Fall des Vertrags von Lissabon hatte der irische Premierminister *Cowen* allerdings eine bloße Wiederholung der Abstimmung bereits kurz nach dem gescheiterten Referendum verworfen- man müsse den Iren substantielle Vertragsänderungen anbieten.[170] Auf dem Treffen des Europäischen Rats im Oktober 2008 legte *Cowen* eine Analyse der irischen Regierung über die Gründe der Ablehnung vor und kündigte an, beim nächsten Gipfeltreffen im Dezember konkrete Vorschläge zur Lösung der Ratifizierungskrise zu präsentieren.[171] Damit stellte sich heraus, dass der Vertrag von Lissabon jedenfalls nicht wie zunächst geplant noch vor den Wahlen zum Europaparlament im Juni 2009 in Kraft treten konnte.[172] Gleichzeitig mehrten sich die Hinweise, die auf Vorbereitungen zur Wiederholung des Referendums hindeuteten. Bereits in der Zwischenzeit hatte es entsprechende persönliche Äußerungen hochrangiger Regierungsmitglieder in Irland gegeben.[173]

---

168 Vgl. nur die Zusammenfassung von *Howarth*, CMLR 1994, 765 (801 ff.).

169 ABl. 1997, Nr. C 340, S. 101.

170 Der SPIEGEL, Heft 25/2008, S. 117.

171 Europäischer Rat (Brüssel), 15. / 16. Oktober 2008, Schlussfolgerungen des Vorsitzes, 14368/08 CONCL 4, S. 6. Über die Gründe der Ablehnung wurden mehrere Erhebungen durchgeführt. Die im Auftrag der Kommission durchgeführte Eurobarometer-Meinungsumfrage ergab, dass die Wähler, die sich gegen den Vertrag ausgesprochen haben, sehr unterschiedliche Beweggründe für ihre Entscheidung angaben. Inhaltliche Positionen wie dem Verlust des Rechts auf ein eigenes Kommissionsmitglied spielten danach zwar eine Rolle, traten aber gegenüber allgemeinen Vorbehalten wie mangelndem Vertrauen in die Politik und diffusen Ängsten wie der vor dem Verlust der nationalen Identität und der Schädigung der traditionellen Neutralität Irlands in den Hintergrund. Der am häufigsten genannte Grund für die Ablehnung betraf aber die mangelnde Information über den Vertrag. Auch mehr als die Hälfte derjenigen, die nicht am Referendum teilgenommen hatten, gaben mangelndes Verständnis der Problematik als Ursache an. Siehe dazu: Flash Eurobarometer Nr. 245, Post-referendum survey Ireland; Pressemitteilung der Kommission vom 20.06.2008, IP/08/981.

172 So sagte etwa Ratspräsident *Sarkozy* anlässlich seiner Rede zur Vorstellung des Arbeitsprogramms der französischen EU-Präsidentschaft im Europaparlament, man müsse wissen, auf welcher Grundlage die Europawahlen im nächsten Jahr stattfinden und äußerte die Hoffnung, dass schon beim nächsten EU-Gipfeltreffen (im Oktober) Klarheit über das weitere Vorgehen herrsche, FAZ vom 11.07.2008, S. 6. Siehe auch EuZW 2008, 619.

173 FAZ vom 26.08.2008, S. 1, 10. Entsprechende Pläne wurden von offizieller Seite nicht bestätigt. Zur gleichen Zeit fanden jedoch Konsultationen statt, bei denen sich die irische Regierung bei der dänischen erkundigte, welchen Weg diese nach dem gescheiter-

b) Zugeständnisse an Irland

Bei bilateralen Gesprächen im Vorfeld des nächsten Gipfeltreffens wurden schließlich die wesentlichen Punkte des weiteren Vorgehens geklärt, die entsprechend bei der Tagung des Europäischen Rats im Dezember 2008 beschlossen wurden.[174] Die irische Regierung erklärte sich bereit, den Vertrag von Lissabon erneut einem Referendum zu unterziehen, um das Ratifizierungsverfahren abschließen zu können. Im Gegenzug wurden den Iren Zugeständnisse zweierlei Art gemacht. Zum einen wurde den Bedenken der irischen Bevölkerung im Hinblick auf die nationale Steuer- und Verteidigungs- bzw. Neutralitätspolitik sowie auf das Verbot der Abtreibung Rechnung getragen, indem zugesichert wurde, dass es in den genannten Bereichen zu keiner Einschränkung der nationalen Entscheidungshoheit kommen würde. Bei diesen als „rechtliche Garantien" bezeichneten Punkten handelt es sich lediglich um Klarstellungen, da der Vertrag von Lissabon – entgegen anders lautender Behauptungen der Vertragsgegner – ohnehin zu keiner Änderung der Rechtslage geführt hätte.

Eine andere Forderung der irischen Regierung war dagegen politisch höchst problematisch. Im Zuge der Vertragsreform war vorgesehen, dass die Kommission ab dem 1. November 2014 grundsätzlich auf eine Anzahl von Mitgliedern reduziert wird, die zwei Dritteln der Mitgliedstaaten entspricht (vgl. Art. 17 Abs. 5 UAbs. 1 EUV). Nach derzeitigem Erweiterungsstand würde die Anzahl der Ressorts also von 27 auf 18 verringert, was dazu führt, dass nicht mehr jeder Mitgliedstaat einen eigenen Kommissar entsenden kann. Die Mitglieder der Kommission werden zudem gem. Art. 17 Abs. 5 UAbs. 1 EUV „in einem System der strikt gleichberechtigten Rotation zwischen den Mitgliedstaaten so ausgewählt, dass das *demografische und geografische Spektrum der Gesamtheit der Mitgliedstaaten* zum Ausdruck kommt".[175] Die Forderung Irlands, weiterhin dauerhaft einen eigenen Kommissar stellen zu dürfen, fand darum die Unterstützung anderer kleinerer Mitgliedstaaten, die ebenfalls um ihren Einfluss in der zukünftigen Kommission fürchteten. Dagegen sahen vor allem Frankreich und Deutschland die Verkleinerung der Kommission als zentralen Teil des Vertragskompromisses an.[176] Gleichwohl entschloss sich der Europäische Rat letztlich im Sinne der irischen Forderung, „im Einklang mit den erforderlichen rechtlichen Verfahren" einen Beschluss zu fassen, „wonach weiterhin ein Staatsange-

ten Referendum über den Vertrag von Maastricht eingeschlagen hatte, siehe FAZ vom 29.08.2008.

174 Siehe dazu FAZ vom 05.12.2008, S. 10 sowie Europäischer Rat (Brüssel), 11. / 12. Dezember 2008, Schlussfolgerungen des Vorsitzes, 17271/1/08 REV 1 CONCL 5, S. 1 ff. sowie Anlage 1.

175 Hervorhebung von Verfasser.

176 FAZ vom 05.12.2008.

höriger jedes Mitgliedstaats der Kommission angehören wird".[177] Als vorteilhaft erwies sich dabei die Regelung des Art. 17 Abs. 5 UAbs. 1 EUV am Ende, die eine Abweichung von der Reduzierung der Kommissionsmitglieder zulässt, sofern der Europäische Rat einstimmig einen entsprechenden Beschluss fasst. Eine förmliche Vertragsänderung, die ein erneutes Ratifizierungsverfahren auslösen würde, war also diesbezüglich nicht erforderlich.

4. Weitere Hindernisse für den Vertrag von Lissabon

Bald zeichnete sich ab, dass das Nein der Iren nicht das einzige Hindernis für das Inkrafttreten des Vertrags von Lissabon bleiben würde. So wurde befürchtet, dass die Europaskeptiker in den Parlamenten der Mitgliedstaaten, die dem Reformvertrag noch nicht zugestimmt haben, im Zuge des ablehnenden irischen Votums die Mehrheit gewinnen könnten. Im Falle des traditionell europaskeptischen Vereinigten Königreichs stellten sich diese Befürchtungen bald als unbegründet heraus. Am 18. und 19. Juni teilten das britische Oberhaus und die Königin ihre Zustimmung zum Reformvertrag mit. Auch die Volksvertretungen Spaniens und Italiens votierten noch im Sommer für die Ratifizierung des Vertrags von Lissabon. Am 1. Juli 2008 jedoch, dem ersten Tag der französischen Ratspräsidentschaft, musste das von Frankreichs Präsident *Sarkozy* für vordringlich erklärte Anliegen, die Reformkrise der EU zu lösen, einen Rückschlag hinnehmen. Polens Staatspräsident *Kaczyński* kündigte an, für ihn sei die Ratifizierung des Vertrages wegen des ablehnenden Votums der Iren „derzeit gegenstandslos".[178] Nach eigenen Angaben bezweckte *Kaczyński* mit seiner Ankündigung, als „Stärkster unter den Schwachen" eine Führungsrolle unter den kleineren EU-Ländern zu übernehmen, damit diese nicht von den großen Mitgliedstaaten unter Druck gesetzt würden und düpierte mit dieser Haltung auch die eigene Regierung unter Ministerpräsident *Tusk*.[179] *Sarkozy* konnte *Kaczyński* aber wenige Tage später nach einer Unterredung im Elysée-Palast überzeugen, seine offene Opposition gegen den Vertrag von Lissabon zurück zu nehmen.[180]

Der Widerstand gegen die Fortsetzung des Ratifizierungsverfahrens äußerte sich nicht nur auf politischer Ebene, sondern wurde auch auf dem Rechtsweg verfolgt. Die Prüfung durch die tschechische Verfassungsgerichtsbarkeit schien auch vom Europäischen Rat, der in den Schlussfolgerungen des auf das irische Referendum folgenden Gipfels auf das Verfahren hinwies, als ernstzunehmendes Hindernis aufgefasst zu werden.[181] Am 26. November 2008 befand der

---

177 Europäischer Rat (Brüssel), 11. / 12.Dezember 2008, Schlussfolgerungen des Vorsitzes, 17271/1/08 REV 1 CONCL 5, S. 2.

178 FAZ vom 02.07.2008, S. 1.

179 Vgl. FAZ vom 04.07.2008, S. 6, 12; FAZ vom 19.07. 2008, S. 1.

180 FAZ vom 17.07.2008. S. 5.

181 Europäischer Rat (Brüssel), 19. / 20. Juni 2008, Schlussfolgerungen des Vorsitzes, 11018/08 CONCL 2, S. 1. Dass zu diesem Zeitpunkt auch in Deutschland bereits ein

tschechische Verfassungsgerichtshof die im anhängigen Verfahren angegriffenen Bestimmungen des Vertrags von Lissabon für mit dem Verfassungsrecht vereinbar. Das Abgeordnetenhaus und der Senat der tschechischen Republik stimmten daraufhin im Februar bzw. Mai 2009 mit der erforderlichen Mehrheit für die Ratifizierung. Der tschechische Präsident und ausgesprochene Vertragsgegner *Klaus* kündigte allerdings unter Hinweis auf das ausstehende Referendum in Irland an, die Ratifizierungsurkunde wie der polnische Präsident *Kaczyński* erst nach einer etwaigen Zustimmung zu unterzeichnen.

Auch die Bundesrepublik Deutschland konnte den Ratifizierungsprozess trotz parlamentarischer Zustimmung aufgrund einer fehlenden Unterschrift des Bundespräsidenten *Köhler* nicht abschließen. Am 30. Juni 2008 gab dieser bekannt, dass er auf Bitte des Bundesverfassungsgerichts hin das Zustimmungsgesetz nicht ratifizieren werde, bis eine abschließende Entscheidung über dessen Verfassungsmäßigkeit getroffen worden sei.[182] Der CSU-Bundestagsabgeordnete *Gauweiler* hatte unmittelbar nach der Zustimmung des Bundesrats im Mai 2008[183] Organklage und Verfassungsbeschwerde gegen das Zustimmungsgesetz zum Vertrag von Lissabon erhoben.[184] Einen Monat später riefen auch die Vertreter der Bundestagsfraktion DIE LINKE das Bundesverfassungsgericht an.[185] *Gauweiler* hatte bereits 2005 anlässlich der Zustimmung zum EUVV vor dem Bundesverfassungsgericht geklagt. Aufgrund des Scheiterns der Vertragsreform beschloss das Gericht jedoch, nicht über die Verfassungsmäßigkeit des EUVV

Verfahren vor dem Bundesverfassungsgericht anhängig war, fand in den Schlussfolgerungen demgegenüber keine Erwähnung.

182 So schon beim gegen den EUVV gerichteten Verfahren. Durch dieses Vorgehen wurde – dem Gedanken der Verfassungsorgantreue entsprechend – der etwaige Erlass einer seitens der Fraktion DIE LINKE angestrebten einstweiligen Anordnung durch das Bundesverfassungsgericht bereits im Vorfeld verhindert, vgl. *Streinz/Hermann*, EuZW 2007, 289.

183 *Gauweiler* hatte sich bereits vorher mit Organklage und Verfassungsbeschwerde gegen den Beschluss des Ältestenrates des Deutschen Bundestages, über das Zustimmungsgesetz über eine Verfassung für Europa in zweiter und dritter Lesung zu beschließen, gewendet. Beide Verfahren wurden wegen Unzulässigkeit nicht zur Entscheidung angenommen, BVerfG, 2 BvE 1/05 vom 28.4.2005.

184 S. *Brok/Selmayr*, EuZW 2008, 487 (488 ff.).

185 Die Anträge und Beschwerden der prominentesten Gegner des Vertrags von Lissabon, Gauweilers und der Fraktion DIE LINKE, behaupteten mit jeweils ähnlicher Argumentation Rechtsverletzungen durch Verstöße gegen das Demokratieprinzip, das Prinzip der souveränen Staatlichkeit sowie gegen den Verfassungsstatus des Grundgesetzes. Die Parlamentarier der Linksfraktion sahen sogar einen Verstoß gegen die Unabänderlichkeit der Menschenwürdegarantie gem. Art. 79 Abs. 3 GG i.V.m. Art. 1 Abs. 1 GG, da ihr „unantastbarer und uneingeschränkter Schutz der Würde nun zur Disposition der Europäischen Rechtsprechung“ stehe.

zu urteilen.[186] Hinsichtlich der Verfahren gegen den Vertrag von Lissabon kündigte das Bundesverfassungsgericht jedoch an, ungeachtet des weiteren Ratifizierungsprozesses über die Verfassungsmäßigkeit des Zustimmungsgesetzes und der entsprechenden Begleitgesetze zu urteilen, was am 30. Juni 2009 geschah.[187] Das Bundesverfassungsgericht betonte, dass die Übertragung von Hoheitsrechten auf die Europäische Union unter der Bedingung stehe, dass die souveräne Verfassungsstaatlichkeit der Bundesrepublik Deutschland erhalten bleibe und diese ihre Fähigkeit zu selbstverantwortlicher politischer und sozialer Gestaltung der Lebensverhältnisse nicht verliere. Diese Voraussetzungen sah das Bundesverfassungsgericht im Hinblick auf das „Gesetz über die Ausweitung und Stärkung der Rechte des Bundestags und des Bundesrats in Angelegenheiten der Europäischen Union" als teilweise nicht gegeben an. Nachdem Bundestag und Bundesrat Nachbesserungen an den Begleitgesetzen vorgenommen hatten, wurde die Ratifizierungsurkunde Deutschlands am 25. September 2009 von Bundespräsident Köhler unterzeichnet und hinterlegt.

Am 2. Oktober 2009 wurde in Irland das zweite Referendum über den Vertrag von Lissabon durchgeführt. Bei einer Wahlbeteiligung von 59% stimmte eine Mehrheit von 67,13% zu 32,87% der Iren für den Reformvertrag. Bereits im November 2008 hatten Meinungsforscher erstmals eine Zustimmung der irischen Bevölkerung zum Vertrag von Lissabon ermittelt, sofern den irischen Bedenken Rechnung getragen würde,[188] was durch entsprechende Zusagen des Europäischen Rates geschah. Die Ausgangslage des Referendums hatte sich gegenüber der ersten Abstimmung 15 Monate zuvor nicht nur durch die Garantien zur Wahrung der irischen Souveränität verändert. Die Notwendigkeit und die Vorteile der europäischen Union wurden vor allem durch die weltweite Finanz- und Wirtschaftskrise unterstrichen, die Irland in besonderem Maße traf.

Nachdem der polnische Präsident *Kaczyński* wie angekündigt am 10. Oktober 2009 den Vertrag von Lissabon ratifizierte, stand einzig die Unterschrift des tschechischen Präsidenten aus. Dieser verweigerte seine Zustimmung jedoch mit

---

186 Die Entscheidung brachte die Bundesregierung bei den Verhandlungen über den Vertrag von Lissabon in politische Bedrängnis, da sich die Bundesrepublik nicht mehr zu den Staaten zählen konnte, die ohne jede Einschränkung hinter der Vertragsreform standen, *Maurer*, APuZ 43/2007, S. 5. Kritisch auch *Streinz/Hermann*, EuZW 2007, 289. Die Autoren vertreten die Auffassung, das Bundesverfassungsgericht habe mit seiner Untätigkeit die verfassungsrechtliche Pflicht verletzt, die von Bundestag und Bundesrat, angestrebte Rechtsfolge, nämlich das In-Kraft-Treten des Zustimmungsgesetzes, eintreten zu lassen.

187 BVerfG 2 BvE 2/08. Teilweise abgedruckt in NJW 2009, 2267 = DVBl 2009, 1032. Mit Übersichten und Anmerkungen zum „Lissabon-Urteil": *von Bogdandy*, NJW 2010, 1; *Ruffert*, DVBl 2009, 1197; *Schübel-Pfister/Kaiser*, JuS 2009, 767; *Schorkopf*, EuZW 2009, 718; *Terhechte*, EuZW 2009, 724; *Sauer*, ZRP 2009, 195; *Gärditz/Hillgruber*, JZ 2009, 872.

188 FAZ vom 18.11.2008.

einem Hinweis auf ein zweites Verfahren vor dem tschechischen Verfassungsgerichtshof, das Ende September anhängig wurde. Während im ersten Verfahren nur einzelne Bestimmungen angegriffen wurden, richtete sich die Verfassungsbeschwerde einer Gruppe von Senatoren gegen den Vertrag in seiner Gesamtheit.[189] Zudem forderte *Klaus*, dass Tschechien eine Ausschlussklausel in Bezug auf die EU-Grundrechtecharta zugebilligt würde. Daraufhin wurde auf dem Treffen des Europäischen Rates am 29. und 30. Oktober 2009 ein Protokoll über die Anwendung der Grundrechtecharta verabschiedet, das die existierenden Ausnahmen für Polen und das Vereinigte Königreich um eine entsprechende Sonderstellung Tschechiens ergänzt.[190] Als das tschechische Verfassungsgericht am 3. November 2009 den Vertrag von Lissabon für verfassungsgemäß befand, unterzeichnete *Klaus* die tschechische Ratifizierungsurkunde, die am 13. November dem italienischen Außenministerium übergeben wurde, um sie in Rom zu hinterlegen. Damit stand fest, dass der Vertrag von Lissabon zum 1. Dezember 2009 in Kraft treten konnte.

---

189 FAZ vom 05.10.2009, S. 8.

190 Europäischer Rat (Brüssel), 29. / 30. Oktober 2009, Schlussfolgerungen des Vorsitzes, 15265/09, CONCL 3, S. 14.

C. Die Genese der Energiekompetenz

Die Idee einer gemeinsamen europäischen Energiepolitik existiert nicht erst seit den letzten Jahren. Die Notwendigkeit einer besseren Organisation der Rohstoff- und Energieversorgung auf europäischer Ebene wurde schon zu Zeiten des zweiten Weltkriegs erkannt, als der Zusammenschluss der europäischen Staaten zu einer freiheitlich-demokratischen Union noch weit entfernt schien.[191] Spätestens seit den Verhandlungen über die Gründungsverträge der Europäischen Gemeinschaften wurde die Schaffung von entsprechenden Rechtsgrundlagen konkret geplant. Im Folgenden soll im Interesse eines besseren Verständnisses des Art. 194 AEUV die Geschichte der allgemeinen, d.h. rohstoffunabhängigen, Energiekompetenz näher untersucht werden.

I. Die Gründungsverträge von Paris und Rom (1952 / 1957)

1. Die Gründung der Montanunion

Ihren Ausgangspunkt nahm die Entwicklung der gemeinschaftlichen Energiepolitik – wie der Prozess der europäischen Integration überhaupt – in der Organisation der kriegs- und wirtschaftsrelevanten Güter Kohle und Stahl. Energie- und Sicherheitspolitik wurden durch die Vergemeinschaftung der beiden Schlüsselindustrien mit der Gründung der Montanunion durch den Vertrag von Paris, der am 23. Juli 1952 in Kraft trat, eng miteinander verknüpft. In der Präambel des ältesten Gemeinschaftsvertrags äußerten die Gründungsmitglieder der Montanunion ihre Entschlossenheit, „durch die Errichtung einer wirtschaftlichen Gemeinschaft den ersten Grundstein für eine weitere und vertiefte Gemeinschaft unter Völkern zu legen, die lange Zeit durch blutige Auseinandersetzungen entzweit waren".[192]

2. Das Projekt einer europäischen Energiegemeinschaft

Die integrative Wirkung einer gemeinschaftlichen Energiepolitik wurde bereits bei den Verhandlungen erörtert, die den Verträgen von Rom vorausgegangen waren. Am 20. Mai 1955 hatten die Regierungen der drei Benelux-Staaten den drei anderen Regierungen der Montanunion ein Memorandum zur Ausweitung der europäischen Integration unterbreitet, das unter anderem auf den Energiebereich Bezug nahm und die Gründung einer entsprechenden Behörde vorsah.[193]

[191] Vgl. nur *Friedensburg*, Die Rohstoffe und Energiequellen im neuen Europa (1943), S. 377: „Die Rohstoff- und Energieversorgung Europas drängt mit ihren bisherigen Unzulänglichkeiten auf eine bessere Organisation hin, die nur durch eine neue europäische Wirtschaftsgemeinschaft geleistet werden kann".

[192] Fünfter Erwägungsgrund EGKSV.

[193] *Schweitzer*, Der grenzüberschreitende Stromverbund in Europa, S. 116.

Nachdem das Projekt der Europäischen Verteidigungsgemeinschaft aufgrund der Ablehnung der französischen Nationalversammlung im Sommer 1954 gescheitert war, zielte das „Memorandum zur Erweiterung der Europäischen Integration“ auf die Förderung der allgemeinen wirtschaftlichen Entwicklung ab. Es betonte, dass der gemeinsame Markt nicht auf einzelne Sektoren der Wirtschaft beschränkt bleiben dürfe, sondern sich auf das gesamte wirtschaftliche und soziale Leben der interessierten Staaten erstrecken müsse.[194] Zum Energiesektor heißt es: „Es sollten alle Anstrengungen unternommen werden, um den Austausch von elektrischem Strom und von Erdgas zu entwickeln. Es wäre ein Organismus zu schaffen, dem alle nationalen Verkehrsprogramme übermittelt würden, und der die Zweckmäßigkeit dieser Programme zu begutachten hätte“.[195]

Im Rahmen der Konferenz von Messina, bei der die Außenminister der sechs EGKS-Staaten im Juni 1955 über den Fortgang der europäischen Einigung berieten, wurde die Forderung nach einer gemeinschaftsrechtlichen Ausgestaltung des gesamten Energiebereichs wieder aufgegriffen. Insbesondere wurde die Schaffung einer Europäischen Energiegemeinschaft erörtert, die außer der von der Montanunion erfassten Kohle auch Erdölerzeugnisse und die im Entstehen begriffene Kernenergie umfassen sollte.[196] Während die Außenminister in der am 2. Juni 1955 gefassten Resolution wiederum forderten, alles zu tun, „um den Austausch von Gas und elektrischer Energie zu fördern“,[197] lehnte der in Folge eingesetzte Regierungsausschuss, der von Juli 1955 bis April 1956 tagte, die Gründung einer Energiegemeinschaft ab. Das Komitee der Regierungsdelegierten unter dem Vorsitz von *Paul Henri Spaak* identifizierte den Energiesektor – hier: Öl, Gas und Elektrizität – zwar neben Luftverkehr und Telekommunikation in seinem Abschlussbericht (Teil 3) als einen der Bereiche, in denen gemeinschaftliches Handeln als dringend erforderlich angesehen wurde.[198] Die wohl lediglich zeitweise für erforderlich erachteten Investitionen in konventionelle Energieträger rechtfertigten laut Bericht aber nicht die Gründung einer speziellen Institution.[199] Anders wurde dies für die Schaffung eines Gemeinsamen

---

194 Memorandum zur Erweiterung der Europäischen Integration vom 20. Mai 1955, abgedruckt bei *von Siegler*, Dokumentation der Europäischen Integration, Band I, S. 92: „Die Methode der Integration nach Sektoren scheint weder leicht noch rasch zur gewünschten allgemeinen Integration zu führen“.

195 Memorandum zur Erweiterung der Europäischen Integration vom 20. Mai 1955, abgedruckt bei *von Siegler*, Dokumentation der Europäischen Integration, Band I, S. 91 ff.

196 *Lapie*, in: Energiewirtschaftliches Institut, Probleme einer einheitlichen Energiewirtschaftspolitik im Gemeinsamen Markt, S. 53 f.

197 Resolution der Regierungen der Sechs vom 2. Juni 1955, abgedruckt bei *von Siegler*, Dokumentation der Europäischen Integration, Band I, S. 90 f.

198 Siehe Teil III des Komitees der Regierungsdelegierten. Der „Spaak-Report“ ist im Internet abrufbar, URL: http://www.ena.lu/ (Abruf am 23.03.2010).

199 *Haghighi*, Energy Security, S. 42.

Marktes (Teil 1) und die Förderung der Kernenergie (Teil 2) beurteilt, die im Mittelpunkt des sog. „Spaak-Berichtes" standen.

3. Die Gründung von EAG und EWG

Auf diese Weise wurde die Akzentuierung der Atomenergie eines der wesentlichen Hindernisse für die Entwicklung einer bereichsübergreifenden Rechtsgrundlage für gemeinschaftliche Energiepolitik.[200] Die Nutzbarmachung der Kernkraft versprach eine Quelle billiger und praktisch unerschöpflicher Energie zu werden. Die Euphorie angesichts des nuklearen Energiepotentials kam bereits im Abschlussdokument der Konferenz von Messina zum Ausdruck: „Die Entwicklung der Atomenergie zu friedlichen Zwecken eröffnet binnen kurzem die Aussicht auf eine neue industrielle Revolution, die unendlich viel größer sein wird als diejenige der letzten hundert Jahre".[201] Das Projekt einer Europäischen Atomenergiegemeinschaft wurde von vielen sogar für wichtiger und zukunftsträchtiger als das einer Europäischen Wirtschaftsgemeinschaft gehalten.[202] Die Notwendigkeit eines gemeinschaftlichen Ansatzes trat im Bereich der Nuklearenergie zudem offener zu Tage als bei anderen Energien, weil die für die Forschung und den Bau von Kernkraftwerken erforderlichen Investitionen eine Herausforderung darstellten, deren alleinige Bewältigung sich kein europäischer Staat zutraute.[203] Die Bemühungen um Förderung und Ausbau konventioneller Energien zur Elektrizitätserzeugung erschienen dagegen nebensächlich, zumal man noch in den 1960er-Jahren davon ausging, dass die Verfügbarkeit der Nuklearenergie auch die Preise für fossile Brennstoffe nach oben begrenzen würde.[204] Einen Einfluss auf das Scheitern des Projekts einer Energiegemeinschaft dürfte auch die Existenz des EGKSV gehabt haben. Bei konsequenter Verwirklichung des Plans, die verschiedenen Energieträger einheitlich zu regeln, hätte

---

200 Vgl. auch *Haghighi*, Energy Security, S. 75; *dies.*, ELJ 2008, 461 (467).

201 Resolution der Regierungen der Sechs vom 2. Juni 1995, abgedruckt bei *von Siegler*, Dokumentation der Europäischen Integration, Band I, S. 90 f.

202 *Grunwald*, Das Energierecht der EG, S. 39 f. Vgl. auch KOM (2007) 124 endg.: „Das Interesse bestimmter Staaten am Euratom-Vertrag hat sie dazu bewegt, sich an dem größeren Vorhaben des Gemeinsamen Marktes zu beteiligen […]."

203 Vgl. *Papenkort*, Der Euratom-Vertrag, S. 21 f.

204 Vgl. nur die Untersuchung der Hohen Behörde der EGKS, der Kommissionen von EWG und der Kommission der EAG aus dem Jahr 1964, Langfristige energiewirtschaftliche Aussichten, S. 108: "die Möglichkeiten, die die Kernenergie in den kommenden Jahren bieten wird, [müssen] als wichtiger Faktor bei der Festlegung der Energiewirtschaftspolitik der Gemeinschaft berücksichtigt werden. Man braucht hier nur an den Einfluss zu denken, den die kostengünstige Stromerzeugung in Kernkraftwerken auf die Preisentwicklung bei den mit der Kernenergie konkurrierenden Primärenergieträgern, insbesondere beim Erdöl, ausüben wird." Ähnlich die offizielle Einschätzung der OECD, Energy Policy, S. 63 von 1966: "It [the development and proving of this new source of energy] will tend to set a ceiling to the prices at which fossil fuels can be sold for thermal power production without substantial subsidy or protection".

die junge Montanunion geändert oder aufgelöst werden müssen, was damals politisch nicht durchsetzbar war.[205]

Statt einer einheitlichen Europäischen (Energie-)Gemeinschaft wurden im Jahr 1957 schließlich – den Empfehlungen des Spaak-Ausschusses entsprechend – EAG und EWG gegründet, die neben der EGKS die zweite und dritte Gemeinschaft bildeten. Während der EAGV den Bereich der Nukleartechnik, etwa hinsichtlich der Forschungsförderung, der Verbreitung von Nukleartechnologie und des Gesundheitsschutzes regelte, enthielt der EWGV weder Vorschriften über Elektrizität, Öl oder Gas, noch erwähnte er den Bereich Energie überhaupt. Mit Art. 232 EWGV, der in Form des Art. 305 EG bis zum Inkrafttreten des Vertrags von Lissabon inhaltlich unverändert bestand, wurde lediglich das Verhältnis zwischen den drei Gemeinschaftsverträgen geregelt. Danach sollte der EWGV die Regelungen des EGKSV und des EAGV ausdrücklich nicht „änder[n]“ bzw. „beeinträchtig[en]“.[206] Mit Art. 103 EWGV existierte auch eine Vorschrift, die aus heutiger Sicht geradezu auf den Energiesektor zugeschnitten scheint. Die Ermächtigungsnorm betraf den Erlass von Gemeinschaftsmaßnahmen im Bereich der Konjunkturpolitik, die gem. Art. 103 Abs. 4 EWGV auch für den Fall gelten sollten, dass „Schwierigkeiten in der Versorgung mit bestimmten Waren auftreten“.[207] Die Regelung, die später von Art. 100 Abs. 1 EG bzw. Art. 103a Abs. 1 EGV abgelöst wurde und nun mit Art. 122 Abs. 1 AEUV den „Energiebereich“ ausdrücklich nennt, war aber, wie die Verortung der Rechtsgrundlage im Vertragsteil über die Konjunkturpolitik zeigt, zunächst nicht als Instrument der Energiepolitik vorgesehen. Speziell geregelt wurden dort lediglich die Agrar- und die Verkehrspolitik, während für die Energiewirtschaft wie für alle übrigen Industriebereiche die allgemeinen Regelungen, etwa über die Grundfreiheiten, den Wettbewerb und die Handelspolitik einschlägig waren. Der jeweils betroffene Energieträger bestimmte darüber, welcher der drei Verträge mit unterschiedlichen Regelungen und jeweils eigenständigen Ministerräten und Exekutiven für eine energiepolitische Maßnahme maßgeblich war.

Dass letztlich in den EWGV, der schon in der ursprünglichen Fassung von Rom konzeptionell umfassend war, keine Regelungen über die Zuständigkeit der Gemeinschaft hinsichtlich der durch die anderen Verträge nicht geregelten Energieträger aufgenommen wurden, hatte wohl ähnliche Gründe wie das Scheitern der Energiegemeinschaft. In der Mitte der 50er Jahre waren mit den kohle-

---

[205] *Lapie*, in: Energiewirtschaftliches Institut, Probleme einer einheitlichen Energiewirtschaftspolitik im Gemeinsamen Markt, S. 54; *Ipsen*, EG-Recht, 49/26 (S. 910).

[206] Die für den vorher vereinbarten EGKSV (Art. 232 Abs. 1 EWGV) und den gleichzeitig vereinbarten EAGV (Art. 232 Abs. 2 EWGV) unterschiedliche Wortwahl hat keine rechtliche Bedeutung, Petersmann/Spennemann, in: von der Groeben/Schwarze, EUV/EGV, Art. 305 EG Rdn. 14.

[207] Kommission und Rat nutzten Art. 103 EWGV, um die RL 68/414/EWG zur Mineralölbevorratung zu erlassen, siehe oben Kap. 2 A. I 1.

bezogenen Regelungen des EGKSV angesichts des Anteils der Kohle an der Gesamtenergieversorgung der Gemeinschaft von 80% zugleich die wesentlichen gesamtenergiepolitischen Ziele formuliert.[208] Die vom Mangel an Steinkohle gekennzeichnete Ausgangssituation des Energiemarktes schlug erst im Herbst 1957, nach der Unterzeichnung der Römischen Verträge (aber noch vor deren Inkrafttreten), in ein Überangebot um.[209] Faktisch bestand demzufolge eine überwiegende Zuständigkeit der EG für die Energiepolitik.[210] Außerdem würde, so die Prognose, der wachsende Energiebedarf der Gemeinschaft in Zukunft durch die Kernenergie gedeckt werden können, so dass die Gründung der EAG ihr übriges tat.

II. Der Fusionsvertrag (1967)

Die Frage nach der allgemeinen Energiekompetenz gewann erst nach der Unterzeichnung der Römischen Verträge mit dem Niedergang der Kohle und dem Aufstieg des Öls zum wichtigsten Energieträger wieder an Bedeutung. Der Fusionsvertrag von 1967, dem jahrelange Verhandlungen vorausgegangen waren, betraf die Organisation der Gemeinschaften, brachte aber kaum materielle Änderungen ihrer Aufgaben und Aktionsmittel.[211] Für Kernenergie, Kohle und die übrigen Energiequellen galten weiterhin unterschiedliche Rechtsgrundlagen, deren Grundkonzeptionen und Instrumente zur Umsetzung der jeweiligen energiepolitischen Ziele voneinander abwichen. Das Konzept einer einheitlichen europäischen Energiegemeinschaft wurde auch nach Inkrafttreten des Fusionsvertrags zunächst weiter verfolgt. Nach dem Willen der Mitgliedstaaten sollte die vom Vertrag vorgenommene Fusion der Exekutiven der drei Verträge ein weiterer Integrationsschritt und damit Vorläufer einer einzigen, umfassenden Gemeinschaft und nicht etwa deren Preisgabe sein.[212] Der Vertrag selbst bekräftigte an hervorgehobener Stelle, dem ersten Erwägungsgrund der Präambel, den Beschluss, die drei Gemeinschaften zu vereinheitlichen.[213] Bei der Formulierung des Ziels eines Zusammenschlusses der Gemeinschaften spielten auch und gerade energierechtspolitische Erwägungen eine Rolle, wie sich an den Vorschlägen

---

[208] *Grunwald*, Das Energierecht der EG, S. 13; vgl. auch *Friedensburg*, Die Rohstoffe und Energiequellen im neuen Europa, S. 377, der die Kokskohle als „wichtigsten Rohstoff, den es überhaupt gibt“ bezeichnet; heute beträgt der Anteil aller festen Brennstoffe am Gesamtprimärenergieverbrauch weniger als 20%, vgl. *Europäische Kommission*, EU energy and transport in figures, Statistical Pocketbook 2009, S. 27.

[209] Siehe oben Kap. 2 A. I. 1 sowie Fn. 45.

[210] *Bieber/Epiney/Haag*, Die EU, § 25 Rdn. 3; *Beutler/Bieber/Pipkorn/Streil*, Die EG, S. 472.

[211] Vgl. *Nicolaysen*, NJW 1965, 1653 (1655 f.).

[212] *Ipsen*, Fusionsverfassung, S. 9.

[213] Diese Wertung drückt auch Art. 32 Abs. 1 des Fusionsvertrags aus: „Die Kommission besteht bis zum Inkrafttreten des Vertrags zur Gründung einer einzigen Europäischen Gemeinschaft […] aus vierzehn Mitgliedern.“

zur Umsetzung der Vertragsziele zeigt. Über die Modalitäten des Verfassungsvorhabens bestanden zwischen den Mitgliedstaaten erhebliche Unterschiede.[214]

Verglichen mit Integrationsstand der Verträge in der Fassung von Nizza waren alle Vorschläge zur Vereinheitlichung der Gemeinschaften sehr ehrgeizig. Die deutsche Empfehlung sah etwa „bloß" die Ergänzung des EWGV um die Sonderkapitel Forschung, Technologie und Energiepolitik vor und war damit die „Minimallösung" des Fusionsverfahrens.[215] Nach anderen Plänen sollten die sektoralen Bestimmungen über Kohle und Kernenergie in den EWGV überführt werden.[216] Aufgrund der abweichenden Vorstellungen unter den sechs Mitgliedstaaten konnten allerdings weder der deutsche Vorschlag der Aufnahme eines Sonderkapitels über Energiepolitik in den EWGV, noch die umfassenden Pläne einer Neuverfassung der Gemeinschaften umgesetzt werden. Der für die Umgestaltung der Verträge in Art. 32 Abs. 1 des Fusionsvertrages vorgesehene Zeitraum von drei Jahren verstrich ergebnislos.

Obwohl der frühe Versuch einer Vereinigung der drei Gemeinschaften scheiterte, führte der Fusionsvertrag zu wichtigen Impulsen für die gemeinschaftliche Energiepolitik. Die Einsetzung eines gemeinsamen Rates und einer gemeinsamen Kommission durch den Fusionsvertrag bewirkte immerhin die notwendigen institutionell-organisatorischen Voraussetzungen eines energiepolitischen Gesamtkonzepts. Bis zur Vereinheitlichung der Exekutiven der Gemeinschaften beschränkte sich die bereichsübergreifende Energiepolitik auf die Einrichtung einer interexekutiven Arbeitsgruppe praeter legem. Der Aufbau einer effektiven gemeinsamen Energiepolitik durch die Arbeitsgruppe wurde nicht nur sachlich durch die erheblichen Unterschiede in Energiebedarf und -struktur zwischen den EG-Mitgliedstaaten belastet, sondern aufgrund der Gestaltung der Basisverträge, die jeweils unterschiedliche Zuständigkeiten und Befugnisse der Organe vorsahen, auch rechtlich erschwert.[217] Zudem betraf die Koordinierung durch die interexekutive Arbeitsgruppe nur die Kommissionen (der EWG und der EAG) und die Hohe Behörde (der EGKS), während auf Seiten der jeweils

---

214 Vgl. *Ipsen*, Fusionsverfassung, S. 45.

215 *Ipsen*, Fusionsverfassung, S. 44.

216 In diesem Fall wäre ein Ausschluss der Gemeinschaftskompetenz für die übrigen Energieträger kaum zu rechtfertigen gewesen und hätte wohl zur Normierung eines Energiekompetenztitels unter Einbeziehung von Kohle und Atomenergie geführt.

217 So schon *Burgbacher*, gwf 1963, 889 (893). Vgl. auch *Krämer*, Die Ölkrise, S. 15 f.; *Püttner*, in: Clauder, Einführung in die Rechtsfragen der europäischen Integration, S. 144 sowie *Hallstein*, Der unvollendete Bundesstaat, S. 173: „Im ganzen war es unvermeidlich, daß in den Organen der drei Gemeinschaften trotz aller Koordinierungsbemühungen verschieden gedacht wurde: nicht energiepolitisch, sondern kohlepolitisch, ölpolitisch oder kernenergiepolitisch. Erst mit der Verschmelzung der Brüsseler und Luxemburger Administrationen konnte sich das ändern und hat es sich geändert."

zuständigen Ministerräte weiterhin getrennt über die jeweils betroffene Energieart beraten wurde.[218]

III. Der Spinelli-Entwurf des Europäischen Parlaments (1984)

Initiativen zur Vertiefung der Integration gingen in der Folgezeit vor allem vom Europäischen Parlament aus. Geprägt wurde die politische und rechtliche Entwicklung vor allem durch die Diskussion über die Erarbeitung einer Europäischen Verfassung.[219] Am 9. Juli 1981 legte eine Gruppe von EU-Parlamentariern um den italienischen Europa-Abgeordneten und ehemaligen Industrie-Kommissar *Altiero Spinelli* dem Parlament eine Liste von Vorschlägen für die Gründung einer Europäischen Union vor.[220] Die Vorschläge und die mit ihnen verbundene Forderung, einen institutionellen Ausschuss zu gründen, wurden vom Europäischen Parlament aufgegriffen. Dieser Ausschuss erarbeitete die Vorgabe eines Vertrags zur Gründung einer Europäischen Union, der am 14. Februar 1984 vom Europäischen Parlament angenommen wurde. Der 87 Artikel umfassende „Spinelli-Entwurf" des Europäischen Parlaments sah nicht nur verschiedene institutionelle Reformen, sondern auch die Schaffung einer Reihe von Unionskompetenzen vor, die in Wirtschafts- und Gesellschaftspolitiken unterteilt wurden. Als sektorale Wirtschaftspolitik wurde neben den Politiken über Landwirtschaft und die Fischerei, das Verkehrswesen, das Fernmeldewesen, Forschung und Entwicklung und die Industrie auch der Energiebereich den konkurrierenden Zuständigkeiten der Union zugeteilt. Der Energiekompetenztitel des Spinelli-Entwurfs nannte als Ziele der Energiepolitik die Versorgungssicherheit, die Stabilität des Marktes, die Gewährleistung einer harmonisierten Preispolitik, die Entwicklung alternativer und regenerativer Energiequellen sowie die Förderung gemeinsamer technischer Normen. Der inhaltlich weitreichende Vorschlag zur Umgestaltung der Gemeinschaft wurde im Laufe des Jahres 1984 zwar an die nationalen Parlamente weitergeleitet, stieß dort aber auf Desinteresse oder Ablehnung und wurde darum nicht weiter verfolgt.

IV. Die Einheitliche Europäische Akte (1987)

Statt des Spinelli-Entwurfs für eine Europäische Verfassung wurde im Jahr 1986 die EEA ratifiziert und trat am 1. Juli 1987 in Kraft. Die Einführung eines Energiekompetenztitels in den EWGV war nicht Gegenstand der Verhandlungen über die Vertragsreform durch die EEA, obwohl die Energiekrisen in den siebziger Jahren erstmals einen signifikanten Aufschwung der energiepolitischen Gemeinschaftstätigkeit bewirkten und damit auch das Fehlen einer umfassenden

---

218 Vgl. *Burgbacher*, et 1964, 282.

219 Siehe *Rengeling/Jacobs*, DVBl 1984, 773 m.w.N.

220 ABl. 1981, Nr. C 234 S. 48.

Rechtsgrundlage vergegenwärtigten.[221] Inhaltlich blieb die EEA zwar hinter dem Spinelli-Entwurf zurück, stellte aber gleichwohl die erste umfassende Vertragsreform seit der Unterzeichnung der Römischen Verträge dar und übertrug der Europäischen Gemeinschaft sowohl neue Kompetenzen als auch zusätzliche Befugnisse in den bereits vorhandenen Politikbereichen. Mit dem Ziel der Verwirklichung des Binnenmarktes bis zum 31. Dezember 1992 (Art. 8a EWGV) und den entsprechenden Instrumenten zu seiner Umsetzung sowie dem Politikbereich „Umwelt" brachte die EEA auch wichtige Neuerungen mit Relevanz für den Energiesektor.[222] Durch die Vorschrift des Art. 100a EWGV (Art. 95 EG), der wohl wichtigsten Änderung der EEA, sollte der Integration neue Dynamik und Flexibilität verliehen werden.[223] Obwohl die Aufnahme eines Energietitels scheiterte, bestanden seitens einzelner Mitgliedstaaten offenbar erhebliche Bedenken, dass die neuen Kompetenzen zu einer umfassenden Gemeinschaftstätigkeit im Energiebereich führen können, was sich durch eine Erklärung in der Schlussakte zur EEA ausdrückte. Zur Umweltkompetenz des Art. 130 r EWGV (Art. 174 EG / Art. 191 AEUV) stellte die Konferenz fest, dass „die Tätigkeit der Gemeinschaft auf dem Gebiet des Umweltschutzes sich nicht störend auf die einzelstaatliche Politik der Nutzung der Energieressourcen auswirken darf".

Trotz der Vorbehalte entwickelte sich die Umweltkompetenz zu einer wichtigen Stütze für Gemeinschaftsrechtsakte mit Energiebezug. Vor allem wurde aber mit der Einführung der Binnenmarktkompetenz der Grundstein für die bis heute im Mittelpunkt der europäischen Energiepolitik stehende Öffnung der Energiemärkte gelegt. Die Kommission hatte bereits früher geäußert, dass das Prinzip des freien Handels ohne Schranken zwischen den Mitgliedstaaten ihrer Ansicht nach auch für Energieträger gelte. Zusammengenommen führten die Umwelt- und die Binnenmarktkompetenz in den späten 1980er Jahren zu einer signifikanten Ausdehnung der Gemeinschaftsaktivitäten im Energiebereich und einer entsprechenden Stärkung der Kommission im Speziellen.[224]

V. Der Vertrag von Maastricht (1992)

Greifbare Formen nahmen die Bestrebungen, den Energiesektor als eigenständigen Gemeinschaftspolitikbereich zu etablieren, erstmals anlässlich der Verhandlungen zum Vertrag von Maastricht an.[225] Unter dem Eindruck der tiefgreifenden Veränderungen der Jahre 1989 und 1990, insbesondere dem Ende des Kalten Krieges und der deutschen Wiedervereinigung, beschloss der Europäische

---

221 Vgl. auch *Baur*, in: ders., Leitungsgebunde Energie und der Gemeinsame Markt, S. 70.

222 Dazu *von Scholz*, in: Groeben/Thiesing/Ehlermann, 4. Auflage, Energiepolitik, Rdn. 77 ff. (S. 6264 f.).

223 So *Kahl*, in: Calliess/Ruffert, EUV/EGV, Art. 95 EGV Rdn. 1.

224 *Lyon*, EC Energy Policy, S. 2.

225 Vgl. auch *Maichel*, in: FS Götz, S. 63; *Linkohr*, in: Wuppertal Bulletin 2/2004, 2; *Kuhlmann*, Energierecht nach dem Vertrag von Lissabon, S. 15 f.

Rat auf einer Sondertagung in Dublin am 28. April 1990, dass weitere Schritte im Hinblick auf die Europäische Einigung unternommen werden sollten.[226] Durch den Europäischen Rat von Rom am 14. und 15. Dezember 1990 wurde die Regierungskonferenz einberufen, deren Arbeit schließlich zur Gründung der Europäischen Union führte. Im Zentrum der Vertragsreform standen die Wirtschafts- und Währungspolitik, die gemeinsame Außen- und Sicherheitspolitik, die Unionsbürgerschaft sowie die Stärkung der demokratischen Legitimation.

1. Der Kommissions-Vorschlag von 1990

a) Bedeutung als Urfassung des heutigen Energiekompetenztitels

In ihrem Beitrag zur Regierungskonferenz gab die Kommission am 21. Oktober 1990 eine Stellungnahme zum Entwurf des Änderungsvertrages zur EWG ab, in der der Entwurf eines Energiekompetenztitels präsentiert wurde.[227] Zur Begründung der Aufnahme des neuen Politikbereichs führte die Kommission die Notwendigkeit der Einführung des Begriffs der Versorgungssicherheit und der Verwirklichung des Energiebinnenmarkts an.[228] Zwar konnte sich der Vorschlag letztlich nicht durchsetzen und wurde von der Kommission auch nicht wieder aufgegriffen. Es bestehen jedoch bemerkenswerte Übereinstimmungen mit den Versionen des Energiekompetenztitels, die später in der Form von Art. III-256 EUVV und 194 AEUV den Weg in die Vertragstexte fanden. Strukturell besteht zwar der Unterschied, dass der Textentwurf des Energietitels (TE) anders als die nachfolgenden Versionen aus insgesamt vier Artikeln besteht. Die verschiedenen Artikel gleichen jedoch in ihrer Funktion teilweise den Regelungen, die später als Absätze eines einzigen Energieartikels geschaffen wurden.[229] Parallelitäten im Aufbau bestehen auch hinsichtlich des Herzstücks der Energiekompetenz, den energiepolitischen Zielvorgaben, die in beiden Fällen Aufzählungen in Form von Buchstaben darstellen. Mit Art. 2 Abs. 2 TE existiert sogar bereits eine Schutzniveauklausel, die wie die im einleitenden Satz des Art. 194 Abs. 1 AEUV enthaltenen energiepolitischen Leitprinzipien auf andere Sach- bzw. Politikbereiche Bezug nehmen.[230]

Vor allem bestehen aber auffällige inhaltliche Übereinstimmungen zwischen den Kompetenzvorschriften, die die Vermutung zulassen, dass der Textentwurf der Kommission bei der Erarbeitung des Energieartikels durch das Präsidium des Verfassungskonvents Pate gestanden hat. Dass es sich insofern nicht um zufällige Übereinstimmungen handelt, zeigt der Vergleich zur Energiekompetenz des Spinelli-Entwurfs, der weder in formeller noch in materieller Hinsicht große

226 Europäischer Rat (Dublin), 28. April 1990, Schlussfolgerungen des Vorsitzes, Rdn. 3.

227 Siehe Anhang I dieser Bearbeitung.

228 BullEG, Beilage 2/91, S. 152.

229 Vgl. insbesondere Art. 3 TE sowie Art. III-256 Abs. 2 EUVV / Art. 194 Abs. 2 AEUV.

230 Zu den Parallelen zwischen Leitprinzipien und Schutzniveauklauseln siehe unten Kap. 3 C. III. 3. b) bb).

Ähnlichkeit mit den späteren Fassungen des Energiekompetenztitels aufweist. Aus diesem Grund lassen sich aus dem TE wertvolle Anhaltspunkte für die Auslegung des Art. 194 AEUV gewinnen. Im Folgenden soll darum kurz der Inhalt des TE skizziert werden.

b) Inhalt des Textentwurfs

Die vier TE-Artikel treffen detaillierte Vorgaben über die Ziele und die Umsetzung der gemeinschaftlichen Energiepolitik. Art. 1 regelt zunächst das Verhältnis der Energiekompetenz zu den anderen Vorschriften des EWGV bzw. EG.[231] Nach Art. 1 Abs. 1 TE werden die „Ziele des Vertrags [...], was den von diesem Titel geregelten Bereich anbelangt, im Rahmen einer gemeinsamen Energiepolitik verfolgt". Nach dieser Formulierung vollzieht sich die Energiepolitik anders als bei Art. 194 AEUV nicht etwa im Rahmen anderer Politiken oder Zielvorgaben, sondern bildet umgekehrt selbst den Maßstab für andere Vertragsbestimmungen. Art. 1 Abs. 2 TE grenzt den Anwendungsbereich der Energiekompetenz gegenüber EGKSV und EAGV ab. Danach wird die „gemeinsame" Energiepolitik, also die des EG-Vertrags, mit den sektoralen Politiken der beiden anderen Gemeinschaftsverträge „eng koordiniert".

Nach Art. 2 Abs. 1 bezweckt die Energiepolitik die Sicherheit der Versorgung (lit. a), die Stabilität der Energiemärkte (lit. b), die Verwirklichung des Binnenmarkts (lit. c), die in Krisenzeiten zu treffenden Maßnahmen zu definieren (lit. d) und die Förderung sparsamer Energieverwendung sowie neuer und erneuerbarer Energien (lit. e). Aus dem Vergleich mit Art. 3 TE, in dem auf den Katalog des Art. 2 Abs. 1 lit. a-e TE Bezug genommen wird, ergibt sich, dass die Begriffe Ziel und Zweck im TE synonym verwendet werden. Weiterhin soll die Energiepolitik nach Art. 2 Abs. 2 TE ein hohes Schutzniveau hinsichtlich Umwelt, Gesundheit und Sicherheit gewährleisten.

Art. 3 TE regelt das Verfahren zur Umsetzung der in Art. 2 Abs. 1 TE genannten Ziele und begründet damit die Kompetenz der Gemeinschaft, entsprechend auf dem Energiesektor tätig zu werden. Die zur Erreichung der Ziele erforderlichen Maßnahmen erhalten „Gesetzesform" und werden auf der Grundlage des durch den Vertrag von Maastricht eingeführten Mitentscheidungsverfahrens erlassen.

Eine nicht in die nachfolgenden Versionen des Energiekompetenztitels übernommene Besonderheit des TE stellen die Bereichsausnahmen des Art. 4 TE dar. Nach Art. 4 Nr. 1 TE können die Vorschriften des Kartellverbots nach Art. 85 Abs. 1 EWGV (Art. 85 Abs. 1 EGV, Art. 81 Abs. 1 EG) für unanwendbar erklärt werden, wenn dies für die Gewährleistung der Versorgungssicherheit unerlässlich erscheint. Eine Ausnahme zum Beihilfeverbot des Art. 92 Abs. 1 EWGV (Art. 85 Abs. 1 EGV, Art. 87 Abs. 1 EG) ist gem. Art. 4 Nr. 2 TE bereits

---

[231] Durch den Vertrag von Maastricht wurde die Europäische Wirtschaftsgemeinschaft in „Europäische Gemeinschaft" umbenannt.

dann möglich, wenn die Beihilfen zur Versorgungssicherheit beitragen und dies den Binnenmarkt nicht unverhältnismäßig beeinträchtigt.

c) Die Ablehnung des Textentwurfs

Im Laufe des Jahres 1991 wurde der Kommissionsvorschlag wiederholt Gegenstand der Verhandlungen über den Unionsvertrag. Der Energiekompetenztitel fand sich in zwei abgewandelten aber offensichtlich am Vorschlag der Kommission angelehnten Versionen in den Entwürfen des Vertrags von Maastricht wieder.[232] Beide Versionen enthalten drei Artikel über die Energiepolitik der Gemeinschaft. Untereinander und im Verhältnis zu dem Textentwurf der Kommission unterscheiden sich die Entwürfe nur in Details. Die wesentlichen Inhalte des früheren Kompetenztitels, insbesondere die energiepolitischen Ziele, finden sich in leicht modifizierter Form in den Entwürfen wieder. Im ersten Halbjahr 1991 präsentierte die luxemburgische Präsidentschaft ihre Version des Energieartikels, die durch die niederländische Präsidentschaft im zweiten Halbjahr abgeändert wurde, um wiederum zugunsten des früheren Entwurfs der Luxemburger verworfen zu werden.[233] Schließlich wurde der Entwurf eines Energiekompetenztitels im November 1991 wenige Wochen vor dem EU-Gipfel von Maastricht aufgrund des Widerstandes einiger Mitgliedstaaten, zu denen das Vereinigte Königreich, Deutschland und die Niederlande gehörten, ersatzlos gestrichen.[234]

2. Änderungen mit Relevanz für das Energierecht

Trotz des Scheiterns der Aufnahme des Energiekompetenztitels brachte der Vertrag von Maastricht wiederum Neuerungen in Bezug auf energierechtlich relevante Normen, nämlich die allgemeine Energie-Zielbestimmung, das Kapitel über transeuropäische Netze, sowie das Einstimmigkeitserfordernis für energiebezogene Maßnahmen aufgrund des Umweltkompetenztitels.

a) Die Energie-Zielbestimmung und das Kapitel über transeuropäische Netze

Durch Art. 3 lit. t EGV (Art. 3 Abs. 1 lit. u EG) kam es zusammen mit den Bereichen Katastrophenschutz und Fremdenverkehr erstmals zur Erwähnung des Energiesektors im EG-Vertrag. Bei der Vorschrift handelte es sich, wie bereits dargestellt, nicht um eine Handlungsermächtigung bezüglich der aufgezählten Bereiche, sondern lediglich um eine (rechtlich verbindliche) Zielvorgabe.[235] Gemeinsam hatten die drei unterschiedlichen Tätigkeitsfelder die im System der

---

232 CONF-UP-UEM 2008/91 vom 18. Juni 1991, einzusehen unter http://www.ena.lu/ (Abruf am 23.03.2010) und CONF-UP 1845/91 vom 8. November 1991, abgedruckt bei *Scholz/Langer*, Europäischer Binnenmarkt und Energiepolitik, S. 325 f., jeweils Titel XII, Dritter Teil des Vertragsentwurfs.

233 *Lyons*, EC Energy Policy, S. 43.

234 *Lyons*, EC Energy Policy, S. 43.

235 Siehe schon oben Kap. 2 A. II. 1.

Ziel- und Aufgabenbestimmungen des EG-Vertrags einmalige Besonderheit, dass ihnen kein korrespondierender Kompetenztitel zugeordnet wurde. Die Ziele legten zwar fest, dass die Gemeinschaft auf den genannten Gebieten tätig werden soll, nicht aber, auf welche Weise dies zu geschehen hat.[236] Die Unvollkommenheit der in Art. 3 Abs. 1 lit. u EG enthaltenen Zielbestimmung wurde erst durch die Aufnahme des Titels über Energiepolitik durch den Vertrag von Lissabon beseitigt. Die Zielbestimmung war bis dato ein Überbleibsel aus den Kontroversen um die Einführung des entsprechenden Kompetenztitels durch den Vertrag von Maastricht.[237] Im Zusammenhang mit den vergeblichen Versuchen zur Schaffung eines Energieartikels müssen auch die durch den Unionsvertrag aufgenommenen Zuständigkeitsnormen für die Förderung transeuropäischer Netze gesehen werden, Art. 129b-129d EGV (Art. 154-156 EG / Art. 170-172 AEUV).[238] Die Förderung des Ausbaus der Energieinfrastruktur war ebenfalls in den Entwürfen der niederländischen und luxemburgischen Präsidentschaft enthalten und stand danach in einem engen Regelungszusammenhang mit dem Energiekompetenztitel.[239]

b) Energiebezogene Maßnahmen im Umweltbereich

Weiterhin wurde in Art. 130s Abs. 2 UAbs. 1 lit. c EGV (Art. 175 Abs. 2 lit. c EG / Art. 192 Abs. 2 lit. c AEUV) das Einstimmigkeitserfordernis für energiebezogene Maßnahmen aufgrund des Umweltkompetenztitels normiert. Durch die Einbeziehung des Energiebereichs sollte verhindert werden, dass mit (einfacher) Mehrheit beschlossene umweltpolitische Maßnahmen die nach wie vor in der Zuständigkeit der Mitgliedstaaten liegende Energieversorgungspolitik beeinflussen.[240] Damit dient die Ausnahme dem Schutz der mitgliedstaatlichen Energiepolitik.[241] Andererseits ist damit auch klargestellt, dass Maßnahmen auf Grundlage der Umweltkompetenz selbst dann getroffen werden können, wenn die allgemeine Struktur der Energieversorgung betroffen ist. Das Verhältnis zwischen Energie- und Umweltpolitik der Gemeinschaft wurde auch durch die Änderung der sog. Querschnittsklausel des Umweltrechts (heute: Art. 11 AEUV) betroffen. Bereits die ursprüngliche Fassung der durch die EEA einge-

---

236 *Basedow*, in: FS Everling, S. 49, 59, nennt die Ziele des Art. 3 Abs. 1 lit. u. EG aus diesem Grunde „Bereichsziele“ und grenzt sie von denjenigen Zielen ab, die die Politik auf einen Zustand oder eine Richtung verpflichten.

237 Vgl. *Bieber/Epiney/Haag*, Die EU, § 25 Rdn. 1; *Scholz/Langer*, Europäischer Binnenmarkt und Energiepolitik, S. 210, Fn. 10.

238 *Hobe*, EuR 2009, Beiheft 1, S. 221 sieht das Kapitel über transeuropäische Netze als Kompensation für die Streichung der Kompetenz für Energiepolitik an.

239 Als Titel XIII folgte derjenige über Transeuropäische Netze dem Titel XII über Energie, *Scholz/Langer*, Europäischer Binnenmarkt und Energiepolitik, S. 210, 229 f.

240 *Epiney*, Umweltrecht in der EU, S. 60; *Calliess*, in: Calliess/Ruffert, EUV/EGV, Art. 175 EGV Rdn. 25.

241 *Jahns-Böhm*, in: Schwarze, EU-Kommentar, 1. Auflage 2000, Art. 175 EGV Rdn. 19.

führten Umweltkompetenz enthielt in Art. 130r Abs. 2 S. 2 EWGV den Hinweis: „Die Erfordernisse des Umweltschutzes sind Bestandteil der anderen Politiken der Gemeinschaft". Das auf diese Weise umschriebene Integrationsprinzip wurde bereits zur Zeit ihres Inkrafttretens als Neuerung von großer Tragweite qualifiziert.[242] Der mit dem Vertrag von Maastricht neu aufgenommene Art. 130r Abs. 2 S. 3 EGV hat das Integrationsprinzip klarer gefasst und dabei in seinem Regelungsgehalt gestärkt.[243]

3. Die Erklärung in der Schlussakte des Vertrags von Maastricht

Die durch den Vertrag von Maastricht aufgenommene Energiezielbestimmung wird noch an einer weiteren Stelle erwähnt, die Aufschluss über das Schicksal des Politikbereichs Energie gibt. In der Schlussakte des Vertrags von Maastricht findet sich eine gemeinsame Erklärung der Regierungskonferenz als Vertreterin der Mitgliedstaaten sowie der Kommission.[244] Darin heißt es: „Die Konferenz erklärt, daß die Frage der Einfügung von Titeln über die in Artikel 3 Buchstabe t des Vertrags zur Gründung der Europäischen Gemeinschaft genannten Bereiche in jenen Vertrag nach dem Verfahren des Artikels N Absatz 2 des Vertrags über die Europäische Union anhand eines Berichts geprüft wird, den die Kommission dem Rat spätestens 1996 vorlegen wird. Die Kommission erklärt, daß die Gemeinschaft ihre Tätigkeit in diesen Bereichen auf der Grundlage der bisherigen Bestimmungen der Verträge zur Gründung der Europäischen Gemeinschaften fortsetzen wird."

Der in der Erklärung zitierte Art. N Abs. 2 EUV a.F., der durch den Vertrag von Amsterdam aufgehoben wurde, ordnete die Einberufung einer Regierungskonferenz im Jahr 1996 an, um die Bestimmungen des Vertrags, für die eine Revision vorgesehen war, zu prüfen. Die Erklärung der Regierungskonferenz in S. 1 des Protokolls bringt die Unzufriedenheit hinsichtlich der in Bezug genommenen Zielvorgaben ohne kompetenzielle Entsprechungen zum Ausdruck. Auch die Erklärung der Kommission in S. 2 stimmt insofern mit derjenigen der Regierungskonferenz überein, als sie bekräftigt, dass die europäische Rechtsetzung in den in Art. 3 Abs. 1 lit. t EGV genannten Bereichen als notwendig erachtet wurde.

VI. Der Vertrag von Amsterdam (1997)

Der in Anspielung auf den Reformbedarf auch „Maastricht II" genannte Prozess der Vorbereitung der nächsten Vertragsrevision war seit Ende des Jahres 1993

---

[242] *Kahl*, in: Streinz, EUV/EGV, Art. 6 EGV Rdn. 2 m.w.N.

[243] Die Erfordernisse des Umweltschutzes müssen bei der Festlegung und Durchführung der anderen Gemeinschaftspolitiken einbezogen werden"; *Calliess*, in: Calliess/Ruffert, EUV/EGV, Art. 6 EGV Rdn. 3; *Kahl*, in: Streinz, EUV/EGV, Art. 6 EGV Rdn. 3.

[244] 1. Erklärung zu den Bereichen Katastrophenschutz, Energie und Fremdenverkehr, ABl. 1992, Nr. C 191, S. 97.

fortlaufend Gegenstand der Beratungen bei den EU-Gipfeltreffen.[245] In Wahrnehmung des Auftrags aus Art. N Abs. 2 EUV a.F. beschloss der Europäische Rat von Korfu im Juni 1994 die Einsetzung einer Reflexionsgruppe, um mögliche Verbesserungen der zur Überprüfung vorgesehenen Vorschriften auszuarbeiten.[246] Auf Grundlage des Abschlussberichts der Reflexionsgruppe nahm schließlich die Regierungskonferenz Ende März 1996 in Turin die Arbeit auf.

1. Der Kommissionsbericht zu den Bereichen des Art. 3 Abs. 1 lit. t EGV

Kurze Zeit nach der Eröffnung der Regierungskonferenz legte die Kommission den Bericht über die Bereiche Katastrophenschutz, Energie und Fremdenverkehr vor, den sie entsprechend der Verpflichtung aus der ersten Erklärung in der Schlussakte des Maastrichter Vertrags anfertigte.[247] Hinsichtlich des Energiesektors betonte sie, dass die Gemeinschaft zwar bereits eine Energiepolitik verfolge und mit den Ermächtigungen aus dem EGKSV, dem EAGV sowie aus Art. 235 EGV (Art. 305 EG) auch die entsprechenden Instrumente zur Umsetzung dieser Politik zur Verfügung stünden.[248] Allerdings fehle es der Energiepolitik aufgrund des unterschiedlichen Rechtsrahmens an Kohärenz und im Hinblick auf aktuelle Entwicklungen seien Modernisierungen „bestimmter Aspekte“ erforderlich.[249] Als Lösung schlug die Kommission alternativ zwei Ansätze vor: die Zusammenführung der verstreuten Rechtsgrundlagen durch eingehende Konsolidierung aller drei Verträge, oder, falls dies nicht umsetzbar sei, die Einführung eines alle Energieträger erfassenden Energiekompetenztitels in den EG-Vertrag.[250] Damit betonte die Kommission fünfeinhalb Jahre nach dem ersten Textentwurf eines Energietitels, dass sie die Einfügung des neuen Politikbereichs weiterhin als erforderlich erachtete.

2. Die Positionen der Mitgliedstaaten

Die Mitgliedstaaten waren demgegenüber von einer einheitlichen Haltung zur Frage der Aufnahme eines Energiekompetenztitels weit entfernt und vertraten sehr unterschiedliche Positionen.[251] Die Mitgliedstaaten, die sich für die Institutionalisierung der Energiepolitik aussprachen, vertraten ihre Position allerdings nicht mit dem Nachdruck, den die Kommission in ihrem Bericht zum Ausdruck brachte. Auch wichen die Begründungen für die Notwendigkeit der gemeinsamen Energiepolitik – soweit solche überhaupt vorgetragen wurden – erheblich

---

245 Vgl. Europäisches Parlament, Weißbuch zur Regierungskonferenz 1996.

246 Europäischer Rat (Korfu), 24. / 25. Juni 1994, Schlussfolgerungen des Vorsitzes.

247 SEC (96) 496 final vom 3. April 1996.

248 SEC (96) 496 final, S. 5.

249 SEC (96) 496 final, S. 6.

250 SEC (96) 496 final, S. 6.

251 Eine Inhaltsangabe der Positionspapiere der Mitgliedstaaten enthält Band II des Weißbuchs zur Regierungskonferenz 1996 des Europäischen Parlaments.

voneinander ab. So stand etwa Griechenland der Einführung des Energiekompetenztitels positiv gegenüber, weil es sich davon die Verbesserung des energiepolitischen Dialogs mit asiatischen Staaten erhoffte. Die italienische und die belgische Delegation legten im Laufe der Verhandlungen jeweils einen eigenen Entwurf eines Energiekompetenztitels vor.[252] Zur Begründung führte Italien die Notwendigkeit der Übereinstimmung zwischen den energiepolitischen Zielen und denen verwandter Politikbereiche wie der Umweltpolitik an. Zudem sei eine effektive Umsetzung der energiepolitischen Reformen ohne eine entsprechende Rechtsgrundlage, die die Besonderheiten des Energiesektors berücksichtige, nicht umsetzbar. Weiterhin vertrat Italien die Ansicht, dass die Einbeziehung von Energie-, Fremdenverkehrs-, Katastrophenschutzpolitik in den Vertrag eine positive Resonanz bei den Bürgern erreicht werden könnte. Vorsichtige Zustimmung signalisierten auch die Positionspapiere Finnlands, Österreichs und Portugals. Auf der Seite der Gegner des Energietitels standen die Niederlande und das Vereinigte Königreich, die sich ohne nähere Begründung gegen dessen Einführung in den EG-Vertrag aussprachen.[253]

3. Das Scheitern der Aufnahme des Energiekompetenztitels

Im überwiegenden Teil der nationalen Positionspapiere wurde jedoch auf die Frage der Energiekompetenz überhaupt nicht eingegangen, da andere Themen als dringlicher erachtet wurden. Der Vertrag von Maastricht erschien insgesamt – wie später der Vertrag von Amsterdam – schon beim Abschluss reparaturbedürftig.[254] Dies betraf sowohl die äußere Form der Verträge mit der unübersichtlichen Konstruktion der EU neben den drei Gemeinschaften und der Gestalt in Form zahlreicher Anhänge und Protokolle als auch den Inhalt des Vertragswerks, insbesondere die Defizite hinsichtlich Transparenz, Effizienz und Demokratie.[255] Angesichts dieser grundlegenden Mängel überrascht es nicht, dass bei den Arbeiten der Regierungskonferenz nicht etwa die Debatte um die Einführung neuer Kompetenzen in den EG-Vertrag im Mittelpunkt der Überarbeitung stand, sondern vor allem institutionelle Reformen und die Stärkung der demokratischen Legitimität diskutiert wurden. So war der Grund für die Anordnung zur Überprüfung der Verträge gem. Art. N Abs. 2 EUV a.F. nicht etwa die Ver-

---

252 CONF 3905/97 bzw. CONF 3992/97.

253 Die Gründe für die Ablehnung wurden aber in den Verhandlungen des Verfassungskonvents ersichtlich, siehe dazu unten Kap. 2 C. VIII. 1.

254 *Hilf*, in: Forschungsinstitut für Wirtschaftsverfassung und Wettbewerb, EU-Regierungskonferenz ´96, S. 63; vgl. auch *Jochimsen*, in: Grimm, Zur Neuordnung der Europäischen Union: die Regierungskonferenz 1996/97, S. 33, der den Vertrag von Maastricht als „lex incompleta et imperfecta" bezeichnet.

255 Vgl. *Hilf*, in: Forschungsinstitut für Wirtschaftsverfassung und Wettbewerb, EU-Regierungskonferenz ´96, S. 63.

einbarung einer „Erprobungsphase“, sondern vielmehr die Aufarbeitung der Defizite mangels politischer Einigung nicht gelungener Reformvorhaben.[256]

Zwar gehörte die Prüfung der Aufnahme von Politiken in den Bereichen Katastrophenschutz, Energie und Fremdenverkehr zu den wenigen durch die Revisionsklausel vorgeschriebenen Aufträgen an die Regierungskonferenz 1996/97.[257] Das Mandat der Regierungskonferenz wurde jedoch nicht auf die ausdrücklich durch EUV a.F. und EG-Vertrag in Bezug genommenen Punkte begrenzt, sondern frühzeitig entsprechend der oben aufgezählten Mängel erweitert. Die nachgeordnete Stellung des Themas lässt sich schon an der inhaltlichen Gliederung der Regierungskonferenz durch die Reflexionsgruppe ablesen:[258] Die Begründung spezifischer Gemeinschaftszuständigkeiten lässt sich kaum unter eines der Themen „Der Bürger und die Union“, „Institutionelle Reformen“ und „Die Außenvertretung der Europäischen Union“ subsumieren.[259] Zusammenfassend lässt sich feststellen, dass die Frage der Aufnahme eines Energietitels gegenüber der Erörterung anderer Themen in den Hintergrund rückte.

4. Änderungen mit Relevanz für das Energierecht

Wie schon der Unionsvertrag von Maastricht nahm der Vertrag von Amsterdam Änderungen des gemeinschaftlichen Umweltschutzrechtes vor, die auch für den Energiebereich von Bedeutung sind. Zu nennen ist insbesondere die abermalige Änderung des Integrationsprinzips, das um die Nennung des Nachhaltigkeitsprinzips ergänzt wurde[260] und mit Art. 6 EG (Art. 11 AEUV) im ersten Teil über die Grundsätze der Gemeinschaft neu verortet wurde und damit auch durch die systematische Stellung die übergeordnete Bedeutung des Umweltschutzes zum Ausdruck bringt.[261] Die Schaffung einer selbständigen umweltrechtlichen „Querschnittsklausel“ war Teil einer allgemeinen Aufwertung des Umweltschutzes durch den Vertrag von Amsterdam, die sich insbesondere in der Aufnahme umweltpolitischer Zielsetzungen in Art. 2, eine Verstärkung umweltrechtlicher Befugnisse der Mitgliedstaaten in Art. 95 EG (Art. 114 AEUV) und

---

256 Vgl. *Streinz*, EuZW 1998, 137; *Meng*, in: Groeben/Thiesing/Ehlermann, 5. Auflage, Art. N Rdn. 16; *Vedder/Folz*, in: Grabitz/Hilf, Das Recht der EU, Stand: 12. Ergänzungslieferung Mai 1998, Art. N EUV Rdn. 32.

257 Neben der Erklärung Nr. 1 verwiesen auch die Erklärung Nr. 16 der Schlussakte zum Vertrag von Maastricht, Art. B, J.4, J.10 EUV a.F. sowie Art. 189b Abs. 8 EGV auf Art. N Abs. 2 EUV.

258 Vgl. CONF 3835/96 S. 8.

259 Vgl. auch die zehn Punkte umfassende Aufzählung von Jochimsen, Revisionskonferenz 1996, S. 37 f. zum Reformbedarf aus wirtschafts- und währungspolitischer Sicht, die die Frage neuer EU-Sachkompetenzen nicht erwähnt.

260 Das Nachhaltigkeitsprinzip fand außerdem Erwähnung in Art. 2 und Art. 177 Abs. 1 Spiegelstrich 1 EG sowie Art. 2 Abs. 1 Spiegelstrich 1 EUV.

261 Vgl. *Calliess*, in: Calliess/Ruffert, EUV/EGV, Art. 6 EGV Rdn. 3; *Kahl*, in: Streinz, EUV/EGV, Art. 6 EGV Rdn. 6.

der Einführung des Verfahrens der Mitentscheidung bei Mehrheitsentscheidungen in Art. 175 EG (Art. 192 AEUV) zeigte.[262]

VII. Der Vertrag von Nizza (2000)

Vom Standpunkt der Frage nach der Einführung einer Energiekompetenz aus gesehen stellte sich die Lage bei den Verhandlungen der Regierungskonferenz 2000, die zum Abschluss des Vertrags von Nizza[263] führten, kaum anders dar als bei der Regierungskonferenz 1996. Es wurde abermals um die Aufnahme eines eigenständigen Energiekapitels gerungen, wobei jedoch vordringlich Kompromisse bezüglich anderer Sachfragen gefunden werden mussten. In den Jahren nach dem Inkrafttreten des Vertrags von Nizza am 1. Februar 2003 wuchs die Union von 15 auf 27 Mitgliedstaaten an. In Anbetracht dieser Entwicklung stellte der Zweck, den „Prozess der Vorbereitung der Organe der Europäischen Union auf die Wahrnehmung ihrer Aufgaben in einer erweiterten Union zu vollenden“[264] das Hauptanliegen der Reform dar. Bereits vor der Vertragsänderung von Amsterdam war die Osterweiterung der Union vorgesehen, was eine Anpassung der EU-Institutionen notwendig machte. Im „Protokoll über die Organe im Hinblick auf die Erweiterung der Europäischen Union“ zum Vertrag von Amsterdam wurden drei vorrangige Themenbereiche genannt, deren Bearbeitung der EU-Erweiterung vorausgehen sollte: die Größe und Zusammensetzung der Europäischen Kommission, die Stimmengewichtung im Rat sowie die Frage der möglichen Ausweitung der Abstimmungen mit qualifizierter Mehrheit im Rat. Der Europäische Rat von Köln und der Europäische Rat von Helsinki beschlossen, eine Regierungskonferenz einzuberufen, um die erforderlichen Vertragsänderungen zu präzisieren, deren Arbeit bis Ende des Jahres 2000 abgeschlossen sein sollte.[265]

Die Arbeiten am Vertrag von Nizza gestalteten sich noch schwieriger als bei den vorangegangenen Regierungskonferenzen. Das Hauptziel der Vertragsreform, die Erreichung der Erweiterungsfähigkeit, wurde zwar erreicht.[266] Der in mühevollen Verhandlungen erzielte Kompromiss wurde dennoch schon vor der Zeit des Inkrafttretens des Vertrags sowohl von der Rechtswissenschaft als auch von Seite der Politik überwiegend als unbefriedigend angesehen.[267] Dabei betraf

262 *Krämer*, in: von der Groeben/Schwarze, EUV/EGV, Art. 6 EG Rdn. 4.

263 ABl. 2001 Nr. C 80, S. 1.

264 Siehe Präambel Vertrag von Nizza.

265 Europäischer Rat (Köln), 3. / 4. Juni 1999, Schlussfolgerungen des Vorsitzes, Rdn. 52-54; Europäischer Rat (Helsinki), 10. / 11. Dezember 1999, Schlussfolgerungen des Vorsitzes, Rdn. 5, 14-19.

266 *Wiedmann*, EuR 2001, 185 (212); *Pache/Schorkopf*, NJW 2001, 1377 (1386); *Fischer*, Der Vertrag von Nizza, S. 13, 73.

267 Vgl. nur *Fischer*, Der Vertrag von Nizza, S. 73 ff.; *Schwarze*, NJW 2002, 993 (993 f.); *Oppermann*, Europarecht, § 1 Rdn. 41; *Wiedmann*, EuR 2001, 185 (212); *Müller-Graff*, Integration 2001, 208. Durchweg positiv dagegen: *Pleuger*, Integration 2001, 1.

die Kritik zum einen die als unzureichend empfundene Umsetzung der strukturellen und institutionellen Reformen, zum anderen den Umstand, dass der Vertrag als „technische Übergangslösung“ nicht die grundlegenden Fragen Europas, etwa nach der künftigen Gestalt der Union und ihrem Verhältnis zu den Mitgliedstaaten, berührte.[268] Die Zukunft der Unionsordnung, insbesondere das Projekt der Schaffung einer verfassungsmäßigen Ordnung, wurde nicht Gegenstand der Verhandlungen. Bei den Änderungen von EU-Vertrag und EG-Vertrag handelt es sich vielmehr um eine Korrektur der Vertragsrevision von Amsterdam, deren drei oben genannte „left-overs“ es vorrangig zu überarbeiten galt.

Aus diesem Grund verabschiedete bereits die Regierungskonferenz von Nizza, die mit den Vertragsverhandlungen betraut war, die 23. Erklärung „zur Zukunft der Union“, die den Konstitutionalisierungsprozess der Union vorantreiben sollte.[269] Ziffer 5 der Erklärung benennt vier Themen, deren Erörterung als besonders dringlich angesehen wurde: die Zuständigkeitsordnung, den Status der Grundrechtecharta, die Vertragsvereinfachung und die Rolle der nationalen Parlamente. Die so formulierten Mängel umschrieben bis zur jüngsten Vertragsreform den Novellierungsbedarf des Einigungswerks.

VIII. Der EU-Verfassungsvertrag (2004)

Anlässlich des Versuchs der grundlegenden Neugestaltung der vertraglichen Grundlagen durch das Projekt einer europäischen Verfassung kam es endlich zur Aufnahme in die Endfassung eines – wenn auch letztlich gescheiterten – grundlegenden Vertrages. So wie sich der durch den Vertrag von Lissabon als AEUV umgestaltete EG-Vertrag größtenteils stark an den Text der Verfassung anlehnt, geht auch der Energieartikel des Art. 194 AEUV auf Art. III-256 EUVV zurück. Die inhaltliche Gestaltung des Energiekompetenztitels ist zum einen auf die Arbeit des Europäischen Konvents, zum anderen auf die Umgestaltung in der nachfolgenden Regierungskonferenz zurück zu führen.

1. Der Europäische Konvent

Mit der Erklärung von Laeken vom 14. / 15. Dezember 2001 griff der Europäische Rat die Erklärung der Regierungskonferenz von Nizza auf und beschloss, einen Konvent einzuberufen, um die vertraglichen Grundlagen der Union zu überarbeiten.[270] Der „Konvent zur Zukunft Europas“ begann am 28. Februar 2002 in Brüssel seine Arbeit. Unter der Leitung *Valéry Giscard D'Estaings* erarbeiteten Vertreter der Mitgliedstaaten und der Kommission sowie Mitglieder des Europäischen Parlaments zwischen dem 28. Februar 2002 und dem 18 Juli 2003 den Entwurf eines Vertrags über eine Verfassung für Europa.

---

268 *Pache/Schorkopf*, NJW 2001, 1377 (1386).

269 ABl. 2001, Nr. C 80, S. 85 ff.

270 Europäischer Rat (Laeken), 14. / 15. Dezember 2001, Schlussfolgerungen des Vorsitzes, SN 300/1/01 REV 1.

a) Vertragsentwicklung und Konventsmethode

Nach den wiederholten Kontroversen um die Einführung eines Energiekompetenztitels in das europäische Primärrecht scheint es auf den ersten Blick überraschend, dass der Energiesektor im Laufe der Beratungen des Konvents Einzug in den Vertragstext der Europäischen Verfassung hielt.[271] Auch im Hinblick auf den Auftrag des Verfassungskonvents musste die Einführung eines Energiekompetenztitels im Vorfeld als unwahrscheinlich gelten. Der Konvent war keine verfassungsgebende Versammlung, sondern hatte lediglich ein beratendes Mandat – der Verfassungsentwurf musste also nach wie vor gem. Art. 48 EUV a.F. die Zustimmung der Regierungskonferenz finden, was erst im zweiten Anlauf gelang.[272] Der durch den Konvent gesteuerte Reformprozess war insofern nicht ergebnisoffen, als die politische Durchsetzbarkeit in der Regierungskonferenz antizipiert werden musste.[273] Dabei hatten sich die Positionen der Mitgliedstaaten, die darauf bedacht waren, ihre eigene Position innerhalb des Unionsgefüges zu festigen oder auszubauen, seit der Regierungskonferenz 2000 und dem Vertrag von Nizza nicht wesentlich geändert.[274] Auch inhaltlich war der Konvent nicht frei, sondern durch die Vorgaben des Europäischen Rats von Laeken gebunden.[275] Insbesondere bezog sich der Auftrag an den Konvent ausdrücklich darauf, eine Vereinfachung der bestehenden Verträge vorzunehmen, ohne sie dabei inhaltlich zu ändern.[276] Danach sollte der Konvent eine verbesserte Rechtsgestalt für die erneuerte EU schaffen, ohne an den materiellen Inhalt der bisherigen Politiken zu rühren.[277] Nach diesem Mandat hätte die Einführung neuer Zuständigkeiten also gar nicht Gegenstand der Verhandlungen des Verfassungskonvents werden dürfen.

Anders als die beschränkten Mandate für die vorangegangenen Regierungskonferenzen zielte die Erklärung von Laeken „zur Zukunft der Europäischen Union“ aber nicht lediglich auf ein Abarbeiten der Versäumnisse von Nizza, sondern betraf die Grundfragen des Verständnisses der EU, wozu auch und insbesondere die Zuständigkeitsverteilung zwischen der Union und den Mitgliedstaaten zählte.[278] Die Einführung des Energiekompetenztitels wurde zudem

271 So auch *Linkohr*, in: Wuppertal Bulletin 2/2004, 2; *Schmidt-Preuß*, et 2003, 776.

272 Dazu näher unten Kap. 2 C. VIII. 2. b).

273 Vgl. *Göler/Marhold*, Integration 317 (318 ff.).

274 *Fischer*, Konvent zur Zukunft Europas, S. 33 ff.

275 *Hänsch*, Integration 2003, 331.

276 Die Vorgabe, bei der Vertragsreform keine inhaltlichen Änderungen vorzunehmen, findet sich sowohl in den Erklärungen der Schlussakte zum Vertrag von Nizza als auch in den Schlussfolgerungen des Europäischen Rates von Laeken: Vertrag von Nizza, Schlussakte, 23. Erklärung „zur Zukunft der Union“, Nr. 5, Spiegelstrich 3, ABl. 2001, Nr. C 80, S. 85 f.; Europäischer Rat (Laeken), 14. / 15. Dezember 2001, Schlussfolgerungen des Vorsitzes, SN 300/1/01 REV 1, S. 23.

277 *Oppermann*, in: Beckmann/Dieringer/Hufeld, Eine Verfassung für Europa, S. 73.

278 Vgl. *Wägenbaur*, EuZW 2002, 65, *Hänsch*, Integration 2003, 331 (336).

durch die institutionelle Struktur des Verfassungskonvents begünstigt. Bis zu den Verhandlungen zur EU-Verfassung wurden die bedeutenden Reformen ausschließlich von Vertretern der Mitgliedstaaten auf Regierungskonferenzen ausgehandelt. Parlament und Kommission wurden kaum in die Beratungen, die zudem unter Ausschluss der Öffentlichkeit stattfanden, einbezogen. Nicht selten beruhte die Entscheidungsfindung bei den teilweise nächtelangen Sitzungen mehr auf dem individuellen Durchhaltevermögen der Staats- und Regierungschefs als auf sachlichen Argumenten.[279] So dauerte etwa die abschließende Tagung des Europäischen Rats von Nizza fünf Tage und vier Nächte, insgesamt wurde 350 Stunden lang verhandelt.[280]

Der Konvent setzte sich demgegenüber gemäß der Erklärung von Laeken aus dem Präsidenten und zwei Vizepräsidenten, 15 Vertretern Staats- und Regierungschefs der Mitgliedstaaten, 30 Vertretern der nationalen Parlamente, 16 Mitgliedern des Europäischen Parlamentes und zwei Mitgliedern der Kommission zusammen.[281] Daneben entsandten auch die zwölf osteuropäischen Staaten, die mit den Erweiterungen von 2004 und 2007 EU-Mitgliedstaaten wurden, jeweils zwei Parlamentarier und einen Regierungsvertreter als Beobachter ohne Stimmrecht. Somit nahmen erstmals Volksvertreter aus den Mitgliedstaaten und dem Europäischen Parlament, die zusammen sogar die überwiegende Mehrheit der Konventsmitglieder bildeten, neben den Regierungsgesandten an den Verhandlungen teil. Neben der mehrheitlich parlamentarischen Zusammensetzung wurde die Arbeitsweise des Konvents auch durch den Tagungsort, das Europäische Parlament in Brüssel, und die parlamentarische Organisation der Verhandlungen geprägt.[282] Die Mängel der Vertragsfortbildung durch die Regierungskonferenzen wurden durch die gemischt gouvernemental-parlamentarische „Konventsmethode“, die sich bereits bei der Ausarbeitung der europäischen Grundrechtecharta bewährt hatte, behoben.[283]

b) Die Entstehung des Energieartikels

Die Beratungen des Konvents erfolgten in den monatlichen Plenartagungen im Europäischen Parlament in Brüssel. Zudem sah die Geschäftsordnung des Konvents die Möglichkeit vor, Arbeitsgruppen einzurichten, um die zu erörternden Themen vertieft zu behandeln, wovon bald Gebrauch gemacht wurde.[284] Es wurden zunächst sechs Arbeitsgruppen einberufen, in einer „zweiten Welle“[285]

---

279 Vgl. *Pache/Schorkopf*, NJW 2001, 1377 (1386).

280 *Fischer*, Der Vertrag von Nizza, S. 13.

281 Europäischer Rat (Laeken), 14. / 15. Dezember 2001, Schlussfolgerungen des Vorsitzes, SN 300/1/01 REV 1, S. 25 ff.

282 *Brok/Selmayr*, in: Weidenfeld, Die Europäische Union, S. 676 f.

283 *Oppermann*, DVBl 2004, 1264; *Göler/Marhold*, Integration 2003, 317.

284 Vgl. Art. 16 der Geschäftsordnung des Konvents, CONV 9/02 sowie CONV 52/02. Zur Zusammensetzung der Arbeitsgruppen siehe CONV 77/1/02 REV 1.

285 So CONV 243/02.

traten weitere fünf Arbeitsgruppen hinzu. Keine der elf Arbeitsgruppen befasste sich – dem Mandat gemäß – explizit oder schwerpunktmäßig mit der Frage nach neuen Unionszuständigkeiten.

aa) Die Vorarbeiten der Arbeitsgruppe V: „Ergänzende Zuständigkeiten"

(1) Das Mandat der Gruppe V

Arbeitsgruppe V wurde mit der Frage betraut, wie man zukünftig mit den sog. „ergänzenden Zuständigkeiten" verfahren sollte. Dabei handelt es sich um Politikbereiche, in denen der Union eine Unterstützungs-, Koordinierungs- und Ergänzungsfunktion zukommt.[286] Das Arbeitsprogramm der Gruppe umfasste unter anderem die Aufgabe, eine Definition des Konzepts der ergänzenden Zuständigkeit aufzustellen, mit dem Ziel, eine detaillierte Liste der unter diese Zuständigkeit fallenden Bereiche zu erstellen.[287] Die Ausarbeitung eines stimmigen Konzepts der Zuständigkeitsabgrenzung zwischen der Union und den Mitgliedstaaten war eines der Ziele der 23. Erklärung in der Schlussakte des Vertrags von Nizza und diente der Transparenz und der Effizienz. Da in diesem Zusammenhang entschieden werden musste, welche Sachbereiche in Zukunft unter welche Zuständigkeitsart fallen sollten, bezog sich das Mandat indirekt auch auf die Frage, ob der Energiesektor fortan als echte Kompetenz geführt oder ob der Union insofern lediglich eine „ergänzende" Zuständigkeit zukommen sollte.

(2) Die Bedeutung der Überprüfung des Art. 308 EG

Einen weiteren wichtigen – und mit dem oben genannten Problem verwandten – Aspekt des Aufgabenbereichs der Arbeitsgruppe V betraf die Überprüfung der Kompetenzergänzungsklausel des Art. 308 EG. Unter Bezug auf die Rechtsprechung des EuGH wurde im Mandat des Rates auf die mit der extensiven Anwendung der Vorschrift verbundene Tendenz hingewiesen, die Zuständigkeiten der Gemeinschaft über den durch den Vertrag festgelegten Rahmen hinaus zu erweitern oder die Rechtsvorschriften der Mitgliedstaaten in Bereichen zu harmonisieren, in denen die Gemeinschaft nicht dazu befugt war.[288] Aus dieser Problemstellung wurden die Fragen abgeleitet, welche Konsequenzen die Einführung strengerer Bedingungen für Art. 308 EG hätte und ob es sinnvoll wäre, die vom EuGH aufgestellten Grundsätze in die Vorschrift zu übernehmen.[289]

---

286 Vgl. Art. I-12 Abs. 5, I-17 EUVV sowie nun Art. 2 Abs. 5 und Art. 6 AEUV; zur unklaren Rechtsnatur dieser Kategorie: *Calliess*, in: Calliess/Ruffert, EUVV, Art. I-12 Rdn. 24 ff.

287 CONV 75/02, Mandat der Gruppe „Ergänzende Zuständigkeiten", S. 2 ff.

288 CONV 75/02, Mandat der Gruppe „Ergänzende Zuständigkeiten", S. 4. Gemeint ist wohl das Gutachten des EuGH zum Beitritt zur EMRK, Slg. 1996, I-1788, Tz. 28 ff., wonach Art. 235 EGV aufgrund des Prinzips der begrenzten Einzelermächtigung keine Grundlage dafür bieten kann, die Gemeinschaftsbefugnisse über den vom Vertrag festgesetzten Rahmen hinaus zu überschreiten. Zur Kritik an der „Abrundungskompetenz" des Art. 308 EG siehe nur *Nettesheim*, EuR 2004, 511 (520 f.).

289 CONV 75/02, Mandat der Gruppe „Ergänzende Zuständigkeiten", S. 4.

Zwecks Prüfung dieser Fragestellung wurde ein externes Gutachten über die tatsächliche Bedeutung des Art. 308 EG und den Verlauf der auf diese Vorschrift (bzw. deren Vorgänger Art. 235 EWGV / Art. 235 EGV) gestützten Rechtsetzung eingeholt.[290] Aus der auf Informationen der Datenbank CELEX[291] gestützten Studie ging hervor, dass die Anwendung des Art. 308 EG seit Anfang der siebziger Jahre, als etwa fünf Rechtsakte pro Jahr auf die Auffangkompetenz gestützt wurden, bis Mitte der Achtziger kontinuierlich anstieg. Seit dem Höhepunkt im Jahr 1985 mit über 25 entsprechenden Rechtsakten ging die Inanspruchnahme des Art. 308 EG wieder zurück und pendelte sich bis 2000 auf ein Niveau von etwa 10 Rechtsakten pro Jahr ein. Die Statistik bestätigt damit einen Befund, der auch aus dem europarechtlichen Schrifttum hervorgeht:[292] Während Art. 308 EG in der Anfangszeit der Gemeinschaft kaum in Anspruch genommen wurde, kam der Vorschrift seit den Siebziger Jahren eine erhebliche Bedeutung für die Integration zu. Mit den kompetenzrechtlichen Neuerungen der späteren Änderungsverträge – insbesondere der EEA und ihrer Binnenmarkt- und Umweltschutzkompetenz – nahm das Erfordernis, die Reserveermächtigung des Art. 308 EG zu bemühen, allerdings wieder ab. Dem Energiesektor kam gemessen an der Anzahl der Rechtsakte keine große Bedeutung bei der Rechtsetzung nach Art. 308 EG zu. In der durch die Statistik vorgenommenen Aufschlüsselung wurde der Energiesektor nicht als eigenständiger Politikbereich geführt, sondern mit den Sektoren „Transport“ und „Wirtschafts- und Währungsunion“ unter dem Punkt „Verschiedenes“ zusammengefasst. Insgesamt wurden zwischen 1970 und 2000 lediglich 38 Rechtsakte zu den drei Tätigkeitsfeldern erlassen.[293] Zwar stellte Art. 235 EGV die Rechtsgrundlage dar, auf die noch Anfang der neunziger Jahre die ganz überwiegende Zahl energiepolitischer Maßnahmen gestützt wurde.[294] Auch die Präsidentschaft der Regierungskonferenz 2000 hielt schon aus diesem Grund die Prüfung der Aufnahme eines Energiekompetenztitels für nötig.[295] Die Inanspruchnahme der Auffangkompetenz für energiepolitische Maßnahmen ging aber mit der Zeit stark zurück, wodurch das Argument, im

290 Swedish Insitute for European Policy Studies, WG V, WD 19.

291 Seit Ende 2004 „EUR-Lex“.

292 Vgl. nur *Rossi*, in: Calliess/Ruffert, EUV/EGV, Art. 308 EGV Rdn. 9 ff.; *Winkler*, in: Grabitz/Hilf, Das Recht der EU, Art. 308 EGV Rdn. 24 ff.

293 Dies entspricht 9% der insgesamt 406 Rechtsakte, die im genannten Zeitraum auf der Grundlage des Art. 308 EG erlassen wurden. Wesentlich bedeutender war die Auffangkompetenz etwa für die Bereiche „Landwirtschaft“ (133) und „allgemeine auswärtige Angelegenheiten“ (80 Rechtsakte), siehe WG V, WD 19, S. 9.

294 Vgl. nur *Baur*, in: ders., Leitungsgebunde Energie und der Gemeinsame Markt, S. 71 ff.

295 Regierungskonferenz 2000, CONFER 4711/00. Auf S. 13 f. werden insgesamt 19 zwischen 1993 und 2000 auf Grundlage des Art. 308 EG erlassenen Maßnahmen aufgezählt, die dem Energiebereich zugerechnet werden. *Kuhlmann*, Energierecht nach dem Vertrag von Lissabon, S. 11, Fn. 54, weist darauf hin, dass von diesen Rechtsakten heute nur noch einer in Kraft ist.

Hinblick auf Art. 308 EG sei die Aufnahme neuer Zuständigkeiten in das Primärrecht erforderlich, an Gewicht verlor. Nichtsdestotrotz wurde dieser Aspekt in den Verhandlungen stark betont, wodurch ihm ein maßgeblicher Anteil am Erfolg der Forderung nach einer Energiekompetenz zukommt. Eine Rolle dürfte noch ein weiterer Aspekt gespielt haben, der bei den Verhandlungen nicht in aller Deutlichkeit zur Sprache kam. Die Anforderung der Einstimmigkeit im Verfahren nach Art. 308 EG, die jedem Mitgliedstaat de facto ein Vetorecht einräumt, macht – insbesondere nach den beiden jüngsten Osterweiterungen der Union – die Anwendung der Auffangkompetenz zunehmend unattraktiv.[296]

(3) Die Vertreter der Kommission und des Parlaments

Im Sinne der Einführung eines Energieartikels versuchte schließlich auch die Kommission, die sich gegenüber der Arbeitsgruppe V in zwei Vermerken zur Abgrenzung der Zuständigkeiten äußerte, ihren (sehr begrenzten)[297] Einfluss geltend zu machen. Da deren Vertreter im Konvent dem Selbstverständnis der Kommission entsprechend generell pro-europäische Standpunkte vertraten,[298] etwa die Wahrung und Festigung des gemeinschaftlichen Besitzstandes,[299] wundert es nicht, dass sich der Bericht gegen die Streichung des Art. 308 EG wandte und die Vorteile der Vorschrift als Element der Flexibilität betonte.[300] Gleichzeitig sprach sich die Kommission in diesem Zusammenhang für die Aufnahme neuer Rechtsgrundlagen aus, da diese die Notwendigkeit der Anwendung des Art. 308 EG weiter einschränken würden, wobei der Energiesektor ausdrücklich erwähnt wurde.[301] In die Reform Auffangkompetenz wurden auch andere Gruppen miteinbezogen. So sollte die Gruppe IV, deren Mandat auf die Prüfung der Aufnahme einzelstaatlicher Verfahren in den EUVV gerichtet war, prüfen, ob den einzelstaatlichen Parlamenten hinsichtlich Art. 308 EG besondere Aufgaben übertragen werden sollten.[302] In diesem Zusammenhang erwies sich die Kommission abermals als Fürsprecherin der Aufnahme einer Energiekompetenz,[303] indem sie hervorhob, dass die Formulierung des Art. 308 EG es erlaube, Maß-

---

296 Vgl. *Kuhlmann*, Energierecht nach dem Vertrag von Lissabon, S. 11 f.

297 Die Kommission war mit ihren beiden Vertretern im Konvent schon zahlenmäßig schwach vertreten. Zudem war im Vorfeld der Verhandlungen von verschiedenen Seiten Kritik an der Kommission geäußert worden, dazu: *Fischer*, Konvent zur Zukunft Europas, S. 36 ff.

298 Vgl. *Maurer/Göler*, Die Konventsmethode in der EU, SWP-Studie 2004/S44, S. 13; *Fischer*, Konvent zur Zukunft Europas, S. 38.

299 Vgl. die Mitteilung der Kommission „Für die Europäische Union; Frieden, Freiheit, Solidarität“ zur institutionellen Architektur, KOM (2002), 728 endg.

300 Europäischer Konvent, WG V, WD 4, S. 10 f.; WG V, WD 26, S. 7.

301 Europäischer Konvent, WG V, WD 4, S. 10.; WD V, WD 26

302 CONV 74/02, S. 4; CONV 304/02.

303 Die Feststellung von *Schmidt-Preuß*, et 2003, 776, dass die Kommission den Energiekompetenztitel „gar nicht gefordert“ habe, ist zutreffend, verschweigt aber die indirekte Befürwortung.

nahmen zu treffen, für die der Vertrag keine angemessene Rechtsgrundlage biete.[304]

Als Vertreter des Europäischen Parlaments sprach sich das Konventsmitglied *Wuermeling* vorsichtig für die Aufnahme des Energiekompetenztitels aus. In dem Vermerk über die Reform einzelner Politikbereiche wurde zwar nicht ausdrücklich die Einführung des Energieartikels gefordert, im Rahmen der Erörterung des Politikbereichs der TEN aber vorgeschlagen, „die Schaffung weiterer EU-Kompetenzen, die einer Verfestigung und weiteren Durchdringung freier Energiemärkte in Europa dienen" zu prüfen.[305]

(4) Fazit

Im Abschlussbericht der Gruppe V vom 4. November 2002, in dem die Ergebnisse der Verhandlungen zusammengefasst wurden, empfahl die Kommission: „Für Sachbereiche, die ursprünglich auf Grundlage von Artikel 308 geregelt wurden, wie z. B. Darlehen zur Stützung der Zahlungsbilanz von Drittländern, Rechte des geistigen Eigentums, Energiepolitik, Katastrophenschutz und die Schaffung von Einrichtungen, sollten neue spezifische Rechtsgrundlagen im Vertrag verankert werden, wenn die Union in diesen Bereichen weiterhin tätig sein will."[306] Der einschränkende Hinweis am Ende des Satzes dürfte dem Umstand geschuldet sein, dass das Mandat der Gruppe V nicht die Prüfung der Aufnahme neuer Kompetenzen in den EUVV umfasste, was allerdings, wie bereits erwähnt, bei keiner der Arbeitsgruppen der Fall war. Im Hinblick auf die Reform des Art. 308 EG wurde jedenfalls kein Zweifel am Nutzen der Einführung eines Energiekompetenztitels gelassen. Zudem stand es für den Bereich der Energiepolitik außer Frage, dass die Union weiterhin tätig sein würde. So kann der Abschlussbericht der Arbeitsgruppe V des Europäischen Verfassungskonvents als uneingeschränkte Empfehlung für die Aufnahme einer Energiekompetenz gelten.

bb) Die Rolle des Präsidiums

Entscheidende Impulse zur Aufnahme des Energiekompetenztitels sowie zum Gelingen des Konvents kamen zudem vom Präsidium. Das Präsidium setzte sich aus dem Präsidenten *Giscard D´Estaing*, den Vizepräsidenten *d´Amato* und *Dehaene*, neun Konventsmitgliedern sowie einem Gastteilnehmer zusammen. Das Präsidium, insbesondere Präsident *Giscard*, verstand sich nicht bloß als Koordinierungs- und Exekutionsorgan für die Wünsche des Konvents, sondern nahm

304 CONV 304/02.

305 Europäischer Konvent, WG V, WD 15, S. 17.

306 CONV 375/1/02 REV 1 S. 17 = WG V, WD 30 REV 1 S. 17. Zudem wurde die Anpassung von Art. 3 Abs. 1 lit. u EG vorgeschlagen. Vgl. auch CONV 400/02, S. 11 zur Aussprache im Plenum.

vielmehr selbst eine führende Position ein.[307] Nach dem Mandat des Europäischen Rats von Laeken fiel dem dreizehnköpfigen Gremium die Aufgabe zu, eine erste Arbeitsgrundlage für den Konvent zu schaffen, öffentliche Debatten auszuwerten und Anstöße zu geben.[308] In der Praxis des Verfassungskonvents verfolgte das Präsidium das Anliegen, die Stellungnahme der Staats- und Regierungschefs zu antizipieren und zu hinterfragen, was vom Europäischen Rat für akzeptabel gehalten würde.[309] Neben der starken administrativen Stellung bestimmte das Präsidium, in dem vorab Kompromisse erarbeitetet wurden, die Arbeit des Verfassungskonvents also auch inhaltlich.[310]

Der gewichtige Einfluss des Präsidiums spiegelt sich nicht zuletzt in dem Verfahren der Aufnahme des Energieartikels wider. Bereits am 15. Mai 2002 wies das Präsidium in einem Diskussionspapier über die Mängel der Abgrenzung der Legislativbefugnisse zwischen Union und Mitgliedstaaten darauf hin, dass die EU in den Bereichen Energie, Katastrophenschutz und Fremdenverkehr zwar Gesetzgebungstätigkeit entfalte, der Vertrag aber keine spezielle Rechtsgrundlage für diese Tätigkeit biete.[311] Im Vorentwurf des Verfassungsvertrages vom 28. Oktober 2002 war der Energiesektor in der Aufzählung der Politikbereiche zwar noch nicht enthalten.[312] Der vom Präsidium erstellte Vorentwurf sollte jedoch zunächst nur die geplante Struktur der Verfassung veranschaulichen und ausdrücklich keine Aussage über die „Aufnahme bzw. Nichtaufnahme bestimmter Artikel sowie über den genaueren Inhalt mehrerer dieser Artikel" treffen, da den Beratungen des Konvents nicht vorgegriffen werden sollte.[313] Erst im Laufe der Verhandlungen Anfang des Jahres 2003 finden sich die ersten Hinweise darauf, dass der EUVV einen Energiekompetenztitel enthalten würde. Die erste Nennung des Energiesektors findet sich im Artikel über geteilte Zuständigkeiten zwischen Union und Mitgliedstaaten, Art. 12 Abs. 4 des Verfassungsvertragsentwurfs (VVE) vom 6. Februar 2003.[314] In dem Vermerk des Präsidiums für die Konventsmitglieder heißt es unscheinbar: „Diese Artikel wurden im Großen und Ganzen so abgefasst, wie im Dokument CONV 369/02 (Entwurf einer Struktur des Verfassungsvertrags) beschrieben".[315] Gleichzeitig wurde angemerkt, dass die Aufnahme des Energiesektors in die Liste der Bereiche geteilter Zuständigkeit die Festlegung einer speziellen Rechtsgrundlage im Bereich der Politiken

---

307 *Hänsch*, Integration 2003, 331; *Fischer*, Konvent zur Zukunft Europas, S. 29; *Brok/Selmayr*, in: Weidenfeld, Die Europäische Union, S. 678 ff.

308 Europäischer Rat (Laeken), 14. / 15. Dezember 2001, Schlussfolgerungen des Vorsitzes, SN 300/1/01 REV 1, S. 26.

309 *Göler/Marhold*, Integration 2003, 317.

310 *Maurer/Göler*, Die Konventsmethode in der EU, SWP-Studie 2004/S44, S. 14.

311 CONV 47/02, S. 8 Fn. 1.

312 CONV 369/02.

313 CONV 369/02, S. 2.

314 CONV 528/03, S. 8.

315 CONV 528/03, S. 1.

erfordere, da eine solche bislang nicht existiere.[316] Strittige Punkte der Gestaltung des Energieartikels (wie etwa der Frage nach Energiesolidarität) wurden damit zunächst hinten angestellt. Mit der Vorformulierung durch das Präsidium stand zwar noch keineswegs fest, dass sich die Forderung der Aufnahme eines Energiekompetenztitels durchsetzen können würde. Vielmehr wies die Gruppe der von den juristischen Diensten des Europäischen Parlaments, des Rates und der Kommission benannten Experten in ihren Berichten von März und Mai 2003 darauf hin, dass sich der Konvent noch mit der Frage zu befassen habe, ob und wo der neue Politikbereich angesiedelt werden sollte.[317] Tatsächlich hatte das Präsidium des Verfassungskonvents mit der Aufnahme des Energiebereichs in die geteilten Zuständigkeiten aber die Weichen für die Einführung der EU-Energiekompetenz gestellt – ohne dass gleichzeitig festgestanden hätte, welcher Art und welchen Umfangs die Zuständigkeitseröffnung sein sollte.

cc) Die Einfügung des Energieartikels

Band II des Verfassungsentwurfs des Präsidiums für die Teile II, III und IV (Grundrechtecharta, Politikbereiche und Schlussbestimmungen) vom 27. Mai 2003 führte unter Abschnitt 10, Art. III-152 den neuen Energiekompetenztitel auf.[318] Ausgearbeitet wurde der dritte Teil der Verfassung von den durch die Juristischen Dienste von Parlament, Rat und Kommission ernannten Sachverständigen, die bereits vorher bemängelt hatten, dass bestimmte Zuständigkeitsbereiche – darunter Energie – noch nicht in die Struktur des Verfassungsvorentwurfs aufgenommen wurden.[319] Zur Aufnahme des Energiekompetenztitels erläuterte das Präsidium dem Konvent: „Der vorgeschlagene Textentwurf für die Rechtsgrundlage "Energie" deckt in dem weit gefassten Absatz 1 die Art von Maßnahmen ab, die bislang angenommen wurden, ohne dabei eine zu starke Detailgenauigkeit aufzuweisen, die nicht gewünscht wird.“[320]

In Abs. 1 wurden die energiepolitischen Ziele der lit. a-c und in Abs. 2 die Grenzen der EU-Kompetenz festgehalten. Inhaltlich lehnte sich Art. III-152 VVE damit an die Urfassung des Energiekompetenztitels von 1990 an, in dem die wichtigsten Elemente bereits enthalten waren. Insbesondere führte der frühere Textentwurf der Kommission bereits die drei Ziele „Funktionieren der Energiemärkte“ (Art. 2 Abs. 1 lit. b TE), „Versorgungssicherheit“ (Art. 2 Abs. 1 lit. a TE) und „Förderung der Energieeffizienz und -einsparungen sowie Entwicklung neuer und erneuerbarer Energien“ (Art. 2 Abs. 1 lit. e TE). Das im Kommissionsentwurf darüber hinaus enthaltene Element der „Verwirklichung des Binnenmarkts“ (Art. 2 Abs. 1 lit. c TE) fand in Einzug in den einleitenden Satz des Art. III-152. Einzig das Ziel der Definition der „in Krisenzeiten zu treffenden

316 CONV 528/03, S. 13.
317 CONV 618/03, S. 14 Fn. 5, 177; CONV 729/03, S. 42 Fn. 23.
318 CONV 725/03, S. 91.
319 Siehe oben Kap. 2 C. VIII. 1. b) bb).
320 CONV 727/03, Anlage VII, S. 110.

Maßnahmen“ (Art. 2 Abs. 1 lit. d TE) wurde zunächst nicht ausdrücklich im ersten Entwurf des EUVV erwähnt.[321] Neu gegenüber dem Textentwurf der Kommission war im Wesentlichen nur die Zusammenfassung in einem einzigen Artikel.

Laut dem zusammenfassenden Bericht über die darauf folgende Plenartagung am 30. und 31. Mai 2003 wurden die Entwürfe für neue Rechtsgrundlagen „generell positiv“ aufgenommen, es gab aber einige Vorbehalte in Bezug auf die Rechtsgrundlage im Energiebereich.[322] Die Erläuterung zu Art. III-152 nahm die Bedenken der Konventsmitglieder insofern vorweg, als mit der Formulierung suggeriert wurde, die Energiekompetenz decke in erster Linie die bereits ohne allgemeine Zuständigkeit erlassenen Rechtsakte. Der Hinweis auf die „nicht gewünschte“[323] Detailgenauigkeit lässt aber darauf schließen, dass die Vorschrift als flexibel genug erachtet wurde, um auch Maßnahmen auf die Energiezuständigkeit zu stützen, die bislang nicht Gegenstand der EU-Rechtsetzung waren.[324] Über die entscheidende und kontroverse Frage, ob mit der Einführung der Energiekompetenz eine Übertragung von Zuständigkeiten stattfinden sollte, gibt der Kommentar somit keinen sicheren Aufschluss.

c) Positionen der Konventsmitglieder

Das Präsidium legte nicht nur die Formulierungsvorschläge für die Artikelentwürfe vor, sondern führte auch Regie über das Schicksal der insgesamt 5.995 Änderungsanträge, von denen es diejenigen auswählte, die eine Konsensfindung versprachen.[325] Auch die Einführung der geteilten Zuständigkeit für den Energiesektor in Art. I-13 VVE und der Energiekompetenztitel Art. III-152 VVE selbst wurden wiederholt Gegenstand von Änderungsanträgen.[326] Zwar konnte

---

321 Mit Art. III-69 VVE (Art. III-180 EUVV / Art. 122 AEUV) war aber bereits die Übernahme des Art. 100 EG, der die Maßnahmen bei Auftreten von Schwierigkeiten in der Warenversorgung regelte, vorgesehen. Die Vorschrift sollte später einen ergänzenden Hinweis auf den Energiebereich erhalten, siehe unten Kap. 2 C. IX. Auch insofern wurde also der Regelungsgehalt des Textentwurfs der Kommission übernommen.

322 CONV 783/03, S. 12.

323 Fraglich ist, auf wessen Sichtweise diese Formulierung abstellt. Die deutsche Übersetzung legt nahe, dass das Präsidium sich auf Meinungen anderer Konventsmitglieder bezog. Die französische Originalfassung und – mehr noch – die englische Übersetzung („non souhaitable“ / „undue“) lassen eher auf die Äußerung der eigenen Meinung schließen.

324 *Kahl*, in: Schulze-Fielitz/Müller, Europäisches Klimaschutzrecht, S. 51 f. betont demgegenüber, dass der Textentwurf laut Präsidium die Maßnahmen abdeckt, „die bislang angenommen wurden“ und schließt daraus, dass der Energiekompetenztitel überwiegend deklaratorischer Art ist. Diese Auffassung verkennt jedoch, dass der Erläuterung gerade nicht zu entnehmen ist, dass weitergehende Maßnahmen unzulässig sein sollen.

325 *Becker/Leiße*, Die Zukunft Europas, S. 84 f.

326 Vgl. die Zusammenfassung zu den Änderungsanträgen CONV 574/03 S. 91 ff. (zu Art. I-16 VVE) bzw. CONV 821/03 S. 62 (zu Art. III-152 VVE). Die Änderungsvorschläge

sich letztlich keiner dieser Vorschläge durchsetzen. Da die Anträge Aufschluss über die Position der Teilnehmer und der durch sie vertretenen Staaten und Institutionen geben, soll dennoch im Folgenden ein kurzer Überblick über die wichtigsten Standpunkte gegeben werden. Diese lassen sich grob in vier Richtungen unterteilen.

aa) Keine substantielle Änderung

Zunächst gab es eine Reihe von Initiativen, die allein Art. III-152 VVE betrafen, dabei aber keine substantielle Änderung des Energieartikels beabsichtigten. Diese Vorschläge bezweckten zumeist, dem Gesetzestext durch klarstellende Formulierungen die Mehrdeutigkeit zu nehmen oder bestimmte bereits enthaltene Aspekte stärker zu betonen. So zielte etwa der Vorschlag der österreichischen Delegierten *Lichtenberger* und *Voggenhuber* darauf ab, durch die Einfügung einer neuen Zielbestimmung „langfristige Sicherheit und Beseitigung von Risiken", den Anwendungsbereich des Ziels der Energieversorgungssicherheit zu präzisieren. Außerdem sollte die missverständliche Formulierung „im Rahmen" (der Verwirklichung des Binnenmarktes) durch das Wort „erfüllt" ersetzt werden. Eine größere Anzahl von Europaparlamentariern der EVP sowie Vertreter konservativer Parteien der nationalen Parlamente schlugen vor, neben der Notwendigkeit der Erhaltung und Verbesserung der Umwelt in Art. III-152 Abs. 1 VVE die „Notwendigkeit der wirtschaftlichen Effizienz" voranzustellen. Außerdem sollte das Ziel der Energieversorgungssicherheit in Art. III-152 Abs. 1 lit. b VVE um das Adjektiv „nachhaltig" ergänzt werden. Die Änderungsvorschläge sollten laut Begründung das „fundamentale Kriterium" der Wirtschaftlichkeit in der Energiepolitik stärken und im Hinblick auf die Energieversorgungssicherheit verdeutlichen, dass zwischen den wirtschaftlichen, ökologischen und sozialen Aspekten ein Gleichgewicht zu halten ist. Ein Vorschlag des dänischen Regierungsvertreters *Christophersen* betraf unter anderem die Umbenennung des Ziels des Art. III-152 Abs. 1 lit. a VVE von der Gewährleistung des Funktionierens des Energiemarkts in die Gewährleistung der Wettbewerbsfähigkeit der Union. Die Spanier *Borrell*, *Carnero* und *López-Garrido* wollten die „Erhaltung" Umwelt durch den „Schutz" der Umwelt ersetzen.

bb) Einschränkung

Andere Konventsmitglieder wendeten sich gegen einzelne Aspekte des allgemeinen Energiekompetenztitels, wobei das Ziel der Energieversorgungssicherheit im Mittelpunkt stand. So etwa die finnische Delegation, die betonte, nicht prinzipiell gegen die neue Rechtsgrundlage im Energiebereich zu sein, jedoch Maßnahmen zur Gewährleistung der Energieversorgungssicherheit von der Unionszuständigkeit ausgenommen wissen wollte. Die Österreicher *Lichtenberger* und *Voggenhuber* und die belgische Vertreterin *Nagy* schlugen vor, die Unions-

sind unter http://european-convention.eu.int/amendemTrait.asp?lang=DE (Abruf am 23.03.2010) auch einzeln einzusehen.

zuständigkeit im Energiebereich auf die Förderung erneuerbarer Energien zu beschränken. Die Vertreter der niederländische Regierung de *Vries* und *de Bruijn* beantragten, die Zuständigkeit zur Gewährleistung der Energieversorgungssicherheit auf Krisenzeiten zu beschränken. Zudem sollten zwei Absätze eingefügt werden, um klarzustellen, dass den Mitgliedstaaten weiterhin die Kompetenz bliebe, eigene internationale Verträge im Energiebereich abzuschließen und dass die nationale Souveränität über die Rohstoffe nicht angetastet würde. Ein anderer Antrag der Niederländer forderte, die Energiekompetenz nicht in den Bereich der geteilten Zuständigkeiten einzuordnen, sondern lediglich als ergänzende Zuständigkeit aufzuführen.

cc) Komplette Streichung

Einige Konventsmitglieder schlugen auch die restlose Streichung des allgemeinen Energiekompetenztitels einschließlich der geteilten Zuständigkeit vor. So versuchten die deutschen Konventsmitglieder geschlossen und parteiübergreifend, wenn auch mit unterschiedlichen Begründungen, die Aufnahme des Art. III-152 VVE zu verhindern. Die Vertreter des Europäischen Parlaments und des Bundestags *Wuermeling* und *Altmaier* schlugen sowohl die Streichung des Ziels der Energieversorgungssicherheit als auch des ganzen Artikels vor.

Der damalige Bundesaußenminister *Fischer*, der als Regierungsvertreter in den Konvent entsandt wurde, sprach sich mit verschiedenen Argumenten gegen die Aufnahme des Energiekompetenztitels aus. *Fischer* hatte durch seine Rede an der Humboldt-Universität in Berlin am 12 Mai 2000[327] selbst maßgeblich dazu beigetragen, die öffentliche Debatte über die zukünftige Gestalt der Europäischen Union anzuregen. Angesichts seines durch diese Rede begründeten Rufs als ausgesprochenem Befürworter supranationaler Integrationsideen,[328] musste die ablehnende Haltung *Fischers* in Bezug auf die Einfügung des Energieartikels überraschen. Einerseits hielt er die ausdrückliche Festlegung der Energiekompetenz für nicht erforderlich, da energiepolitische Fragen weiterhin im Rahmen des gemeinschaftlichen Besitzstandes, insbesondere der Wettbewerbs- und Umweltpolitik, geregelt werden könnten. Andererseits setzte sich *Fischer* in Widerspruch zu dieser Argumentation, indem er zugab, dass Energie zwar „für unsere Zukunft ein sehr wichtiges Kapitel" sei, es jedoch keinen Konsens gebe und strittige Sichtweisen aufgrund unterschiedlicher energiepolitischer Ausrichtungen und der Kürze der Zeit nicht gelöst werden könnten.

Einen anderen Ansatz verfolgten der Vertreter des Bundesrats am Verfassungskonvent teilnehmende Ministerpräsident Baden-Württembergs, *Teufel*, der Europaabgeordnete *Wuermeling* und das Mitglied des Fraktionsvorstandes von CDU/CSU im Bundestag *Altmaier*. Sie schlugen vor, nur die Nuklearenergie in

[327] Abgedruckt in: Integration 2000, 149.

[328] *Fischer* forderte die „konstitutionelle Neugründung" Europas, siehe Integration 2000, 149 (153 f.).

den Verfassungsvertrag aufzunehmen. Dabei wiesen sie zutreffend darauf hin, dass das Mandat durch den Vertrag von Nizza ausdrücklich darauf gerichtet war, die Verträge „klarer und verständlicher zu machen, ohne sie inhaltlich zu ändern“.[329] Aus diesem Grund dürfe eine allgemeine Energiekompetenz nicht geschaffen werden. Diese inhaltlich überzeugende Position wurde allerdings nicht konsequent verfolgt. *Teufel*, *Altmaier* und *Wuermeling* gehörten zu einer Gruppe von EVP-Parlamentariern, die sich bereits früher für die Integration der Nuklearenergie in den Bereich der geteilten Zuständigkeiten ausgesprochen hatten, ohne dabei die Energiekompetenz im übrigen zu bemängeln. Zudem beantragten *Wuermeling* und *Altmaier* zeitgleich mit dem Vorschlag zur kompletten Streichung des Energieartikels auch die Entfernung des Ziels der Energieversorgungssicherheit.

Ohne nähere Begründung forderten die drei Dänen *Skaarup*, *Dalgaard* und *Bonde*, sowie jeweils ein Vertreter Frankreichs, Finnlands, Tschechiens und Sloweniens die Aufhebung der geteilten Zuständigkeit im Energiebereich. Auf der Seite der Gegner des Energiekompetenztitels standen zudem die Vertreter des Vereinigten Königreiches *Heathcoat-Amory*, *Hain* und *Kirkhope*, die entsprechend der Argumentation *Fischers* befürchteten, die neue Zuständigkeit könne die Grenzen der EU-Kompetenz in „unbeabsichtigter Weise“ verändern.

dd) Erweiterung

Schließlich gab es die Vertreter, denen die Aufnahme des allgemeinen Energiekompetenztitels nicht weit genug ging. Mehrfach wurde gefordert, den vom Euratom-Vertrag abgedeckten Bereich der Nuklearenergie in den Verfassungsvertrag aufzunehmen. Neben der bereits angesprochenen Gruppe von Konventsmitgliedern der EVP-Fraktion beantragte auch eine Reihe von Mitgliedern aus Belgien, Griechenland, Irland, Österreich, sowie aus den Beitrittsländern Tschechien und Litauten, die Zielbestimmung um den Zusatz „einschließlich der Kernenergie“ zu ergänzen, da es gegen die allgemeine Logik des EUVV sei, den Euratom-Vertrag außen vor zu lassen. Einen ausführlichen Vorschlag zur Überführung des Nuklearbereichs in den allgemeinen Energiekompetenztitel legte der österreichische Regierungsvertreter *Farnleitner* vor. Der Antrag sah vor, neben den Bestimmungen des Art. III-152 Abs. 1 lit. a-c VVE zwei weitere Ziele über den Gesundheitsschutz und die Sicherheitskontrolle, die bisher im Euratom-Vertrag geregelt waren, zu überführen und zusätzlich das Ziel der Harmonisierung der Sicherheit von Kernenergieanlagen aufzunehmen. Ein neuer Abs. 3 sollte zudem das Außerkrafttreten des EAGV regeln.

---

329 Siehe oben, Kap. 2 C. VIII 1. a) sowie Fn. 276.

2. Änderungen durch die Regierungskonferenz

Der endgültige Verfassungsentwurf des Konvents vom 18. Juli 2003[330] verortete die gegenüber der ersten Version unverändert gebliebene Energiekompetenz schließlich unter Abschnitt 10, Art. III-157 VVE. Nach insgesamt rund eineinhalb Jahren Arbeit wurde der Entwurf zum Vertrag über eine Verfassung für Europa dem Präsidenten des Europäischen Rates in Rom überreicht. Nun galt es, gemäß dem Verfahren nach Art. 48 EUV a.F. die Zustimmung der Staats- und Regierungschefs zu finden, was erst im zweiten Anlauf gelang. Über 90% des endgültigen Textes des EU-Verfassungsvertrags entsprachen der vom Konvent vorgelegten Fassung.[331] Der Energiekompetenztitel zählt jedoch zu den wenigen Vorschriften, die durch die Regierungskonferenz 2004 noch einmal verändert bzw. ergänzt wurden.

a) Hintergrund und Arbeitsweise

Die durch die Verhandlungen des Europäischen Rats von Thessaloniki am 19. und 20. Juni 2003 vorbereitete Regierungskonferenz nahm unter italienischer Präsidentschaft am 4. Oktober 2003 in Brüssel ihre Arbeit auf. Das methodische Vorgehen unterschied sich dabei kaum von dem vorangegangener Regierungskonferenzen. Zwar sollten nicht nur Vertreter des Rats und der Kommission teilnehmen, sondern auch das Europäische Parlament „eng an den Beratungen der Konferenz beteiligt werden".[332] Diese Beteiligung beschränkte sich jedoch auf die Teilnahme zweier Europaparlamentarier mit Beobachterstatus. Das Konventspräsidium wurde entgegen den Erwartungen *Giscard D´Estaings* ganz von der Teilnahme ausgeschlossen.[333] Anders als die für Zuschauer geöffneten Plenartagungen des Verfassungskonvents fand die zwischenstaatliche Regierungskonferenz abermals unter Ausschluss der Öffentlichkeit statt. Lediglich die Beratungsergebnisse, nicht die Beratungen selbst, wurden zusammengefasst und auf der Website der Regierungskonferenz veröffentlicht.

Der italienische Vorsitz beabsichtigte, den durch die aufwändige Arbeit zustande gekommenen Kompromiss, der zudem durch die demokratisch-transparente Arbeitsweise des Konvents legitimiert war, unangetastet zu lassen.[334] Bald stellte sich jedoch heraus, dass der Verfassungsvertrag in seiner Gesamtheit nicht das Einvernehmen der Regierungskonferenz finden würde.

---

330 CONV 850/03, S. 131 sowie Anhang III.

331 *Oppermann*, DVBl 2004, 1264 (1265).

332 Europäischer Rat (Thessaloniki), 19. / 20. Juni, Schlussfolgerungen des Vorsitzes, 11638/03, S. 2.

333 *Fischer*, Der Europäische Verfassungsvertrag, S. 61.

334 *Brok/Selmayr*, in: Weidenfeld, Die Europäische Union, S. 681; *Fischer*, Der Europäische Verfassungsvertrag, S. 67 ff.

b) Verhandlungsverlauf

Die Regierungskonferenz 2003/2004 gliederte sich durch den Wechsel der Ratspräsidentschaft bedingt technisch und formal in zwei Phasen: die erste unter italienischem und die zweite unter irischem Vorsitz.

aa) Die Regierungskonferenz unter italienischer Präsidentschaft

Bereits im Basisdokument, auf dessen Grundlage der vom Konvent vorgelegten Verfassungsentwurf überprüft werden sollte, war eine den Bereich der Energie betreffende Änderung enthalten.[335] In dem vom Sekretariat der Regierungskonferenz vorgelegten Dokument wurde die Streichung des Energiesektors aus der geteilten Zuständigkeit für den Bereich Binnenmarkt (Art. I-13 VVE) vorgeschlagen. Der Energiesektor war also, gemeinsam mit drei anderen Bereichen,[336] vorher der Binnenmarktkompetenz zugeschlagen worden, was eine Abweichung vom Vertragstext des Verfassungskonvents bedeutete und demzufolge gar nicht im Basisdokument hätte enthalten sein dürfen.

Auch die nationalen Vorbehalte im Hinblick auf den neuen Energieartikel wurden bereits in der Anfangsphase der Regierungskonferenz deutlich zur Sprache gebracht. In einer Zusammenfassung über die auf Anfrage der Präsidentschaft von den nationalen Delegationen vorgelegten Streitpunkte des Konventsentwurfs vom Oktober 2003 forderten die Niederlande, die „nationale Hoheit über Energieressourcen deutlicher festzulegen".[337] Mit dieser vom Vereinigten Königreich aufgegriffenen Forderung und anderen unter dem Oberbegriff „nicht-institutionelle Fragen" zusammengefassten Problemkreisen wurden alsbald die mit der Prüfung der rechtlichen Kohärenz des Konventsvorschlags betrauten Rechtssachverständigen mandatiert.[338] Die auf die unveränderte Übernahme des Konventsvorschlags bedachte italienische Präsidentschaft betonte dabei mehrfach, dass die juristische Prüfung keineswegs politischen Entscheidungen vorgreife.[339] Die Gruppe der Rechtsexperten unter der Leitung des Generaldirektors des Juristischen Dienst des Rates, *Piris*, kam zwischen dem 9. Oktober und 25. November 2003 insgesamt fünfzehn Mal zusammen, um rechtliche und technische Verbesserungen vorzuschlagen.[340] Ihrem Auftrag entsprechend präsentierten die Rechtsexperten eine überarbeitete Version des Konventsentwurfs, die lediglich Klarstellungen der verwendeten Formulierungen,

---

335 CIG 4/03, S. 48.

336 „Raum der Freiheit, der Sicherheit und des Rechts" / „Landwirtschaft und Fischerei, ausgenommen die Erhaltung der biologischen Meeresschätze" / „Verkehr und transeuropäische Netze".

337 CIG 37/03, S. 18.

338 CIG 43/03, S. 4. Auch Dänemark dürfte hinter dieser Forderung gestanden haben, vgl. *Haghighi*, ELJ 2008, 461 (470).

339 CIG 42/03, S. 2; CIG 43/03, S. 2; CIG 52/03, S. 2.

340 Vgl. CIG 51/03.

nicht aber substantielle Änderungen des Verfassungstextes betrafen.[341] Gleichzeitig wurde jedoch ein Addendum zum überarbeiteten Verfassungsentwurf vorgelegt, mit dessen Hilfe „Fortschritte bei den politischen Fragen", zu denen „noch keine Schlussfolgerungen gezogen werden konnten", erreicht werden sollten.[342] Das Dokument, das in 38 Annexen Entwürfe für Vorschriften aus allen Bereichen des Verfassungsvertrages enthielt, wurde wiederum nur „unter der Prämisse verteilt, dass keiner der darin enthaltenen Vorschläge als endgültig anzusehen ist, solange keine Einigung über den gesamten Entwurf des Vertrags über eine Verfassung erreicht worden ist".[343] In diesem Kontext entstand die „Erklärung zur Einfügung in die Schlussfassung betreffend Art. III-157" in Annex 26 des von den Rechtssachverständigen überarbeiteten Dokuments.[344]

Um vor dem vom Ratsvorsitz als entscheidend angesehenen Treffen der Staats- und Regierungschefs im Dezember möglichst viele technische und inhaltliche Fragen zu klären, rief die Präsidentschaft die Außenminister der Mitgliedstaaten am 28. und 29. November 2003 zu einer Klausurtagung in Neapel zusammen. Dort wurden zwar einige kleinere Streitpunkte ausgeräumt, in den wesentlichen Fragen konnte aber kein Durchbruch erzielt werden, so dass die Hoffnungen auf der Tagung des Europäischen Rats in Brüssel vom 12. und 13. Dezember 2003 lagen.[345] Im Zuge der Vorbereitung des Gipfeltreffens unterteilte die italienische Präsidentschaft die offenen Fragen in solche, die unter Berücksichtigung der Ergebnisse von Neapel bereits konkrete Vorschläge erlaubten und solche, die noch keine gemeinsame Linie erkennen ließen.[346] Die strittigsten Punkte betrafen die Zusammensetzung der Kommission und des Parlaments, den religiösen Bezug in der Präambel und die Stimmengewichtung im Rat.[347] Der Energiekompetenzartikel einschließlich der von den Rechtsexperten des Rates erarbeiteten Erklärung wurde dagegen nicht als heikel eingestuft und der ersten Kategorie zugeordnet.[348]

Letztlich gelang es dem Europäischen Rat nicht, eine konsensfähige Version des Verfassungsvertrags zu erarbeiten. Ausschlaggebend waren die Uneinigkeiten über institutionelle Fragen, insbesondere die novellierte Stimmengewichtung

---

341 CIG 50/03, S. 154.

342 Vgl. CIG 52/03, S. 2; CIG 52/03 ADD 1.

343 CIG 52/03, S. 2.

344 Siehe CIG 52/03 ADD 1, S. 33. „Die Konferenz ist der Auffassung, dass Artikel III-156 das Recht der Mitgliedstaaten unberührt lässt, Bestimmungen zu erlassen, die für die Gewährleistung ihrer Energieversorgung unter den Bedingungen des Artikels III-16 erforderlich sind." Die in Bezug genommene Vorschrift des Art. III-16 VVE korrespondiert mit der Vorschrift über das gemeinsame Vorgehen bei Beeinträchtigung des Marktes infolge von einzelstaatlichen Maßnahmen, Art. 297 EG.

345 *Fischer*, Der Europäische Verfassungsvertrag, S. 72.

346 Vgl. CIG 60/03; CIG 60/03 ADD 1; CIG 60/03 ADD 2.

347 CIG 60/03 ADD 2.

348 CIG 60/03 ADD 1, S. 45.

im Rat bei Abstimmungen mit qualifizierter Mehrheit, die für Spanien und Polen eine ungünstige Abweichung gegenüber dem Verfahren des Vertrags von Nizza bedeutete.[349]

bb) Die Regierungskonferenz unter irischer Präsidentschaft

Nachdem mit den Verhandlungen des Europäischen Rates vom 12. und 13. Dezember 2003 der Versuch, eine schnelle Einigung über den Verfassungsvertrag zu erreichen, endgültig und nahezu ergebnislos gescheitert war, wurde die irische Regierung, die am 1. Januar 2004 die Ratspräsidentschaft von den Italienern übernommen hatte, zunächst mit Sondierungen auf bilateraler Ebene beauftragt.[350] Aufgrund der erheblichen Differenzen zwischen den Mitgliedstaaten wurden die Konsultationen zunächst als erster, notwendiger Schritt hin zu einer Einigung betrachtet, die im Dezember noch weit entfernt schien.[351] Erst einen Tag vor dem nächsten Treffen der Staats- und Regierungschefs am 25. und 26. März 2004 legte die irische Präsidentschaft den Zwischenbericht über den Stand der Verhandlungen vor.[352] Nach ihrer Einschätzung bestand bei einer Vielzahl unterschiedlicher Vorstellungen über den Inhalt des Verfassungsvertrags im Einzelnen immerhin Einigkeit über Wert und Nutzen des Verfassungsvertrags als Ganzem.[353] Der Europäische Rat bestätigte den Bericht und beschloss, die förmlichen Verhandlungen wieder aufzunehmen, um spätestens auf seiner nächsten Tagung am 17. und 18. Juni 2004 eine Einigung zu erzielen.[354] Bis zu diesem Zeitpunkt fanden neben zahlreichen zwischenstaatlichen Kontakten vier Konferenz auf offizieller Ebene statt: dem Treffen der „*Focal Points*" sowie dreier ministerialer Treffen.

Die Phase der Verhandlungen begann am 4. Mai 2004 mit den *Focal Points*, die im Vorfeld der offiziellen Tagungen politische Lösungen vorbereiten sollten.[355] Das für die Konferenz vorbereitete Arbeitsdokument enthielt im Wesentlichen die Streitpunkte, die schon auf der Agenda des Außenministertreffens in Neapel vor fünf Monaten standen, einschließlich der neu erstellten „Erklärung

---

[349] *Streinz/Ohler/Hermann*, Die neue Verfassung für Europa, S. 16 f.; *Fischer*, Der Europäische Verfassungsvertrag, S. 73 ff., *Brok/Selmayr*, in: Weidenfeld, Die Europäische Union, S. 682 f.; *Laffan*, in: Puntscher Riekmann/Wessels, The Making of a European Constitution, S. 79; vgl. auch Europäischer Rat (Brüssel), 12. / 13. Dezember 2003, Schlussfolgerungen des Vorsitzes, 5381/04, S. 1, 30.

[350] Europäischer Rat (Brüssel), 12. / 13. Dezember 2003, Schlussfolgerungen des Vorsitzes, 5381/04, S. 1. Zu den verschiedenen Anliegen der Mitgliedstaaten: *Fischer*, Der Europäische Verfassungsvertrag, S. 79 ff.

[351] Vgl. *Laffan*, in: Puntscher Riekmann/Wessels, The Making of a European Constitution, S. 79; *Hänsch*, ZEuS 2004, 1 (4) nennt das Scheitern der Verhandlungen ein „Fiasko".

[352] CIG 70/04.

[353] Vgl. CIG 70/04, S. 2 ff.

[354] Europäischer Rat (Brüssel), 25. / 26. März 2004, Schlussfolgerungen des Vorsitzes, 9048/04, S. 1.

[355] Vgl. *Fischer*, Der Europäische Verfassungsvertrag, S. 63, 85 f.

zur Einfügung in die Schlussfassung betreffend Art. III-157".[356] Der strittigste Punkt, das Abstimmungsverfahren im Rat mit qualifizierter Mehrheit, wurde jedoch zunächst ausgeklammert. In der Folge der Verhandlungen des 4. Mai veröffentlichte die Präsidentschaft ein Dokument, das vormals strittige Punkte auflistete, über deren Inhalt nun „der Wahrscheinlichkeit nach" Einvernehmen bestehe.[357] Im Energiebereich äußerte sich der vermeintliche Konsens in der restlosen Streichung der geteilten Kompetenz im Energiebereich (Art. I-13 VVE) und des entsprechenden Politikbereichs (Art. III-157 VVE).[358] Begründungen oder Erläuterungen wurden den Textentwürfen nicht beigefügt. Die Entfernung des Energieartikels durch die irische Präsidentschaft geht aber wohl auf den Druck Großbritanniens und der Niederlande zurück, die sich – wie schon die Forderungen unter der italienischen Ratspräsidentschaft zeigen – in ihrer Energiesouveränität bedroht sahen.[359] Im nächsten Zwischenstandsbericht der Präsidentschaft, der die beiden Ministertreffen vom 17. / 18. und 24. Mai erfasst und den aufgeführten Sachfragen wiederum einen „breiten Konsens" unterstellt, wurde die Entfernung des Energiekompetenztitels wieder rückgängig gemacht,[360] was auf das Betreiben der Kommission zurückgeht.[361] Um den Bedenken Großbritanniens und der Niederlande entgegen zu kommen, wurde das mitgliedstaatliche Recht, „die Bedingungen für die Nutzung seiner Energieressourcen" zu bestimmen, in den Energieartikel aufgenommen.[362] Die Kontroverse um diese Einschränkung lässt sich daran erkennen, dass die Einschränkungen zunächst lange Zeit nicht im Energieartikel enthalten war,[363] später die Formulierung über die Wahl zwischen verschiedenen Energiequellen ersetzte[364] und schließlich zusätzlich zu den beiden älteren Einschränkungen aufgenommen wurde.[365]

Neu war auch der Hinweis auf die Absicht, keine weiteren Diskussionen über den von dem Dokument vorgenommenen „gerechten Ausgleich" der widerstreitenden Interessen der Mitgliedstaaten beim Treffen der Staats- und Regierungschefs am 17. und 18. Juni 2004 aufkommen zu lassen.[366] Die Geltung des im Laufe der Verhandlungen unter irischer Präsidentschaft aufgrund der nahezu ergebnislosen Beratungen der Regierungskonferenz im Jahr 2003 wiederholt

---

356 CIG 73/04, S. 86.
357 CIG 76/04.
358 CIG 76/04, S. 34.
359 *Maichel*, in: FS Götz, S. 63; vgl. auch *Papenkort/Wellershoff*, RdE 2010, 77.
360 CIG 79/04, S. 45.
361 *Maichel*, in: FS Götz, S. 63.
362 *Maichel*, in: FS Götz, S. 64.
363 Vgl. nur CIG 50/03, S. 154.
364 CIG 60/03 ADD 1, S. 45.
365 CIG 81/04, S. 57.
366 CIG 79/04, vgl. auch CIG 80/04.

betonten Prinzips "*nothing is agreed until everything is agreed*"[367] wurde damit ausdrücklich aufgegeben. Diesen Vorgaben der Präsidentschaft entsprachen auch die im Vorfeld des Gipfeltreffens ausgegebenen Dokumente, die zwischen den außer Streit gestellten Punkten und den offenen Fragen unterschieden.[368] Die weitere Entwicklung zeigte aber nochmals, dass über einige der 57 aufgeführten, als kompromissfähig eingestuften Themenbereiche noch kein Einvernehmen bestand. Zu den sieben Punkten, deren Textentwürfe im letzten Arbeitsdokument der Präsidentschaft dennoch überarbeitet wurden, zählt wiederum der Energieartikel, der in dieser letzten Phase der Regierungskonferenz um das Einstimmigkeitserfordernis des Art. III-157 Abs. 3 VVE erweitert wurde. Wie schon bei der Aufnahme der auf den Kompetenztitel bezogenen Erklärung erwiesen sich das Vereinigte Königreich und die Niederlande als treibende Kraft hinter der Modifizierung.[369]

In den Abendstunden des 18. Juni 2004 gelang die Einigung bezüglich des Vertrags über eine Verfassung für die Europäische Union, der am 29. Oktober 2004 von den Staats- und Regierungschefs der Mitgliedstaaten unterzeichnet wurde.[370]

c) Ergebnis

Die Regierungskonferenz 2003/2004 nahm gegenüber dem Konventsentwurf drei Änderungen am Energieartikel vor. Erstens wurde Absatz 3 – gemeinsam mit dem Hinweis auf andere Bestimmungen der Verfassung in Absatz 2 Unterabsatz 1 – eingefügt, wonach Energiesteuern vom Rat einstimmig beschlossen werden müssen. Zweitens wurden die beiden vorhandenen Schranken der Energiekompetenz in Absatz 2 Unterabsatz 2 durch das „Recht eines Mitgliedstaats, die Bedingungen für die Nutzung seiner Energieressourcen" festzulegen, ergänzt. Drittens wurde in Absatz 1 die Formulierung „oder des Funktionierens" in die Zielverfolgung „im Rahmen der Verwirklichung des Binnenmarkts" eingeschoben.

Nach der von der Regierungskonferenz beschlossenen Neu-Nummerierung der Artikel erhielt der im Verfassungsentwurf unter Art. III-152 (Vorentwurf) bzw. Art. III-157 (Schlussentwurf) geführte Energiekompetenztitel seine endgültige Bezeichnung, Art. III-256 EUVV,[371] die nun auch gemäß der „Erklärung zur Einfügung in die Schlussfassung betreffend Art. III-157" die neue Ein-

367 Vgl. CIG 75/04; CIG 76/04.

368 CIG 81/04 (S. 57 f.) und CIG 82/04.

369 Vgl. *Linkohr*, in: Wuppertal Bulletin 2/2004, 2 (4).

370 CIG 87/2/04 REV 2.

371 Das System, den Artikelnummern den jeweils zugehörigen Teil der Verfassung (I-IV) voranzustellen, führte zu zahlreichen Verwechslungen, weil die Nummerierung jedes Teils von vorne begann. Um diesbezügliche Fehler zu vermeiden, wurden die Artikel durchgängig nummeriert, vgl. CIG 51/03, S. 7.

schränkung hinsichtlich der „Bedingungen für die Nutzung [der] Energieressourcen“ enthielt.[372]

IX. Der Vertrag von Lissabon (2007)

Der Energieartikel des AEUV entspricht in weiten Teilen demjenigen des EUVV. Einige Änderungen verdeutlichen jedoch, dass sich das Ringen um die Gesamtkonzeption der Energiekompetenz sich auch bei der Aushandlung des Vertrags von Lissabon fortsetzte.

Das auf die Übernahme der wesentlichen Neuerungen des EUVV gerichtete Mandat der Regierungskonferenz umfasste ausdrücklich auch die Aufnahme des Energiekompetenztitels. Gemeinsam mit anderen Zuständigkeitsbereichen und den entsprechenden Zuständigkeitsarten sollte der Energiekompetenztitel „durch spezifische Änderungen in der üblichen Weise in den Vertrag eingefügt“ werden.[373] Auch die „Erklärung zu Artikel 176a“ wurde in die Schlussakte aufgenommen und damit in den Vertrag von Lissabon überführt.[374] An einigen wenigen Stellen sah das Mandat des Europäischen Rats darüber hinaus Änderungen gegenüber den auf der Regierungskonferenz 2004 gefundenen Ergebnissen vor. Zwei dieser fünf bereits vor der Einberufung der Regierungskonferenz durch den Europäischen Rat selbst verhandelten Änderungen des EUVV betrafen direkt oder indirekt die Einführung der Energiekompetenz.[375] Neben dem unter Art. 194 AEUV gefassten Energiekompetenztitel wurden auch die Vorschrift über Maßnahmen bei gravierenden Schwierigkeiten in der Warenversorgung, Art. 122 AEUV, und die umweltpolitische Vorschrift des Art. 191 AEUV ergänzt.

Der Titel XIX des AEUV über die Umweltpolitik der Union erfuhr gegenüber den Vorschriften des EG-Vertrags und denen des EUVV nur eine maßgebliche Neuerung. Das Ziel der „Bewältigung globaler Umweltprobleme“ in Spiegelstrich vier des Art. 191 Abs. 1 AEUV wurde um den Hinweis auf die Bekämpfung des Klimawandels ergänzt.

Der Energieartikel selbst erfuhr zwei substantielle Abwandlungen, nämlich die Einfügung des Buchstaben d über „die Förderung der Interkonnektion der Energienetze“ sowie die Aufnahme des Hinweises auf den „Geist der Solidarität zwischen den Mitgliedstaaten“ in den einleitenden Satz des Energieartikels. Die

---

372 CIG 87/2/04 REV 2, S. 203.

373 Europäischer Rat (Brüssel), 21./22. Juni 2007, Schlussfolgerungen des Vorsitzes, 11177/1/07 REV 1 CONCL 2 Anlage I, S. 20.

374 „35. Erklärung zu Artikel 176a des Vertrags über die Arbeitsweise der Europäischen Union: Die Konferenz ist der Auffassung, dass Artikel 176a das Recht der Mitgliedstaaten unberührt lässt, Bestimmungen zu erlassen, die für die Gewährleistung ihrer Energieversorgung unter den Bedingungen des Artikels 297 erforderlich sind.“ CIG 15/07, S. 25.

375 Europäischer Rat (Brüssel), 21./22. Juni 2007, Schlussfolgerungen des Vorsitzes, 11177/1/07 REV 1 CONCL 2, S. 21, 22, 29.

Aufnahme des Solidaritätsprinzips im Energiebereich ging auf eine Initiative der polnischen Regierung zurück.[376] Auf wessen Geheiß die Aufnahme der neuen energiepolitischen Zielbestimmung erfolgte, geht aus den Dokumenten zum Vertrag von Lissabon nicht hervor. Auffällig ist jedoch, dass die Bezugnahme auf den Geist der Solidarität zwischen den Mitgliedstaaten im Energieartikel bereits ausformuliert war, während der Wortlaut des Ziels der Förderung der Interkonnektion der Netze scheinbar noch nicht feststand.[377] Weiterhin wurde das Wort „Erfordernisse" (der Erhaltung und der Verbesserung der Umwelt) in Abs. 1 wird durch den Begriff „Notwendigkeit" ersetzt. Die Abweichungen in Art. 194 Abs. 2 und 3 AEUV betreffen die Streichung der Begriffe „Gesetz" und „Rahmengesetz" und die ersatzweise Nennung des „ordentlichen Gesetzgebungsverfahrens". Dabei handelt es sich um „horizontale Änderungen" gegenüber der etatistischen Sprache des EUVV, die in anderen Politikbereichen ebenso vorgenommen wurden und keine inhaltliche Änderung bewirken.[378]

Des Weiteren fand eine Modifizierung der Vorschrift über Maßnahmen bei besonderen Schwierigkeiten in der Warenversorgung statt, Art. III-180 EUVV (Art. 100 EG / Art. 122 AEUV). Formell ist Art. 122 AEUV durch die Einordnung in Titel VIII nach wie vor der Wirtschafts- und Währungspolitik zuzuordnen. Die beiden Änderungen unterstreichen jedoch den schon durch die bisherige Rechtsetzungspraxis hergestellten energiepolitischen Stellenwert der Maßnahmenkompetenz nunmehr auch textlich. Bereits die mit Art. 194 AEUV übereinstimmende Aufnahme des „Geist[es] der Solidarität zwischen den Mitgliedstaaten" in Art. 122 AEUV auf einen Zusammenhang mit der Energiekompetenz hin. Die ergänzende Nennung des Energiebereichs lässt indes keine Zweifel an der Absicht der energiepolitischen Bedeutung der Bestimmung im Kapitel über die Wirtschaftspolitik.

X. Zusammenfassung

Die unterschiedlichen Formen und der wechselhafte Verlauf der Aufnahme des Energieartikels verdeutlichen beispielhaft die Hindernisse der von den Partikularinteressen der Mitgliedstaaten geprägten Entscheidungsfindung auf europäischer Ebene. Dass die Einführung des Energiekompetenztitels in seiner heutigen Form gelang, ist vor allem auf die Konventsmethode als neuer Ausgestaltung des Reformverfahrens zurück zu führen. Mit dem EUVV wurde der jahrzehntelange Stillstand[379] bei der Beantwortung der Frage nach einer selbständigen, alle

---

[376] Vgl. *Pahl*, in: Pernice, Der Vertrag von Lissabon, S. 200 f.

[377] S. Europäischer Rat (Brüssel), 21./22. Juni 2007, Schlussfolgerungen des Vorsitzes, 11177/1/07 REV 1 CONCL 2, S. 22 (lit. q), 29.

[378] Vgl. ABl. 2007, Nr. C 306, S. 42.

[379] Vgl. *Baur*, in: ders., Leitungsgebunde Energie und der Gemeinsame Markt, S. 71, der (im Jahr 1990) von einer „Tabuisierung" der gemeinschaftlichen Energiekompetenz spricht

Energieträger umfassenden, supranationalen Regelungskompetenz überwunden. Der Schritt zur Übernahme in den aktuellen Reformvertrag von Lissabon war angesichts des allgemeinen politischen Willens, die Verfassung in ihrem materiellen Gehalt möglichst unangetastet zu lassen, nicht mehr weit.

Unter Berücksichtigung des Hintergrundes ihres Entstehens verdeutlichen die Abwandlungen gegenüber der Urfassung des Konventspräsidiums[380] auch, dass die Unionszuständigkeit im Energiebereich nicht vorbehaltlos übertragen wurde, sondern die Züge eines Kompromisses trägt. Die vier Änderungen durch die „Erklärung zur Einfügung in die Schlussfassung betreffend Art. III-157", dem Hinweis „Unbeschadet der Anwendung anderer Bestimmungen der Verfassung" in Abs. 2, der Festlegung des Rechts eines Mitgliedstaats, „die Bedingungen für die Nutzung seiner Energieressourcen" festzulegen, sowie die Aufnahme des Abs. 3, bedeuten allesamt Einschränkungen des Energieartikels. Ob die hinzugefügten Formulierungen lediglich deklaratorischer Art sind oder ob mit ihnen eine materielle Schwächung der EU-Kompetenz einhergeht, wird – sofern für Art. 194 AEUV von Relevanz – noch zu untersuchen sein. Unabhängig vom materiellen Gehalt des Energieartikels wurde bereits durch die Aufnahme in Teil III der Verfassung klargestellt, dass die europäische Energiepolitik sich von anderen Politiken emanzipiert hat. Sie muss zwar – wie der Wortlaut des Art. 194 Abs. 1 AEUV zum Ausdruck bringt – im Kontext anderer Politiken wie der Verwirklichung des Binnenmarktes und des Umweltschutzes beurteilt werden, stellt sich aber nicht länger als bloßer Teilaspekt der wirtschaftlichen Integration dar, sondern verfolgt nunmehr selbständige Ziele.

[380] CONV 725/03, S. 91.

Kapitel 3: Die Energiekompetenz nach Art. 194 AEUV

A. Die Energiekompetenz im System des AEUV

Wie im vorangegangenen Kapitel dargestellt wurde, erfolgte die Schaffung des Energieartikels vor dem Hintergrund der Ausarbeitung einer besseren Verteilung und Abgrenzung der Unions-Zuständigkeiten. Die Umsetzung dieses „Dauerthemas des Europäischen Verfassungsrechts"[381] war nicht nur eine der wesentlichen Aufgaben des Verfassungskonvents,[382] sondern trug auch maßgeblich zur Aufnahme des Energiekompetenztitels bei. Im Vertrag von Lissabon nehmen die Kompetenzfragen ebenso eine hervorragende Stellung ein, da die entsprechenden Regelungen des EUVV im Wesentlichen in EUV und AEUV übernommen wurden.[383]

I. Die Neuregelung der europäischen Kompetenzordnung

Gegenüber der aktuellen Rechtslage wird die Kompetenzordnung der Union im Vertrag von Lissabon grundlegend verändert.

1. Arten und Bereiche von Zuständigkeiten

Die Arten und Bereiche der Unionszuständigkeit, die trotz ihrer grundlegenden Bedeutung bislang nicht ausdrücklich geregelt wurden, sind in den Grundsatzteil des AEUV aufgenommen worden. Titel I, Art. 2-6 AEUV, enthält neben den Kategorien von Kompetenzen und Regeln zu deren Ausübung auch Kataloge, in denen die Einzelzuständigkeiten aufgezählt sind. Gem. Art. 3 bzw. 4 AEUV wird zwischen ausschließlichen und geteilten Zuständigkeiten unterschieden. Daneben ist in Art. 6 AEUV für die genannten Politikbereiche eine Koordinierungs-, Unterstützungs- und Ergänzungsfunktion vorgesehen.

Die Grundsätze der europäischen Kompetenzordnung, insbesondere das Prinzip der begrenzten Einzelermächtigung und der Subsidiarität sowie der Verhältnismäßigkeitsgrundsatz werden in Art. 5 EUV, der weitgehend der Regelung des Art. 5 EG entspricht, näher ausgestaltet.[384] Von dem Unterschied abgesehen, dass die kompetenzrechtlichen Vorschriften der Union trotz der Schaffung einer einheitlichen Rechtspersönlichkeit auf zwei Verträge verteilt sind, gleichen die

---

381 *Mayer*, ZaöRV 2007, 1141 (1163).

382 *Schwarze*, EuR 2003, 535 (542); *Calliess*, in: Calliess/Ruffert, Verfassung der Europäischen Union, Art. I-11 Rdn. 1; *Schmidt-Preuß*, in: FS Baur, S. 323.

383 Übersichten zur Neuregelung der Kompetenzordnung finden sich bei: *Weber*, EuZW 2008, 7 (11 ff.); *Braams*, in: Pernice, Der Vertrag von Lissabon, S. 109 ff.

384 Siehe dazu unten Kap. 3 H. II.

Vorschriften des Vertrags von Lissabon im Wesentlichen dem System der Zuständigkeiten im EUVV.[385]

2. Der Sachbereich Energie als geteilte Zuständigkeit

Der Bereich „Energie" fällt gem. Art. 4 Abs. 2 lit. i AEUV in die geteilte Zuständigkeit nach Art. 2 Abs. 2 AEUV, die der bisherigen „konkurrierenden Zuständigkeit" entspricht. Anders als bei den anderen beiden Sachgebieten der unvollkommenen Zielbestimmung des Art. 3 Abs. 1 lit. u EGV, Katastrophenschutz und Fremdenverkehr,[386] besteht im Energiesektor gerade keine bloße Ergänzungsfunktion, sondern eine echte Unionskompetenz der zweithöchsten Stufe, die sämtliche durch die Ziele des Art. 194 Abs. 1 lit. a-d AEUV definierten Aktionsfelder der Energiepolitik umfasst.[387]

Im Bereich der geteilten Zuständigkeit haben gem. Art. 2 Abs. 2 S. 1 AEUV sowohl die Union als auch die Mitgliedstaaten grundsätzlich die Möglichkeit, gesetzgeberisch tätig zu werden und verbindliche Rechtsakte zu erlassen. Dabei bestehen entgegen der missverständlichen Bezeichnung als geteilte Zuständigkeit die Kompetenzen der Union und der Mitgliedstaaten nicht nebeneinander sondern nur eine anstatt der anderen.[388] Ursprünglich liegt die Befugnis zur Regelung eines Sachbereichs bei den Mitgliedstaaten (vgl. auch Art. 5 Abs. 1 EUV), geht aber im Falle der Wahrnehmung einer Kompetenz durch die Union an diese über. Die Mitgliedstaaten haben demnach im Geltungsbereich einer geteilten Zuständigkeit Rechtsetzungsbefugnisse, wenn die Union ihre Kompetenz nicht ausgeübt, Art. 2 Abs. 2 S. 2 AEUV, oder eine ehemals existierende Regelung zurückgenommen hat, Art. 2 Abs. 2 S. 3 AEUV. Andernfalls liegt eine abschließende Regelung durch das Unionsrecht vor, die, vergleichbar mit dem deutschen Modell der konkurrierenden Gesetzgebung gem. Art. 72, 74 GG,[389]

---

385 *Braams*, in: Pernice, Der Vertrag von Lissabon, S. 110 f.

386 Siehe Art. 6 lit. f, 196 AEUV (Katastrophenschutz) sowie Art. 6 lit. d, 195 AEUV (nunmehr: „Tourismus").

387 *Pahl*, in: Pernice, Der Vertrag von Lissabon, S. 200 und *Haghighi*, ELJ 2008, 481 (478) betonen, dass dieses Ergebnis angesichts der Kontroversen um die Einführung des Energiekompetenztitels erstaunlich ist. Vgl. auch *Götz*, in: Schwarze, Der Verfassungsentwurf des Europäischen Konvents, S. 46, der die Energie als „auf der Skala der Kompetenzerweiterungen" oben einordnet sowie *Baur/Blask*, et 2002, 636 (640 f.), die die Aufnahme eines Energiekompetenztitels im Rahmen der Verhandlungen des Verfassungskonvents für unwahrscheinlich hielten.

388 Eine Bezeichnung als konkurrierende Zuständigkeit wäre treffender gewesen, zumal dies bereits der gängigen Terminologie im deutschsprachigen Schrifttum entspricht, vgl. *Nettesheim*, EuR 2004, 511 (529); *Schröder*, JZ 2004, 8 (9).

389 Ob und inwieweit das in Art. 2 ff. AEUV normierte Kompetenzsystem der Union mit den aus dem GG bekannten konkurrierenden Zuständigkeiten identisch ist, wird unterschiedlich beurteilt. Von einer Übereinstimmung gehen aus: *Nettesheim*, JZ 2010, 19 (21); *ders.*, EuR 2004, 511 (526, 529); *Kahl*, EuR 2009, 601 (607); *Hobe*, EuR 2009, Beiheft 1, S. 226; *Weber*, EuZW 2008, 7 (12); *Neveling*, et 2004, 340 (341); a.A.: *Cal-*

Sperrwirkung entfaltet. Eine mitgliedstaatliche Regelung ist aber auch dann möglich, wenn zwar ein Unionsrechtsakt auf einem bestimmten Gebiet schon oder noch existiert, dieser aber inhaltlich begrenzt ist, etwa indem er lediglich Mindestnormen festlegt.[390] Wann die Union „ihre Zuständigkeit" im Sinne des Art. 2 Abs. 2 S. 2 AEUV ausübt, lässt sich nicht allein aufgrund der Einordnung eines Sachbereichs als geteilte Zuständigkeit, sondern nur anhand der jeweiligen Einzelkompetenz im Politikteil des AEUV bestimmen.[391]

3. Offene Fragen der Kompetenzabgrenzung

Unabhängig von der Reichweite der Zuständigkeit im Energiebereich nach Art. 194 AEUV bestehen gewisse Unklarheiten hinsichtlich der allgemeinen Regeln der Kompetenzabgrenzung. So hat die Formulierung der beiden (bereits in Art. I-12 Abs. 2 S. 2 Var. 1 und 2 EUVV enthaltenen) Regelungen zur Nicht- bzw. Nichtmehrausübung der Unionszuständigkeit in Art. 2 Abs. 2 S. 2 und 3 AEUV im Schrifttum Kritik hervorgerufen.[392] In Bezug auf die Nichtausübung der Zuständigkeit sei unklar, ob bereits ein einziger Unionsrechtsakt als ausreichend betrachtet werden kann, um den Tatbestand der Ausübung zu erfüllen.[393] Hinsichtlich der Freigabe einer zunächst wahrgenommenen Zuständigkeit zu Gunsten der Mitgliedstaaten bleibe offen, welches Unionsorgan diese Freigabe vornimmt und in welcher Form dies geschehen soll.[394] Dem Wortlaut nach könnten die Mitgliedstaaten zudem auch dann handeln, wenn die Union ihre Zuständigkeit zwar ausgeübt, zugleich aber die Entscheidung getroffen hat, in Zukunft von ihrer Befugnis keinen Gebrauch mehr zu machen.[395] Diesen Mängeln wurde durch die neuerliche Vertragsreform teilweise abgeholfen. Um das System der Kompetenzabgrenzung zwischen Union und Mitgliedstaaten zu präzisieren, sah bereits das Mandat zur Regierungskonferenz 2007 die Verabschiedung eines Protokolls und einer Erklärung vor.[396] Die beiden Texte wurden als „18. Erklärung zur Abgrenzung der Zuständigkeiten" und als „Protokoll über die Ausübung der geteilten Zuständigkeiten" wortgleich in den Vertrag von Lissabon übernommen.[397]

---

liess, in: Calliess/Ruffert, Verfassung der Europäischen Union, Art. I-12 Rdn. 16; *Jasper*, ZNER 2003, 210 (211); *Schmidt-Preuß*, in: FS Baur, S. 326.

390 *Calliess*, in: Calliess/Ruffert, Verfassung der Europäischen Union, Art. I-12 Rdn. 18.

391 Vgl. *Calliess*, in: Calliess/Ruffert, Verfassung der Europäischen Union, Art. I-12 Rdn. 21.

392 Vgl. *Calliess*, in: Calliess/Ruffert, Verfassung der Europäischen Union, Art. I-12 Rdn. 19 f.; *Nettesheim*, EuR 2004, 511 (529); *Schröder*, JZ 2004, 8 (9).

393 *Calliess*, in: Calliess/Ruffert, Verfassung der Europäischen Union, Art. I-12 Rdn. 19.

394 *Schröder*, JZ 2004, 8 (9); *Nettesheim*, EuR 2004, 511 (529).

395 *Nettesheim*, EuR 2004, 511 (529).

396 Europäischer Rat (Brüssel), 21./22. Juni 2007, Schlussfolgerungen des Vorsitzes, 11177/1/07 REV 1 CONCL 2 Anlage I, S. 20.

397 ABl. 2007, Nr. C 306, S. 158 und 256 f.

In der Erklärung zur Abgrenzung der Zuständigkeiten wird zunächst betont, was selbstverständlich ist und ohnehin bereits in Art. 5 Abs. 1 EUV hinreichend deutlich gemacht wird, nämlich, dass alle nicht in den Verträgen auf die Union übertragenen Zuständigkeiten bei den Mitgliedstaaten verbleiben. Eine bloße Wiederholung liegt auch hinsichtlich der Regelung des Art. 2 Abs. 2 S. 2 und 3 AEUV vor. Im Anschluss sind jedoch einige Präzisierungen der bsiherigen Bestimmungen enthalten. Dies betrifft zum einen die Voraussetzungen, unter denen die Organe der Union zu beschließen haben, einen Gesetzgebungsakt aufzuheben, was „insbesondere" zu erfolgen hat „um die ständige Einhaltung der Grundsätze der Subsidiarität und der Verhältnismäßigkeit besser sicherzustellen." Zum anderen trifft die Erklärung eine Aussage über die Organkompetenz, indem sie bestimmt, dass der Rat die Kommission nach Art. 241 AEUV (Art. 208 EG) auffordern kann, Vorschläge für die Aufhebung eines Rechtsakts zu unterbreiten.

Das Protokoll über die Ausübung der geteilten Zuständigkeiten bestimmt in seinem einzigen Artikel, dass sich bei einem Tätigwerden der Union in einem Bereich der geteilten Zuständigkeit nach Art. 2 Abs. 2 AEUV „die Ausübung der Zuständigkeit nur auf die durch den entsprechenden Rechtsakt der Union geregelten Elemente und nicht auf den gesamten Bereich [erstreckt]." Damit wird im Sinne der oben dargestellten Kritik zumindest klargestellt, dass nicht bereits bei der erstmaligen Inanspruchnahme einer geteilten Zuständigkeit der gesamte Sachbereich, also hier der Energiesektor, der Rechtsetzungsbefugnis der Mitgliedstaaten entzogen ist.

Gegenüber der Rechtslage nach dem EUVV wird das System der Kompetenzabgrenzung zwischen Union und Mitgliedstaaten in den Bereichen der geteilten Zuständigkeit demnach – wenn auch in rechtstechnisch kaum nachvollziehbarer Weise – durchaus verbessert. Die wohl wichtigste Frage, nämlich die nach der konkreten Reichweite der schon bei den konkurrierenden Zuständigkeiten nach bisherigen Recht anerkannten Sperrwirkung, beantwortet allerdings weder die Erklärung noch das Protokoll.[398]

II. Das Kollisionsrecht des Vertrags von Lissabon

Ausgehend von der Möglichkeit paralleler Rechtsetzung der Union und der Mitgliedstaaten im Energiebereich stellt sich die Frage, wie Konflikte zwischen den verschiedenen Rechtsordnungen zu lösen sind.[399] Bei einer Kollision mit dem nationalen Recht eines Mitgliedstaats gilt nach der Rechtsprechung des EuGH

---

398 Kritisch auch *Braams*, in: Pernice, Der Vertrag von Lissabon, S. 115 und *Weber*, EuZW 2008, 7 (11).

399 An der Geltung und unmittelbaren Anwendbarkeit des Unionsrechts in den Mitgliedstaaten (ohne die eine Kollision der Rechtsordnungen nicht denkbar wäre) ändert der Vertrag von Lissabon nichts, vgl. auch *Calliess*, Verfassung der Europäischen Union, Art. I-6, Rdn. 26 ff. (zum EUVV).

der Grundsatz vom Vorrang des Gemeinschaftsrechts, wonach die Ausübung einer Gemeinschaftskompetenz zur Unanwendbarkeit entgegenstehender Regelungen nationalen Rechts führt.[400] In der Europäischen Verfassung war die ausdrückliche Normierung des Vorrangs des Unionsrechts vorgesehen. Art. I-6 EUVV bestimmt: „Die Verfassung und das von den Organen der Union [...] gesetzte Recht haben Vorrang vor dem Recht der Mitgliedstaaten". Der Regelungsgehalt der Kollisionsvorschrift wurde allerdings vor dem Hintergrund der differenzierten EuGH-Rechtsprechung zum Rangverhältnis zwischen dem Gemeinschaftsrecht und dem Recht der Mitgliedstaaten als vereinfachend und potentiell irreführend kritisiert.[401] Im Zuge der Entfernung von Regelungen, die einen Verfassungscharakter nahe legen, ordnete das Mandat für die Regierungskonferenz 2007 auch die Streichung der Vorschrift über den Vorrang des Unionsrechts an.[402] Stattdessen gab das Mandat des Europäischen Rats die Abgabe einer Erklärung vor, die darauf hinweist, dass „die Verträge und das von der Union auf der Grundlage der Verträge gesetzte Recht [...] Vorrang vor dem Recht der Mitgliedstaaten haben".[403] Danach gelten die bisherigen Grundsätze nach den Änderungen des Vertrags von Lissabon weiter, so dass im Falle einer Kollision mit dem Recht der Mitgliedstaaten im Energiebereich ein Anwendungsvorrang des Unionsrechts besteht.

III. Konkurrenz zu anderen Rechtsgrundlagen

Die Schaffung einer Rechtsgrundlage für eine selbständige europäische Energiepolitik führt zu der neuen Frage, wie der Energiekompetenztitel sich zu den sonstigen energierelevanten Bestimmungen verhält.

1. Mögliche Kompetenzüberschneidungen

War die Energiepolitik mangels spezieller Ermächtigung bisher eine reine Querschnittsmaterie, die je nach dem Berührungspunkt einer Maßnahme etwa dem

---

400 Grundlegend EuGH, Rs. 6/64 (Costa/ENEL), Slg. 1964, 1253; vgl. auch EuGH, Rs. C-106/77, Slg. 1978, 629 Tz. 17/18 (Simmenthal II), wonach auch die Wirksamkeit des Erlasses neuer gemeinschaftsrechtswidriger Rechtsakte durch die Mitgliedstaaten vom Vorrang des Gemeinschaftsrechts verhindert wird.

401 *Dougan*, CMLR 2008, 617 (699 f.).

402 Europäischer Rat (Brüssel), 21./22. Juni 2007, Schlussfolgerungen des Vorsitzes, 11177/1/07 REV 1 CONCL 2 Anlage I, S. 16.

403 Vgl. 17. Erklärung zum Vorrang, ABl. 2007, Nr. C 306, S. 256; Europäischer Rat (Brüssel), 21./22. Juni 2007, Schlussfolgerungen des Vorsitzes, 11177/1/07 REV 1 CONCL 2 Anlage I, S. 16, Fn. 1. Trotz der unmissverständlichen Aussage über die Beibehaltung des Vorrangs des Gemeinschafts- bzw. Unionsrechts wurde zusätzlich die Beifügung eines Rechtsgutachtens des Juristischen Dienstes des Rates (Dok. 11197/07) angeordnet. Darin wird betont, die Nichtaufnahme einer ausdrücklichen Regelung ändere nichts an der Existenz des Vorrangs und an der bestehenden Rechtsprechung des EuGH.

Binnenmarkt- oder dem Umweltschutzrecht zugeordnet wurde, muss sie nach den Änderungen des Vertrags von Lissabon ausweislich des einleitenden Satzes in Art. 194 Abs. 1 AEUV selbst andere Sachbereiche berücksichtigen. Anders als nach bisherigem Recht stellt sich darum bei gemeinschaftlichen Maßnahmen im Energiebereich weniger die Frage, ob überhaupt eine Unionskompetenz statt oder neben der Kompetenz der Mitgliedstaaten besteht (vertikale Kompetenzabgrenzung), vielmehr, auf welche von mehreren tatbestandsmäßig einschlägigen Rechtsgrundlagen eine Maßnahme zu stützen ist (horizontale Kompetenzabgrenzung).[404] Das Problem der horizontalen Kompetenzabgrenzung stellt sich für jeden der von den zuständigkeitseröffnenden Zielbestimmungen definierten Teilbereiche der Energiepolitik unterschiedlich dar.

Rechtsakte zur Sicherstellung des Funktionierens des Energiemarkts aus Art. 194 Abs. 2 UAbs. 1 i.V.m. Abs. 1 lit. a AEUV überschneiden sich möglicherweise mit der Rechtsangleichungskompetenz aus Art. 114, 115 AEUV. Konflikte könnten auch zwischen der Kompetenz zur Gewährleistung der Energieversorgungssicherheit (Art. 194 Abs. 2 UAbs. 1 i.V.m. Abs. 1 lit. b AEUV) und der Bestimmung über Maßnahmen bei außergewöhnlichen Schwierigkeiten (Art. 122 Abs. 1 AEUV), zwischen der Kompetenz zur Entwicklung neuer und erneuerbarer Energiequellen (Art. 194 Abs. 2 UAbs. 1 i.V.m. Abs. 1 lit. c AEUV) und der Umweltkompetenz (hier: Art. 192 Abs. 1 i.V.m. Art. 191 Abs. 1 Spiegelstrich 4 AEUV) sowie zwischen der Zuständigkeit zur Förderung der Interkonnektion der Netze (Art. 194 Abs. 2 UAbs. 1 i.V.m. Abs. 1 lit. d AEUV) und der zum Auf- und Ausbau Transeuropäischer Netze (Art. 172 i.V.m. Art. 170 AEUV) bestehen. Wenn auch kernenergiepolitische Maßnahmen von Art. 194 AEUV erfasst werden, stellt sich darüber hinaus die Frage nach dem Verhältnis zu den Ermächtigungen des EAGV.

Ob die jeweilige Ermächtigung des Energieartikels neben diesen Befugnissen steht (echte Normenkonkurrenz), ihnen vorgeht oder zurücktreten muss (unechte Normenkonkurrenz), hängt davon ab, ob zwischen den Ermächtigungsgrundlagen eine tatbestandliche Kongruenz oder Teilkongruenz besteht.[405] Aufgrund der Unterschiedlichkeit der genannten Konstellationen kann diese Frage nicht für alle energiepolitischen Ziele gemeinsam beantwortet werden sondern bedarf einer differenzierten Betrachtung.[406] Unechte Normenkonkurrenz liegt nur da zweifelsfrei vor, wo der Energieartikel seine Subsidiarität gegenüber anderen Vorschriften anordnet (so in Art. 194 Abs. 2 UAbs. 2 AEUV)[407] oder aufgrund seines Charakters als regulärer Kompetenznorm gegenüber einer Auf-

---

404 Vgl. *Kahl*, in: Calliess/Ruffert, EUV/EGV, Art. 95 EGV Rdn. 73.

405 Vgl. *Kahl*, in: Streinz, EUV/EGV, Art. 175 EGV Rdn. 71.

406 Unzutreffend ist es daher, wenn der Energiekompetenztitel pauschal als gegenüber anderen Ermächtigungen speziell bezeichnet wird, so etwa: *Trüe*, JZ 2004, 779 (786); *Rodi*, in: Vedder/Heintschel von Heinegg, EUVV, Art. III-256, Rdn. 3.

407 Dazu unten Kap. 3 E. III. 3. a) aa).

fangvorschrift speziell ist (so im Verhältnis zu Art. 352 AEUV). Im Übrigen werden Überschneidungen der Energiekompetenz mit anderen Sachpolitiken im Zusammenhang mit den jeweiligen energiepolitischen Zielen erörtert.

2. Doppel- bzw. Mehrfachabstützung

Verkompliziert wird die Wahl der richtigen Kompetenznorm durch den Umstand, dass sich der europäische Gesetzgeber unter bestimmten Voraussetzungen nicht für bzw. gegen eine bestimmte Rechtsgrundlage entscheiden muss, sondern mehrere Ermächtigungen zum Erlass eines Rechtsakts heranziehen kann. Eine sog. Doppel- oder Mehrfachabstützung soll zwar nach der Rechtsprechung des EuGH grundsätzlich die Ausnahme sein,[408] ist jedoch zulässig und erforderlich, wenn sich der Regelungsinhalt einer Maßnahme nicht objektiv schwerpunktmäßig einer Rechtsgrundlage zuordnen lassen kann.[409] Bezieht sich eine Maßnahme dagegen hauptsächlich auf einen Sachbereich und wirkt sich auf andere Politikbereiche nur beiläufig aus, ist in der Regel nur eine einzige Rechtsgrundlage heranzuziehen. Voraussetzung der Doppelabstützung ist zudem, dass die Rechtsgrundlagen keine verfahrensmäßigen Unterschiede aufweisen.[410] Die meisten Kompetenzen im AEUV sehen für den Erlass von Rechtsakten nunmehr das ordentliche Gesetzgebungsverfahren unter Beteiligung des Parlaments und des Rates sowie unter Anhörung des Wirtschafts- und Sozialausschusses und des Ausschusses der Regionen vor. Dies gilt für die Ermächtigung aus Art. 194 Abs. 2 UAbs. 1 AEUV gleichermaßen wie für die Ermächtigungen im Bereich der Transeuropäischen Netze (Art. 172 AEUV), der Umwelt- (Art. 192 Abs. 1 AEUV) und der Binnenmarktpolitik (Art. 114 Abs. 1 AEUV).

Die grundsätzliche Anordnung des ordentlichen Gesetzgebungsverfahrens bedeutet jedoch nicht, dass die Abgrenzung zwischen den verschiedenen Rechtsgrundlagen lediglich von theoretischem Interesse ist. Im Einzelfall können sich aber durchaus Unterschiede zwischen dem Verfahren nach dem Energiekompetenztitel und konkurrierenden Ermächtigungen ergeben. So werden nach Art. 192 Abs. 2 lit. c AEUV Maßnahmen aufgrund der Umweltkompetenz

---

408 EuGH, Rs. C-491/01 (British American Tobacco), Slg. 2002. I-11453 Tz. 94; Rs. C-281/01 (Energy Star), Slg. 2002, I-12049 Tz. 35; Gutachten 2/00 (Cartagena-Protokoll), Slg. 2001, I-9713 Tz. 23. So auch *Calliess*, in: Calliess/Ruffert, EUV/EGV, Art. 175 EGV Rdn. 20.

409 Sog. Schwerpunkttheorie, vgl. EuGH, Rs. C-300/89 (Titandioxid), Slg. 1991, I-2867 Tz. 17; EuGH, Rs. 165/87 (Kommission/Rat), Slg. 1988, 5545 Tz. 6 ff.; EuGH, Rs. 242/87 (Kommission/Rat), Slg. 1989, 1425 Tz. 33 ff.; Gutachten 2/00 (Cartagena-Protokoll), Slg. 2001, I-9713, Tz. 23; EuGH, Rs. C-491/01 (British American Tobacco), Slg. 2002. I-11453 Tz. 94.

410 EuGH, Rs. C-300/89 (Titandioxid), Slg. 1991, I-2867 Tz. 17; *Kahl*, in: Streinz, EUV/EGV, Art. 176 EGV Rdn. 81; *Kahl*, in: Calliess/Ruffert, EUV/EGV, Art. 95 EGV Rdn. 79; *Calliess*, in: Calliess/Ruffert, EUV/EGV, Art. 175 EGV Rdn. 20; *Epiney*, Umweltrecht in der EU, S. 65.

einstimmig vom Rat erlassen, wenn sie die Wahl eines Mitgliedstaats zwischen verschiedenen Energiequellen und die allgemeine Struktur seiner Energieversorgung erheblich berühren. Ein Einstimmigkeitserfordernis, also eine Ausnahme vom Grundsatz der Rechtsetzung im ordentlichen Gesetzgebungsverfahren, sieht auch der Energiekompetenztitel selbst vor, nämlich für überwiegend steuerliche Maßnahmen, Art. 194 Abs. 3 AEUV. Bei der Kompetenznorm für den Erlass der Bestimmungen über Transeuropäische Netze kommt hinzu, dass das rechtliche Instrumentarium beschränkt ist, vgl. Art. 172 i.V.m. Art. 171 Abs. 1 AEUV.

Schließlich existieren energierelevante Vorschriften mit abweichendem Verfahren. Insbesondere können bei außergewöhnlichen Schwierigkeiten bei der Versorgung mit Energie gem. Art. 122 Abs. 1 AEUV Maßnahmen ohne Mitwirkung des Parlaments durch den Rat auf Vorschlag der Kommission getroffen werden. In all diesen Fällen ist es von Bedeutung, welche Rechtsgrundlage für den Erlass von Sekundärrecht herangezogen wird.

IV. Die Union als Adressatin der Energiekompetenz

Adressatin der Energiekompetenz ist – wie bei den anderen Sachpolitiken – die „Union". Nach den Änderungen des Vertrags von Lissabon stellt die Union das Produkt der Verschmelzung der Europäischen Union mit den beiden verbliebenen Europäischen Gemeinschaften dar, deren Nachfolgerin sie wird, vgl. Art. 1 EUV. Die nunmehr gem. Art. 47 EUV ausdrücklich rechtsfähige Union wird von ihren Organen vertreten, die in Art. 13 EUV aufgezählt werden. In Art. 194 Abs. 2 AEUV werden lediglich das Europäische Parlament und der Rat als die am ordentlichen Gesetzgebungsverfahren beteiligten Organe erwähnt. Durch den Energieartikel berechtigt und verpflichtet werden aber auch die übrigen Unionsorgane. Insbesondere die Kommission, der gem. Art. 17 Abs. 1, 2 EUV das Initiativmonopol zukommt, aber auch der Europäische Rat, der nach Art. 15 Abs. 1 EUV die „Zielvorstellungen und Prioritäten" der Union festlegt, spielen für die Energiepolitik eine entscheidende Rolle.

B. Gegenstand der Energiekompetenz: Die „Energiepolitik“ der Union

Auf einige wichtige energiepolitische Maßnahmen der Gemeinschafts- bzw. Unionsorgane wurde bereits im ersten Teil eingegangen. Nach den Änderungen des Vertrags von Lissabon spielt die „Energiepolitik“ jedoch auch als Rechtsbegriff eine Rolle. Art. 194 AEUV wurde unter dem „Titel XXI Energie“ im dritten Teil des Vertrags über die „internen Politiken und Maßnahmen der Union“, also im Titel über Energiepolitik, verortet. Der Normtext des Art. 194 Abs. 1 AEUV greift ebenfalls den erläuterungsbedürftigen[411] Begriff der Energiepolitik der Union auf.

I. Energiepolitik als Rechtsbegriff

Im Allgemeinen wird unter „Energiepolitik“ die Gesamtheit der staatlichen Maßnahmen verstanden, die zur Gewährleistung der Deckung des Energiebedarfs der Verbraucher, sowohl der Klein- als auch der Großabnehmer, unternommen werden.[412]

Kategorien der Energiepolitik ergeben sich etwa aus den unterschiedlichen Zielen der Energiepolitik und den aus ihnen erwachsenden Handlungsfeldern. So bezieht sich die Energiebinnenmarktpolitik auf die Möglichkeit eines effizienten und wettbewerbsfreundlichen EU-internen Handels mit Energie. Die Energieaußenpolitik erfasst demgegenüber die im Hinblick auf die Beziehungen zu Energieförderländern unternommenen Maßnahmen. Andere Tätigkeitsbereiche bilden die Energieumwelt- und die Energieklimapolitik. Die Aufzählung ließe sich fortsetzen.

Einteilen lässt sich die Energiepolitik zudem nach der Form der in Bezug genommenen Energie einerseits (Primärenergie) und den daraus gewonnenen Energieträgern (Sekundärenergie) andererseits. Unter den Primärenergieträgern unterscheiden sich fossile, regenerative und nukleare Energieträger. Sekundäre Energieträger wie elektrischer Strom, Benzin oder Fernwärme entstehen durch die Verarbeitung der Primärenergieträger, um diese für den Energieverbraucher nutzbar zu machen. Die Abgrenzung zwischen primären und sekundären Energieträgern ist allerdings für rechtliche Zwecke meist wenig hilfreich. Im Sekun-

---

411 Zur Verwendung des im rechtlichen Zusammenhang problematischen Begriffs „Energiepolitik“ vgl. schon *Püttner*, in: Clauder, Einführung in die Rechtsfragen der europäischen Integration, S. 142.

412 Teilweise wird unter Berücksichtigung der wirtschaftsverfassungsrechtlichen Rahmenbedingungen der Aspekt der Einwirkung auf Angebot und Nachfrage betont, vgl. etwa *von Scholz*, in: Groeben/Thiesing/Ehlermann, 4. Auflage, Energiepolitik, Rdn. 10 (S. 6244); *Erberich*, in: Bleckmann, Europarecht, Rdn. 2860; siehe auch *Grunwald*, Das Energierecht der EG, S. 7 f., mit Nachweisen zu den geringfügig abweichenden Definitionen der Energiepolitik im Schrifttum.

därrecht werden die verschiedenen Formen und Quellen von Energien vielmehr anhand praktischer Gesichtspunkte zugeordnet und gemeinsam geregelt. So definiert Art. 3 lit. a der Richtlinie 2006/32/EG über Endenergieeffizienz und Energiedienstleistungen[413] den Begriff der „Energie" kontextbezogen als „alle handelsüblichen Energieformen", nimmt also nur Sekundärenergien in Bezug. An anderer Stelle bilden etwa fossile und regenerative Energien aufgrund der Umweltauswirkungen beim Umwandlungsprozess ein gegensätzliches Begriffspaar.[414] Weitere anhand praktischer Gesichtspunkte gemeinsam oder parallel geregelte Energieformen sind etwa Erdöl und Erdölprodukte[415] (aufgrund ihrer besonderen Bedeutung für die Energieversorgung) sowie Erdgas und Elektrizität[416] (aufgrund ihrer Leitungsgebundenheit).

Das Fehlen von Einschränkungen in Art. 4 Abs. 2 lit. e AEUV und in Art. 194 AEUV lässt darauf schließen, dass durch den Energiekompetenztitel alle oben genannten Aspekte, also die Gesamtheit der auf Beeinflussung von Erzeugung, Verteilung oder Verbrauch von Energie gerichtete Tätigkeit der Union, erfasst werden sollen. Offen ist der Begriff nicht nur hinsichtlich etwaiger Tätigkeitsfelder der Energiepolitik, sondern auch in Bezug auf die Energieformen. Dass sich in beiden Fällen aus dem Energieartikel selbst keine Beschränkung ergibt, zeigt auch der Vergleich mit den energiepolitischen Zielen des Art. 194 Abs. 1 lit. a-d AEUV. Diese liefern ein Instrumentarium für verschiedene Teilbereiche der Energiepolitik und grenzen nur ausnahmsweise, nämlich im Fall der „erneuerbaren Energien" nach Art. 194 Abs. 1 lit. c AEUV, eine bestimmte (Primär-)Energieform von den übrigen Energieformen ab. Umgekehrt müssen alle Energien in Bezug genommen sein, wo eine entsprechende Einschränkung fehlt. Auch nach dem Verständnis der EU-Organe sind sämtliche angesprochenen Träger und Formen der Energie von der europäischen Energiepolitik umfasst. So bezog sich die Energiepolitik der (gemeinsamen) Kommission gleichermaßen auf die Versorgung mit Öl, Gas und Elektrizität im Allgemeinen wie auf die Stromerzeugung mittels Kernkraft im Besonderen.[417] Der Begriff der „Energiepolitik der Union" ist folglich in einem umfassenden Sinne zu verstehen.[418]

II. Der Energieartikel und die Kernenergiepolitik

Von der Frage nach der Reichweite des Rechtsbegriffs „Energiepolitik" zu unterscheiden ist das Problem, ob der Energiekompetenztitel als Rechtsgrundlage

---

413 ABl. 2006 Nr. L 114, S. 62.

414 Vgl. Richtlinie 2009/28/EG, ABl. 2009 Nr. L 140, S. 16.

415 Richtlinie 2006/67/EG, ABl. Nr. L 217, S. 8.

416 Richtlinie 2003/54/EG, ABl. Nr. L 176, S. 37 bzw. Richtlinie 2003/55/EG, ABl. Nr. L 176, S. 57.

417 Vgl. nur KOM (2007) 1, endgültig, S. 15 f., 20 f; KOM (2007), 565 endgültig.

418 *Nettesheim*, JZ 2010, 19 (20); *Ehricke/Hackländer*, ZEuS 2008, 579 (584 f.).

ausscheidet, weil konkurrierende Ermächtigungen ein Spezialitätsvorrang zukommt. Möglicherweise richtet sich die Nuklearenergiepolitik aufgrund von Sonderregelungen des EAGV (auch) nach den Änderungen des Vertrags von Lissabon allein nach dem Euratom-Regime.

1. Hintergrund: Die Streichung des Art. 305 EG

Das Verhältnis der drei Gemeinschaftsverträge regelten die Verträge in der Fassung von Nizza durch Art. 305 EG. Danach wurden die Vorschriften des EGKSV und des EAGV durch diejenigen des EG-Vertrags nicht „[ge]ändert“ bzw. „beeinträchtigt“. Damit normierte Art. 305 EG einen Vorrang der sektorspezifischen Sonderregelungen gegenüber den allgemeinen Regeln des EG-Vertrags im Sinne des lex-specialis-Grundsatzes.[419] AEUV und EUV enthalten demgegenüber keine entsprechende Kollisionsnorm, Art. 305 EG wurde durch den Vertrag von Lissabon gestrichen. Im Hinblick auf Art. 305 Abs. 1 EG, der das Verhältnis zwischen EGKSV und EG-Vertrag betrifft und mit dem Auslaufen der Montanunion bedeutungslos geworden ist,[420] ist dies folgerichtig. Art. 305 Abs. 2 EG, der die Abgrenzung zwischen EAGV und EG-Vertrag betrifft, wurde jedoch ebenfalls nicht in den AEUV übernommen, obwohl Euratom nach dem Vertrag von Lissabon als selbständige Gemeinschaft mit eigener Rechtspersönlichkeit bestehen blieb und damit die Frage nach dem Rangverhältnis zwischen EAGV und AEUV/EUV nach wie vor aktuell ist.

2. Die Änderungen des Protokolls Nr. 2 des Vertrags von Lissabon

Die Geltung des EAGV regelt das Protokoll Nr. 2 des Vertrags von Lissabon „zur Änderung des Vertrags zur Gründung der Europäischen Atomgemeinschaft“.[421] Unter Hinweis darauf, dass seine Bestimmungen weiterhin „volle rechtliche Wirkung“ entfalten, drückt die Präambel des Protokolls die Absicht aus, den EAGV an die neuen Vorschriften von EUV und AEUV anzupassen. Vorwiegend besteht die Anpassung in der Umbenennung von Überschriften oder einzelnen Begriffen, bringt aber wenig inhaltliche Änderungen mit sich. Kernstück des Protokolls und die wichtigste materielle Regelung stellt dessen Art. 3 dar.

---

419 Allg. Auffassung, vgl. *Petersmann/Spennemann*, in: von der Groeben/Schwarze, EUV/EGV, Art. 305 EG Rdn. 14, *Kokott*, in: Streinz, EUV/EGV, Art. 305 EGV Rdn. 9 f.; *Schmalenbach*, in: Calliess/Ruffert, EUV/EGV, Art. 305 EGV Rdn. 3; *Terhechte*, in: Schwarze, EU-Kommentar, Art. 305 EGV Rdn. 8.; *Lukes*, in: FS Everling, S. 742; *Pechstein*, EuZW 2001, 307 (309). Kritisch: Cusack, CMLR 2003, 117 (126 f.). Zur Reichweite des Spezialitätsvorrangs unten Kap. 3 B. II. 4.

420 *Kokott*, in: Streinz, EUV/EGV, Art. 305 EGV Rdn. 7; *Schmalenbach*, in: Calliess/Ruffert, EUV/EGV, Art. 305 Rdn. 2 EGV; *Terhechte*, in: Schwarze, EU-Kommentar, Art. 305 EGV Rdn. 1.

421 ABl. 2007 Nr. C 306, S. 199 ff.

Darin ist die Einführung eines neuen Kapitels I in Titel III des EAGV vorgesehen, das die „Anwendung von bestimmten Bestimmungen“ des EUV und des AEUV betrifft und aus einem Artikel mit drei Absätzen besteht. Art.106a Abs. 1 EAGV zählt die Regelungen des Unionsrechts auf, die nunmehr auf den EAGV Anwendung finden. Bei den in Bezug genommenen Vorschriften des EUV und des AEUV handelt es sich vor allem um prozessuale und institutionelle Regelungen wie Bestimmungen über Organe, allgemeine Verfahrensgrundsätze, Rechtsschutz vor dem Europäischen Gerichtshof und Finanzvorschriften.[422] Die früheren Regelungen entsprechenden Inhalts mit ausschließlicher Geltung für Euratom, insbesondere die über die Organe der EAG, wurden durch Art. 5 des Protokolls Nr. 2 aufgehoben.

Einen Verweis auf die Politiken der Union, insbesondere auf den Energiekompetenztitel, enthält Art. 106a Abs. 1 EAGV nicht. Daraus lässt sich jedoch nicht im Umkehrschluss herleiten, dass die Anwendung des EUV bzw. AEUV auf den Kernenergiebereich schlechthin ausgeschlossen wäre. Aus Art. 106a Abs. 1 EAGV ergibt sich lediglich, dass die speziellen Befugnisse der Union nicht als Rechtsgrundlage für die Euratom-Gemeinschaft herangezogen werden können. Über das Verhältnis Euratoms zur Union wird dadurch keine Aussage getroffen.[423] Maßgeblich für die Beantwortung dieser Frage ist vielmehr Art. 106 Abs. 3 EAGV, wonach die neuen Bestimmungen von AEUV und EUV „keine Abweichungen von den Vorschriften dieses Vertrags“ beinhalten. Möglicherweise übernimmt Art. 106a Abs. 3 EAGV mit dieser Formulierung unter Bezugnahme auf das übrige Unionsrecht den Regelungsgehalt der Kollisionsnorm aus dem EG-Vertrag.

3. Regelungsgehalt des Art. 106a Abs. 3 EAGV

Ob nach der Streichung des Art. 305 Abs. 2 EG weiterhin eine Spezialität des EAGV gegenüber EUV und AEUV anzunehmen ist, hängt folglich vom Verständnis des Art. 106a Abs. 3 EAGV ab.

a) Wortlaut

Im Vergleich zu Art. 305 Abs. 2 EG fällt zunächst auf, das Art. 106a Abs. 3 EAGV eine andere Formulierung verwendet. Es stellt sich somit die Frage, ob die fehlende „Abweichung“ gem. Art. 106a Abs. 3 EAGV mit der fehlenden „Beeinträchtigung“ im Sinne des Art. 305 Abs. 2 EG gleichzusetzen ist. Art. 305 Abs. 1 und Abs. 2 EG verwenden ebenfalls unterschiedliche Begriffe, treffen aber für EGKSV und EAGV jeweils parallele Regelungen, die die Selbständigkeit beider Verträge gewährleisten bzw. gewährleisteten. Dort ist die unter-

---

[422] Ausführlich zu den Neuerungen des Euratom-Protokolls des EUVV, dem das Protokoll des Vertrags von Lissabon nachgebildet ist: *Papenkort*, Der Euratom-Vertrag, S. 56 ff.

[423] Vgl. *Papenkort*, Der Euratom-Vertrag, S. 103.

schiedliche Wortwahl nach allgemeiner Ansicht ohne rechtliche Bedeutung.[424] Der abweichende Wortlaut zwischen Art. 106a Abs. 3 EAGV und Art. 305 Abs. 2 EG zwingt folglich nicht zu der Annahme, dass sich die Kollisionsnormen inhaltlich unterscheiden. Hinzu kommt, dass sich die begriffliche Unterscheidung zwischen Art. 305 Abs. 2 EG und Art. 106a Abs. 3 EAGV – anders als Art. 305 Abs. 1 EG und Art. 305 Abs. 2 EG, die auch in anderen Sprachfassungen jeweils verschiedene Begriffe verwenden[425] – in einigen Sprachen wiederfindet, in anderen nicht. So verwenden etwa die englischen, französischen und italienischen Texte in beiden Vorschriften dieselben Formulierungen, während in der deutschen, der spanischen und der portugiesischen Fassung andere Wörter benutzt werden. Bei einer Gegenüberstellung mit der parallelen Problematik zwischen Art. 305 Abs. 1 EG und Art. 305 Abs. 2 EG liegt insofern der Schluss nahe, dass es sich bei Art. 106a Abs. 3 EAGV um eine Vorschrift handelt, die den Regelungsgehalt des Art. 305 Abs. 2 EG in das Euratom-Recht überträgt.[426]

b) Stellung im EAGV

Art. 106a EAGV wurde in den dritten Titel des Vertrags eingeführt, der gem. Art. 2 des Änderungsprotokolls die Überschrift „Vorschriften über die Organe und Finanzvorschriften“ trägt. Die systematische Stellung ließe vermuten, dass Art. 106a Abs. 3 EAGV nicht die Verträge insgesamt, sondern lediglich das Verhältnis der Vorschriften der genannten Bereiche erfassen soll. Inhaltlich läuft Art. 106a EAGV allerdings einer solchen Annahme zuwider. Art. 106a Abs. 1 EAGV nimmt gerade nicht lediglich Vorschriften über Organe (Art. 13-19 EUV, Art. 15, 223-270; 272-274; 277-281; 285-304 AEUV) und Finanzvorschriften (Art. 310-320; 322-325 AEUV) in Bezug, sondern verweist auch auf allgemeine Bestimmungen, etwa die Vertragsänderungs-, Beitritts- und Austrittsverfahren

424 Die Formulierung ist der Tatsache geschuldet, dass der EGKSV bereits in Kraft war, als EWGV und EAGV geschaffen wurden, *Pechstein*, EuZW 2001, 307 (309). Vgl. auch *Petersmann/Spennemann*, in: von der Groeben/Schwarze, EUV/EGV, Art. 305 EG Rdn. 1; kritisch: *Lukes*, in: FS Everling, S. 742.

425 Die verwendeten Begriffe lauten bspw. auf Englisch: „not affect“ / „not derogate“, auf Französisch: „ne modifient pas“ / „ne dérogent pas“ und auf Spanisch: „no modificarán“ / „no afectarán“.

426 Dass sich in den unterschiedlichen Formulierungen kein politischer Wille ausdrückt, wird auch durch einen Vergleich des Entstehungszeitpunkts der Abweichungen deutlich: In der spanischen Sprachfassung unterscheidet sich die Kollisionsnorm des EAGV bereits seit ihrer ersten Erwähnung im Basisdokument zur Regierungskonferenz 2004 von Art. 305 Abs. 2 EG (CIG 4/03, S. 538). Die portugiesischen Version lautet seit der Überarbeitung durch die Rechtsexperten (CIG 87/04 ADD 1 REV 1, S. 369) anders, während sich die deutschen Übersetzungen noch in der endgültigen Fassung des EUVV (CIG 87/04 ADD 1 REV 2, S. 369 / ABl. 2004 Nr. C 310, S. 392) und im Entwurf des Vertrags von Lissabon (CIG 2/1/07 REV 1, S. 74) decken und die Abweichung erst in der endgültigen Version des Euratom-Protokolls (ABl. 2007 Nr. C 306, S. 202) erscheint.

(Art. 48 Abs. 2-5, 49 f. AEUV) und Schlussbestimmungen (Art. 336, 342, 344 AEUV) sowie auf das Protokoll über die Übergangsbestimmungen. Auch Art. 106a Abs. 2 EAGV bezieht sich auf die Vorschriften „dieses Vertrags“ und nicht etwa „dieses Titels“ und widerspricht insoweit seiner systematischen Stellung.[427] Materiell handelt es sich bei Art. 106a EAGV trotz seiner Verortung in Titel III des EAGV um eine umfassende Bestimmung, die sich nicht nur auf Organe und Finanzvorschriften bezieht, sondern allgemeine Anordnungen und Verweise trifft.

c) Entstehungsgeschichte

Um die Frage zu beantworten, ob Art. 106a Abs. 3 EAGV ein Spezialitätsverhältnis zwischen EAGV und AEUV begründet, erscheint ein Blick auf die früheren Fassungen des Energiekompetenztitels und deren Anordnungen sinnvoll.

aa) Der Textentwurf der Kommission

Der Kommissionsentwurf von 1990 sah die Schaffung einer Rechtsgrundlage im EWGV vor, die die „gemeinsame“ Energiepolitik der drei Gemeinschaften „eng koordiniert“, vgl. Art. 1 Abs. 1, 2 TE. In Verbindung mit den Erläuterungen zum Textentwurf wird deutlich, dass dieser Formulierung neben einer inhaltlichen und möglicherweise organisatorischen Aussage auch eine konkurrenzrechtliche Dimension zukommt. In den Erläuterungen findet sich der Hinweis, dass EGKSV, EAGV (deren Änderung nicht beabsichtigt wurde)[428] und EWGV „auf den Energiesektor je nach Art des betreffenden Energieträgers“ Anwendung finden. Die Formulierung impliziert, dass der Anwendungsbereich der drei Verträge streng nach den jeweiligen Energien getrennt werden sollte. Während also EGKSV für Kohle und EAGV für Kernenergie Geltung beanspruchen sollten, wären (nur) die übrigen Energieträger nach dem Energiekompetenztitel des EWGV zu beurteilen gewesen. Vorgesehen war lediglich eine Koordination der aufgrund der allgemeinen Energiekompetenz erlassenen Rechtsakte. Diese sollten bestimmte Maßnahmen also parallel zu den kohle- und kernenergiepolitischen Vorschriften treffen, sich aber nicht auf diese Bereiche erstrecken. Der Energiekompetenztitel ging folglich von einer abschließenden Spezialität der EGKSV- und EAGV-Regelungen aus. Die Abgrenzungsvorschrift des Art. 1 TE fand sich allerdings – trotz der strukturellen und inhaltlichen Entsprechungen des heutigen Energieartikels im Übrigen[429] – in keinem der späteren Entwürfe oder Endfassungen des Energiekompetenztitels wieder.[430]

---

[427] So auch *Papenkort*, Der Euratom-Vertrag, S. 97 (zum Protokoll des EUVV).

[428] BullEG, Beilage 2/91, S. 151 f.

[429] Siehe oben Kap. 2 C. V. 1.

[430] Daraus können wiederum verschiedene Schlüsse gezogen werden. Dazu sogleich Kap. 3 B. II. 4. b).

bb) Der Energiekompetenztitel des EUVV

Maßgeblich für die Vorschriften des Vertrags von Lissabon waren die Verhandlungen des Verfassungskonvents und der darauf folgenden Regierungskonferenz. Sowohl das Verfahren der Rechtsgestaltung in Protokollform als auch die inhaltlichen Modifikationen und die Beibehaltung des Euratom-Sonderregimes außerhalb der übrigen Verträge entsprechen den schon durch den EUVV avisierten Änderungen. Das gleiche gilt für die Abgrenzungsvorschrift des Art. 305 Abs. 2 EG, die auch im EUVV nicht enthalten war.

(1) Die Vorarbeiten der Arbeitsgruppe III: Rechtspersönlichkeit

Eines der Hauptanliegen des Mandats an den Verfassungskonvent bestand darin, die Ziele, Zuständigkeiten und Instrumente der vier Verträge des europäischen Primärrechts im Interesse einer größeren Transparenz zu vereinfachen.[431] Hintergrund des Revisionsbedarfs war der Umstand, dass nach ihren Gründungsverträgen jeder der drei Gemeinschaften, nicht aber der Union als übergeordnetem Verband, ausdrücklich eine eigene Rechtspersönlichkeit zukommt.[432] Dies wurde insbesondere im Hinblick auf die Fähigkeit zum Abschluss internationaler Abkommen als unbefriedigend empfunden. Um die Unterscheidung zwischen Union und Gemeinschaften und die damit verbundene Frage der Völkerrechtssubjektivität der Union zu überprüfen, wurde die Arbeitsgruppe III zur Rechtspersönlichkeit ins Leben gerufen.[433] Über die Vorteile der ausdrücklichen Normierung einer einheitlichen Rechtspersönlichkeit der Union bestand unter den Konventsmitgliedern schon zu einem frühen Zeitpunkt weitgehend Einigkeit. Im Hinblick auf die angestrebte Vereinfachung der Verträge wurde betont, dass bei der Schaffung einer einzigen Union auch die Notwendigkeit der Unterscheidung zwischen EG- und EU-Vertrag entfiele.[434] Obwohl diese Überlegung nicht nur für das Verhältnis von EG-Vertrag und EU-Vertrag gilt, sondern uneingeschränkt für die Verschmelzung aller Verträge des Primärrechts spricht,[435] wurde der EAGV – wenn überhaupt – nur vorsichtig in Bezug genommen. Während

---

431 Vertrag von Nizza, Schlussakte, 23. Erklärung „zur Zukunft der Union“, Nr. 5, Spiegelstrich 3, ABl. 2001, Nr. C 80, S. 85 f.; Europäischer Rat (Laeken), 14. / 15. Dezember 2001, Schlussfolgerungen des Vorsitzes, SN 300/1/01 REV 1, S. 23 f.

432 Vgl. Art. 6 Abs. 1 EGKSV, Art. 281 EG, Art. 184 EAGV. Ob der EU trotz des Fehlens einer entsprechenden Vorschrift im Unionsrecht eine eigene Rechtspersönlichkeit zukommt, ist umstritten. Für eine Rechtspersönlichkeit etwa: *Wichard*, in: Calliess/Ruffert, EUV/EGV, Art. 4 Rdn. 9 f. EUV / Art. 1 EGV Rdn. 13 f.; *Tomuschat*, in: von der Groeben/Schwarze, EUV/EGV, Art. 281 EG Rdn. 66; *Stumpf*, in: Schwarze, EU-Kommentar, Art. 1 EUV Rdn. 9; a.A.: *Kokott*, in: Streinz, EUV/EGV, Art. 281 Rdn. 2 EGV; *Simma/Vedder*, in: Grabitz/Hilf, Das Recht der EU, Art. 281 EGV Rdn. 1; *Bleckmann/Pieper*, in: Bleckmann, Europarecht, Rdn. 166; *Oppermann*, Europarecht, § 30 Rdn. 9.

433 CONV 73/02.

434 Vgl. WG III, WD 6, S. 2.

435 Vgl. etwa CONV 189/02, S. 5 sowie CONV 358/02, S. 4.

sich einige Gruppenmitglieder für die Ablösung Euratoms durch die Union aussprachen, vertraten andere die Ansicht, die Erstreckung auf den EAGV sei im Hinblick auf die „besondere Natur" des Vertrages, die nicht weiter erläutert wurde, nicht unbedingt erforderlich.[436]

In ihrem Abschlussbericht vom 1. Oktober 2002 schlug die Arbeitsgruppe vor, zu Anfang des Verfassungsvertrags eine Bestimmung aufzunehmen, die der Union ausdrücklich Rechtspersönlichkeit zuerkennt und die Rechtspersönlichkeiten der „bestehenden Organisationen" aufhebt.[437] Hinsichtlich Euratoms fiel die Empfehlung den vorangegangenen Kontroversen entsprechend aber zurückhaltend aus: „In Anbetracht einiger spezifischer Probleme in Zusammenhang mit dem EURATOM-Vertrag sollten die möglichen Auswirkungen einer Fusion dieses Vertrags nach Auffassung der Gruppe jedoch zu einem späteren Zeitpunkt eingehender geprüft werden".[438]

(2) Die Position der Konventsmitglieder und des Präsidiums

Die „Prüfung" der Stellung Euratoms zog sich durch die Verhandlungen des Verfassungskonvents und wurde schon früh Gegenstand von Beiträgen aus dessen Mitte. Seitens atomkraftskeptischer Konventsmitglieder wurde die Auflösung des Euratom-Vertrags gefordert.[439] Die Mehrheit der Konventsmitglieder, die sich zu dem Problem äußerten, trat aber mit unterschiedlichen Argumenten für eine Verschmelzung des EAGV mit der Verfassung ein. Zum Teil wurde vor dem Hintergrund der Vertragsvereinfachungsdebatte auf den schon in den Beratungen der Arbeitsgruppe III zum Ausdruck gekommenen formellen Aspekt der Einbeziehung Euratoms abgestellt und die dort angekündigte Revision gefordert.[440] Andere Beiträge betonten den materiellen Überarbeitungsbedarf des seit seinem Bestehen niemals maßgeblich veränderten Vertrages und legten konkrete Vorschläge für eine inhaltliche Überarbeitung vor.[441] Diese reichten von der Umwandlung in einen „Europäischen Energie- und Klimavertrag" bis hin zur Integration in ein neu zu schaffendes Energiekapitel.[442]

Das Konventspräsidium befasste sich dagegen bewusst lange Zeit nicht mit der Stellung des Euratom-Vertrags in die Verfassung. Das Mandat für die Gruppe der Sachverständigen, die mit der Ausarbeitung des zweiten Teils der Verfassung über die Politiken der Union betraut wurden, ließ die Frage, ob der EAGV

---

436 WG III, WD 9, S. 3 Fn. 1; WD 10, S. 2 Fn. 1; WD 15, S. 2, Fn. 1; WD 16, S. 2, Fn. 2; WD 24, S. 3, Fn. 1; WD 29, S. 3, Fn. 2.

437 CONV, 305/02, S. 14.

438 CONV 305/02, S. 5.

439 CONV, 190/1/02, S. 17, Beitrag des Mitglieds *Kaufmann*.

440 So CONV 358/02, Beitrag der Mitglieder *Farnleitner*, *Einem* und *Bösch*.

441 Vgl. insbesondere CONV 344/02, Beitrag des Mitglieds *Hänsch* und CONV 563/03, Beitrag der Mitglieder *Nagy*, *Wagner* und *MacCormick*.

442 Vgl. CONV 344/02 sowie ausführlich und m.w.N. zu den einzelnen Positionen: *Papenkort*, Der Euratom-Vertrag, S. 52 ff.

in den Verfassungsvertrag einfließen sollte, ausdrücklich offen.[443] Dementsprechend empfahl der erste Bericht der Rechtsexperten unter Hinweis auf die ausstehende Klärung der „Frage des Euratom-Vertrags“ die Beibehaltung des Art. 305 Abs. 2 EG.[444] Etwa zeitgleich reagierte das Präsidium auf die zahlreichen Beiträge der Konventsmitglieder und legte einen „Vorschlag für das Vorgehen in Bezug auf den Euratom-Vertrag“ vor.[445] Die Stellungnahme betonte, dass die Erklärung von Laeken weder eine Aussage in Bezug auf den Euratom-Vertrag enthielt, noch spezifische Fragen im Zusammenhang mit dem Euratom-Vertrag aufwarf, obwohl sich der Auftrag zur Vereinfachung des Primärrechts ausdrücklich auf alle vier Verträge erstreckte.[446] In der Sache erkannte das Präsidium zwar die Notwendigkeit an, den EAGV im Hinblick auf die materiellrechtlichen Änderungen der Vorschriften über die Organe und die Finanzen der Union in der Verfassung anzupassen, sah aber „keine Grundlage dafür, dass der Konvent damit beginnt, den Euratom-Vertrag in seiner Substanz zu ändern“.[447] Schließlich betonte das Präsidium, dass es die Anpassung des EAGV durch ein der Verfassung beizufügendes Protokoll für geeigneter hielt, als Einbeziehung des EAGV in den Verfassungsvertrag.[448]

(3) Gründe für die Erhaltung des Status quo ante

Der Vorschlag des Präsidiums, der sich in abgeänderter Form durchsetzte, schien zunächst als kleinster gemeinsamer Nenner für die Überarbeitung des EAGV. Dessen Anpassung an die durch die Schaffung einer Unions-Verfassung veränderten Rahmenbedingungen war schon aus redaktionellen Gründen unerlässlich, so dass die unmodifizierte Beibehaltung des Vertrags keine Option darstellte. In dem Vorschlag kam die pragmatische Bemühung des Präsidiums zum Ausdruck, sensible Themen – wie solche, die die Nutzung der Kernenergie betreffen – möglichst schnell abzuhandeln, um den Erfolg des Verfassungsvertrags nicht zu gefährden. Weder die Beibehaltung des Förderzwecks oder gar die Ausweitung atomenergiepolitischer Gemeinschafts- bzw. Unions-Befugnisse, noch die Streichung des Vertrags mit der möglichen Folge einer Renationalisierung der Atompolitik hätte angesichts der gegensätzlichen Positionen unter den

---

443 CONV 529/03, S. 2.

444 CONV 618/03, S. 159.

445 CONV 621/03.

446 Vgl. CONV 621/03, S. 1 f. sowie Europäischer Rat (Laeken), 14. / 15. Dezember 2001, Schlussfolgerungen des Vorsitzes, SN 300/1/01 REV 1, S. 23: „Für die Europäische Union gelten zurzeit vier Verträge. Die Ziele, Zuständigkeiten und Politikinstrumente der Union sind in diesen Verträgen verstreut. Im Interesse einer größeren Transparenz ist eine Vereinfachung unerlässlich.“

447 CONV 621/03, S. 1.

448 CONV 621/03, S. 2.

Mitgliedstaaten eine Einigung versprochen.[449] Ähnlich wie bei der Frage nach dem allgemeinen Energiekompetenztitel bei den Vertragsänderungen von Amsterdam und Nizza musste die Diskussion um die Zukunft Euratoms zugunsten des Gesamtprojekts zurücktreten. Obwohl einige Konventsmitglieder deutlich ihre Ablehnung des Vorschlags über die Euratom-Frage zum Ausdruck brachten, versprach die „Protokoll-Lösung" noch am ehesten eine Konsensfindung.[450]

Das Protokoll zur Änderung des Euratom-Vertrags sah in den späteren Entwürfen der Verfassung aber immerhin noch die Schaffung einer einzigen Rechtspersönlichkeit unter Streichung des Art. 184 EAGV („Die Gemeinschaft besitzt Rechtspersönlichkeit") vor.[451] Später wurde dem Wunsch der Mitgliedstaaten, die der Atomenergienutzung kritisch gegenüberstanden und vorher die Aufhebung des Vertrags erwirken wollten, entsprochen und von der Verschmelzung der Rechtspersönlichkeiten Euratoms und der Union wieder Abstand genommen.[452] Mit dieser Änderung wurde der Status quo ante endgültig festgelegt, wie im Schlussbericht des Vorsitzenden *Giscard D´Estaing* an den Präsidenten des Europäischen Rates zum Ausdruck kommt: Die Zukunft Euratoms sei eine Frage, mit der sich der Europäische Rat „zu gegebener Zeit möglicherweise" befassen werde.[453]

(4) Die Einfügung der Kollisionsnorm durch die RK 2004

Trotz Beibehaltung der Rechtspersönlichkeit Euratoms war im endgültigen Verfassungsentwurf des Konvents weder eine dem Art. 305 Abs. 2 EG entsprechende Vorschrift enthalten, noch sah das Euratom-Protokoll die Schaffung einer Kollisionsnorm vor. In ihrer Stellungnahme zum Verfassungsentwurf wies die

---

449 Die Absicht der substantiellen Änderung des EAGV wurde in der Plenartagung von einigen Konventsmitgliedern als „unrealistisch" bezeichnet, CONV 783/03, S. 12. Uneinigkeit über die grundsätzliche Haltung zur Kernenergie zwischen den Mitgliedstaaten besteht mindestens seit den achtziger Jahren, als die Tschernobyl-Katastrophe und die Probleme der Endlagerung radioaktiver Abfälle zu einer wachsenden politischen und gesellschaftlichen Akzeptanz der Anti-Atomkraft-Bewegung führten. Dieser Umstand dürfte auch maßgeblich dazu beigetragen haben, dass (trotz zahlreicher Änderungen des EG-Vertrags) seitdem weder einer Revision des EAGV noch sonst eine öffentliche Debatte über die Kernenergie auf europäischer Ebene stattgefunden hat, vgl. auch *Lyons*, EC Energy Policy, S. 44 ff.

450 Vgl. CONV 783/03, S. 12.

451 Vgl. CONV 836/03, S. 167; CONV 847/03, S. 165. Bereits die früheren Entwürfe für die Teile II, III und IV der Verfassung enthielten das Euratom-Protokoll und sahen die Ersetzung des Wortes „Gemeinschaft" durch „Union" vor. Insofern war bereits eine Verschmelzung der Rechtspersönlichkeiten angeordnet, CONV 725/03, S. 179; CONV 802/03, S. 181.

452 Insbesondere die durch Bundesaußenminister *Fischer* vertretene deutsche Bundesregierung hat dazu beigetragen, den Euratom-Vertrag vom übrigen Primärrecht zu isolieren, vgl. dazu *Papenkort*, Der Euratom-Vertrag, S. 54, 56 f.

453 CONV 851/03, S. 5.

Kommission darauf hin, dass nach dem Stand des Entwurfs der rechtliche Rahmen der Euratom-Gemeinschaft unvollständig und das Verhältnis zur Union nicht geklärt sei.[454] Inhaltliche Kritik äußerte die Kommission dagegen nicht. Das Parlament zeigte sich dagegen „überrascht“ über die Beibehaltung des Euratom-Vertrags und betonte insbesondere die mangelnde Einbindung des Parlaments in die Atomenergie-Gesetzgebung und die Gefahr von Kompetenzkonflikten.[455]

Bei den Verhandlungen der Regierungskonferenz 2003/2004 unter italienischer und irischer Präsidentschaft war das Euratom-Protokoll – wie auch der Energiekompetenztitel – angesichts der grundlegenden Uneinigkeit über institutionelle Fragen kein vorrangiger Verhandlungsgegenstand.[456] Anders als Art. III-157 VVE wurde das Euratom-Protokoll jedoch vom juristischen Dienst des Rats bereits zu Beginn der Regierungskonferenz unter rechtstechnischen Gesichtspunkten beanstandet.[457] In einer einleitenden Bemerkung wurde festgestellt: „Aus den Erwägungsgründen des Protokolls ergibt sich, dass der Euratom-Vertrag nach dem politischen Willen des Konvents nicht wesentlich geändert, sondern lediglich in dem Maße angepasst werden soll, wie es erforderlich ist, um ihn mit den neuen institutionellen und finanziellen Vorschriften der Verfassung in Einklang zu bringen“.[458] Unter den zahlreichen Änderungsvorschlägen befand sich auch die Einführung eines neuen Absatzes in Art. 3 des Protokolls, der eine Ergänzung des EAGV um eine in den meisten Sprachfassungen mit Art. 305 Abs. 2 EG identische Vorschrift anordnete. Die diesbezügliche Änderung des Konventsentwurfs wurde gemeinsam mit weiteren Neuregelungen in die Endfassung des Verfassungsvertrags übernommen.[459] Im Übrigen wurden durch die Regierungskonferenz von 2004 keine Änderungen mehr vorgenommen, die das Verhältnis von Union und Euratom beträfen. Die Kritiker der Protokoll-Lösung, in diesem Fall die atomenergieskeptischen Mitgliedstaaten, begnügten sich mit einer Erklärung über die Revisionsbedürftigkeit des EAGV.[460]

---

454 KOM (2003) 548 endgültig, S. 25 f.

455 Bericht über den Entwurf eines Vertrags über eine Verfassung für Europa und die Stellungnahme des Europäischen Parlaments zur Einberufung der Regierungskonferenz, PE 323.600, S. 55 f. Vgl. auch *Papenkort*, Der Euratom-Vertrag, S. 56 ff. 63 f. zu den handwerklichen Mängeln des Euratom-Protokolls.

456 Zum Hintergrund der Beratungen, insbesondere den Bemühungen, den Entwurf als Ganzes zu übernehmen, siehe oben Kap. 2 C. VIII. 2.

457 Zu den diversen handwerklichen Mängeln des Protokolls *Papenkort*, Der Euratom-Vertrag, S. 66 ff.

458 CIG 4/03, S. 539. In der englischen Sprachfassung des überarbeiteten Konventsentwurfs tritt dieser Befund noch deutlicher zu Tage: „It is *apparent* […] that“ [Hervorhebung vom Verfasser].

459 Vgl. CIG 49/03, S. 5; CIG 87/04 ADD 1 REV 2, S. 369.

460 44. Erklärung der Bundesrepublik Deutschland, Irlands, der Republik Ungarn, der Republik Österreich und des Königreichs Schweden, ABl. 2004 Nr. C 310, S. 473.

cc) Übernahme des Regelungsgehalts durch den Vertrag von Lissabon

Die bilateralen Gespräche im Vorfeld des Vertrags von Lissabon und die Regierungskonferenz von 2007 ließen das Euratom-Protokoll im Wesentlichen unberührt.[461] Insbesondere Art. 3 des Protokolls erfuhr keine materiellen Änderungen. Eine Veränderung des Verhältnisses Euratoms zu der Union gegenüber dem Protokoll des EUVV könnte sich allenfalls mittelbar durch den mangelnden (expliziten) Verfassungscharakter von AEUV und EUV ergeben. Durch die Fortführung des EAGV außerhalb des Verfassungstextes nahm der EAGV jedoch ohnehin nicht am Verfassungscharakter des EUVV teil. Der Kernenergienutzung kam also schon nach dem EUVV kein „Verfassungsrang" zu, aus dem sich möglicherweise Rechtsfolgen hätten ableiten können.[462] Insofern bestehen keine Unterschiede zwischen dem Protokoll des EUVV und dem entsprechenden Protokoll des Vertrags von Lissabon. Auch die Erklärung der Staaten, die den Reformbedarf des EAGV betonen und die Einberufung einer damit befassten Regierungskonferenz fordern, wurde im Vertrag von Lissabon erneuert und in die Schlussakte des Vertrags übernommen.[463] Eine Neuerung gegenüber dem EUVV stellt einzig die Erwähnung des EAGV in der Präambel des Vertrags von Lissabon dar.[464] Diese Abweichung erklärt sich jedoch durch den Charakter des Vertrags von Lissabon als Änderungsvertrag, der sich in seiner Struktur vom EUVV, der die bisherigen Verträge ersetzen sollte, unterscheidet.[465] Bei der Erwähnung in der Präambel des Vertrags von Lissabon handelt es sich lediglich um den Hinweis auf die Änderung des EAGV (wie auch des EG-Vertrags und des EU-Vertrags), die sich nicht in den Präambeln von EUV und AEUV wiederfindet. Aus diesem Grund lassen sich aus der bloßen Erwähnung des EAGV keine relevanten Änderungen für den Status Euratoms gegenüber dem Konzept des EUVV ableiten.

d) Zusammenfassung

Die Entstehungsgeschichte des Art. 106a Abs. 3 EAGV und die Entwicklung der Protokolle zum EUVV und zum Vertrag von Lissabon zeigen, dass die Euratom-Gemeinschaft mangels Einvernehmens über die europäische Kernenergiepolitik unverändert Bestand haben sollte. Kompetenzausweitungen oder -einschränkungen waren nicht mehrheitsfähig. Die zwischenzeitliche Streichung

---

461 Für eine Übersicht mit den Änderungen im Vergleich zum bisherigen Euratom-Recht siehe *Thomas*, atw 2008, 12.

462 *Jasper*, ZNER 2003, 210 (212) und *Heller*, atw 2003, 420 sind der Auffassung, dass im Falle einer Verschmelzung von EAGV und EUVV eine nationale Kernausstiegspolitik der Mitgliedstaaten „mindestens erschwert" worden wäre.

463 54. Erklärung der Bundesrepublik Deutschland, Irlands, der Republik Ungarn, der Republik Österreich und des Königreichs Schweden zum Vertrag von Lissabon, ABl. 2007 Nr. C 306, S. 268.

464 ABl. 2007, Nr. C 306, S. 2.

465 Siehe oben Kap. 1 A.

der Kollisionsnorm, die für das Spezialitätsverhältnis zwischen EAGV und EUVV maßgeblich ist, ist auf die Überlegungen zur Verschmelzung der Rechtspersönlichkeiten von Euratom und Union zurückzuführen. Art. 106a Abs. 3 EAGV tritt in die direkte Nachfolge des Art. 305 Abs. 2 EG. Dem andersartigen Wortlaut in der deutschen Sprachfassung ist keine Bedeutung beizumessen. Die Verortung des Art. 106a EAGV im Titel über Organe und Finanzvorschriften steht der umfassenden Wirkung der Kollisionsnorm nicht entgegen. Der eigenständige Euratom-Vertrag steht auch nach den Änderungen des Vertrags von Lissabon in einem Spezialitätsverhältnis zu EUV und AEUV.

4. Umfang und Wirkung der Spezialität

Die Frage, ob eine Anwendung des Energieartikels im Kernenergiebereich grundsätzlich ausgeschlossen ist, wird durch den Befund der Spezialität allein nicht beantwortet. Deren Reichweite lässt sich unterschiedlich beurteilen. Denkbar sind zwei Möglichkeiten: erstens eine umfassende Spezialität im Sinne der Ausschließlichkeit der Regelungen des EAGV im Nuklearbereich, zweitens eine Spezialität für die jeweils geregelte Rechtsmaterie, die Raum für eine subsidiäre Anwendung des AEUV lässt. Für die Beantwortung der Frage nach Umfang und Wirkung der Spezialität ist maßgeblich, welchen Regelungsgehalt man dem EAGV zuschreibt.

a) Bisherige Rechtslage

Nach dem Primärrecht in der Fassung von Nizza wurden die im EAGV nicht enthaltenen Vorschriften und Regelungskomplexe vereinzelt als bewusste Auslassung bzw. negative Regelungen aufgefasst.[466] Nach dieser Ansicht war der Euratom-Vertrag gegenüber dem EG-Vertrag sektoral abschließend speziell. Danach konnten europäische Regelungen im Kernenergiesektor ausschließlich aufgrund der Vorschriften des EAGV und nicht auch im Rahmen des EG-Vertrags getroffen werden. Die für einen umfassenden Ausschluss der EG-Regelungen vorgebrachten Argumente können jedoch nicht überzeugen. Der Wortlaut des Art. 305 Abs. 2 EG lässt sich nicht für die Ausschließlichkeit des EAGV anführen.[467] Im Gegenteil spricht die Formulierung „Dieser Vertrag beeinträchtigt nicht die Vorschriften des Vertrags zur Gründung der Europäischen Atomgemeinschaft" (statt: „... beeinträchtigt nicht den Vertrag...") gegen diese Annahme. Für die Theorie der Ausschließlichkeit der EAGV-Regelungen wurde auch die Existenz des Art. 203 EAGV, der Vorschrift für nicht ausdrücklich normierte Bereiche, die der Auffangkompetenz des Art. 308 EG entspricht, angeführt. Die subsidiäre Geltung der Bestimmungen des EG-Vertrags habe das Entfallen der Erforderlichkeit des Tätigwerdens zur Erreichung der Vertragszie-

---

466 *Lukes*, in: FS Everling, S. 742 ff.; *Schmidt-Preuß*, in: Rengeling, EUDUR, Band II, § 60 Rdn. 6, 17; *ders.*, et 2003, 776.

467 So aber *Lukes*, in: FS Everling, S. 744 ff.

le zur Folge, was die Ergänzungsmöglichkeit des Art. 203 EAGV verhindere.[468] Diese Auffassung verkennt jedoch, dass die Ergänzungsklausel ohnehin nicht verwendbar wäre, um ganze Regelungskomplexe in den EAGV einzuführen, da sie lediglich auf punktuelle Ergänzungen angelegt ist.[469] Durch die subsidiäre Geltung des EG-Vertrags wurde der Vorschrift auch nicht der Anwendungsbereich entzogen, da sich gerade aufgrund der Spezialität des EAGV Ergänzungsbedürfnisse ergeben konnten, für die der Vertrag keine Regelungen enthielt.[470]

Zu Recht wurde daher im Schrifttum überwiegend die Möglichkeit eines Rückgriffs auf die allgemeinen Vorschriften des EG-Vertrags bejaht, sofern der EAGV zum betreffenden Sachgebiet keine spezifischen Rechtsgrundlagen enthält.[471] Ob eine durch ergänzende Anwendung des EG-Vertrags auffüllbare Lücke vorlag, musste je nach dem konkreten Regelungsgegenstand gesondert beurteilt werden. Die Voraussetzungen einer subsidiären Anwendbarkeit der EG-Regelungen waren angesichts des ausgewiesenen Zwecks Euratoms, den Fortschritt auf dem Gebiet der Kernenergie zu fördern (vgl. Art. 2 Abs. 1 lit. a EAGV sowie Art. 4-106 EAGV), insbesondere hinsichtlich der EG-Beihilfekontrolle im Nuklearsektor strittig.[472] Die Frage nach der Reichweite des Spezialitätsvorrangs stellte sich aber auch bei Maßnahmen in anderen Bereichen, etwa der Umwelt- oder Gesundheitspolitik.[473] Ohne ausdrückliche oder allgemeingültige Aussagen zum Verhältnis der Gemeinschaftsverträge zu treffen, gingen wohl auch EuGH und EuG von der Anwendbarkeit des EG-Vertrags im Nuklearsektor aus.[474] Nach bisherigem Recht bestand folglich grundsätzlich die Möglichkeit eines subsidiären Rückgriffs auf die Rechtsgrundlagen des EG-Vertrags.

b) Beurteilung nach den Änderungen des Vertrags von Lissabon

Nach den Änderungen des Vertrags von Lissabon und der Einführung des allgemeinen Energiekompetenztitels muss erst recht von einer subsidiären Anwendbarkeit der energiepolitischen Bestimmungen des AEUV ausgegangen werden. Bislang konnte für die Ausschließlichkeit des EAGV noch vorgebracht

---

468 *Lukes*, in: FS Everling, S. 746.

469 *Pechstein*, EuZW 2001, 307 (309).

470 *Pechstein*, EuZW 2001, 307 (309).

471 *Grunwald*, in; Pelzer, Kernenergierecht zwischen Ausstiegsforderung und europäischem Binnenmarkt, S. 154 f.; *Lecheler/Recknagel*, in: Dauses, Handbuch des EU-Wirtschaftsrechts, M Rdn. 277; *Kokott*, in: Streinz, EUV/EGV, Art. 305 EGV Rdn. 10; *Terhechte*, in: Schwarze, EU-Kommentar, Art. 305 EGV Rdn. 8; *Papenkort*, Der Euratom-Vertrag, S. 102 f.; *Papenkort/Wellershoff*, RdE 2010, 77 (82); *Hermes*, ZUR 2004, 12 (15); *Fouquet/Uexküll*, ZNER 2003, 310 (314); *Pechstein*, EuZW 2001, 307 (309).

472 Vgl. nur *Fouquet/Uexküll*, ZNER 2003, 310; *Pechstein*, EuZW 2001, 307 (309).

473 Zu letzterem *Hermes*, ZUR 2004, 12 (15).

474 Vgl. EuGH, Rs. C-62/88 (Tschernobyl), Slg. 1990, I-1527 Tz. 17; EuGH, Gutachten 1/94 (WTO), Slg. 1994, I-5267 Tz. 24 sowie EuG, Rs. T-92/02 (Stadtwerke *Schwäbisch* Hall u.a./Komission), Slg. 2006, II-11 und EuGH, Rs. C-176/06, EuZW 2008, 49.

werden, dass dieser einen Teil des Energiesektors regelte, der EG-Vertrag dagegen die Wirtschaft allgemein betraf.[475] Für die Andersartigkeit des EAGV wurde auch auf dessen Charakter als Kernenergie-Förderungsvertrag verwiesen.[476]

Das systematische Argument, die primärrechtlichen Verträge hätten einen grundsätzlich verschiedenen Anwendungsbereich, verfängt jedoch seit der Einführung des allgemeinen Energiekompetenztitels nicht mehr. Zwar unterscheidet sich der interventionistisch angelegte EAGV auch nach den Änderungen des Vertrags von Lissabon in seiner Konzeption von der liberalen EU-Verfassung,[477] die vom Grundsatz einer offenen Marktwirtschaft mit freiem Wettbewerb gekennzeichnet ist.[478] Seit dem Inkrafttreten des Vertrags von Lissabon ist aber gem. Art. 194 Abs. 1 lit. c AEUV unter anderem die Förderung der Entwicklung neuer und erneuerbarer Energiequellen Gegenstand der Unionspolitik.[479] Die genannten Energiequellen werden dadurch ausdrücklich in einer Art und Weise privilegiert, die dem Förderzweck des EAGV ähnelt. Dadurch verliert das Argument der strukturellen Verschiedenheit der Verträge an Gewicht.

Für die grundsätzliche Möglichkeit des Erlasses kernenergiepolitischer Maßnahmen aufgrund des Art. 194 AEUV lässt sich schließlich ein historisches Argument anführen. Den ersten Entwürfen des Energieartikels lag nicht zuletzt das Bestreben zu Grunde, der Energiepolitik der drei Gemeinschaften Kohärenz zu verleihen. Der Kommissionsentwurf des Energiekompetenztitels versuchte dem Ansinnen, einen Gleichlauf der energiepolitischen Instrumente dreier nicht auf einander abgestimmter Verträge zu gewährleisten, zu entsprechen. Die Stimmigkeit der Energiepolitik sollte aber nicht über eine Erstreckung des Anwendungsbereichs der allgemeinen Energiekompetenz auf den Kohle- und Kernenergiesektor sondern durch Koordinierung erreicht werden, vgl. Art. 1 TE. Die Anwendung von EGKSV, EAGV und EWGV richtete sich „je nach Art des betreffenden Energieträgers“.[480] Vorgesehen war also eine abschließende Spezialität der EGKSV- und EAGV-Regelungen.[481] Fraglich ist nur, wie zu beurteilen ist, dass weder die Vorschrift des Art. 1 TE noch eine sonstige Regelung mit vergleichbarem Inhalt in die nachfolgenden Versionen des Energiekompetenztitels Einzug fanden. Angesichts des Umstandes, dass die im Kommissionsentwurf vorgesehene Lösung des Problems dem von der Rechtsprechung und der

---

475 So *Lukes*, in: FS Everling, S. 746.

476 Vgl. *Schmidt-Preuß*, in: Rengeling, EUDUR, Band II, § 60 Rdn. 6, 17.

477 Mit ausführlicher Analyse zu den verschiedenen Ansätzen der beiden Verträge: *Cusack*, CMLR 2003, 117 (125 ff.).

478 Näher zum System freien Wettbewerbs nach den Änderungen des Vertrags von Lissabon unten Kap. 3 F. II. 4.

479 Das Ziel der „Förderung“ nach Art. 194 Abs. 1 lit. c AEUV umfasst nicht nur Energieeffizienz und Energieeinsparungen sondern auch die Entwicklung neuer und erneuerbarer Energien. Dazu näher unten Kap. 3 E. III. 1. c).

480 BullEG, Beilage 2/91, S. 151 f.

481 Siehe schon oben Kap. 3 B. II. 3. c) aa).

vorzugswürdigen Ansicht im Schrifttum vertretenen Verständnis widerspricht, muss das Fehlen einer dem Art. 1 TE entsprechenden speziellen Abgrenzungsvorschrift als Entscheidung gegen eine Begrenzung des allgemeinen Energieartikels gewertet werden. Wenn der Gesetzgeber eine subsidiäre Anwendbarkeit entgegen den zum bisherigem Recht entwickelten Grundsätzen ausschließen wollte, hätte er einen der Begründung des Textentwurfs entsprechenden Hinweis – etwa in Form einer Erklärung – ins Primärrecht aufnehmen müssen. Im Gegenteil spricht außerdem nichts dagegen, das Fehlen von Einschränkungen bezüglich der von Art. 194 AEUV erfassten Energieträger zu betonen und eine subsidiäre Anwendbarkeit des Energiekompetenztitels auf kernenergiepolitische Sachverhalte zu bejahen.

Selbst wenn man entgegen der oben vertretenen Ansicht davon asging, der EAGV sei nach bisherigem Recht das sachthematisch prinzipiell abschließende Vertragswerk gewesen,[482] endete diese Sonderstellung mit der Einführung des allgemeinen Energiekompetenztitels im AEUV.

---

482 Vgl. *Schmidt-Preuß*, in: Rengeling, Handbuch zum europäischen und deutschen Umweltrecht, Band II, § 60 Rdn. 6.

III. Zwischenergebnis

Ob kernenergiepolitische Maßnahmen auf Grundlage der allgemeinen Energiekompetenz getroffen werden können, hängt vom Verständnis des Verhältnisses zwischen den Verträgen des Primärrechts ab. Der Vertrag von Lissabon bringt gegenüber der bisherigen Rechtslage diesbezüglich keine Neuerungen mit sich, insbesondere bewirkt der Wechsel der maßgeblichen Kollisionsnorm in den EAGV keine materiell-rechtlichen Änderungen. Nach wie vor ist von einem Spezialitätsvorrang des EAGV auszugehen. Ob allein die Bestimmungen des EAGV für einen bestimmten Sachverhalt maßgeblich sind, kann nur für den jeweiligen Einzelfall entschieden werden. Eine subsidiäre Anwendbarkeit der Vorschriften des AEUV, auch und insbesondere des Art. 194 AEUV, ist nicht grundsätzlich ausgeschlossen.[483]

[483] Wie hier: *Papenkort/Wellershoff*, RdE 2010, 77 (82 f.); *Ehricke/Hackländer*, ZEuS 2008, 579 (585); *Thomas*, atw 2007, 631 (632, 634). Ebenso zur Energiekompetenz im EUVV / VVE: *Rodi*, in: Vedder/Heintschel von Heinegg, EUVV, Art. III-256, Rdn. 3 sowie *Jasper*, ZNER 2003, 211 (213), die eine Spezialität des EAGV für nicht mehr gegeben hielt. *Kahl*, EuR 2009, 611 (619 f.), der Art. 106a Abs. 3 EAGV zu übersehen scheint, geht vor dem Hintergrund der Streichung des Art. 305 Abs. 2 EG ebenfalls von einer Abschaffung der Spezialität aus. Eine ausschließliche Spezialität nehmen an: *Schmidt-Preuß*, et 2003, 776; *Maichel*, in: FS Götz, S. 65 f.; *Oppermann*, Europarecht, § 20 Rdn. 39 (jeweils zum EUVV); *Hobe*, EuR 2009, Beiheft 1, S. 228.

C. Die Regelungstechnik des Art. 194 Abs. 1 AEUV

Der Tatbestand des Art. 194 Abs. 1 AEUV setzt sich aus zwei Gruppen von Vorgaben zusammen, deren Gemeinsamkeiten und Unterschiede im Folgenden ermittelt werden sollen.

I. Die Unterteilung in Ziele und Leitprinzipien

Der Aufzählung der energiepolitischen Ziele des Art. 194 Abs. 1 lit. a-d AEUV werden drei Vorgaben vorangestellt, die zu berücksichtigen sind bzw. in deren Rahmen sich die Energiepolitik der Union zu halten hat. Während die energiepolitischen Ziele in Art. 194 Abs. 1 AEUV als solche bezeichnet werden, fehlt eine entsprechende Einordnung des „Geistes der Solidarität", der „Verwirklichung oder des Funktionierens des Binnenmarkts" und der „Notwendigkeit der Erhaltung und Verbesserung der Umwelt". In Abgrenzung zu den Zielbestimmungen wird für diese Vorgaben im Folgenden der Begriff „Leitprinzipien" verwendet.[484] Dass ein kategorischer Unterschied zwischen den Zielen und den Leitprinzipien besteht,[485] wird bereits durch die vorgenommene (Ziele) bzw. fehlende Bezeichnung (Leitprinzipien) verdeutlicht. Vor allem kommt die grundsätzliche Verschiedenheit der beiden Gruppen von Vorgaben im Aufbau des Energieartikels zum Ausdruck. Während die Ziele in einem jeweils eigenen Unterpunkt aufgezählt werden, sind die Leitprinzipien im einleitenden Satz der Vorschrift untergebracht und stehen damit formal auf einer anderen Ebene. Die Leitprinzipien sind gleichsam „vor die Klammer gezogen" und gelten jeweils für alle in Art. 194 Abs. 1 lit. a-d AEUV genannten Ziele.

Neben den Unterschieden im Wortlaut und in der Struktur des Energieartikels sprechen auch inhaltliche Gründe gegen die Einordnung der Leitprinzipien als energiepolitische Ziele. Ohne den nachfolgenden Analysen zu weit vorzugreifen, kann festgehalten werden, dass es zu einer Verdopplung des Anwendungsbereichs der Zielbestimmungen kommen würde, wenn die Leitprinzipien als solche zu behandeln wären. Beispielsweise bestehen starke Überschneidungen zwischen Maßnahmen zur „Förderung der Energieeffizienz und die Entwicklung erneuerbarer Energiequellen" nach Art. 194 Abs. 1 lit. c AEUV und

---

484 *Ehricke/Hackländer*, ZEuS 2008, 579 (585). Ähnlich: *Schmidt-Preuß*, RdE 2007, 281 (283): „Leitmotiv". Demgegenüber sprechen *Papenkort/Wellershoff*, RdE 2010, 77 (78) von „Querschnittsklauseln". Dem ist zuzugeben, dass große Ähnlichkeiten zwischen Leitprinzipien und den üblicherweise als Querschnittsklauseln bezeichneten Regelungen bestehen. In Anbetracht der Genese der Leitprinzipien und in Abgrenzung zur außerhalb der Umweltpolitik verorteten und damit selbständigen Querschnittsklausel des Art. 11 AEUV (Art. 6 EG) bietet sich gleichwohl eine differenzierte Benennung an. Näher zur Rechtsnatur der Leitprinzipien im Folgenden unter Kap. 3 C. III.

485 A.A. wohl *Maichel*, in: FS Götz, S. 65, der nicht zwischen einleitenden Bestimmungen und Zielen des Art. III-256 EUVV differenziert.

der „Erhaltung und Verbesserung der Umwelt“ oder zwischen der „Förderung der Interkonnektion der Netze“ nach Art. 194 Abs. 1 lit. d AEUV und dem „Funktionieren des Binnenmarkts“.

II. Die energiepolitischen Zielvorgaben

Im Zentrum des Art. 194 Abs. 1 AEUV und des Energieartikels insgesamt stehen die energiepolitischen Zielvorgaben.

1. Struktur

Formell lassen sich die energiepolitischen Ziele in zwei Gruppen unterteilen. Art. 194 Abs. 1 lit. a und b AEUV bezwecken eine „Sicherstellung“ bzw. eine „Gewährleistung“, Art. 194 Abs. 1 lit. c und d AEUV haben eine „Förderung“ zum Gegenstand. Dass die einleitenden Substantive der ersten beiden Zielvorgaben trotz des im Deutschen abweichenden Wortlauts gleichbedeutend sind, zeigt ein Vergleich mit anderen Sprachfassungen, die in Art. 194 Abs. 1 lit. a und b AEUV überwiegend identische Formulierungen (zumeist Verben) verwenden.[486]

Folgt man dem Wortsinn, zielen die ersten beiden Vorgaben darauf ab, einen bestimmten Zustand herbeizuführen, der als erreichbar angesehen wird. Im Falle des Ziels aus Art. 194 Abs. 1 lit. a AEUV geht der Gesetzestext sogar implizit davon aus, dass das Funktionieren des Energiemarkts bereits erreicht ist und nur noch „sichergestellt“ werden muss[487] – ansonsten hätte die Formulierung „Funktionieren des Energiemarkts“ ausgereicht. Demgegenüber gehen die Ziele aus Art. 194 Abs. 1 lit. c und d AEUV nicht von einem bestimmten Endzustand aus, sondern geben lediglich eine Richtung vor. So können sich Energieeffizienz und -einsparungen nur einem bestimmten Grad der Zielerreichung annähern, diesen aber nicht erreichen, da eine absolute Effizienz bzw. Einsparung technisch wie logisch unmöglich ist. Auch die Förderung erneuerbarer Energien, die erst mit dem – in Europa auf absehbare Zeit wohl nicht umsetzbaren – hundertprozentigen Einsatz solcher Energien abgeschlossen wäre, drückt eher einen Kurs als einen Zielpunkt der Energiepolitik aus. Vor diesem Hintergrund lass sich die Vorgaben der ersten Gruppe als Zustandsziele, diejenigen der zweiten Gruppe als Richtungsziele bezeichnen.[488]

---

486 Bspw. verwenden die englische, französische und die spanische Fassung in den Zielen des Art. 194 Abs. 1 lit. a und b AEUV einheitlich die Wörter „ensure“, „assurer“ bzw. „garantizar“. Die deutsche Fassung scheint aus sprachlichen Gründen die Wendung „Sicherstellung der Energieversorgungssicherheit“, die im Interesse der Rechtssicherheit zu bevorzugen gewesen wäre, vermeiden zu wollen.

487 Diese Einschätzung wurde nicht von allen Mitgliedern des Verfassungskonvents geteilt. Ein Vorschlag, der die Ersetzung der Formulierung „Sicherstellung des Funktionierens“ durch „Schaffung der Voraussetzungen für das Funktionieren“ vorsah, konnte sich nicht durchsetzen, vgl. CONV 821/03, S. 62.

488 Begriffe nach *Basedow*, in: FS Everling, S. 59 (dort im Hinblick auf die Ziele der Gemeinschaft nach Art. 3 Abs. 1 EG).

2. Funktion

a) Inhalt und Umfang der Energiekompetenz

Nach Art. 194 Abs. 2 UAbs. 1 AEUV werden diejenigen Maßnahmen im ordentlichen Gesetzgebungsverfahren erlassen, „die erforderlich sind, um die Ziele nach Absatz 1 zu verwirklichen". Art. 194 Abs. 2 UAbs. 1 AEUV stellt folglich die Rechtsgrundlage für den Erlass von Rechtsakten im ordentlichen Gesetzgebungsverfahren dar, während der Inhalt energiepolitischer Maßnahmen über die in der Vorschrift enthaltene Verweisung auf die Zielvorgaben in Art. 194 Abs. 1 AEUV bestimmt wird.[489] Art. 194 AEUV stellt damit sowohl eine Aufgaben- als auch eine Kompetenzzuweisung dar. Die sonst im EG-Vertrag und im AEUV regelmäßig vorgenommene Verteilung der Ziele einer Politik und dem für ihre Umsetzung vorgesehenen Verfahren auf mehrere Artikel wurde für den Energiekompetenztitel nicht gewählt.[490] Inhalt und Umfang der in Art. 194 Abs. 1 AEUV genannten Ziele „Funktionieren des Energiemarkts" (lit. a), „Energieversorgungssicherheit" (lit. b), „Energieeffizienz und erneuerbare Energiequellen" (lit. c.) und „Interkonnektion der Energienetze" (lit. d) sind demzufolge für die Kompetenz zum Erlass von Rechtsakten entscheidend.

Die Zielvorgaben definieren das Entscheidungsprogramm des Gesetzgebers im doppelten Sinne. Positiv geben sie den möglichen Inhalt von energiepolitischen Maßnahmen vor, markieren durch ihren Anwendungsbereich aber gleichzeitig auch die äußerste Grenze der Energiegesetzgebung. Die Art der Nennung der energiepolitischen Zielvorgaben und die Formulierung („Die Energiepolitik der Union verfolgt […] folgende Ziele:") zeigen, dass es sich um eine abschließende Aufzählung handelt.[491] Die Verfolgung anderer, nicht unter Art. 194 Abs. 1 lit. a-d AEUV zu subsumierenden Ziele ist im Rahmen des Energieartikels ausgeschlossen.

b) Aussage über die Rangfolge der energiepolitischen Endziele

Die Bezeichnung der in Art. 194 Abs. 1 lit. a-d AEUV als „Ziele" bezeichneten Vorgaben wirft die grundsätzliche Frage auf, ob und wie sich die neuen Bestimmungen in das ungeschriebene System der energiepolitischen Ziele einordnen.

---

489 Maßgeblich sind darüber hinaus die Schranken des Art. 194 Abs. 2 UAbs. 2 AEUV.

490 Vgl. z.B. Art. 191 AEUV (Art. 174 EG; Ziele der Umweltpolitik) und Art. 192 AEUV (Art. 175 EG; Kompetenzgrundlage für umweltpolitisches Tätigwerden). Die Urfassung des Energiekompetenztitels folgte ebenfalls dieser Regelungstechnik, s. Art. 2 und 3 TE.

491 Entsprechendes ist für die Ziele der Agrarpolitik nach Art. 37 Abs. 1 AEUV (Art. 33 Abs. 1 EG), die in rechtstechnischer Hinsicht denen der Energiepolitik ähneln, anerkannt, vgl. *Bittner*, in: Schwarze, EU-Kommentar, Art. 33 EGV Rdn. 3; *Kopp*, in: Streinz, EUV/EGV, Art. 33 EGV Rdn. 5.

Obwohl die EU-Energiepolitik bislang ohne primärrechtliche Zielvorgaben auskommen musste, herrscht über die grundlegenden Ziele der Energiepolitik auf europäischer wie auf nationalstaatlicher Ebene Einigkeit. Diese ergeben sich aus der allgemeinen Erwägung, dass die Versorgung mit Energie möglichst sicher, umweltverträglich und wettbewerbsfähig zu erfolgen hat.[492] Die Aufzählung der „energiepolitischen Zieltrias“ (teilweise auch: „Magisches Dreieck“ oder „Zieldreieck der Energiepolitik“) von Versorgungssicherheit, Umweltverträglichkeit und Wirtschaftlichkeit ist vor dem Hintergrund der Bedürfnisse des Energieverbrauchers unumstößlich. Es können weder weitere Ziele hinzugefügt werden, deren grundlegender Gedanke sich nicht mit einem der drei Grund- oder Endziele beschreiben ließe, noch kann eines der Endziele entfernt werden, ohne dass die Aufzählung unvollständig würde. Es führt also keine Deutungsmöglichkeit an dem Befund vorbei, dass Wirtschaftlichkeit, Versorgungssicherheit und Umweltverträglichkeit als übergeordnete Ziele ihre Gültigkeit behalten. Alle anderen energiepolitischen „Ziele“, auch die des Art. 194 Abs. 1 lit. a-d AEUV, lassen sich auf die drei Endziele reduzieren. Insofern wäre es treffender gewesen, die Vorgaben des Energieartikels als „Mittel“ oder „Instrumente“ der Energiepolitik zu bezeichnen, was allerdings nicht der Terminologie des EG-Vertrags und des AEUV entspricht, die im Zusammenhang mit den Gemeinschafts- bzw. Unionspolitiken den Zielbegriff verwenden.[493]

Die Ziele des Art. 194 Abs. 1 lit. a-d AEUV sind – jedenfalls überwiegend – nicht mit den Endzielen der Energiepolitik identisch. Das Ziel der Energieversorgungssicherheit aus Art. 194 Abs. 1 lit. b AEUV stimmt möglicherweise mit dem entsprechenden Endziel überein. Jedenfalls die Interkonnektion der Netze und die Förderung von Energieeffizienz und -einsparungen und die Entwicklung neuer und erneuerbaren Energien lassen sich aber nur als stückhafte Präzisierung oder Betonung einzelner Aspekte der Trias verstehen. Bei der Sicherstellung des Funktionierens des Energiemarktes ist es zumindest zweifelhaft, ob und in welchem Grad die Zielvorgabe mit dem Endziel der Wirtschaftlichkeit übereinstimmt. Die Zielbestimmungen lassen dementsprechend unter Umständen Rückschlüsse auf das durch die Normierung des Energieartikels zum Ausdruck gebrachte Verständnis über die Beziehung der Versorgungssicherheit, der Wettbewerbsfähigkeit und des Umweltschutzes untereinander zu. Da nicht jede energiepolitische Maßnahme den drei energiepolitischen Endzielen gleichermaßen zu Gute kommt, sondern sich Maßnahmen zur Förderung des einen häufig nur auf Kosten des anderen Ziels verwirklichen lassen, bedeutet Energiepolitik nicht zuletzt die Auseinandersetzung mit Spannungen und Konflikten, die durch die

---

492 Vgl. nur KOM (1995) 659 endg., S. 17 ff.; KOM (2006) 105 endg.; KOM (2007) 1 endg., S. 3 ff; KOM (2008) 769 endg., S. 3; Europäischer Rat (Brüssel), 8. / 9. März 2007, Schlussfolgerungen des Vorsitzes, 7224/1/07 REV 1 CONCL 1, S. 13. Siehe zum deutschen Recht § 1 EnWG.

493 Dasselbe gilt für die staatszielähnliche Bestimmung des Art. 3 EUV.

Verfolgung gegenläufiger Ziele entstehen. Eine Funktion der Ziele des Art. 194 Abs. 1 lit. a-d AEUV könnte folglich in ihrer Aussage über die Gewichtung der übergeordneten Zielvorgaben im Falle eines Konflikts liegen. Rechtsgrundlagen anderer Prägung, die derzeit mangels Alternativen für die Energiegesetzgebung herangezogen werden, können derartiges nicht leisten.

3. Wirkung

Aus der Formulierung des Art. 194 Abs. 1 AEUV („die Energiepolitik der Union verfolgt […] folgende Ziele") geht hervor, dass auf Grundlage des Energiekompetenztitels nicht nur eine bloße Handlungsmöglichkeit, sondern auch ein konkreter Rechtsetzungsauftrag besteht. Ein Vergleich mit verwandten primärrechtlichen Vorschriften bestätigt dies. Aufgrund der ähnlichen Regelungstechnik und der inhaltlichen Nähe zum Bereich der Energiepolitik können etwa die Normen über Industrie- und Umweltpolitik, Art. 157 und 174 EG, herangezogen werden. Sowohl die Ziele der gemeinschaftlichen Industriepolitik gem. Art. 157 Abs. 1 EG[494] als auch diejenigen der Umweltpolitik gem. Art. 174 Abs. 1 EG[495] sind nicht etwa politische Leitlinien, sondern rechtliche Verpflichtungen. Dasselbe gilt für allgemeine Vertragszielbestimmungen wie Art. 2 EG und Art. 2 EUV a.F.[496] Überhaupt handelt es sich bei den im EG-Vertrag an sonstigen Stellen als „Ziele" bezeichneten Tatbestandsmerkmalen sämtlich um rechtsverbindliche Gebote. Die energiepolitischen Ziele des Art. 194 Abs. 1 lit. a-d AEUV stellen folglich ebenfalls konkrete Handlungsanweisungen dar. Es handelt sich um Regeln im Rechtssinne, die sowohl einen Tatbestand als auch eine Rechtsfolge enthalten. Liegt Regelungsbedarf vor (dessen Feststellung freilich einen weiten Beurteilungsspielraum beinhaltet), ist die Union nicht nur berechtigt, sondern auch verpflichtet, den energiepolitischen Zielen entsprechend tätig zu werden.[497]

III. Die energiepolitischen Leitprinzipien

1. Struktur

Auch zwischen den Leitprinzipien, nämlich dem Solidaritätsprinzip einerseits und dem Umweltschutz- und dem Binnenmarktprinzip andererseits besteht ein

494 *Kallmayer*, in: Calliess/Ruffert, EUV/EGV, Art. 157 EGV Rdn. 5; *Breier*, in: Lenz/Borchardt, EUV/EGV, Art. 157 EGV Rdn. 4.

495 *Calliess*, in: Calliess/Ruffert, EUV/EGV, Art. 174 EGV Rdn. 42; *Kahl*, in: Streinz, EUV/EGV, Art. 174 EGV Rdn. 41.

496 Vgl. nur *Pechstein*, in: Streinz, EUV/EGV, Art. 2 EUV Rdn. 4; *Blanke*, in: Calliess/Ruffert, EUV/EGV, Art. 2 EUV Rdn. 26; *Ruffert*, in: Calliess/Ruffert, EUV/EGV, Art. 2 EGV Rdn. 5; *ders.*, in: Calliess/Ruffert, Verfassung der Europäischen Union, Art. I-3, Rdn. 5; *Hatje*, in: Schwarze, EU-Kommentar, Art. 2 EGV Rdn. 2; *Stumpf*, in: Schwarze, EU-Kommentar, Art. 2 EUV Rdn. 19.

497 *Ehricke/Hackländer*, ZEuS 2008, 579 (586).

struktureller Unterschied. In der deutschen Fassung des Art. 194 Abs. 1 AEUV zeigt sich dies lediglich durch die fehlende Interpunktion und die Vermeidung von Aufzählungswörtern. In den meisten anderen Sprachen findet sich das Solidaritätsprinzip demgegenüber in einem eigenen Nebensatz am Ende des einleitenden Satzes, was die Abgrenzung des Solidaritätsprinzips von den beiden anderen Leitprinzipien grammatikalisch deutlicher zum Ausdruck bringt.[498] Das Solidaritätsprinzip nimmt nicht nur im System des Energiekompetenztitels, sondern in den Verträgen insgesamt eine Sonderstellung ein. Es unterscheidet sich von den beiden anderen Leitprinzipien schon dadurch, dass kein entsprechender Politikbereich im Primärrecht existiert, vgl. Art. 4 Abs. 2 lit. a, e AEUV. Die sukzessive Aufzählung im einleitenden Satz des Energiekompetenztitels und der gemeinsame Bezug auf die energiepolitischen Ziele rechtfertigen aber die Annahme, dass es sich bei den Leitprinzipien trotz der genannten Unterschiede um eine Gruppe von Vorgaben handelt, die formal auf einer Stufe stehen.

2. Funktion

Gegenüber den Zielen der Energiepolitik fehlt den Leitprinzipien der direkte Bezug zur Verfahrensvorschrift und Kompetenzgrundlage des Art. 194 Abs. 2 AEUV. Dies bedeutet jedoch nicht, dass die Leitprinzipien für den Inhalt energiepolitischer Maßnahmen ohne Bedeutung wären. Die Leitprinzipien wirken also mittelbar, nämlich über ihren Einfluss auf die energiepolitischen Zielbestimmungen, auf das Gesetzgebungsverfahren ein. Eine abstrakte Bestimmung der Art und des Ausmaßes der Einflussnahme bereitet aufgrund der Verschiedenartigkeit der Leitprinzipien Schwierigkeiten. Die Bezeichnung des Binnenmarkts als „Rahmen" der Energiepolitik erweckt den Eindruck, als handele es sich beim Binnenmarktkonzept um eine Beschränkung der Ziele. Gleiches gilt für die „Berücksichtigung" der Umweltbelange. Möglicherweise handelt es sich demnach bei den Leitprinzipien um immanente Schranken, die neben oder statt den allgemeinen Grenzen der Kompetenzzuweisung und den „Rechten der Mitgliedstaaten" gem. Art. 194 Abs. 2 UAbs. 2 AEUV zur Anwendung kommen. Das Energiesolidaritätsprinzip scheint demgegenüber seinem Wortlaut nach keine Beschränkung darzustellen, sondern wirkt im Gegenteil eher wie ein selbständiges Ziel. Gemeinsam ist den Leitprinzipien jedenfalls, dass sie eine Beachtung der an anderer Stelle des AEUV zum Ausdruck gebrachten Wertungen anordnen. Die Rahmenbedingung des Binnenmarkts und die Berücksichtigung des Umweltschutzes verweisen dabei auf bestimmte Politik- oder Zielvorschriften, das Energiesolidaritätsprinzip auf ein allgemeines Vertragsprinzip.

---

498 So etwa die englische („...Union policy on energy shall aim, in a spirit of solidarity between Member States, to"), die französische („...la politique de l'Union dans le domaine de l'énergie vise, dans un esprit de solidarité entre les États membres") und die spanische Sprachfassung („...la política energética de la Unión tendrá por objetivo, con un espíritu de solidaridad entre los Estados miembros").

3. Wirkung

Unabhängig vom Inhalt der einzelnen Leitprinzipien stellt sich für die Gesamtheit der Bestimmungen des einleitenden Satzes vor allem die Frage, ob es sich um rechtsverbindliche Vorgaben handelt oder lediglich bestimmte Handlungsfelder gegenüber anderen politisch hervorgehoben werden sollen.

a) Problemstellung

Der Wortlaut des Art. 194 Abs. 1 AEUV gibt keinen Aufschluss darüber, ob es sich bei der Verfolgung der Energiepolitik „im Geiste" der Solidarität, unter „Berücksichtigung" des Umweltschutzes und „im Rahmen" des Binnenmarkts um Verpflichtungen handelt und in welcher Weise sich solche gegebenenfalls niederschlagen.

Aus dem Gesetzgebungsverfahren während der Verhandlungen des Verfassungskonvents und der Regierungskonferenz von 2004 gehen die gesetzgeberischen Motive für die Aufnahme der Leitprinzipien ebenso wenig hervor. Zwei der drei Vorgaben des einleitenden Satzes von Art. 194 Abs. 1 AEUV, die Rahmenbedingung des Binnenmarkts und die Berücksichtigung des Umweltschutzes, waren bereits im ersten Textentwurf des Verfassungskonvents über die Politikbereiche der Union enthalten[499] und wurden durch den Vertrag von Lissabon unverändert aus Art. III-256 EUVV übernommen. Während über den Energiekompetenztitel selbst und über die Aufnahme einzelner Zielvorgaben – insbesondere der Versorgungssicherheit – im Verfassungskonvent erheblich gestritten wurde, blieben die Leitprinzipien im Wesentlichen unbeanstandet.[500] Lediglich ein einziger Antrag, der wohl auf eine präzisere Formulierung statt auf eine inhaltliche Änderung abzielte, betraf die beiden Leitprinzipien.[501] Das Solidaritätsprinzip in Energiefragen wurde durch den Vertrag von Lissabon aufgenommen, nachdem Polen auf eine entsprechende Ergänzung des Energieartikels gedrängt hatte.[502] Ob mit der Annahme des Änderungswunsches auch eine Einigung über eine Solidaritätsverpflichtung im Sinne verbindlicher Leitprinzipien konsentiert war, lässt sich nicht mit Bestimmtheit feststellen.

b) Vergleichbare Regelungen in AEUV und EG-Vertrag

Möglicherweise erschließt sich die Bedeutung der Leitprinzipien anhand eines Vergleichs mit ähnlichen Regelungen. Ausgehend von der Funktion der Leitprinzipien, die Wertungen bestimmter Vertragsziele oder -grundsätze auf die

---

499 Vgl. CONV 725/03, S. 91 sowie Anhang II.

500 Ausführlich oben Kap. 2 C. VIII. 1. c).

501 Änderungsvorschlag der Delegierten Voggenhuber und Lichtenberger zum einleitenden Satz des Art. III-152 Abs. 1 VVE: „Die Energiepolitik der Union ~~hat im Rahmen~~ **erfüllt bei** der Verwirklichung des Binnenmarktes ~~und unter Berücksichtigung der~~ **die** Erfordernisse ~~der Erhaltung und~~ der **Nachhaltigkeit, des Erhalts- und der** Verbesserung der Umwelt mit folgenden Zielen: [...]"

502 Siehe oben oben Kap. 2 C. IX.

energiepolitischen Ziele zu übertragen, kommen dafür nur die wenigen Regelungen in EG-Vertrag bzw. AEUV in Frage, die eine Einschränkung oder Erweiterung von spezialpolitischen Zielbestimmungen nahe legen.

aa) Das System offener und wettbewerbsorientierter Märkte

Eine gewisse Ähnlichkeit zu den Leitprinzipien weist die in den Vorschriften über Transeuropäische Netze, Art. 170 Abs. 2 AEUV (Art. 154 Abs. 2 EG), und Industrie, Art. 173 Abs. 1 UAbs. 2 AEUV (Art. 157 Abs. 1 UAbs. 2 EG), enthaltene Formulierung über das „System offener und wettbewerbsorientierter Märkte" auf. In beiden Fällen wird jeweils die Zielverfolgung „im Rahmen" eines Systems offener und wettbewerbsorientierter Märkte bzw. „entsprechend" einem System offener und wettbewerbsorientierter Märkte angeordnet.

Jedenfalls die industriepolitische Vorschrift lässt sich jedoch nicht zur Auslegung der energiepolitischen Leitprinzipien heranziehen. Im Zusammenhang mit der Schrankenregelung in Art. 173 Abs. 3 UAbs. 2 AEUV (Art. 157 Abs. 3 UAbs. 2 EG), die ein Verbot von Wettbewerbsverzerrungen normiert, wird aus Art. 173 Abs. 1 UAbs. 2 AEUV (Art. 157 Abs. 1 UAbs. 2 EG) ein Vorrang des Grundsatzes der offenen Marktwirtschaft und des freien Wettbewerbs gegenüber der Industriepolitik gefolgert.[503] Die Zielverfolgung „entsprechend einem System offener und wettbewerbsorientierter Märkte" wird mithin als bloße Unterstreichung der existierenden Schrankenregelung angesehen. Entsprechendes lässt sich den energiepolitischen Leitprinzipien, denen ein Gegenstück in den speziellen Schranken des Art. 194 Abs. 2 UAbs. 2 AEUV gerade fehlt, nicht ohne weiteres entnehmen.

Der in Art. 170 Abs. 2 AEUV (154 Abs. 2 EG) enthaltenen Rahmenbedingung fehlt hingegen wie den Leitprinzipien eine erneute Bezugnahme im Laufe des Artikels. Der Vorschrift über die Ziele der Transeuropäischen Netze-Politik wird im Allgemeinen entnommen, dass die private Initiative zum Bau, zur Finanzierung und zum Betrieb Transeuropäischer Netze zu fördern sei.[504] Ob und unter welchen Bedingungen Ausnahmen von diesem Grundsatz, d.h. Eingriffe in das Marktgeschehen, zulässig sein sollen, wurde – soweit ersichtlich – durch die Rechtsprechung bislang nicht geklärt. Im Schrifttum wird diese Frage, soweit sie überhaupt erörtert wird, sehr unterschiedlich beurteilt. Teilweise wird der Rahmenbedingung im Sinne des Subsidiaritätsprinzips entnommen, dass die Gemeinschaft darauf hinzuwirken habe, dass die Mitgliedstaaten Infrastrukturaufwendungen zunächst auf dem freien Markt ausschreiben und erst dann selbst fördern oder durchführen, wenn sich keine private Investoren finden lassen.[505]

---

503 Siehe *Lurger*, in: Streinz, EUV/EGV, Art. 157 EGV Rdn. 10; *Kallmayer*, in: Calliess/Ruffert, EUV/EGV, Art. 157 EGV Rdn. 23.

504 Vgl. *Calliess*, in: Calliess/Ruffert, EUV/EGV, Art. 154 EGV Rdn. 23; *Schäfer*, in: Streinz, EUV/EGV, Art. 154 EGV Rdn. 23; *Lecheler*, in: Grabitz/Hilf, Das Recht der EU, Art. 154 EGV Rdn. 24.

505 *Lecheler*, in: Grabitz/Hilf, Das Recht der EU, Art. 154 EGV Rdn. 24.

Teilweise wird die Formulierung (lediglich) als „Hinweis“ darauf gesehen, dass die marktwirtschaftlichen Regeln des EG-Vertrags nicht „außer Kraft“ gesetzt werden dürfen.[506] Andere wiederum wollen Eingriffe in das Marktgeschehen auf das „zwingend Erforderliche“ beschränken[507] oder sehen diese „wenn überhaupt, dann nur zur Wahrung übergeordneter Interessen wie z.B. solcher des Umweltschutzes“ als zulässig an.[508] Selbst wenn man die Ähnlichkeiten zwischen dem System offener und wettbewerbsorientierter Märkte im Sinne der beiden Vorschriften und den Leitprinzipien des Energieartikels betonen würde, bliebe der praktische Nutzen des Vergleichs angesichts der ungeklärten Bedeutung der Rahmenbedingung gering.

bb) Die Schutzniveauklausel

Bei einer Gegenüberstellung von Art. 2 TE und Art. 194 Abs. 1 AEUV fällt auf, dass die Urfassung des Energiekompetenztitels die energiepolitischen Ziele in Art. 2 Abs. 1 lit. a-d TE ohne einleitende Vorgaben aufzählt. Demgegenüber enthält Art. 2 Abs. 2 TE eine Regelung, die in der jüngsten Fassung des Energieartikels nicht mehr enthalten ist, nämlich eine so genannte Schutzniveauklausel.[509] Danach soll die gemeinsame Energiepolitik „ein hohes Schutzniveau sowohl hinsichtlich der Umwelt als auch der Gesundheit und der Sicherheit gewährleisten.“

Eine entsprechende Formulierung existierte bereits seit der Aufnahme der Rechtsangleichungskompetenz in Art. 100a Abs. 3 EWGV (Art. 114 Abs. 3 AEUV / Art. 95 Abs. 3 EG) durch die EEA. Diese Vorschrift diente als Vorlage für Art. 2 Abs. 2 TE, was sich nicht nur aus der Verwendung des Schutzniveau-Begriffs, sondern auch aus den darin aufgezählten Bereichen, die – bis auf den zusätzlich genannten Aspekt des Verbraucherschutzes – mit denen des Energiekompetenztitels übereinstimmen. Dass es sich insofern nicht um zufällige Übereinstimmungen handelt, zeigt die Nennung der „Gesundheit“, die anders als die Bereiche Umwelt und Sicherheit[510] nicht näher mit der Energiepolitik verwandt ist. Dies gilt umso mehr, als die (gesundheits-)gefahrenträchtige Nuklearenergie ausweislich Art. 1 TE weiterhin dem EAGV unterfallen sollte. Durch den Vertrag von Maastricht wurden Bestimmungen, die auf ein bestimmtes Schutzni-

---

506 *Erdmenger*, in: von der Groeben/Schwarze, EUV/EGV, Art. 154 EG Rdn. 17.

507 *Kühling*, Sektorspezifische Regulierung in den Netzwirtschaften, S. 533.

508 *Calliess*, in: Calliess/Ruffert, EUV/EGV, Art. 154 EGV Rdn. 23.

509 Die Bezeichnung als Schutzniveauklausel folgt *Kahl*, siehe *ders.*, in: Calliess/Ruffert, EUV/EGV, Art. 95 EGV Rdn. 25 ff.; *ders.*, in: Streinz, EUV/EGV, Art. 174 EGV Rdn. 56 ff.

510 Unter Sicherheit wird auch in der Rechtsangleichungskompetenz die technische (und nicht etwa eine wirtschaftliche, politische oder ökonomische) Sicherheit verstanden, siehe *Herrnfeld*, in: Schwarze, EU-Kommentar, Art. 95 EGV Rdn. 30; *Kahl*, in: Calliess/Ruffert, EUV/EGV, Art. 95 EGV Rdn. 28; *Tietje*, in: Grabitz/Hilf, Das Recht der EU, Art. 95 EGV Rdn. 82.

veau Bezug nehmen, auch in die Politiken über Umwelt, Gesundheitswesen und Verbraucherschutz aufgenommen, die in den späteren Änderungen des EG-Vertrags einschließlich des Vertrags von Lissabon erhalten blieben.[511]

Der Sinn und Zweck der Einführung der Schutzniveauklausel in der Rechtsangleichungskompetenz bestand darin, zu verhindern, dass höhere nationale Standards durch weniger weit reichende Harmonisierungsmaßnahmen relativiert werden.[512] Es ist folglich davon auszugehen, dass auch die Schutzniveau-Gewährleistung im Sinne des Art. 2 Abs. 2 TE den Stand des nationalen Rechts im jeweiligen Bereich betrifft,[513] wohingegen dem einleitenden Satz des Art. 194 Abs. 1 AEUV kein direkter Bezug auf das Recht der Mitgliedstaaten zu entnehmen ist. Zudem deckt sich nur eines der drei Leitprinzipien des Art. 194 Abs. 1 AEUV mit den in Art. 2 Abs. 2 TE aufgezählten Bereichen Umwelt, Gesundheit und Sicherheit.

Neben diesen Unterschieden bestehen jedoch auch erhebliche Übereinstimmungen zwischen den Leitprinzipien des Art. 194 Abs. 1 AEUV und der Schutzniveauklausel des Art. 2 Abs. 2 TE. Bereits der soeben geschilderte Umstand, dass die Schutzniveauklausel zwar nicht in den Energieartikel des VVE übernommen wurde, stattdessen aber im selben Teil des Kompetenztitels, dem über die energiepolitischen Ziele, die Normierung der Leitprinzipien erfolgte, deutet auf eine Wesensverwandtschaft zwischen den beiden Vorgabengruppen hin. Übereinstimmungen zwischen den Leitprinzipien und der Schutzniveauklausel des Art. 2 Abs. 2 TE bestehen auch hinsichtlich ihres Bezugspunktes. Direkt betroffen wird jeweils die „Energiepolitik“, die sich durch die nachfolgenden bzw. vorangegangenen Zielvorgaben definiert. Sowohl die Vorgaben des Art. 2 Abs. 2 TE als auch die des einleitenden Satzes des Art. 194 Abs. 1 AEUV stehen neben den Zielbestimmungen und betreffen jede einzelne von ihnen. Gegenstand der Anordnung ist in beiden Fällen die Berücksichtigung der Auswirkungen energiepolitischer Maßnahmen auf andere Sachgebiete. Auch die Adres-

---

511 S. Art. 168 Abs. 1 UAbs. 1 AEUV (Art. 152 Abs. 1 UAbs. 1 EG), Art. 169 Abs. 1 AEUV (Art. 153 Abs. 1 EG) und Art. 191 Abs. 2 UAbs. 1 S. 1 AEUV (Art. 174 Abs. 2 UAbs. 1 S. 1 EG). Um eine „Schutzniveauklausel“ handelt es sich nach der hier vertretenen Auffassung jedoch nur bei Art. 114 Abs. 3 AEUV. Die anderen Bestimmungen mit Bezug auf ein „Schutzniveau“, treffen jeweils die Anordnung, im *eigenen* Politikbereich ein hohes Schutzniveau zu gewährleisten, während Art. 194 Abs. 1 AEUV und Art. 114 Abs. 3 AEUV ihren Anwendungsbereich für die Ziele *anderer* Politiken öffnen.

512 Vgl. nur *Geiger*, Art. 95 EGV, Rdn. 6; *Kahl*, in: Calliess/Ruffert, EUV/EGV, Art. 95 EGV Rdn. 25; *Leible*, in: Streinz, EUV/EGV, Art. 95 EGV Rdn. 54; *von Danwitz*, in: Dauses, Handbuch des EU-Wirtschaftsrechts, Band I, B. II. Rdn. 105.

513 So wurde die Schutzniveauklausel etwa zur Rechtfertigung nationaler Schutzverstärkungsmaßnahmen herangezogen, vgl. *Kahl*, in: Streinz, EUV/EGV, Art. 174 EGV Rdn. 57 sowie *Scheuing*, EuR 2002, 619 (625), jeweils mit Verweis auf EuGH, Rs. C-318/98 (Fornasar), Slg. 2000, I-4485 Tz. 46.

saten der Schutzniveauklausel und der Leitprinzipien stimmen überein. Die Schutzniveauklausel richten sich ausschließlich an die am jeweiligen Rechtsetzungsverfahren beteiligten Gemeinschaftsorgane, können also daneben nicht als Grundlage für die Verpflichtungen eines Mitgliedstaats herangezogen werden.[514] Ebenso betreffen die Bestimmungen des Art. 194 Abs. 1 AEUV ausdrücklich nur die Energiepolitik der Union und nicht auch diejenige der Mitgliedstaaten.

Dass in Art. 194 Abs. 1 AEUV nicht mehr auf ein bestimmtes „Schutzniveau" Bezug genommen wird, spricht nicht gegen die Übertragung der für die Auslegung der Schutzniveauklausel entwickelten Grundsätze. Die Vermeidung des Begriffs ist hinsichtlich der Aufnahme der Rahmenbedingung des Binnenmarkts, der nach dem Kommissionsentwurf (Art. 2 Abs. 1 lit. c TE) noch ein eigenständiges Ziel darstellte, nur konsequent. Nach der Kompetenzordnung des VVE bzw. des EUVV (deren Entstehungszeitpunkt für die Nichtübernahme der Schutzniveauklausel maßgeblich war) und des Vertrags von Lissabon handelt es sich beim Binnenmarkt teilweise – nämlich soweit die für sein Funktionieren erforderlichen Wettbewerbsregeln betroffen sind – um eine ausschließliche Zuständigkeit.[515] Da die Mitgliedstaaten im Bereich einer ausschließlichen Unionskompetenz keine Möglichkeit haben, gesetzgeberisch tätig zu werden, kann diesbezüglich auch kein höheres Schutzniveau im nationalen Recht bestehen.

Wie die binnenmarktrechtliche Schutzniveauklausel stellen die Leitprinzipien einen Anknüpfungspunkt für die Wertungen externer Sachbereiche und stellen insofern eine Spezialform von Querschnittsklauseln dar.[516] Des Weiteren transportieren Leitprinzipien wie die Schutzniveauklausel einen Inhalt, der sich in eigenständigen Vorgaben materiell-rechtlicher und/oder prozessualer Art äußert. Alle von den energiepolitischen Leitprinzipien in Bezug genommenen Sachbereiche, Binnenmarkt, Umweltschutz und Solidarität, finden sich in allgemeiner Form auch in Art. 3 Abs. 3 AEUV. Die Vorschrift über die Ziele der Union vereint die Regelungen des Art. 2 EUV a.F. und des Art. 2 EG in Gestalt einer „Grundnorm des Integrationsprogramms".[517] Da die Unionsziele aufgrund ihrer Allgemeinheit nur eingeschränkt justiziabel sind,[518] müssen sie, ähnlich wie Staatszielbestimmungen,[519] durch andere Normen konkretisiert werden. Die Leitprinzipien bewirken eine solche Konkretisierung. Ihnen kommt sowohl durch ihre Stellung im Energiekompetenztitel als auch durch die kontextuelle

---

514 Vgl. EuGH, Rs. C-350/03 (Schulte/Badenia), Slg. 2005 I-9215 Tz. 61.

515 Siehe Art. I-13 Abs. 1 lit. b EUVV / Art. 3 Abs. 1 lit. b AEUV.

516 Vgl. auch *Kahl*, in: Calliess/Ruffert, EUV/EGV, Art. 95 EGV Rdn. 25.

517 So zur entsprechenden Vorschrift des EUVV: *Ruffert*, in: Calliess/Ruffert, Verfassung der Europäischen Union, Art. I-3, Rdn. 1.

518 Vgl. *Ruffert*, in: Calliess/Ruffert, EUV/EGV, Art. 2 EGV Rdn. 5; *ders.*, in: Calliess/Ruffert, Verfassung der Europäischen Union, Art. I-3, Rdn. 5; *Blanke*, in: Calliess/Ruffert, EUV/EGV, Art. 2 EUV Rdn. 3.

519 Vgl. *Ukrow*, in: Calliess/Ruffert, EUV/EGV, 2. Auflage, Art. 2 EGV Rdn. 29; .*Ruffert*, in: Calliess/Ruffert, Verfassung der Europäischen Union, Art. I-3, Rdn. 2.

Einbettung „im Rahmen" des Binnenmarkts, „unter Berücksichtigung der Notwendigkeit der Erhaltung und Verbesserung" der Umwelt sowie der Verfolgung „im Geiste" der Solidarität ein spezifischer Inhalt zu.

cc) Konsequenzen

Nach allgemeiner Auffassung stellt die Schutzniveauklausel keinen bloßen Programmsatz dar, sondern begründet gerichtlich kontrollierbare Rechtspflichten.[520] Diese Pflichten äußern sich sowohl auf materiell-rechtlicher als auch auf prozessualer Ebene. Der Schutz der in Art. 114 Abs. 3 AEUV genannten Güter muss sich tatsächlich in dem verabschiedeten Rechtsakt niederschlagen; es reicht also nicht aus, dass sich die daran beteiligten Institutionen (vergeblich) um ein hohes Schutzniveau bemühen.[521] Hinsichtlich der Beurteilung, ob die inhaltlichen Anforderungen der Schutzniveauklausel vorliegen, besteht zwar ein nur eingeschränkt kontrollierbarer Beurteilungsspielraum des Gesetzgebers.[522] Gerade deshalb sind aber strenge Anforderungen an das Verfahren zu stellen, das zum Erlass des von der Schutzniveauklausel erfassten Rechtsakts führt. Insbesondere besteht eine Darlegungs- und Substantiierungslast, die alle am Erlass eines Rechtsaktes beteiligten Organe bindet und sich in einer Begründungspflicht nach Art. 296 AEUV (Art. 253 EG) äußert.[523]

Diese Rechtsfolgen lassen sich auf die Leitprinzipien des Art. 194 Abs. 1 AEUV übertragen. Möglicherweise ergeben sich zwar aufgrund der unterschiedlichen Anordnungen („Berücksichtigung"/ „im Rahmen" / „im Geiste") gewisse Unterschiede zwischen den Leitprinzipien. Sämtliche Leitprinzipien weisen jedoch eine große begriffliche Offenheit auf. Anders als die Schutzniveauklausel des Art. 114 Abs. 3 AEUV, die immerhin festlegt, dass das Schutzniveau „hoch" zu sein hat, fehlt bei den energiepolitischen Leitprinzipien sogar jeder Hinweis auf den Maßstab der Einbeziehung. Erst recht müssen darum die verfahrensmäßigen Anforderungen an die Begründung der Übereinstimmung mit dem Binnenmarkt-, Solidaritäts- und Umweltschutzgedanken für die Leitprinzipien gelten.

---

520 *Kahl*, in: Calliess/Ruffert, EUV/EGV, Art. 95 EGV Rdn. 26; *Kahl*, in: Streinz, EUV/EGV, Art. 174 EGV Rdn. 57; *von Danwitz*, in: Dauses, Handbuch des EU-Wirtschaftsrechts, Band I, B. II. Rdn. 105.

521 Vgl. *Kahl*, in: Calliess/Ruffert, EUV/EGV, Art. 95 EGV Rdn. 26.

522 Der EuGH kann nur kontrollieren, ob die Entscheidung offensichtlich fehlerhaft oder unangemessen ist, vgl. *von Danwitz*, in: Dauses, Handbuch des EU-Wirtschaftsrechts, Band I, B. II., Rdn. 105; *Leible*, in: Streinz, EUV/EGV, Art. 95 EGV m.w.N. zur Rechtsprechung.

523 Vgl. *Kahl*, in: Streinz, EUV/EGV, Art. 174 EGV Rdn. 58; *Leible*, in: Streinz, EUV/EGV, Art. 95 EGV Rdn. 58; *von Danwitz*, in: Dauses, Handbuch des EU-Wirtschaftsrechts, Band I, B. II., Rdn. 105; *Schroeder*, DVBl. 2002, 213 (220).

dd) Zusammenfassung

Die Entwicklung des heutigen Energiekompetenztitels aus dem Textentwurf der Kommission lässt auf Parallelen zwischen dem einleitenden Satz des Art. 194 Abs. 1 AEUV und der in Art. 114 Abs. 3 AEUV enthaltenen Schutzniveauklausel schließen. Die Schutzniveauklausel des Art. 2 Abs. 2 TE erfuhr eine Wandlung zu energiepolitischen Leitprinzipien. Auch unabhängig von der Entstehungsgeschichte des Energiekompetenztitels zeigt der Vergleich von Leitprinzipien und der Schutzniveauklausel, dass es sich um wesensverwandte Vorgaben handelt. Beide stellen Spezialfälle der Querschnittsklauseln dar, die die Übertragung von Wertungen, die außerhalb des geregelten Politikbereichs zum Ausdruck gebracht werden, anordnen.

Aus diesem Grund können die in Rechtsprechung und Literatur zur Konkretisierung der Schutzniveauklausel entwickelten Grundsätze auch auf die Leitprinzipien übertragen werden. Diese sind mithin keine bloßen Programmsätze, sondern begründen gerichtlich überprüfbare Rechtspflichten. Um die Justiziabilität zu gewährleisten, besteht auf prozeduraler Ebene insbesondere die Pflicht, die Übereinstimmung des erlassenen Rechtsakts mit den genannten Bereichen hinreichend zu begründen.

IV. Rechtsnatur der Vorgaben des Art. 194 Abs. 1 AEUV

Ausgehend von der strukturellen Unterscheidung zwischen Zielen und Leitprinzipien als jeweils eigene normative Kategorien stellt sich des Weiteren die Frage nach der rechtstheoretischen Einordnung der Vorgabengruppen.

1. Die Unterscheidung von Rechtsregeln und Rechtsprinzipien

Eine der grundlegenden Unterscheidungen zwischen verschiedenen Kategorien von Rechtsnormen betrifft deren Einordnung als Rechtsregel oder als Rechtsprinzip.[524] Die Einzelheiten sind umstritten. Dies betrifft nicht nur die Begrifflichkeiten,[525] sondern vor allem die Frage, inwieweit sich die Einordnung in zwei Klassen angesichts der Vielfältigkeit unterschiedlicher Normen durchhalten lässt.[526]

---

524 Grundlegend zur Unterscheidung zwischen Rechtsregeln und Rechtsprinzipien: *Dworkin*, Taking Rights Seriosly, (der im US-amerikanischen Recht neben „rules“ und „principles“ auch „policies“ unterscheidet) sowie darauf aufbauend für das deutsche Recht: *Alexy*, Theorie der Grundrechte, S. 71 ff. Zur Übertragung dieser rechtstheoretischen Unterscheidung auf das Europarecht: *Schroeder*, Das Gemeinschaftsrechtssystem, S. 262 ff.

525 Die hier gebrauchten Begriffe folgen *Alexy*, Theorie der Grundrechte, S. 72, der Regel und Prinzip als unterschiedliche „Sollensurteile“ gegenüberstellt. Eine andere Terminologie verwenden das Bundesverfassungsgericht, das zwischen „Norm“ bzw. „Prinzip“ unterscheidet, vgl. BVerfGE 51, 324 (350).

526 Vgl. *Alexy*, in: Alexy/Koch,/Kuhlen/Rüßmann, Elemente einer juristischen Begründungslehre, S. 219 ff.

Übereinstimmung besteht darin, dass sowohl Rechtsregeln als auch Rechtsprinzipien anders als politische Prinzipien, die lediglich unverbindliche Orientierungshilfen darstellen, verpflichtender Art sind.[527] Insoweit stimmen beide normativen Kategorien, Rechtsregel und Rechtsprinzip, mit den anhand eines Vergleichs mit ähnlichen Bestimmungen des europäischen Primärrechts bereits herausgearbeiteten Ergebnissen zur Rechtsverbindlichkeit von Zielen und Leitprinzipien überein.

Der maßgebliche Unterschied zwischen Rechtsregeln und Rechtsprinzipien besteht darin, dass Regeln Normen sind, die entweder erfüllt oder nicht erfüllt werden können, also ganz bestimmte Festsetzungen enthalten, wohingegen Prinzipien keine solche „Alles-oder-nichts-Struktur“ aufweisen.[528] Prinzipien gebieten vielmehr, dass etwas in einem relativ zu den rechtlichen und den tatsächlichen Möglichkeiten möglichst hohen Maße realisiert wird, sie sind Optimierungsgebote.[529] Aus diesen abweichenden Eigenschaften ergeben sich auch jeweils eigene Konsequenzen für den Fall eines Widerspruchs zu den Vorgaben anderer Regeln oder Prinzipien. Soweit keine Ausnahmen vorgesehen sind, ist im Falle eines Konflikts zwischen zwei Regeln stets mindestens eine Regel ungültig. Wenn sich zwei oder mehr der durch Prinzipien ausgedrückten Vorgaben überschneiden, gibt demgegenüber das Prinzip mit dem relativ größeren Gewicht den Ausschlag, ohne dass das weniger gewichtige Prinzip ungültig wird.[530] Ein solches „Zusammenspiel wechselseitiger Ergänzung und Beschränkung“ ist sogar erforderlich, um den eigentlichen Sinngehalt der Rechtsprinzipien zu ermitteln.[531] Ein weiteres Unterscheidungskriterium zwischen Rechtsregel und -prinzip ist das der Generalität: Rechtsprinzipien sind Normen relativ hohen und Rechtsregeln Normen relativ geringen Generalitätsgrades.[532]

---

527 Die Ansicht, dass Rechtsnormen nicht nur in Regelform, sondern auch als Rechtsprinzipien spezifische Pflichten festsetzen, hat sich weithin durchgesetzt, vgl. *Schroeder*, Das Gemeinschaftsrechtssystem, S. 263 m.w.N.

528 *Dworkin*, Taking Rights Seriosly, S. 22 ff. (“all-or-nothing”); kritisch: *Alexy*, Theorie der Grundrechte, S. 76; *ders.*, in: Alexy/Koch,/Kuhlen/Rüßmann, Elemente einer juristischen Begründungslehre, S. 219 ff. Ausführlich dazu auch *Schroeder*, Das Gemeinschaftsrechtssystem, S. 98 ff.

529 Diesbezüglich präzisiert *Alexy* die dworkinschen Unterscheidungskriterien, vgl. *Alexy*, Theorie der Grundrechte, S. 75 ff.; *ders.*, in: Alexy/Koch,/Kuhlen/Rüßmann, Elemente einer juristischen Begründungslehre, S. 224; *Larenz*, Methodenlehre, S. 475.

530 *Alexy*, Theorie der Grundrechte, S. 77 ff.; *ders.*, in: Alexy/Koch,/Kuhlen/Rüßmann, Elemente einer juristischen Begründungslehre, S. 220 f.; *Dworkin*, Taking Rights Seriosly, S. 26 f.; *Schroeder*, Das Gemeinschaftsrechtssystem, S. 264.

531 *Canaris*, Systemdenken und Systembegriff in der Jurisprudenz, S. 55.

532 Vgl. *Alexy*, Theorie der Grundrechte, S. 73; *ders.*, in: Alexy/Koch,/Kuhlen/Rüßmann, Elemente einer juristischen Begründungslehre, S. 225; *Larenz*, Methodenlehre, S. 474.

2. Einordnung der Leitprinzipien

Unter diesen Voraussetzungen bereitet die Feststellung, dass es sich bei den Leitprinzipien der Energiepolitik um Rechtsprinzipien handelt, keine Schwierigkeiten. Möglichweise sind die Leitprinzipien als Ausprägung der in Bezug genommenen Grundsätze des Unionsrechts zwar gegenüber diesen allgemeinen Rechtsgedanken zu einem gewissen Grad konkretisiert. Gerade im Vergleich zu den teilweise hoch detaillierten energiepolitischen Zielbestimmungen[533] kommt ihnen jedoch ein wesentlich höheres Abstraktionsniveau zu. Den Leitprinzipien lässt sich auch keine konditionale „Wenn-dann-Struktur" in Form von Tatbestand und Rechtsfolge entnehmen, wie es für Regeln charakteristisch ist.[534] So kann beispielsweise eine Zielverfolgung „im Geiste der Solidarität" nicht ganz oder gar nicht erfolgen, sondern sich abhängig vom Zweck eines bestimmten Rechtsakts nur graduell in der Rechtsetzung äußern. Dem steht auch nicht entgegen, dass sich aus den Leitprinzipien – wie oben festgestellt – konkrete prozessuale (Begründungs-)Pflichten ergeben. Die inhaltliche Umsetzung der Leitprinzipien kann sich einer „Erfüllung" der entsprechenden Vorgaben nur annähern. Den Charakter von Rechtsprinzipien weisen die Leitprinzipien auch hinsichtlich ihres Kollisionsverhaltens auf. So können etwa Wertungswidersprüche zwischen der „Notwendigkeit der Erhaltung und Verbesserung der Umwelt" und der „der Verwirklichung oder des Funktionierens des Binnenmarkts" nicht durch die Ungültigerklärung eines der Prinzipien sondern nur durch eine Abwägung der widerstreitenden Interessen gelöst werden.

3. Einordnung der Ziele

Die Einordnung der energiepolitischen Ziele in eine der beiden Kategorien von Normen bereitet demgegenüber Schwierigkeiten. Das Kriterium der Generalität führt nicht zu einer eindeutigen Bestimmung der Zielvorgaben als Rechtsregel bzw. -prinzip, weil die Ziele einen unterschiedlichen Konkretisierungsgrad aufweisen. Während die beiden Zielvorgaben aus Art. 194 Abs. 1 lit. a und b AEUV einen offenen Anwendungsbereich zu haben scheinen, sind die in Art. 194 Abs. 1 lit. c und d AEUV bezeichneten Tätigkeitsfelder eher eng umrissen.

---

533 Innerhalb der Zielbestimmungen lässt sich eine Zunahme des Spezialitätsgrades erkennen, der beim Ziel aus Art. 194 Abs. 1 lit. a AEUV eher gering, bei Art. 194 Abs. 1 lit. d AEUV eher hoch ist. Näher dazu unten Kap. 3 F. II. 2.

534 Sofern der Tatbestand erfüllt ist, steht auch fest, ob und welche Rechtsfolge eintritt, nämlich im Falle der Gültigkeit der Norm die entsprechende Anordnung oder bei Ungültigkeit der Norm keine Rechtsfolge. Jedenfalls Rechtsregeln lassen sich auf diese Art und Weise einteilen. Ob auch Rechtsprinzipien den Schluss von einem „Tatbestand" auf eine „Rechtsfolge" zulassen, ist umstritten. So sieht etwa *Canaris*, Systemdenken und Systembegriff in der Jurisprudenz, S. 51 f. Prinzipien als „verfestigt genug" an, um „bereits eine Aussage über die Rechtsfolge zu enthalten". A.A.: *Larenz*, Richtiges Recht, S. 23; *Calliess*, Rechtsstaat und Umweltstaat, S. 179.

Erschwerend kommt hinzu, dass sich die Ziele untereinander auch bezüglich des tatsächlich oder hypothetisch erstrebten Endzustandes unterscheiden.[535] Fraglich ist auch, ob den Zielbestimmungen des Art. 194 Abs. 1 lit. a-d AEUV die für Rechtsregeln kennzeichnende Zweiteilung zwischen Tatbestand und Rechtsfolge zukommt. Der Ansatz einer solchen Regelbildung lässt sich darin erkennen, dass die energiepolitischen Ziele bei Vorliegen von Regelungsbedarf in den Bereichen des Art. 194 Abs. 1 lit. a-d AEUV (Tatbestand) anordnen, dass eine Maßnahme nach dem dafür maßgeblichen Verfahren zu erlassen ist (Rechtsfolge). Ein Indiz für den Regelcharakter der Zielbestimmungen ist nach den oben dargelegten Eigenschaften der Rechtsregeln zudem, dass mit den Leitprinzipien besondere Vorgaben existieren, die als Rechtsprinzipien auf die Auslegung der Zielbestimmungen Einfluss nehmen. Jedenfalls stellen die energiepolitischen Zielbestimmungen aber keine Regeln in dem Sinne dar, dass sich aus ihnen die Entscheidung eines Einzelfalls unmittelbar ergeben könnte. Dies würde bedeuten, dass der Inhalt des jeweils „erforderlichen" (Art. 194 Abs. 2 UAbs. 1 AEUV) Rechtsakts, der in seiner konkreten Ausgestaltung tatsächlich vom gesetzgeberischen Ermessen abhängt, vorherbestimmt wäre. In diesem Sinne handelt es sich bei den Zielbestimmungen eher um eine Art „Unterprinzip".[536]

Das Kollisionsverhalten der Zielbestimmungen deutet ebenfalls auf eine Einordnung der Zielbestimmungen als Rechtsprinzipien hin. Wenn beispielsweise eine Maßnahme zur Sicherstellung des Funktionierens des Energiemarkts nach Art. 194 Abs. 1 lit. a AEUV im Einzelfall der Förderung eines der in Art. 194 Abs. 1 lit. c AEUV aufgezählten Gebieten widerspricht, bedeutet dies nicht, dass eines der Ziele ganz zurücktreten muss. Im Gegenteil muss der Gesetzgeber im genannten Beispiel darauf hinwirken, die gegenläufigen Ziele in einen sinnvollen Ausgleich miteinander zu bringen. Auch wenn man davon ausgeht, dass unter den Zielvorgaben ein Rangverhältnis im Sinne einer Zielhierarchie besteht,[537] kann dies nicht dazu führen, dass das weniger gewichtige Ziel gar keine Berücksichtigung findet. Es handelt sich bei den Zielbestimmungen also nicht um Vorgaben, die Rechtsregeln entsprechend „ganz oder gar nicht", sondern nur relativ zu den rechtlichen und tatsächlichen Möglichkeiten in einem bestimmten Grad erfüllt werden können.

4. Konsequenz für das Normverständnis

Während die Leitprinzipien der Energiepolitik in ihrer Funktion als Abwägungsgebote ohne weiteres als Rechtsprinzipien aufgefasst werden können, zeigen sich bei den energiepolitischen Zielbestimmungen zumindest erste Ansätze einer Regelbildung. Das Kollisionsverhalten und der relativ hohe Generalitätsgrad der Zielbestimmungen entsprechen jedoch wiederum dem Charakter von

---

535 Zur Unterscheidung zwischen Richtungs- und Zustandszielen oben Kap. 3 C. II. 1.
536 Vgl. *Larenz*, Methodenlehre, S. 474.
537 Siehe dazu unten Kap. 3 F.

Rechtsprinzipien. Das Verhältnis von Leitprinzipien und Zielbestimmungen in Art. 194 Abs. 1 AEUV verdeutlicht, dass die strikte Einteilung von Rechtsnormen in eine der beiden Klassen angesichts der Vielzahl der für die Abgrenzung von Rechtsregeln und Rechtsprinzipien herangezogenen Kriterien zumindest erhebliche Schwierigkeiten bereitet.[538] Trotz des Problems, die Rechtsnatur der beiden Vorgabengruppen des Art. 194 Abs. 1 AEUV (insbesondere der Zielbestimmungen) im Sinne der Unterscheidung zwischen Regeln und Prinzipien trennscharf einzuordnen, veranschaulicht die Untersuchung das Wesen der Beziehung zwischen Leitprinzipien und Zielbestimmungen.

Die Leitprinzipien sind als generelle Vorgaben und Abwägungsgebote beim Erlass von Energierechtsakten zu berücksichtigen. Sie beziehen sich auf die Wertungen anderer, nicht energiespezifischer Prinzipien. Die Ziele des Art. 194 Abs. 1 lit. a-d AEUV konkretisieren hingegen als Unterprinzipien die grundlegenden Ziele der Energiepolitik, die ihrerseits übergeordnete Prinzipien darstellen. Als spezifische Ausformung der energiepolitischen Zieltrias stellen die Zielbestimmungen des Energieartikels selbst weder eine Regel noch einen „Grund für die Regel"[539] dar: Rechtsregeln bilden erst die aufgrund der Energiekompetenz erlassenen Sekundärrechtsakte. Deren innere Rechtfertigung liegt auch nicht etwa in positiven Auswirkungen auf den Energiemarkt oder die Förderung erneuerbarer Energien sondern beispielsweise in der Erhöhung der Versorgungssicherheit oder der Umweltverträglichkeit. Die Zielbestimmungen in Art. 194 Abs. 1 lit. a-d AEUV stellen also keinen Selbstzweck dar sondern bringen die als geeignet (und vor- bzw. nachrangig) erachteten Mittel zur Erreichung der eigentlichen, grundlegenden Ziele der Energiepolitik zum Ausdruck, nämlich der sicheren und umweltverträglichen sowie wettbewerbsfreundlichen Versorgung mit Energie. Dass bei der Verfolgung der energiepolitischen End- und Unterziele die Wertungen anderer Prinzipien in die Gestaltung eines Rechtsakts einfließen, ist Aufgabe der Leitprinzipien.

V. Zwischenergebnis

Die Unterscheidung zwischen Zielen und Leitprinzipien als jeweils eigene normative Kategorien geht sowohl aus der strukturellen Beschaffenheit als auch aus der inneren Logik des Energieartikels hervor. Während die Ziele des Art. 194 Abs. 1 lit. a-d AEUV für den Inhalt eines EU-Rechtsakts und die Gewichtung der energiepolitischen Endziele maßgeblich sind, bilden die Leitprinzipien querschnittsklauselartige Bestimmungen, über die die Wertungen anderer Politikbereiche und allgemeiner Grundsätze des Unionsrechts Einfluss finden. Beide, Zielbestimmungen und Leitprinzipien, sind rechtsverbindliche Vorgaben, die beim Erlass eines Rechtsakts gem. Art. 194 Abs. 2 AEUV berücksichtigt werden müssen.

---

538 Dazu: *Schroeder*, Das Gemeinschaftsrechtssystem, S. 266 f.

539 Vgl. *Alexy*, Theorie der Grundrechte, S. 93

D. Die Leitprinzipien im Einzelnen

I. Die Rahmenbedingung des Binnenmarkts

Art. 194 Abs. 1 AEUV ordnet die Zielverfolgung „im Rahmen der Verwirklichung oder des Funktionierens des Binnenmarkts" an.

1. Verwirklichung oder Funktionieren des Binnenmarkts

Das erste Leitprinzip im einleitenden Satz des Art. 194 Abs. 1 AEUV nimmt auf den „Binnenmarkt" Bezug. Der Binnenmarktbegriff wird in Art. 26 Abs. 2 AEUV (Art. 14 Abs. 2 EG) definiert und umfasst gegenüber dem bisherigen Recht unverändert einen Raum ohne Binnengrenzen, in dem die vier Grundfreiheiten des freien Waren-, Personen-, Dienstleistungs- und Kapitalverkehrs „gemäß den Bestimmungen der Verträge" gewährleistet werden. Darüber hinaus ist anerkannt, dass der Binnenmarkt die Gewährleistung eines unverfälschten Wettbewerbs umfasst.[540] Die Zielvorgabe verweist also auf eine Vielzahl anderer Vertragsbestimmungen, die zur Verwirklichung des Binnenmarkts im Sinne des Art. 26 AEUV beitragen, insbesondere die Vorschriften über den freien Warenverkehr, Art. 28-37 AEUV (Art. 25-31, 135 EG), über die Freizügigkeit und den freien Dienstleistungs- und Kapitalverkehr, Art. 45-66 AEUV (Art. 39-55, 294 EG) sowie die gemeinsamen Regeln betreffend Wettbewerb, Art. 101-106, 107-109 AEUV (Art. 81-86, 87-89 EG), Steuerfragen, Art. 110-113 AEUV (Art. 90-93 EG) sowie die Angleichung der Rechtsvorschriften, Art. 114-118 AEUV (Art. 94-97 EG).

Die für den Sachbereich Binnenmarkt praktisch wichtigste Rechtsgrundlage, die Harmonisierungskompetenz des Art. 95 EG, wurde in Form des Art. 114 AEUV ohne Modifizierung übernommen.[541] Dasselbe gilt für die meisten anderen zitierten Vorgaben. Sofern das Binnenmarktrecht durch den Vertrag von Lissabon gegenüber dem früheren Recht Änderungen erfolgt sind, handelt es sich dabei vorwiegend um solche technischer Art, also begriffliche Anpassungen.[542] Beispielsweise wurde die in Art. 14 Abs. 1 EG enthaltene – und durch

---

540 EuGH, Rs. C-300/89 (Titandioxid), Slg. 1991, I-2867 Tz. 15, 23; EuGH, Rs. C-350/92 (Spanien /Rat), Slg. 1995, I-1985 Tz. 32; *Kahl*, in: Calliess/Ruffert, Art. 14 EGV Rdn. 24; *Leible*, in: Streinz/EUV/EGV, Art. 14 EGV Rdn. 25; *Hatje*, in: Schwarze, EU-Kommentar, Art. 14 EGV Rdn. 10.

541 Der einzige Unterschied im System der Rechtsangleichungskompetenz besteht darin, dass gegenüber dem früheren Recht die Reihenfolge zwischen Art. 95 EG und der konkurrierenden Zuständigkeit aus Art. 94 EG vertauscht wurde. Letztere findet sich nunmehr in Art. 115 AEUV. Durch die Änderung wird unterstrichen, dass es sich bei Art. 114 AEUV (Art. 95 EG) um die Hauptnorm der Rechtsangleichung handelt und Art. 115 AEUV (Art. 94 EG) nur subsidiär zur Anwendung kommt, siehe *Herrnfeld*, in: Schwarze, EU-Kommentar, Art. 94 EGV Rdn. 69, Art. 95 EGV Rdn. 78.

542 Vgl. *Kahl*, in: Calliess/Ruffert, Art. 14 EGV Rdn. 40 ff. (zu Art. III-130 EUVV).

Zeitablauf bedeutungslos gewordene –[543] Frist und die beispielhafte Bezugnahme auf einzelne Artikel gestrichen. Auch die Überführung des Art. 26 AEUV (Art. 14 EG) in den dritten Teil des AEUV über die Unionspolitiken dürfte keine inhaltlichen Änderungen mit sich gebracht haben.[544]

Der Charakter der Rahmenbedingung als Leitprinzip legt nahe, dass der „Binnenmarkt" im Sinne des Art. 194 Abs. 1 AEUV die Wertungen aller genannten Vorgaben mit einschließt. Für ein solch umfassendes Verständnis finden sich über die bloße Erwähnung des Binnenmarkts im Energieartikel hinaus weitere textliche bzw. entstehungsgeschichtliche Hinweise. Im Zuge der redaktionellen Umgestaltung kam zu einer leicht veränderten Formulierung des Gesetzgebungsauftrags in Art. 26 Abs. 1 AEUV (gegenüber Art. 14 Abs. 1 EG), wonach die Union nunmehr die erforderlichen Maßnahmen erlässt, um „nach Maßgabe der einschlägigen Bestimmungen der Verträge den Binnenmarkt zu verwirklichen beziehungsweise dessen Funktionieren zu gewährleisten" (statt „ [...] den Binnenmarkt schrittweise zu verwirklichen"). In Art. 26 Abs. 1 AEUV wird also die gleiche Formulierung verwendet wie im einleitenden Satz des Art. 194 Abs. 1 AEUV, der ebenfalls eine Verknüpfung des Binnenmarktbegriffs mit den Wörtern „Verwirklichung" bzw. „Funktionieren" vornimmt. Sowohl die Formulierung des Gesetzgebungsauftrags in der Binnenmarktpolitik als auch die des energiepolitischen Leitprinzips wurden erst im Rahmen der Regierungskonferenz 2003/2004 geschaffen. Im Konventsentwurf bezogen sich beide Formulierungen noch lediglich auf die Verwirklichung des Binnenmarkts.[545] Dabei ist zu beachten, dass die Umgestaltung des Energieartikels derjenigen der binnenmarktrechtlichen Vorschrift zeitlich nachfolgte.[546] Es ist mithin davon auszugehen, dass es sich bei der Umformulierung des energiepolitischen Leitprinzips um eine bewusste Anpassung an die in der Vorschrift über die Binnenmarktpolitik getroffene Anpassung handelt. Dies stimmt mit dem Zweck der rechtlichen Überprüfung des Konventsentwurfes im Rahmen der Regierungskonferenz überein, eine bessere Kohärenz der verwendeten Ausdrücke zu erreichen, d.h. in diesem Fall eine „Verwendung identischer Begriffe, um ein und dasselbe Konzept zum Ausdruck zu bringen".[547] Die Rahmenbedingung des Binnenmarkts in Art. 194 Abs. 1 AEUV bezieht sich also auf sämtliche Aspekte des Binnenmarkts einschließlich der Grundfreiheiten, Wettbewerbsregeln und Bestimmungen über die Rechtsangleichung.

Das „Doppelmandat" des Verwirklichens und des Funktionierens des Binnenmarkts in Art. 26 Abs. 1 AEUV und Art. 194 Abs. 1 AEUV bringt zum Aus-

543 Vgl. *von Bogdandy*, in: Grabitz/Hilf, Das Recht der EU, Art. 14 EGV Rdn. 3; *Kahl*, in: Calliess/Ruffert, Art. 14 EGV Rdn. 4.

544 Vgl. *Kahl*, in: Calliess/Ruffert, Art. 14 EGV Rdn. 4.

545 CONV 850/03, S. 65, 131 sowie Anhang III.

546 Siehe CIG 50/03, S. 94, 154 sowie CIG 87/04, S. 102, 203.

547 CIG 51/03, S. 3.

druck, dass der Binnenmarkt auch bei der Annahme einer weitgehenden Verwirklichung ein kontinuierlicher Prozess ist, der auch die Fortentwicklung und Verwaltung des Erreichten mit einschließt.[548] Der Grad der Verwirklichung des Binnenmarkts ist also für die Geltung des Leitprinzips und die Zielverfolgung nach Art. 26 Abs. 1 AEUV unerheblich. Sollte es in Zukunft zu einem Zustand kommen, der als „funktionierender Binnenmarkt" bezeichnet werden kann, würde nicht mehr die Verwirklichung sondern das Funktionieren desselben den Rahmen der Energiepolitik und das Ziel der Binnenmarktpolitik bilden.

2. Der Rahmen des Binnenmarkts

Fraglich ist, welche Qualität der Zielverfolgung „im Rahmen" der Verwirklichung oder des Funktionierens des Binnenmarkts zukommt.

a) Mögliche Deutungen

Die Rechtsangleichungskompetenz aus Art. 95 EG war bislang die wichtigste EG-rechtliche Ermächtigung für Maßnahmen im Energiebereich.[549] Im Hinblick auf die Entwicklungsgeschichte der gemeinsamen Energiepolitik wäre es darum denkbar, die Rahmenbedingung als einen der bisherigen Rechtsetzungspraxis geschuldeten Hinweis (politischer Art) auf die besondere Bedeutung des Binnenmarkts anzusehen.[550] Einem solchen Verständnis steht jedoch bereits die Eigenschaft der Leitprinzipien als imperative Vorgaben entgegen.

Der Wortlaut spricht ebenfalls für eine strengere Auslegung des Leitprinzips. Im deutschen Sprachgebrauch bildet der Rahmen einer Sache die äußerste Ausdehnung derselben, ist mithin eine gegenständliche Begrenzung.[551] Die Bezeichnung des Binnenmarkts als „Rahmen", lässt daher vermuten, dass es sich um eine Schranke für die Ausübung der Energiekompetenz handelt. So könnte das begrifflich nach innen gerichtete Konzept des Binnenmarkts eine räumliche Schranke für die Energiepolitik der Union darstellen. Soweit die Rahmenbedingung des Binnenmarkts auf das Ziel aus Art. 194 Abs. 1 lit. b AEUV angewendet wird, liefert ein solches Verständnis keine neuen Erkenntnisse, da sich die Gewährleistung der Energieversorgungssicherheit logisch wie ausdrücklich („in der Union") auf das Gebiet der Mitgliedstaaten beschränkt. Im Hinblick auf die übrigen Ziele ist die Einschränkung eines etwaigen auswärtigen Handelns der Union jedoch durchaus möglich und sinnvoll. Eine Sicherstellung des Funktio-

---

548 *Kahl*, in: Calliess/Ruffert, Art. 14 EGV Rdn. 41. A.A. ist scheinbar *Thimig*, Die rechtlichen Möglichkeiten zur Errichtung eines europäischen Erdgasnotstandsprogramms, S. 81 ff., der die neue aufgenommene Formulierung unter Verkennung der Funktion der Leitprinzipien als „kompetenzerweiterndes Element" ansieht.

549 Siehe oben Kap. 2 A. II. 2.

550 So wohl *Fischer*, integration 1/2009, 50 (52).

551 Das Wort „Rahmen" stammt aus dem mittelhochdeutschen „*rame*" bzw. dem althochdeutschen „*rama*", die etwa gleichbedeutend mit den Begriffen „Einfassung", „Stütze" oder „Gestell" sind, vgl. Duden, Herkunftswörterbuch, S. 649.

nierens des Energiemarkts nach Art. 194 Abs. 1 lit. a AEUV kann nicht ohne die Berücksichtigung internationaler Aspekte erfolgen, da die meisten Mitgliedstaaten in hohem Maße importabhängig sind.[552] In diesem Sinne ist auch die Interkonnektion der Energienetze gem. Art. 194 Abs. 1 lit. d AEUV, insbesondere der Gaspipelines, nicht nur innerhalb des Binnenmarkts förderungswürdig, sondern muss gerade auch die außerhalb der Union liegenden Zuleitungen einbeziehen. Grundsätzlich möglich ist auswärtiges Handeln schließlich auch hinsichtlich der Förderung von Energieeffizienz und -einsparungen sowie der Entwicklung neuer und erneuerbarer Energien nach Art. 194 Abs. 1 lit. c AEUV.[553]

Als Sammelbegriff für die Grundfreiheiten des freien Waren-, Personen-, Dienstleistungs- und Kapitalverkehrs und den Schutz vor Wettbewerbsverfälschungen könnte die Rahmenbedingung des Binnenmarkts zudem als Schranke für eine regulatorische Energiepolitik zu verstehen sein. So könnten etwa umfangreiche Bevorratungsregelungen für Öl und Gas zur Verbesserung der Versorgungssicherheit nach Art. 194 Abs. 1 lit. b AEUV beitragen, gleichzeitig aber die Verwirklichung des Binnenmarkts behindern und demzufolge unzulässig sein.[554] Auch die Förderung der Entwicklung erneuerbarer Energiequellen kann dem Binnenmarktkonzept widersprechen, indem der Wettbewerb zu Ungunsten der übrigen Energiequellen verzerrt wird.[555] In diesem Sinne könnte die Rahmenbedingung des Binnenmarkts eine Verpflichtung auf wettbewerbsfördernde Energiepolitik darstellen.

Schließlich könnte der Binnenmarkt eine Grenze für nicht wirtschaftlich orientiertes Handeln darstellen. Dem begrenzten rechtlichen Instrumentarium entsprechend stellt die Energiepolitik der Gemeinschaft in erster Linie Wettbewerbspolitik, in geringerem Umfang auch (Infra-) Strukturpolitik dar. In diesem Sinne könnte die Rahmenbedingung des Binnenmarkts eine Begrenzung auf die Verfolgung energiewirtschaftspolitischer Ziele darstellen, die nichtökonomische Aspekte der Energiepolitik, etwa dem Umwelt- oder dem Verbraucherschutz, zurückdrängt.

b) Der Begriff des „Rahmens" in EGV und EUV a.F.

In der deutschen Fassung des Primärrechts in der Fassung von Nizza findet sich die Wendung „im Rahmen (der Verwirklichung) des Binnenmarktes" in Art.

---

552 Im Jahr 2006 betrug die Abhängigkeit von importierten Brennstoffen im EU-27-Durchschnitt 53,8 %, in Deutschland waren es 61,3%, *Europäische Kommission*, EU energy and transport in figures, Statistical Pocketbook 2009, S. 30.

553 Eine Reduzierung der Importabhängigkeit und eine Stärkung der Wettbewerbsfähigkeit lässt sich mit einer solchen Förderung bzw. Entwicklung zwar nicht erzielen. Betont man demgegenüber den Nutzen der genannten Maßnahmen für den Klimaschutz, lassen sich positive Effekte möglicherweise sogar leichter erzielen als bei nach innen gerichtetem Handeln.

554 *Maichel*, in: FS Götz, S. 65.

555 Dazu *Ehricke*, RdE 2003, 57.

153 Abs. 3 lit. a EG und der Präambel zum EU-Vertrag, die Formulierung „im Rahmen des Gemeinsamen Marktes“ in Art. 308 EG.

aa) Präambel zum EUV

Nach dem achten Erwägungsgrund der Präambel zum EUV a.F. (neunter Erwägungsgrund der Präambel zum EUV) wird der wirtschaftliche und soziale Fortschritt der Völker unter anderem „im Rahmen der Verwirklichung des Binnenmarkts“ verfolgt. Als Bestandteil des EU-Vertrags ist die Präambel zwar ebenso rechtsverbindlich wie die übrigen Vorschriften des Primärrechts, hat jedoch vorwiegend allgemeinpolitisch-programmatischen Charakter und unterscheidet sich darum grundlegend von Spezialregelungen wie Art. 194 AEUV.[556] Der Präambel fehlt es somit schon an der Vergleichbarkeit mit dem Energiekompetenztitel.

bb) Die Auffangkompetenz gem. Art. 308 EG

Eine ähnliche Formulierung wie in Art. 194 Abs. 1 AEUV ist auch in der Regelung über ergänzende Rechtsetzungsbefugnisse, Art. 308 EG (Art. 352 AEUV), enthalten. Als Ermächtigung zur Rechtsetzung ist Art. 308 EG auch in seiner Funktion mit dem Energiekompetenztitel des Art. 194 AEUV grundsätzlich vergleichbar. Danach können bei Fehlen anderweitiger Befugnisse im EG-Vertrag diejenigen Vorschriften erlassen werden, die erforderlich sind, um „im Rahmen des Gemeinsamen Marktes“ eines der Gemeinschaftsziele zu verwirklichen. Ob und wie sich die Rechtsbegriffe „Gemeinsamer Markt“ und „Binnenmarkt“ voneinander unterscheiden, ist äußerst umstritten.[557] Nach allen Ansichten bestehen jedoch zumindest enge inhaltliche Überschneidungen, so dass der unterschiedliche Wortlaut in Art. 308 EG und Art. 194 Abs. 1 AEUV insofern nicht grundsätzlich gegen eine Vergleichbarkeit der Vorschriften spricht. Hinzu kommt, dass mit den Änderungen des Vertrags von Lissabon der Gemeinsame Markt als Rechtsbegriff abgeschafft und aus EUV und AEUV entfernt oder durch den Binnenmarktbegriff ersetzt wurde.[558] Die Parallelität beider Vorschriften ist aber in anderer Hinsicht fraglich. In der Mehrheit der gleichermaßen verbindlichen Sprachfassungen wird in der Flexibilitätsklausel[559] kein dem „Rahmen“ entspre-

---

556 Vgl. *Hilf/Pache*, in: Grabitz/Hilf, Das Recht der EU, Art. 1 EUV Rdn. 2.

557 Vgl. nur *Kühl*, in: Calliess/Ruffert, EUV/EGV, Art. 14 EGV Rdn. 5 ff; *Leible*, in: Streinz, EUV/EGV, Art. 14 EGV Rdn. 10 ff.; *Pipkorn/Bardenhewer-Rating/Taschner*, in: von der Groeben/Schwarze, EUV/EGV, Art. 14 EGV Rdn. 10 f.

558 So auch in der Auffangkompetenz des Art. 352 AEUV, deren Tatbestand nicht mehr die Verwirklichung eines Zieles „im Rahmen des Gemeinsamen Marktes“ voraussetzt, sondern die Erforderlichkeit eines Tätigwerdens „im Rahmen der in den Verträgen festgelegten Politikbereiche“ genügen lässt.

559 So die offizielle Bezeichnung im EUVV, vgl. Art. I-18.

chender Begriff verwendet.[560] So wird zum Beispiel in der französischen, italienischen, portugiesischen und spanischen Version der Gemeinsame Markt nicht als „Rahmen“ bezeichnet, sondern mit dem Begriff des „Funktionierens“ verknüpft.[561]

cc) Die Regelung des Art. 153 Abs. 3 lit. a EG

Als einzige Vorschrift der bislang geltenden Verträge verwendet Art. 153 Abs. 3 lit. a EG (Art. 169 Abs. 2 lit. a AEUV) wie der Energiekompetenztitel über unterschiedliche Sprachfassungen hinweg den Begriff des „Rahmens“ im Zusammenhang mit dem Binnenmarkt. Beispielsweise verwenden die französische, spanische und italienische Fassung der Regelung (anders als die Flexibilitätsklausel der jeweiligen Sprache) die Ausdrücke „cadre“, „marco“ und „quadro“, deren Bedeutung dem deutschen „Rahmen“ entspricht und dieselben Assoziationen hervorruft. Auch soweit – wie in der englischen Version – ausnahmsweise nicht das Bild des Rahmens herangezogen wird, stimmt die Formulierung des Art. 194 Abs. 1 AEUV mit der des Art. 153 Abs. 3 lit. a EG überein.[562]

Es besteht jedoch ein maßgeblicher Unterschied zwischen den beiden Regelungen: der „Rahmen des Binnenmarktes“ in Art. 153 Abs. 3 lit. a EG bezieht sich auf die Maßnahmenkompetenz des Art. 95 EG, die Rahmenbedingung in Art. 194 Abs. 1 AEUV betrifft hingegen die Ziele des Art. 194 Abs. 1 lit. a-d AEUV, also des eigenen Politikbereichs. Nach Art. 153 Abs. 3 lit. a EG wird durch Maßnahmen, die „im Rahmen der Verwirklichung des Binnenmarkts nach Art. 95 EG“ erlassen werden, ein *Beitrag* zu den in Art. 153 Abs. 1 EG genannten Zielen des Verbraucherschutzes geleistet. Die Energiepolitik stellt nach Art. 194 Abs. 1 AEUV gerade keinen bloßen Beitrag zur Verwirklichung des Binnenmarkts dar (vgl. Art. 153 Abs. 3 EG), sondern ist gegenüber der Binnenmarktpolitik verselbständigt.

c) Konsequenzen für die Auslegung der Rahmenbedingung

Im Hinblick auf den Wortlaut und die systematische Stellung in den Politiken der Gemeinschaft bzw. der Union gleicht die Rahmenbedingung des Binnenmarkts in Art. 194 Abs. 1 AEUV der Regelung in Art. 153 Abs. 3 lit. a EG. In ihren Eigenschaften unterscheiden sich die gleich lautenden Formulierungen jedoch. Während 153 Abs. 3 lit. a EG (ebenso: Art. 169 Abs. 2 lit. a AEUV) die Rechtsangleichungskompetenz gem. Art. 95 EG (Art. 114, 115 AEUV) in Bezug nimmt, meint die Rahmenbedingung in Art. 194 Abs. 1 AEUV das Binnen-

560 Eine übereinstimmende Formulierung besteht hinsichtlich des Merkmals des „Rahmens“ außer im Deutschen etwa in der niederländischen und dänischen Fassung der Verträge.

561 „fonctionnement du marché commun“/„funzionamento del mercato comune” / „funcionamento do mercado comum”/ „funcionamiento del mercado común”.

562 „In the context of the establishment and functioning of the internal market […]“ (Art. 194 Abs. 1 AEUV) / „[I]n the context of the completion of the internal market“.

marktziel als solches. Ein Bezug auf eine Kompetenznorm wäre angesichts der Verortung der Rahmenbedingung im Absatz über die energiepolitischen Ziele auch systemwidrig.

In ihrer speziellen Funktion als Leitprinzip entspricht die Rahmenbedingung des Binnenmarkts am ehesten der einschränkenden Formulierung in der Flexibilitätsklausel, die ebenfalls auf die *Ziel*verfolgung „im Rahmen" des Gemeinsamen Marktes abstellt. Trotz der unterschiedlichen und regelmäßig nicht mit dem Wortsinn eines „Rahmens" übereinstimmenden Formulierungen in den meisten Sprachfassungen liegt darum der Vergleich mit Art. 308 EG nahe. Im neueren Schrifttum wird – auch unter Hinweis auf die abweichenden romanischen Sprachfassungen – nach allgemeiner Ansicht die Zielverwirklichung „im Rahmen des Gemeinsamen Marktes" nicht als gegenständliche Begrenzung des Anwendungsbereichs von Art. 308 EG aufgefasst, sondern in einem (negativ) funktionalen Sinne dahingehend ausgelegt, dass Maßnahmen keine Funktionsbeeinträchtigung des Gemeinsamen Marktes nach sich ziehen dürfen.[563] Wollte man den „Rahmen des Gemeinsamen Marktes" mit der Gegenansicht, die durch die vom EuGH unbeanstandet gebliebene ständige Praxis der EG-Organe überholt ist,[564] als Schranke verstehen, wäre Art. 308 EG nahezu überflüssig, da die Flexibilitätsklausel für den Fall fehlender ausdrücklicher Kompetenzen eine ergänzende Rechtsetzungsbefugnis bezweckt.[565]

Derselbe Befund trifft auch auf die Rahmenbedingung des Binnenmarkts zu. Das Gros der energiepolitischen Maßnahmen der Gemeinschaft wurde bislang mangels spezieller Rechtsgrundlage auf die Rechtsangleichungskompetenz aus Art. 95 EG gestützt. Sollte das Binnenmarktkonzept nun die äußere Grenze der energiepolitischen Aktivitäten der Union darstellen, würde damit zum Ausdruck gebracht, dass die neuen Befugnisse nicht über die bereits durch die Binnenmarktkompetenz umsetzbaren Maßnahmen hinausgehen. Die Einführung eines allgemeinen Energiekompetenztitels würde keine neuen Kompetenzen mit sich bringen. Im Gegenteil müssten sich potentiell wettbewerbswidrige Maßnahmen, die nach bisherigem Recht etwa auf die Zuständigkeit zur Reaktion auf Versorgungsschwierigkeiten nach Art. 100 Abs.1 EG (Art. 122 Abs. 1 AEUV) oder auf die Umweltkompetenz nach Art. 175 EG (Art. 192 AEUV) gestützt werden

563 Nicht erforderlich ist also, dass nach Art. 308 EG erlassene Maßnahmen (positiv funktional) einen engen Bezug zum Prinzip der Wettbewerbsgleichheit aufweisen; *Winkler*, in: Grabitz/Hilf, Das Recht der EU, Art. 308 EGV Rdn. 76 f.; *Rossi*, in: Calliess, EUV/EGV, Art. 308 EGV Rdn. 41 f.; *Streinz*, in: Streinz, EUV/EGV, Art. 308 EGV Rdn. 20 f.; *Geiss*, in: Schwarze, EU-Kommentar, Art. 308 EGV Rdn. 15; *Schwartz*, in: von der Groeben/Schwarze, EUV/EGV, Art. 308 EG Rdn. 157 ff. A.A. war bspw. noch: Tomuschat, EuR 1976, Sonderheft, S. 65 f. Dass es sich bei der Rahmenbedingung um ein überflüssiges Tatbestandsmerkmal handelt, wird im jüngeren Schrifttum nicht mehr vertreten (so noch *Constatinesco*, Das Recht der EG, Band I, S. 275 f.).

564 Vgl. *Schwartz*, in: von der Groeben/Schwarze, EUV/EGV, Art. 308 EG Rdn. 160 f.

565 Vgl. *Schwartz*, in: von der Groeben/Schwarze, EUV/EGV, Art. 308 EG Rdn. 158 ff.

können, jetzt möglicherweise aufgrund von Spezialität nach Art. 194 AEUV und den darin enthaltenen (zielimmanenten) Begrenzungen richten. Es käme dann zu dem widersinnigen Ergebnis, dass die Einführung einer neuen Rechtsgrundlage nicht nur keine neuen Befugnisse mit sich bringen würde bzw. deklaratorische Wirkung hätte,[566] sondern auch die bestehenden allgemeinen Kompetenzen einschränken würde.

Einem solchen Verständnis widersprechen sowohl Inhalt und Aufbau des Energiekompetenztitels als auch die jahrelange Kontroverse über die Einführung der Energiekompetenz in das europäische Primärrecht. Der Energieartikel stellt den kompetenzbegründenden Zielen aus Art. 194 Abs. 1 lit. a-d AEUV in Art. 194 Abs. 2 UAbs. 2 AEUV spezielle Grenzen gegenüber und regelt in Art. 194 Abs. 2 UAbs. 1 und Abs. 3 AEUV detailliert die jeweiligen Verfahren der Energiegesetzgebung. Eine umfassende Beschränkung der Energiekompetenz auf der Ebene des Tatbestands, wie sie durch die Auslegung der Rahmenbedingung als Schranke erreicht würde, widerspricht also der Systematik des Art. 194 AEUV. Von einem solchen Normverständnis scheinen auch die Mitgliedstaaten auszugehen, deren Bedenken über eine zu weit reichende Übertragung von Zuständigkeiten sich in der Gestaltung der speziellen Kompetenzschranken in Art. 194 Abs. 2 UAbs. 2 AEUV sowie dem Einstimmigkeitserfordernis in Art. 194 Abs. 3 AEUV (und nicht in der Änderung der Ziele oder Leitprinzipien) niederschlugen.[567]

3. Zusammenfassung

Der „Binnenmarkt" gem. Art. 194 Abs. 1 AEUV verweist auf das allgemeine Unionsziel sowie auf die Wertungen des dazugehörigen Politikbereichs nach Art. 26 f. AEUV. Die Formulierung „Verwirklichung oder Funktionieren" zeigt, dass der Binnenmarktbegriff in einem ebenso weiten Sinne zu verstehen ist, wie in der grundlegenden Zielbestimmung des Art. 26 AEUV. Der Bezug ist nicht als sachliche Begrenzung der Rechtsetzungsbefugnisse im Energiebereich, sondern, ähnlich wie bei der Auffangkompetenz aus Art. 308 EG, als Gebot der Beachtung möglicher Auswirkungen auf den Binnenmarkt zu verstehen. Für eine energiepolitische Maßnahme „im Rahmen der Verwirklichung oder des Funktionierens des Binnenmarkts" ist es nicht erforderlich, dass sie positive Auswirkungen auf den Binnenmarkt erwarten lässt. Es genügt vielmehr, dass die Grundelemente der Verwirklichung oder des Funktionierens des Binnenmarkts

---

566 So *Papenkort/Wellershoff*, RdE 2010, 77 (79) sowie entsprechend jeweils zu Art. III-157 VVE (=Art. III-257 EUVV) *Schmidt-Preuß*, et 2003, 776 und *Görlitz*, DÖV 2004, 374 (381). Letztere gehen im Hinblick auf die Rahmenbedingung des Binnenmarkts davon aus, dass dem Energiekompetenztitel „lediglich" deklaratorische Wirkung zukommt.

567 Bei den Verhandlungen der Regierungskonferenz 2003/2004 wurde der Energiekompetenztitel um diese beiden wesentlichen Einschränkungen ergänzt, siehe oben Kap. 2 VIII. 2. b).

nicht beseitigt oder beeinträchtigt werden. Dieses Ergebnis entspricht auch dem Zweck der Leitprinzipien, als spezielle Querschnittsklauseln die Wertungen anderer Politikbereiche zu berücksichtigen und im Gesetzgebungsverfahren entsprechende Begründungspflichten einzurichten.

II. Die Berücksichtigung des Umweltschutzes

Ein weiteres Leitprinzip der Energiepolitik bildet die „Berücksichtigung der Notwendigkeit der Erhaltung und Verbesserung der Umwelt".

1. Umweltrelevante Regelungen im AEUV

Der Sachbereich Umwelt ist Gegenstand verschiedener Vertragsbestimmungen. Zunächst handelt es sich bei der „Umwelt" nach Art. 191-193 AEUV (Art. 174-176 EG) – wie beim Binnenmarkt – um einen eigenen Politikbereich der Union. Der Umweltschutz zählt spätestens seit der durch die EEA 1987 erfolgten Einführung des entsprechenden Titels in den EWGV, dem ersten mit nicht primär wirtschaftspolitischer Zielrichtung, zu den Aufgaben der Gemeinschaft.[568] Die Kompetenz der Gemeinschaft auf dem Gebiet des Umweltschutzes wurde durch die nachfolgenden Vertragsreformen beständig ausgebaut. Der Verfassungsvertrag und der Vertrag von Lissabon sahen hingegen keine maßgeblichen Neuerungen im Bereich der Umweltpolitik vor. Im Wesentlichen wurde der durch die EEA, den Vertrag von Maastricht und den Vertrag von Amsterdam geprägte hohe status quo bewahrt.[569] Die Art. 191 ff. AEUV erfahren gegenüber den Vorschriften des EG-Vertrags lediglich eine Änderung, die nicht der begrifflichen Anpassung an das Unionsrecht geschuldet ist. Das Ziel der „Bewältigung globaler Umweltprobleme" in Spiegelstrich vier des Art. 191 Abs. 1 AEUV wird um den Hinweis auf die Bekämpfung des Klimawandels ergänzt. Der Klimaschutz wurde aber schon nach bisherigem Recht von dem nicht näher definierten Umweltbegriff erfasst,[570] weswegen sich an der Reichweite der Umweltkompetenz durch den Zusatz nichts ändert. Der Hinweis auf den Klimaschutz trägt (lediglich) dem Umstand Rechnung, dass die politische Bedeutung dieses Aspekts des Umweltschutzes – gerade im Hinblick auf den Energiesektor – mehr und mehr zunimmt.[571]

---

568 Die ersten Rechtsakte mit Umweltbezug ergingen gegen Ende der sechziger Jahre. Seit 1972 betrieb die EG eigene Umweltaktionsprogramme, deren Rechtsakte auf die Harmonisierungskompetenz und auf die Kompetenz zur Lückenschließung nach Art. 100, 295 EWGV gestützt wurden, vgl. *Kahl*, in: Streinz, EUV/EGV, Art. 174 EGV Rdn. 1 ff.

569 *Pahl*, in: Pernice, Der Vertrag von Lissabon, S. 199.

570 Aus dem Fehlen von Einschränkungen wird im Allgemeinen gefolgert, dass der Umweltbegriff weder sachlich noch örtlich beschränkt ist, sondern bewusst offen gehalten wurde. *Calliess*, in: Calliess/Ruffert, EUV/EGV, Art. 174 EGV Rdn. 8; *Kahl*, in: Streinz, EUV/EGV, Art. 174 EGV Rdn. 35 ff.; *Krämer*, in: von der Groeben/Schwarze, EUV/EGV, Art. 174 EG Rdn. 3.

571 Vgl. *Käller*, in: Schwarze, EU-Kommentar, Art. 175 EGV Rdn. 52, 14.

Weitere Regelungen mit Umweltrelevanz sind der neunte Erwägungsgrund der Präambel zum EUV (achter Erwägungsgrund der Präambel zum EUV a.F.), die Bestimmung über Unionsziele, Art. 3 Abs. 3 UAbs. 1 EUV (Art. 2 Gedankenstrich 1 EUV a.F.) sowie die Querschnittsklausel des Art. 11 AEUV (Art. 6 EG). Die Vorschrift des Art. 2 EG (Aufgaben der Gemeinschaft), die den Umweltschutz als Gemeinschaftsaufgabe kennzeichnete, ist aufgrund der Zusammenlegung von Gemeinschaft und EU mit dem Vertrag von Lissabon entfallen. Neue Bestimmungen mit Umweltbezug finden sich in Art. 21 Abs. 2 lit. d, f EUV (Allgemeine Bestimmungen über das auswärtige Handeln der Union) und Art. 114 Abs. 3, 4 AEUV (Rechtsangleichung im Binnenmarkt).

2. Das Berücksichtigungsgebot

a) Die Integration umweltpolitischer Belange

Das Wort „Berücksichtigung"[572] deutet – anders als der missverständliche Begriff des „Rahmens" – direkt auf die Übertragung Wertungen hin, die den Verträgen an anderer Stelle entlehnt wurden. Damit bringt die „Berücksichtigung der Notwendigkeit der Erhaltung und Verbesserung der Umwelt" den Charakter der Leitprinzipien als Spezialausprägungen der Querschnittsklauseln zum Ausdruck und entspricht der Eigenart des Umweltschutzrechtes als „Querschnittsaufgabe": Die rechtliche Gewährleistung eines wirksamen Umweltschutzes kann nicht isoliert verfolgt werden, sondern bedarf der Integration in andere Sachgebiete.[573] Dies gilt für den Energiesektor in besonderem Maße, da die für die Bereitstellung von Energie erforderlichen Maßnahmen wie die Gewinnung fossiler Brennstoffe, der Bau von Infrastruktur wie Kraftwerken und Leitungen sowie die Wandlung der Energie in den seltensten Fällen ohne Umweltbeeinträchtigungen auskommen. Für die Energiepolitik nach Art. 194 Abs. 1 AEUV bedeutet die „Berücksichtigung der Notwendigkeit der Erhaltung und Verbesserung der Umwelt" demnach, dass mögliche Umweltauswirkungen in den Prozess der Energiegesetzgebung einzubeziehen sind.

Fraglich ist, ob dem im Vergleich zur Fassung des EUVV geänderten Wortlaut („Notwendigkeit" statt „Erfordernisse")[574] eine Bedeutung beizumessen ist. Diesbezüglich ist zu beachten, dass sich der Text des Umweltschutzbezugs in Art. 194 Abs. 1 AEUV während der Verhandlungen der Regierungskonferenz 2007 nicht änderte – noch der den Außenministern im Hinblick auf die Annahme auf der Ebene der Staats- und Regierungschefs übermittelte Entwurf des Reformvertrages entspricht dem EUVV.[575] Erst die Endfassung des Vertrags von Lissabon vom 3. Dezember 2007 enthielt die Änderung.[576] Demzufolge kann es

572 Englisch: „regard"; Französisch: „en tenant compte".
573 Vgl. statt aller: *Epiney*, Umweltrecht in der EU, S. 9.
574 Siehe oben Kap. 2 C. IX.
575 CIG 1/1/07 REV 1, S. 96.
576 CIG 14/07, S. 116.

sich nicht um eine inhaltliche Umgestaltung des Energieartikels, sondern lediglich um eine terminologische Anpassung durch die mit der Überarbeitung der Texte betrauten Rechts- und Sprachsachverständigen handeln.[577] Dies bestätigt der Vergleich gegenüber anderen Sprachfassungen des Vertrags von Lissabon, die regelmäßig keine Änderung erfahren haben. Vereinzelt finden sich zwar geänderte Formulierungen, die wie die deutsche Sprachfassung darauf schließen lassen, dass Inhalt und Bedeutung des Umweltschutzgedankens Gegenstand der Beratung gewesen sind.[578] Ganz überwiegend wurde der Text des EUVV jedoch wortlautidentisch übernommen.

b) Die umweltrechtliche Querschnittsklausel nach Art. 11 AEUV

Mit dem Leitprinzip der Berücksichtigung der Notwendigkeit der Erhaltung und Verbesserung der Umwelt vergleichbare Vorgaben trifft bereits die Querschnittsklausel des Art. 11 AEUV (Art. 6 EG). Insofern ist fraglich, ob dem Leitprinzip in Art. 194 Abs. 1 AEUV überhaupt eine eigenständige Bedeutung zukommt, oder ob es sich um eine bloß deklaratorische Wiederholung der Querschnittsklausel handelt.[579]

Wie bei den Leitprinzipien handelt es sich bei der Querschnittsklausel nicht um einen unverbindlichen Programmsatz, sondern um eine verbindliche Rechtsvorschrift.[580] Gegenstand der Querschnittsklausel ist die „Einbeziehung der Erfordernisse des Umweltschutzes". Unter den „Erfordernissen des Umweltschutzes" nach Art. 6 EG werden nach allgemeiner Auffassung alle Elemente des gemeinschaftlichen Umweltschutzes verstanden, insbesondere die Zielsetzungen und Handlungsgrundsätze der Umweltpolitik nach Art. 174 Abs. 1, 2 EG.[581] Da die Formulierung „Erfordernisse des Umweltschutzes" in Art. 11 AEUV über-

---

577 Ebenso: *Kahl*, in: Schulze-Fielitz/Müller, Europäisches Klimaschutzrecht, S. 48 (Fn. 170). *Fischer*, Der Vertrag von Lissabon, S. 323, geht von einer „deklaratorischen Wirkung" der Ergänzung aus, erläutert aber nicht, worin diese sich äußern soll.

578 So in der lettischen, der maltesischen und der spanischen Fassung.

579 Auch wenn man mit Teilen der deutschen Literatur davon ausgeht, dass sich aus den unterschiedlichen Ziel- und Aufgabenbestimmungen der Verträge ein einheitlicher „Grundsatz des bestmöglichen Umweltschutzes" bzw. ein „Umweltprinzip" als Handlungsanweisung für den Gemeinschaftsgesetzgeber ergibt (dazu grundlegend: *Zuleeg*, NVwZ 1987, 280 (283 ff.) bzw. *Kahl*, Umweltprinzip und Gemeinschaftsrecht), stellt sich die Frage nach dem Zweck einer gesonderten Normierung im Energiekompetenztitel.

580 Dies ergibt sich schon aus dem Wort „müssen", vgl. *Calliess*, in: Calliess/Ruffert, EUV/EGV, Art. 6 EGV Rdn. 22; *Epiney*, Umweltrecht in der EU, S. 108.

581 Strittig ist, ob auch die Gebote des Art. 174 Abs. 3 EG (Art. 191 Abs. 3 AEUV) zu den Erfordernissen des Umweltschutzes zu zählen sind. Siehe dazu insgesamt: *Käller*, in: Schwarze, EU-Kommentar, Art. 6 EGV Rdn. 11; *Calliess*, in: Calliess/Ruffert, EUV/EGV, Art. 6 EGV Rdn. 5; *Kahl*, in: Streinz, EUV/EGV, Art. 6 EGV Rdn. 14; *Krämer*, in: von der Groeben/Schwarze, EUV/EGV, Art. 6 EG Rdn. 6 ff.; *Nettesheim*, in: Grabitz/Hilf, Das Recht der EU, Art. 6 EGV Rdn. 14.

nommen wurde, ist davon auszugehen, dass der Unionsgesetzgeber insofern keine Veränderung vornehmen wollte. Der einzige Unterschied zwischen Art. 6 EG und Art. 11 AEUV besteht darin, dass Art. 6 EG auf die „in Art. 3 genannten Gemeinschaftspolitiken und -maßnahmen" verweist, während Art. 11 AEUV ohne eine entsprechende Präzisierung „die Unionspolitiken und -maßnahmen" in Bezug nimmt. Eine inhaltliche Änderung ist jedoch mit der Neufassung der Vorschrift nicht verbunden, da die Gemeinschaftspolitiken und -maßnahmen mit denen der Union übereinstimmen.[582] Die Erfordernisse des Umweltschutzes nach Art. 11 AEUV richten sich folglich in erster Linie nach den umweltschutzpolitischen Zielen und Prinzipien gem. Art. 191 Abs. 1, 2 AEUV.

c) Unterschiede zwischen Leitprinzip und Querschnittsklausel

Der Wortlaut des energiepolitischen Leitprinzips weicht in vielen Punkten von dem der Querschnittsklausel ab. Ein Unterschied besteht zunächst in der Verwendung des Begriffs der „Notwendigkeit" im Energiekompetenztitel, der in der Fassung des EUVV noch mit Art. 6 EG übereinstimmend das Wort „Erfordernisse" verwendete. Wie bereits dargestellt, zielt diese nur in einigen wenigen Sprachfassungen vorgenommene Ersetzung jedoch nicht auf eine inhaltliche Änderung ab.[583] Auf eine gegenüber der Querschnittsklausel abweichende Bedeutung könnte demgegenüber der Umstand hindeuten, dass in Art. 194 Abs. 1 AEUV anders als in Art. 11 AEUV nicht der Begriff „Umweltschutz" verwendet wird. Ein weiterer begrifflicher Unterschied besteht darin, dass die Erfordernisse des Umweltschutzes nach der Querschnittsklausel im Teil über die Grundsätze des AEUV „einbezogen" werden müssen, während das energiepolitische Leitprinzip von einer „Berücksichtigung" spricht.

Der Aspekt der Erhaltung der Umwelt im Sinne des Art. 194 Abs. 1 AEUV bringt den Gedanken zum Ausdruck, dass Umweltbelastungen mit präventiven Maßnahmen zu begegnen ist, um das Entstehen von Schäden schon im Vorfeld zu verhindern. Der Begriff „Verbesserung" weist darauf hin, dass die Umweltpolitik nicht auf konservierende Maßnahmen beschränkt bleiben, sondern auch die in der Vergangenheit eingetretene Umweltschäden rückgängig machen soll. Beide Begriffe, „Erhaltung" und „Verbesserung" finden sich neben dem „Schutz" der Umwelt auch in der umweltrechtlichen Zielvorschrift des Art. 191

---

582 Vgl. auch *Terhechte*, EuR 2008, 143 (173) und *Pahl*, in: Pernice, Der Vertrag von Lissabon, S. 199 f., die allerdings die Auffassung vertreten, die umweltrechtliche Querschnittsklausel habe durch die Änderungen des Vertrags von Lissabon ihre exponierte Stellung eingebüßt – dies ist im Hinblick auf die systematische Stellung (die Querschnittsklausel findet sich nach wie vor im ersten Teil über die Grundsätze des Vertrags) zweifelhaft.

583 Siehe oben Kap. 3 D. II. 2. a). Insbesondere kann der Änderung nicht entnommen werden, dass der Wortlaut des Leitprinzips sich von dem der Querschnittsklausel unterscheiden soll – auch hier finden sich in einigen Sprachfassungen Übereinstimmungen, in anderen Abweichungen.

Abs. 1 Gedankenstrich 1 AEUV (Art. 174 Abs. 1 Gedankenstrich 1 EG). Eine trennscharfe Abgrenzung ist insbesondere zwischen Maßnahmen zur „Erhaltung" der Umwelt und Maßnahmen zum „Schutz" der Umwelt kaum möglich.[584] Deswegen und im Hinblick auf den umfassenden Umweltschutzbegriff in anderen Vertragsbestimmen[585] erscheint es schon im Rahmen der umweltpolitischen Zielvorschrift sinnvoller, „Erhaltung" und „Verbesserung" der Umwelt nicht gegen den Begriff des „Schutzes" abzugrenzen, sondern als unterschiedliche Gesichtspunkte eines einheitlichen Umweltschutzgedankens anzusehen.[586] Im Rahmen des energiepolitischen Leitprinzips, das nicht ausdrücklich von Umweltschutz spricht, muss dies erst Recht gelten. Da keine Maßnahmen zum Zweck des Umweltschutzes denkbar sind, die nicht auch entweder der Erhaltung oder der Verbesserung der Umwelt dienen, kann es sich auch nicht um die Betonung bestimmter Aspekte des Umweltschutzes handeln. Inhaltlich ergeben sich aus der umständlichen Formulierung „Notwendigkeit der Erhaltung und Verbesserung der Umwelt" folglich keine Abweichungen zum Begriff des Umweltschutzes.

Auch aus der Verwendung des Begriffs der „Einbeziehung" des Umweltschutzes in der Querschnittsklausel ergeben sich keine Unterschiede gegenüber der „Berücksichtung" im Sinne des Leitprinzips. Letzterer Begriff wird sogar regelmäßig herangezogen, um das Tatbestandsmerkmal in der umweltrechtlichen Querschnittsklausel zu definieren: Die Einbeziehung des Umweltschutzes sei nichts anderes, als die Berücksichtigung der Belange des Umweltschutzes und die Abwägung mit gegenläufigen Interessen.[587] Es ist mithin davon auszugehen, dass sich die umweltrechtliche Querschnittsklausel und das Leitprinzip des Umweltschutzes hinsichtlich der durch sie ausgedrückten materiellen und prozeduralen Vorgaben entsprechen.

3. Zusammenfassung

Das Leitprinzip der Berücksichtigung der Notwendigkeit der Erhaltung und Verbesserung der Umwelt begründet die Pflicht, alle Grundsätze des europäischen Umweltschutzes in die energiepolitischen Entscheidungsprozess einzubeziehen. Identische Vorgaben werden bereits durch die inhaltlich und systema-

---

584 Wie hier skeptisch: *Calliess*, in: Calliess/Ruffert, EUV/EGV, Art. 174 EGV Rdn. 8; *Käller*, in: Schwarze, EU-Kommentar, Art. 174 EGV Rdn. 8; *Breier*, in: Lenz/Borchardt, EUV/EGV, Art. 174 EGV Rdn. 5. Demgegenüber scheinen *Kahl*, in: Streinz, EUV/EGV, Art. 174 EGV Rdn. 46 ff. und *Nettesheim*, in: Grabitz/Hilf, Das Recht der EU, Art. 174 EGV Rdn. 18 ff. Unterschiede zu erkennen.

585 Siehe oben Fn. 570.

586 Vgl. auch *Käller*, in: Schwarze, EU-Kommentar, Art. 174 EGV Rdn. 8

587 *Calliess*, in: Calliess/Ruffert, EUV/EGV, Art. 6 EGV Rdn. 6; *Käller*, in: Schwarze, EU-Kommentar, Art. 6 EGV Rdn. 12; *Frenz*, Europäisches Umweltrecht, S. 64.

tisch eng mit dem Leitprinzip verwandte[588] umweltrechtliche Querschnittsklausel des Art. 11 AEUV formuliert. Vor diesem Hintergrund ist die Wirkung des Leitprinzips deklaratorischer Art.[589] Art. 194 Abs. 1 AEUV bringt die – politisch seit längerem betonte –[590] Notwendigkeit der Verflechtung von Energie- und Umweltschutzbelangen durch den ausdrücklichen Hinweis in Form des Leitprinzips zum Ausdruck.[591]

III. Energiesolidarität

Eine Neuerung gegenüber der Fassung des Energiekompetenztitels des EUVV stellt die ausdrückliche Verankerung des Solidaritätsprinzips im Energiebereich dar.

1. Bezugspunkt: Solidarität

Das Prinzip der Solidarität findet sich nicht nur im Energiekompetenztitel, sondern ist auch Gegenstand anderer Vertragsbestimmungen.

a) Das Solidaritätsprinzip nach bisherigem Recht

Lange bevor der Begriff der Solidarität mit der Schaffung des EU-Vertrags durch den Vertrag von Maastricht in das Primärrecht aufgenommen wurde, entwickelte der EuGH das Solidaritätsprinzip im Gemeinschaftsrecht aus Art. 5 EWGV, der mit den späteren Art. 5 EGV und Art. 10 EG übereinstimmt. Danach liege dem „gesamten Gemeinschaftssystem" die Pflicht der Solidarität unter den Mitgliedstaaten zu Grunde.[592] Die Terminologie für das aus Art. 5 EWGV abgeleitete Prinzip, das auch als Pflicht „loyaler Zusammenarbeit" bezeichnet wurde, war dabei zwar nicht immer einheitlich.[593] Die grundsätzliche Geltung des Solidaritätsprinzips wurde jedoch durch die Rechtsprechung nicht mehr in Frage gestellt. Im sog. Schlachtprämien-Urteil umschrieb der EuGH die „Pflicht der Solidarität" als das mit der Zugehörigkeit zur Gemeinschaft verbundene „Gleichgewicht zwischen Vorteilen und Lasten" der Mitgliedstaaten.[594]

---

588 Art. 6 EG lässt sich ebenfalls mit dem Begriff des „Prinzips" charakterisieren, vgl. *Nettesheim*, in: Grabitz/Hilf, Das Recht der EU, Art. 6 EGV Rdn. 9.

589 *Papenkort/Wellershoff*, RdE 2010, 77 (80); *Ehricke/Hackländer*, ZEuS 2008, 579 (594); *Rodi*, in: Vedder/Heintschel von Heinegg, EUVV, Art. III-256, Rdn. 4.

590 Verstärkte Aufmerksamkeit erfährt die Integration von Umwelt- und Nachhaltigkeitsbelangen in die verschiedenen Politikbereiche der Gemeinschaft seit den Beschlüssen des sog. Cardiff-Prozesses im Jahr 1998. Vgl. auch Europäischer Rat (Brüssel), 8. / 9. März 2007, Schlussfolgerungen des Vorsitzes, 7224/1/07 REV 1 CONCL 1, S. 11 ff.

591 Auch die Einfügung des Energiekompetenztitels im unmittelbaren Anschluss an den Umweltkompetenztitel verdeutlicht den inneren Zusammenhang der beiden Politiken.

592 EuGH, verb. Rs. 6/69 und 11/69 (Kommission/Frankreich), Slg. 1969, 523 Tz. 14/17.

593 Vgl. nur EuGH Rs. 54/81 (Fromme/BALM), Slg. 1982, 1449 Tz. 5; EuGH, Rs. 230/81 (Luxemburg/Parlament), Slg. 1983, 255 Tz. 38.

594 EuGH, Rs. 39/72 (Kommission/Italien), Slg. 1973, 101 Tz. 24 f. Ebenso EuGH, Rs. 128/78 (Kommission/Großbritannien), Slg. 1979, 419 Tz. 12.

Im Primärrecht von Nizza fand das Solidaritätsprinzip im fünften Erwägungsgrund der Präambel, in der allgemeinen Grundlagenbestimmung des EU-Vertrags, Art. 1 Abs. 3 S. 2 EUV a.F., sowie in den Vorschriften über Ziele und Verfahren der Gemeinsamen und Außen- und Sicherheitspolitik (GASP), Art. 11 Abs. 2, Art. 23 Abs. 1 UAbs. 2 EUV a.F., ausdrückliche Erwähnung. Im EG-Vertrag enthielt einzig Art. 2 einen positiv-rechtlichen Hinweis auf das Solidaritätsprinzip.

Das Schrifttum entnahm die grundsätzliche Bedeutung der Solidarität als Rechtsprinzip der Union nach allgemeiner Auffassung insbesondere dem fünften Erwägungsgrund der Präambel und der Erwähnung in Art. 1 Abs. 3 S. 2 EUV a.F.[595] Dem Solidaritätsprinzip wurde etwa ein „Vorrang des gemeinsamen Interesses vor dem eigenen Interesse" oder die „Hilfe des Stärkeren für den Schwächeren" entnommen.[596] Inwiefern sich das anerkannte Prinzip über solche vagen Deutungen oder das vom EuGH umschriebene Verbot der Verfolgung nationaler Eigeninteressen zu Lasten anderer Mitgliedstaaten hinaus in konkreten Rechten und Pflichten der Mitgliedstaaten bzw. der Union und der Gemeinschaft äußerte, war und ist jedoch unklar.[597] Teilweise wurde dem Solidaritätsprinzip eine allgemeine Verpflichtung auf das europäische Gemeinwohl entnommen, die sich auf verschiedene Politikbereiche erstrecken und für die Gemeinschaft kompetenzbegründend wirken soll.[598] Als Ausprägung „materieller Solidarität" wurden sogar finanzielle Beistandspflichten in Form von Transferleistungen reicherer an ärmere Mitgliedstaaten sowie Ansprüche des Unionsbürgers auf Sozialhilfeleistungen in anderen Ländern diskutiert.[599] Vor dem Hintergrund der in den Verträgen durchweg vorgenommenen Begrenzung auf das Verhältnis zwischen den Mitgliedstaaten und ihren Völkern und der Vermeidung der Bezugnahme auf den Einzelnen, wurde ein solch weites Verständnis des Prinzips jedoch überwiegend abgelehnt.[600]

Zusammenfassend lässt sich sagen, dass Umfang und Ausgestaltung des normativ eher schwach ausgeprägten Solidaritätsprinzips durch das bisherige Primärrecht kaum vorgegeben wurden. Es handelte sich beim Solidaritätsprinzip

---

595 *Stumpf*, in: Schwarze, EU-Kommentar, Art. 1 EUV Rdn. 43; *Calliess*, in: Calliess/Ruffert, EUV/EGV, Art. 1 EUV Rdn. 58; *Hilf/Pache*, in: Grabitz/Hilf, Das Recht der EU, EUV Präambel Rdn. 26; *Hilf*, in: Grabitz/Hilf, Das Recht der EU, Art. 1 EUV Rdn. 30; *Calliess*, in: Calliess/Ruffert, Verfassung der Europäischen Union, Art. I-43 Rdn. 8.

596 *Hieronymi*, Solidarität als Rechtsprinzip in der Europäischen Union, S. 76 ff.

597 Dazu ausführlich *Lais*, Das Solidaritätsprinzip im Europäischen Verfassungsverbund, S. 167 ff.; *Hieronymi*, Solidarität als Rechtsprinzip in der Europäischen Union, S. 76 ff.

598 So *Calliess*, in: Calliess/Ruffert, EUV/EGV, Art. 1 EUV Rdn. 58 f. Zustimmend wohl *Hilf*, in: Grabitz/Hilf, Das Recht der EU, Art. 1 EUV Rdn. 30.

599 *Lais*, Das Solidaritätsprinzip im Europäischen Verfassungsverbund, S. 263 ff.

600 Vgl. *Pechstein*, in: Streinz, EUV/EGV, Art. 1 EUV Rdn. 42; *Stumpf*, in: Schwarze, EU-Kommentar, Art. 1 EUV Rdn. 43.

daher eher um ein Optimierungsgebot, das der Union und den Mitgliedstaaten einen weiten Gestaltungsspielraum beließ.[601]

b) Das Solidaritätsprinzip nach dem Vertrag von Lissabon

Seit dem Inkrafttreten des Vertrags von Lissabon ist eine Neubeurteilung des Solidaritätsprinzips angezeigt. Gegenüber den Verträgen in der Fassung von Nizza nimmt der Bezug auf den ausfüllungsbedürftigen Begriff in den EU-Verträgen insgesamt deutlich zu.[602] Während der fünfte Erwägungsgrund der Präambel beibehalten wurde, wird das Solidaritätsprinzip in den Bestimmungen über das auswärtige Handeln der Union und die GASP (Art. 21, 24 und 31 AEUV) öfter erwähnt, als es nach früherem Recht der Fall war.[603] Im Hinblick auf den gestaltenden Einfluss der allgemeinen Unionsziele ist aber vor allem die Neufassung der Grundlagenbestimmungen des ersten Titels für das Verständnis des Solidaritätsprinzips von Bedeutung. Nach bisherigem Recht war es durchaus fraglich, ob die Unionsaufgabe der solidarischen Gestaltung der Beziehungen zwischen den Mitgliedstaaten und ihren Völkern gem. Art. 1 Abs. 3 EUV a.F. einen Inhalt transportierte, der über den bereits durch den vierten Erwägungsgrund der Präambel zum Ausdruck gebrachten Gedanken hinausging.[604] In beiden Normen wurde lediglich auf den Begriff verwiesen, ohne Anhaltspunkte für eine Bestimmung der Art oder des Umfangs des Solidaritätsprinzips zu liefern.

Demgegenüber kommt schon in den Grundlagenbestimmungen des neuen EU-Vertrags eine gewisse Konkretisierung des Solidaritätsprinzips zum Ausdruck. Der Vergleich zwischen Art. 3 Abs. 3 UAbs. 3 EUV und Art. 2 EUV verdeutlicht, dass die Solidarität erstens ein Gebot für das Verhalten der Mitgliedstaaten untereinander darstellt (Art. 3 Abs. 3 UAbs. 3 EUV) und zweitens einen allgemeinen Grundsatz bezeichnet, der das Handeln der Union selbst bestimmt (Art. 2 EUV). Eine besondere Ausprägung des Solidaritätsprinzips findet sich zudem in Art. 3 Abs. 3 UAbs. 2 EUV, der die Bedeutung der „Solidarität zwischen den Generationen" hervorhebt. Die Nennungen des Solidaritätsprinzips werden demnach nicht nur zahlreicher, sondern erhalten auch einen spezifi-

601 Vgl. *Hieronymi*, Solidarität als Rechtsprinzip in der Europäischen Union, S. 125.

602 Nach *Streinz/Ohler/Hermann*, Der Vertrag von Lissabon, S. 66, zieht sich „die Solidaritätspflicht der Mitgliedstaaten untereinander [...] als roter Faden durch die Verträge". Die vermehrte Nennung des Prinzips war bereits im EUVV enthalten, dazu *Calliess*, in: Calliess/Ruffert, Verfassung der Europäischen Union, Art. I-43 Rdn. 4, 6.

603 Die gegenseitige politische Solidarität der Mitgliedstaaten wird in Art. 24, 31 und 32 AEUV insgesamt fünfmal (statt bisher dreimal) erwähnt.

604 Ein Unterschied zwischen Art. 1 Abs. 3 EUV a.F. und dem fünften Erwägungsgrund der Präambel bestand darin, dass zum einen lediglich die Völker der Mitgliedstaaten, zum anderen die Mitgliedstaaten und ihre Völker in Bezug genommen wurden. Dennoch dürfte sich die Präambel auch auf die Stärkung der Solidarität zwischen den Vertragsparteien erstreckt haben, die als Medium zur Förderung der Solidarität zwischen ihren Völkern angesehen werden konnte, vgl. *Hilf/Pache*, in: Grabitz/Hilf, Das Recht der EU, EUV Präambel Rdn. 23.

schen Bezug. Dies gilt auch und insbesondere für die im AEUV detaillierten Politikbereiche. Neben dem Energieartikel greifen die Bestimmungen über Grenzkontrollen, Einwanderung und Asyl (Art. 67 Abs. 2 und Art. 80 AEUV) sowie die wirtschaftspolitische Vorschrift über Maßnahmen im Krisenfall (Art. 122 Abs. 1 AEUV) den Begriff auf. Im fünften Teil des AEUV über das auswärtige Handeln der Union existiert mit Art. 222 AEUV zudem eine Vorschrift über gemeinsame Reaktionen auf Terroranschläge, Naturkatastrophen und vom Menschen verursachte Katastrophen, die mit der amtlichen Überschrift „Solidaritätsklausel" bezeichnet wird.[605]

2. Die Zielverfolgung im Geiste der Solidarität zwischen den Mitgliedstaaten

a) Das Verhältnis zum Verfassungsprinzip Solidarität

So wie die Leitprinzipien Umweltschutz und Binnenmarkt die Übertragung der Wertungen anderer Politikbereiche anordnen, deutet der Charakter der Formulierung „im Geiste der Solidarität zwischen den Mitgliedstaaten" als Leitprinzip auf die Berücksichtigung des Solidaritätsprinzips hin, das wie oben dargelegt als Struktur- oder Verfassungsprinzip der Union Geltung beansprucht. Ähnlich wie beim zweiten Leitprinzip bezüglich der umweltrechtlichen Querschnittsklausel stellt sich darum im Rahmen der „Energiesolidarität" die Frage, ob der Bezug zum Energieartikel Rechtswirkungen zur Folge hat, die sich nicht bereits aus den allgemeinen Vorschriften ergeben. Der Wortlaut lässt sich unterschiedlich interpretieren. Der *Geist der Solidarität* gibt kaum Aufschluss über den normativen Gehalt des Leitprinzips.[606] Aus gesetzessystematischer Sich spricht jedoch einiges dafür, im Energiesolidaritätsprinzip mehr zu sehen als eine bloße „Wohlverhaltensregel"[607].

Die bemerkenswerte Häufigkeit[608] des Begriffs der Solidarität in verschiedenen Vertragsbestimmungen legt nahe, dass das Leitprinzip der Energiesolidarität über den Hinweis auf die Geltung des allgemeinen Rechtsprinzips der Solidarität hinaus geht. Zu bedenken ist insbesondere, dass der Begriff nach den Änderungen des Vertrags von Lissabon in den Politiken der Union einen spezifischen Bezug erhält, der dem allgemeinen Solidaritätsprinzip jedenfalls nach der bisherigen Rechtsprechung des EuGH fehlt. Es ist darum möglich, der Energiesolidarität nach Art. 194 Abs. 1 AEUV Rechtswirkungen zu entnehmen, die sich unter der Wirkung des allgemeinen Rechtsprinzips – abhängig von seiner ungeklärten Reichweite –unter Umständen nicht einstellen.

Ein bedeutender Unterschied zwischen dem allgemeinen Rechtsprinzip der Solidarität und der Energiesolidarität besteht zudem darin, dass jeweils unter-

---

605 Siehe Titel VII AEUV, ABl. 2008 Nr. C 115, S. 148.

606 Vgl. auch *Nettesheim*, JZ 2010, 19 (22 f.).

607 Vgl. *Papenkort/Wellershoff*, RdE 2010, 77 (78).

608 *Hoffmeister*, in: Pernice, Der Vertrag von Lissabon, S. 146.

schiedliche Adressaten betroffen werden. Wie oben dargestellt, äußerte sich das allgemeine Solidaritätsprinzip nach der Rechtsprechung des EuGH bislang vor allem als unmittelbare Pflicht für die Mitgliedstaaten, nämlich als Verbot, sich unsolidarisch zu verhalten.[609] Die Energiesolidarität nach Art. 194 Abs. 1 AEUV bezieht sich demgegenüber nur auf die Energiepolitik der Union und nicht (auch) auf die Energiepolitik der Mitgliedstaaten. Dies ergibt sich nicht nur aus dem Wortlaut der Vorschrift („Die Energiepolitik der Union verfolgt [...] folgende Ziele"), sondern auch aus der Systematik des Energieartikels und der Kompetenzabgrenzung zwischen Union und Mitgliedstaaten insgesamt. Als geteilte Zuständigkeit fällt der Sachbereich Energie in den Zuständigkeitsbereich der Mitgliedstaaten, solange die Union ihre Zuständigkeit noch nicht ausgeübt hat, vgl. Art. 4 Abs. 2 lit. i, Art. 2 Abs. 2 S. 2 AEUV. Wird die Union aber rechtsetzend tätig, können im Rahmen der Kompetenz aus Art. 194 AEUV Ge- und Verbote für die Mitgliedstaaten festgesetzt werden. Neben den zielimmanenten Grenzen der Art. 194 Abs. 1 lit. a und d AEUV und den Vorgaben der Leitprinzipien sind die Rechte der Mitgliedstaaten für den Umfang der Ermächtigung entscheidend. Die Pflichten der Mitgliedstaaten ergeben sich aus dem Energiekompetenztitel nur mittelbar, nämlich über eine entsprechende Sekundärrechtsetzung – eine ergänzende Regelung über etwaige Pflichten in Art. 194 AEUV ist nicht vorhanden und wäre auch systemwidrig.

Bei der Energiesolidarität handelt es sich folglich um eine gegenüber dem allgemeinen Rechtsprinzip der Solidarität verselbständigte Konkretisierung, so dass der Inhalt der Energiesolidarität gesondert ermittelt werden muss.[610]

b) Solidarität im Energiesektor

Zentrale politische Bedeutung gewann die Frage nach Solidarität im Energiesektor erstmals mit der Ölkrise im Jahr 1973. Trotz verhaltener Ansätze in Richtung einer gemeinschaftlichen Energiepolitik[611] beschränkten sich die Reaktionen auf die Drosselung der Ölförderung durch die OPEC-Staaten vorwiegend auf nationalstaatliche Maßnahmen.[612] Insbesondere fehlte es damals an einer Solidaritätserklärung mit den von dem arabischen Lieferboykott besonders betroffenen

---

[609] Vgl. auch *Calliess*, in: Calliess/Ruffert, Verfassung der Europäischen Union, Art. I-43 Rdn. 9: „Vorrangiger Bezugspunkt der Solidaritätspflichten bleiben daher auch nach der Verfassung die Mitgliedstaaten".

[610] Ähnlich wie hier: *Pahl*, in: Pernice, Der Vertrag von Lissabon, S. 200 f. A.A.: *Papenkort/Wellershoff*, RdE 2010, 77 (78); *Kahl*, in: Schulze-Fielitz/Müller, Europäisches Klimaschutzrecht, S. 49 und *Fischer*, Der Vertrag von Lissabon, S. 323, die vor dem Hintergrund des allgemeinen Rechtsprinzips der Solidarität von einer bloß deklaratorischen Bedeutung ausgehen.

[611] Siehe oben Kap. 2 A. I. 2.

[612] *Krämer*, Die EG und die Ölkrise, S. 67 ff.

Niederlanden.[613] Vor dem Eindruck der Unterbrechung von Energielieferungen stand auch die Regierungskonferenz 2007, die zur Aufnahme des in Art. III-256 EUVV noch nicht enthaltenen Passus über Energiesolidarität führte. Die Änderung geht auf das Drängen der polnischen Regierung zurück, die an der Gestaltung des Verfassungsvertrags noch nicht als EU-Mitglied teilgenommen hatte. Polen, das wie viele andere osteuropäische Länder hochgradig von russischen Energielieferungen abhängig ist, hatte sich durch die Streitigkeiten über Gas- und Öllieferungen zwischen Russland und der Ukraine (2006) bzw. Weißrussland (2007) besonders in seiner Energieversorgungssicherheit bedroht gefühlt. Das Bestreben Polens, das bestehende Konzept zur Bewältigung von Krisenreaktionsmechanismen zu überarbeiten und den aktuellen Bedrohungslagen anzupassen, äußerte sich wiederholt in entsprechenden politischen Initiativen,[614] die zunächst im Energieaktionsplan des Europäischen Rates und schließlich von der Kommission in der zweiten Überprüfung der Energiestrategie aufgegriffen wurden.[615] Vor diesem Hintergrund ist davon auszugehen, dass das Leitprinzip der Solidarität in erster Linie auf die Bewältigung von Versorgungskrisen abzielt. Im Hinblick auf die Klimaschutzpolitik der Union könnte Solidarität im Energiesektor darüber hinaus das Erfordernis einer gerechten Lastenverteilung von Treibhausgas-Reduktionsverpflichtungen unterstreichen.

So wie Umweltschutz und Binnenmarkt die Umsetzung der energiepolitischen Ziele eher beschränken als erweitern, hat auch das Leitprinzip der Energiesolidarität das Potential, die Gesetzgebung im Energiebereich einzuschränken. So wäre etwa ein Rechtsakt, der einem Mitgliedstaat – etwa hinsichtlich der Verpflichtung zur Reduktion von Treibhausgasen – übermäßige Belastungen auferlegt, nicht mit dem Energiesolidaritätsprinzip vereinbar. Solche Maßnahmen dürften jedoch zugleich nach dem allgemeinen Grundsatz der Verhältnismäßigkeit (Art. 5 Abs. 4 EUV) unzulässig sein. Die Bedeutung des Leitprinzips liegt darum vielmehr in einer Präzisierung der energiepolitischen Zielbestimmungen, vor allem der Energieversorgungssicherheit. Es handelt sich bei der Energiesolidarität nach Art. 194 Abs. 1 AEUV in erster Linie um einen Auftrag an den Unionsgesetzgeber, die Energiegesetzgebung solidarisch zu gestalten.

3. Zusammenfassung

Das Leitprinzip der Solidarität im Energiebereich stellt eine der zahlreichen durch den Vertrag von Lissabon aufgenommenen Spezialausprägungen des schon nach bisherigem Recht anerkannten Solidaritätsprinzips dar. Dabei entfal-

---

613 Vgl. *Michaelis*, Energiemarkt und Energiepolitik, S. 9. Gegen die Niederlande, die im Jom-Kippur-Krieg als Unterstützer Israels galten, wurde ein Öl-Embargo ausgesprochen.

614 Vgl. FAZ vom 08.10.2008, S. 6: „Polen will mehr Energiesicherheit“.

615 Vgl. Europäischer Rat (Brüssel), 8. / 9. März 2007, Schlussfolgerungen des Vorsitzes, 7224/1/07 REV 1 CONCL 1, S. 16 ff., 18 sowie KOM (2008) 781 endg., S. 12 f.

tet das Leitprinzip der Energiesolidarität Rechtswirkungen, die sich nicht bereits aus dem allgemeinen Solidaritätsprinzip ergeben. Während das Verfassungsprinzip als Verbot vertragswidrigen Verhaltens in erster Linie die Mitgliedstaaten verpflichtet, bezieht sich die Energiesolidarität nach Art. 194 Abs. 1 AEUV ausweislich des Wortlauts und der Systematik des Energieartikels ausschließlich auf die Union.[616] In Anbetracht der Normentstehung dürfte das Solidaritätsprinzip vor allem für das Ziel der Gewährleistung der Versorgungssicherheit relevant werden.

IV. Zwischenergebnis

Die Rahmenbedingung des Binnenmarkts, das Leitprinzip des Umweltschutzes und das Energiesolidaritätsprinzip sind Gebote, die Auswirkung der Energiepolitik auf die jeweils in Bezug genommenen Sachbereiche zu beachten. Aus der Verwendung der unterschiedlichen Begriffe des „Rahmens", der „Berücksichtigung" und der Zielverfolgung „im Geiste" der Solidarität ergeben sich keine Unterschiede. Insbesondere handelt es sich bei der Rahmenbedingung des Binnenmarkts nicht um eine sachliche Begrenzung der Rechtsetzungsbefugnisse im Energiebereich. Den materiellen Anforderungen des Leitprinzips ist genügt, wenn eine energiepolitische Maßnahme mit den Grundelementen des Binnenmarkts – allen voran dem Grundsatz des freien Wettbewerbs – vereinbar ist. Dementsprechend müssen auch die beiden anderen Leitprinzipien keine positiven Auswirkungen auf die in Bezug genommenen Bereiche erwarten lassen. Im Fall des Leitprinzips des Umweltschutzes ergibt sich dies bereits aus der umweltrechtlichen Querschnittsklausel nach Art. 11 AEUV, die inhaltlich mit dem Leitprinzip übereinstimmt. Gemeinsam haben alle Leitprinzipien, dass sie das Potential besitzen, die an den Zielen des Art. 194 Abs. 1 lit. a-d AEUV ausgerichtete Energiepolitiken zu Gunsten der jeweils zu Grunde liegenden Prinzipien einzuschränken. Eine etwaige Begrenzung der Energiepolitik durch die Leitprinzipien richtet sich dabei nicht nach festen Grenzen, sondern wird ihrer Rechtsnatur als Prinzipien entsprechend im Wege eines Abwägungsprozesses ermittelt. Die Leitprinzipien fungieren also als ermessenslenkende Vorgaben zu Gunsten allgemeiner Vertragsgrundsätze.

616 A.A.: *Streinz/Ohler/Hermann*, Der Vertrag von Lissabon, S. 66 und *Hoffmeister*, in: Pernice, Der Vertrag von Lissabon, S. 146, die eine Verpflichtung der Mitgliedstaaten annehmen.

E. Die Zielvorgaben im Einzelnen

I. Sicherstellung des Funktionierens des Energiemarkts

1. Inhalt der Zielvorgabe

a) Der Energiemarkt aus wirtschaftswissenschaftlicher Sicht

Mit dem Markt wird in Art. 194 Abs. 1 lit. a AEUV ein Begriff verwendet, der anders als der Binnenmarkt keinen klassischen (Gemeinschafts-)Rechtsbegriff darstellt, sondern vor allem aus wirtschaftswissenschaftlicher Sicht bedeutsam ist. In der Wirtschaftstheorie bezeichnet der Markt die abstrakte Zusammenfassung aller Angebots- und Nachfragebeziehungen bezüglich eines bestimmten Gutes.[617] Der Energiemarkt stellt demnach das Zusammentreffen von Angebot und Nachfrage bezüglich des Guts „Energie" dar. Abhängig von den Besonderheiten der jeweils gehandelten Energie und den Modalitäten der Geschäfte ergeben sich dabei sehr unterschiedliche Konstellationen des Zusammentreffens von Angebot und Nachfrage.

So unterscheidet sich der Handel mit den leitungsgebundenen Energien Strom und Gas in tatsächlicher Hinsicht erheblich von den Märkten für Energien, die nicht an Netze gebunden sind.[618] Gegenstand des Energiehandels und damit Aspekt des Energiemarkts sind zudem nicht nur physische Produkte wie Strom und Brennstoff, sondern auch reine Finanzgeschäfte (Derivate).[619] Zeitlich unterscheidet man Regelenergiemärkte und Forward-Märkte sowie Spot- und Termin-Märkte.[620] Der Energiemarkt wird auch anhand des Handelsvolumens und der Beteiligten unterteilt. So bestehen im Stromsektor Unterschiede zwischen Stromgroßhandelsgeschäften wie OTC- und Börsengeschäften und Stromkundengeschäften.[621] Als Energiemarkt im weiten Sinne kann auch der Netznutzungsmarkt angesehen werden, also der Markt für die Dienstleistung der Netzbereitstellung.[622]

Der Zweck, das Funktionieren des Energiemarkts sicherzustellen, führt auch zu der Frage, worin sich funktionierende bzw. nicht funktionierende Energiemärkte äußern. Aus volkswirtschaftlicher Sicht wird ein funktionierender Markt durch eine effiziente Ressourcenverteilung bei vollständigem Wettbewerb ge-

---

617 Siehe Meyers Handbuch Wirtschaft, Sachwörterbuch-Eintrag: Markt.

618 Neben dem Bestehen eines Netzes, das für den Transport der leitungsgebundenen Energien notwendig ist, besteht die Besonderheit vor allem in der wirtschaftlich begrenzten Speicherbarkeit von Strom und Gas, vgl. etwa *Riechmann*, in: Bartsch/Röhling/Salje/Scholz, Stromwirtschaft, S. 4; *Haghighi*, Energy Security, S. 65.

619 Vgl. nur: *Lokau/Ritzau*, in: Zenke/Schäfer, Energiehandel in Europa, § 5 Rdn. 18.

620 *Hinz/Weber*, in: Zenke/Schäfer, Energiehandel in Europa, § 13 Rdn. 5.

621 *Zenke*, in: Schneider/Theobald, Recht der Energiewirtschaft, § 12 Rdn. 3 ff.

622 Vgl. *Lecheler/Recknagel*, in: Dauses, Handbuch des EU-Wirtschaftsrechts, Band II, M Rdn. 8.

kennzeichnet, sog. Pareto- oder Allokationseffizienz.[623] Wenn diese idealtypischen Annahmen nicht gegeben sind, und eine Situation besteht, in der der Markt alleine keine effiziente Verteilung der Ressourcen bewirken kann, verwenden Ökonomen den Begriff des Marktversagens. Marktversagen liegt also vor, wenn der Wettbewerb beeinträchtigt wird oder andere Einschränkungen zur Ineffizienz führen. Die möglichen Ursachen für negative Ergebnisse marktmäßiger Koordination werden üblicherweise in Fallgruppen zusammengefasst. Wichtige Beispiele, die zugleich für den Energiemarkt Geltung beanspruchen können, sind Marktmacht, unzulängliche Informationen und Externalitäten, also Auswirkungen ökonomischen Handelns auf Dritte.[624] Gerade auf dem Energiemarkt sind die Voraussetzungen dafür, dass durch dezentrale Konzentration effiziente Marktergebnisse erreicht werden können, bestenfalls eingeschränkt gegeben.[625] Gründe für Marktversagen bei der Energieversorgung sind insbesondere Marktmacht in Form von Monopolen oder Kartellabsprachen, die durch die Eigenschaft der Verteilung leitungsgebundener Energien als natürliches Monopol begünstigt werden, sowie negative externe Effekte aufgrund von Schadstoffemissionen und der Gefahr von Katastrophenschäden.[626]

Direkt auf den Energieartikel übertragbar ist das wirtschaftswissenschaftliche Verständnis eines „funktionierenden Energiemarkts“ nicht. Im Unterschied zu Rechtsbestimmungen, die dazu dienen, auf konkrete Sachverhalte angewendet zu werden, bildet die Volkswirtschaftslehre Gesetzmäßigkeiten, um ein bestimmtes Verhalten zu erklären und lässt dabei insbesondere den – im Sinne der juristischen Methodik erheblichen – Zweck der Normierung eines Tatbestandsmerkmals außer Acht.[627] Die energieökonomischen Besonderheiten bieten indes wichtige Anhaltspunkte für die Auslegung des Art. 194 Abs. 1 lit. a AEUV.

b) Der Marktbegriff in Gesetz, Politik und Rechtsprechung

Während der Binnenmarkt sowohl vor als auch nach den Änderungen des Vertrags von Lissabon im Primärrecht häufig als Rechtsbegriff Verwendung findet, wird der „Markt“ bzw. die „Märkte“ nur an wenigen Stellen erwähnt. Nach Art. 39 Abs. 1 lit. c AEUV (Art. 33 Abs. 1 lit. c EG) stellt es ein Ziel der gemeinsamen Agrarpolitik dar, „die Märkte zu stabilisieren“. Die „Agrarmärkte“ sind zudem Gegenstand des Art. 40 AEUV (Art. 34 EG). Der Hinweis auf ein „System offener und wettbewerbsorientierter Märkte“ findet sich in den Titeln über

---

623 Vgl. z.B. *Mankiw/Taylor*, Grundzüge der Volkswirtschaftslehre, S. 11; *Samuelson/Nordhaus*, Volkswirtschaftslehre, S. 232.

624 Vgl. nur *Samuelson/Nordhaus*, Volkswirtschaftslehre, S. 237 f.

625 Dazu ausführlich: *Erdmann/Zweifel*, Energieökonomik, S. 7 f.

626 *Erdmann/Zweifel*, Energieökonomik, S. 7 f.

627 Zum Verhältnis wirtschaftswissenschaftlicher Begriffe und rechtlicher Tatbestandsmerkmale: *Börner*, in: FS Hartmann, S. 77 ff.

Transeuropäische Netze, Art. 170 Abs. 2 AEUV (Art. 154 Abs. 2 EG), und über Industriepolitik, Art. 173 Abs. 1 AEUV (Art. 157 Abs. 1 EG).[628]

Die Stabilität der Märkte in Art. 39 Abs. 1 lit. c AEUV (Art. 33 Abs. 1 lit. c EG) zielt für den Agrarsektor darauf ab, einen dauerhaften Ausgleich zwischen Angebot und Nachfrage zu erreichen.[629] Das Verhältnis von Angebot und Nachfrage ist also auch für die primärrechtliche Zielvorgabe der inhaltliche Ausgangspunkt. Nach den oben im Weiteren genannten Vorschriften ist auch das Wettbewerbsprinzip eng mit dem Marktbegriff verknüpft. Dass die Organisation der Märkte in offener und wettbewerbsorientierter Weise zu erfolgen hat, ergibt sich zudem aus den allgemeinen Grundsätzen der Wirtschafts- und Währungspolitik, Art. 119 Abs. 1 AEUV (Art. 4 Abs. 1 EG) und Art. 120 AEUV (Art. 98 EG), sowie aus dem Protokoll über den Binnenmarkt und den Wettbewerb.[630] Im Sprachgebrauch der Rechtsprechung scheint der Wettbewerb ebenfalls das prägende Element des Marktbegriffes zu sein.[631] Begrifflich lässt sich zwar auch dort vom Energiemarkt sprechen, wo aufgrund von unvollständiger Konkurrenz gerade kein Wettbewerb herrscht („oligopolistischer Markt“).[632] Unter Zugrundelegung der oben genannten Prinzipien der EU-Wirtschaftsverfassung kann ein „funktionierender“ Markt nur ein vollkommener Wettbewerbsmarkt sein.

Dem Grundverständnis des Markts als Inbegriff des Verhältnisses von Angebot und Nachfrage unter Zugrundelegung des freien Wettbewerbs entspricht schließlich auch die politische Praxis im Energiesektor. So geht die Kommission seit langem davon aus, dass eine optimale Ressourcennutzung auch im Bereich der Energiepolitik durch den Markt herbeigeführt wird.[633] Aktuell schlägt die Kommission als Maßnahmen zur „Verbesserung des Funktionierens des Marktes“ unter anderem die eigentumsrechtliche Entflechtung von Versorgungsunternehmen und Netzbetreibern, die Erleichterung des Zugangs von Wettbewerbern zu Energieinfrastruktureinrichtungen sowie die Steigerung von Markttransparenz vor.[634] Die Instrumente der europäischen Energiepolitik sollen also ein Marktversagen im oben dargestellten Sinn (Marktmacht in Form von natürlichen Monopolen / unzulängliche Informationen) verhindern.

---

628 Siehe bereits oben Kap. 3 C. III. 3. b) aa).

629 *van Rijn*, in: von der Groeben/Schwarze, EUV/EGV, Art. 33 EG Rdn. 11; *Bittner*, in Schwarze, EU-Kommentar, Art. 33 Rdn. 13; *Thiele*, in: Calliess/Ruffert, EUV/EGV, Art. 33 EGV Rdn. 8 f.; *Kopp*, in: Streinz, EUV/EGV, Art. 33 EGV Rdn. 17; *Priebe*, in: Grabitz/Hilf, Das Recht der EU, Art. 33 EGV Rdn. 14.

630 Das den Verträgen beigefügte Protokoll ersetzt die Regelung des Art. 3 Abs. 1 lit. g EG, die durch den Vertrag von Lissabon gestrichen wurde, näher dazu unten Kap. 3 F. II. 4.

631 Vgl. EuG, verb. Rs. T-254/00, T-270/00 und T-277/00 (Hotel Cipriani u.a.) Rdn. 169.

632 EuGH, Rs. 13/60 (Ruhrkohlenverkaufsgesellschaften), Slg. 1962, 179 (zur Wettbewerbsstruktur auf dem Kohlenmarkt im Jahr 1960).

633 Vgl. nur KOM (95) 682 endg., S. 14.

634 KOM (2007) 528-532 endg., S. 4 ff., 18 ff. („Drittes Energiebinnenmarktpaket“).

c) Das Funktionieren des Energiemarkts im Sinne des Energieartikels

Unter Berücksichtigung der bisherigen Verwendung des Rechtsbegriffs und dem Sprachgebrauch der Kommission ist davon auszugehen, dass sich das Ziel des Art. 194 Abs. 1 lit. a AEUV grundsätzlich mit der wirtschaftswissenschaftlichen Bedeutung des Wortes deckt. Zu klären ist im Folgenden, wie sich das Ziel des Funktionierens des Energiemarkts im Zusammenspiel mit anderen Bestimmungen verhält und welche Funktion ihm im Energieartikel zukommt.

aa) Energiemarkt und Energiebinnenmarkt

Problematisch ist die Verwendung des Rechtsbegriffs „Energiemarkt" in Art. 194 Abs. 1 lit. a AEUV im Hinblick auf den Energiebinnenmarkt. Die Begriffe ähneln sich nicht nur in ihrer Formulierung, sondern überschneiden sich auch inhaltlich, da die Gewährleistung oder Herstellung des freien unternehmerischen Wettbewerbs eines der Hauptziele der Energiebinnenmarktpolitik darstellt.[635] Vor dem Hintergrund dieser Übereinstimmungen stellt sich die Frage, ob und wie sich die beiden Konzepte voneinander unterscheiden.

Die Verwendung des Energiemarkt-Begriffs ist zunächst ein starkes Indiz dafür, dass Art. 194 Abs. 1 lit. a AEUV nicht lediglich die Realisierung des Energiebinnenmarkts bezweckt. Dies gilt umso mehr, als der Bezug auf das Binnenmarktkonzept die Verwendung des Marktbegriffes im Primärrecht um ein Vielfaches überwiegt. Wenn der Gesetzgeber sich entgegen der üblichen Terminologie der Verträge dafür entscheidet, den Marktbegriff zu verwenden, spricht einiges dafür, dass das Ziel des Art. 194 Abs. 1 lit. a AEUV nicht mit der Herstellung des Energiebinnenmarkts identisch ist. Andernfalls wäre zudem fraglich, ob dem Leitprinzip des Binnenmarkts für die erste Zielbestimmung eine eigenständige Bedeutung zukommt.

Andererseits gibt es auch Gründe dafür, von einer Deckungsgleichheit der Begriffe „Energiemarkt" und „Energiebinnenmarkt" auszugehen. Es bereitet erhebliche Schwierigkeiten, den Energiebinnenmarkt zu definieren, ohne direkt oder indirekt zugleich die Energiemärkte in Bezug zu nehmen. Im Sprachgebrauch der Kommission ist ebenfalls kein Kriterium für eine trennscharfe Abgrenzung beider Begriffe erkennbar. Im Gegenteil scheint ein funktionierender Binnenmarkt für die Kommission mit offenen und wettbewerbsorientierten Energiemärkten gleichbedeutend zu sein.[636] Zudem könnte die exponierte Stellung des Art. 194 Abs. 1 lit. a AEUV als erste der Zielvorgaben zugleich eine Hervorhebung seiner Bedeutung für die europäische Energiepolitik darstellen. Eine solche Priorisierung würde sich mit dem energiepolitischen Stellenwert,

635 Siehe oben Kap. 3 D. I. 1.

636 Siehe etwa KOM (2006) 105 endg., S. 6 ff.; KOM (2007) 1 endg., S. 7 ff.; KOM (2009) 115 endg., S. 2. Vgl. auch RL 2003/54/EG, Erwägungsgrund 2, ABl. 2003, Nr. L 176, S. 37; RL 2005/89/EG, Erwägungsgrund 3, ABl. 2006, Nr. L 33, S. 22.

der der Schaffung des Energiebinnenmarkts bislang eingeräumt wurde, decken.[637]

Eine Synonymität der Begriffe könnte auch die Bezeichnung als Energie*markt* erklären. Vor dem Hintergrund der Vielzahl an unterschiedlichen Aspekten des Energiehandels und der Terminologie in anderen Politiken ist auffällig, dass Art. 194 Abs. 1 lit. a AEUV nicht die Energiemärkte in Bezug nimmt, sondern mit der Verwendung der Einzahl zu implizieren scheint, dass es nur einen einzigen Energiemarkt gibt. Der Kommissionsentwurf des Energiekompetenztitels sah in Art. 2 Abs. 1 lit. b TE einen Beitrag „zur Stabilität der Energiemärkte" als energiepolitisches Ziel vor. Erachtet man den Energiemarkt als Teil des Binnenmarkts, könnte es sich bei der Bezeichnung um die Hervorhebung des Ziels der Schaffung eines einzigen, einheitlichen Energiebinnenmarkts handeln.

Bemerkenswert ist zudem, dass die Urfassung des Energiekompetenztitels nicht nur die „Stabilität der Energiemärkte" sondern auch die „Verwirklichung des Binnenmarktes im Energiebereich" als jeweils eigenständige Zielvorschrift aufzählte, vgl. Art. 2 Abs. 1 lit. b und c TE. Während sich die Erwähnung des Energiebinnenmarkts neben dem Energiemarkt in Art. 194 Abs. 1 AEUV möglicherweise noch durch die unterschiedlichen Funktionen von Zielen und Leitprinzipien erklären lässt, ist die Annahme einer Synonymität beider Begriffe rechtstechnisch kaum vertretbar, wenn es sich wie in Art. 2 Abs. 1 TE in beiden Fällen gleichermaßen um energiepolitische Ziele handelt. Daraus ließe sich der Schluss ziehen, dass Energiemarkt und -binnenmarkt sinnvoll nebeneinander bestehen können und sich deshalb inhaltlich voneinander unterscheiden müssen. Betont man demgegenüber, dass die „Verwirklichung des Binnenmarktes im Energiebereich" in den neueren Versionen des Energiekompetenztitels gerade keine Zielvorgabe mehr darstellt und der Binnenmarkt lediglich in genereller Form als Leitprinzip Erwähnung findet, ist die entgegengesetzte Auffassung ebenso gut vertretbar. In diesem Fall wäre die Änderung als Korrektur einer überflüssigen Wiederholung des Inhalts einer Zielvorschrift einzuordnen.

Die Geschichte des Energiekompetenztitels gibt also keinen eindeutigen Aufschluss über das Verhältnis der beiden Rechtsbegriffe. Im Hinblick auf den Wortlaut und die Regelungstechnik wäre aber eine Deutung des „Energiemarkts" im Sinne des Art. 194 Abs. 1 lit. a AEUV zu bevorzugen, die der Zielbestimmung eine eigenständige Bedeutung gegenüber der Schaffung des Energiebinnenmarkts verleiht.

bb) Die externe Dimension des Energiemarkts

Ein Unterschied zwischen Energiemarkt und Energiebinnenmarkt besteht darin, dass sich letzterer ausdrücklich auf das Gebiet der Mitgliedstaaten bezieht, während ersterer keine entsprechende Beschränkung aufweist. Begrifflich betreffen Maßnahmen zur Realisierung des Energiebinnenmarkts als Unterfall des allge-

[637] Siehe oben Kap. 2. A. II.

meinen Binnenmarktkonzepts nach Art. 26 f. also nur unionsintern-grenzüberschreitende Problematiken. Sieht man das Fehlen eines räumlichen Bezugs in Art. 194 Abs. 1 lit. a AEUV im diesem Sinne als das maßgebliche Kriterium zur Abgrenzung zwischen Energiemarkt und -binnenmarkt an, könnte das Energiemarktziel die Rechtsgrundlage für eine gemeinsame Energieaußenpolitik darstellen.[638]

Nach den Plänen der Kommission erfordert eine „kohärente Energieaußenpolitik“ etwa Partnerschaftsabkommen mit Energielieferländern, die Gründung einer europaweiten Energiegemeinschaft und die Förderung des Ausbaus der Energienetze außerhalb der Union.[639] Der Deutung des Art. 194 Abs. 1 lit. a AEUV als Rechtsgrundlage für eine gemeinsame Energieaußenpolitik steht auch nicht entgegen, dass der Union in anderen Politiken ausdrücklich externe Zuständigkeiten eingeräumt werden, während sich die Außenkompetenz im Energieartikel wie oben dargestellt erst aus der Auslegung im Vergleich mit dem Binnenmarktkonzept ergibt.[640] Das Fehlen einer expliziten Anordnung über die Zusammenarbeit mit Drittländern bedeutet nicht im Umkehrschluss, dass eine entsprechende Ermächtigung generell ausgeschlossen sein soll. Dies ergibt sich aus Art. 216 AEUV, einer der Regelungen über „Internationale Übereinkünfte“ (Titel V) im neu aufgenommenen fünften Teil des AEUV über die auswärtige Politik der Union.[641] Danach kommt der Union eine Handlungsermächtigung im Außenbereich zu, „wenn dies in den Verträgen vorgesehen ist oder wenn der Abschluss einer Übereinkunft im Rahmen der Politik der Union entweder zur Verwirklichung eines der in den Verträgen festgesetzten Zielen erforderlich oder in einem verbindlichen Rechtsakt der Union vorgesehen ist oder aber gemeinsame Vorschriften beeinträchtigen oder deren Anwendungsbereich ändern könn-

---

638 Für ein Handeln im Außenverhältnis benötigt die Union nach dem Prinzip der begrenzten Einzelermächtigung ebenso eine entsprechende Sachkompetenz wie bei internem Tätigwerden , siehe *Kahl*, in: Schulze-Fielitz/Müller, Europäisches Klimaschutzrecht, S. 39; *Pröfrock*, Energieversorgungssicherheit, S. 111; *Schmidt-Preuß*, RdE 2007, 281 (283).

639 KOM (2006) 105 endg., S. 16 ff., 23.

640 In verschiedenen alten und neuen Politikbereichen finden sich – in unterschiedlicher Ausgestaltung – Regeln über die Kompetenzverteilung und -wahrnehmung der Union und ihrer Mitgliedstaaten im Verhältnis zu Drittstaaten und internationalen Organisationen. So etwa in den Regelungen über den Handel (Art. 131 ff. EG / Art. 207 ff. AEUV), Bildung, Jugend und Sport (Art. 165 f. AEUV), Kultur (Art. 151 EG / Art. 167 AEUV), Gesundheitswesen (Art. 152 EG / Art. 168 AEUV), Forschung, technologische Entwicklung und Raumfahrt (Art. 163 ff. EG / Art. 179 ff. AEUV) sowie Umwelt (Art. 174 ff. EG / Art. 191 ff. AEUV).

641 Daneben ergibt sich die Zuständigkeit für den Abschluss internationaler Übereinkünfte im Bereich der ausschließlichen Zuständigkeit auch aus Art. 3 Abs. 2 AEUV. Für den hier allein interessierenden Bereich der geteilten Zuständigkeit nach Art. 4 AEUV fehlt aber eine entsprechende Vorschrift. Die Neuerungen waren bereits in Art. I-13 Abs. 2 und Art. III-323 Abs. 1 EUVV enthalten.

te". Bislang regelte Art. 300 EG (Art. 218 AEUV) allein das Verfahren zum Abschluss internationaler Übereinkommen, begründete jedoch keine entsprechende materielle Befugnis. Die umständliche und durch die verschiedenen zuständigkeitseröffnenden Alternativen recht weite Formulierung des Art. 216 AEUV stellt den Versuch einer Kodifizierung der „AETR-Rechtsprechung" des EuGH dar, wonach die Gemeinschaft in dem Umfang, in dem ihr interne Kompetenzen zustehen, auch über Zuständigkeiten im externen Bereich verfügt.[642] Dabei handelt es sich um einen Unterfall der implied powers-Lehre, wonach die Vorschriften eines völkerrechtlichen Vertrages oder eines Gesetzes zugleich diejenigen Vorschriften beinhalten, bei deren Fehlen sie sinnlos wären oder nicht in vernünftiger und zweckmäßiger Weise zur Anwendung gelangen könnten.[643] De facto bestand deswegen schon nach bisherigem Recht auf der Grundlage der eigentlich binnengerichteten Kompetenzen aus Art. 95, 100 oder 175 EG eine Zuständigkeit zum Abschluss internationaler Verträge.[644]

Wenn nun – wie durch die Normierung in Art. 216 AEUV zum Ausdruck gebracht – die durch die Rechtsprechung ausgeformten Grundsätze der ungeschriebenen Außenkompetenzen weiterhin gelten sollen, ergibt sich durch die Bezeichnung des Ziels aus Art. 194 Abs. 1 lit. a AEUV als Energiemarkt kein Mehrwert gegenüber dem Energiebinnenmarktziel. Die räumliche Begrenzung des Energiebinnenmarkts wird über den Umweg der impliziten Kompetenzen aufgehoben. Die nunmehr ins Primärrecht überführte AETR-Rechtsprechung bewirkt ohnehin eine Parallelität der Innen- und Außenkompetenzen.[645] Demnach ist der Erlass externer Maßnahmen zum Zweck der Sicherstellung des Funktionierens des Energiemarkts zwar möglich.[646] Dem Energiemarkt-Ziel aus Art. 194 Abs. 1 lit. a AEUV kommt gegenüber dem Ziel der Schaffung des Energiebinnenmarkts vor dem Hintergrund der Existenz von impliziten Außenkompetenzen jedoch keine eigenständige Bedeutung zu.

---

642 Vgl. *Thym*, in: Pernice, Der Vertrag von Lissabon, S. 180 ff.; *Görlitz*, DÖV 2004, 374 (380) sowie EuGH, Rs. 22/70 (AETR), Slg. 1971, 263 und nachfolgend u.A. EuGH, verb. Rs. 3, 4 und 6/76 (Kramer) , Slg. 1976, 1279; EuGH, Gutachten 2/91 (ILO-Übereinkommen), Slg. 1993, I-1061; EuGH, Gutachten 1/94 (WTO-Übereinkommen), Slg. 1994, I-5267; EuGH, Gutachten 2/00 (Cartagena), Slg. 2001, I-9713.

643 So schon EuGH, Rs. 8/55 (Fédération Charbonnière de Belgique/Hohe Behörde), Slg. 1956, 297. Ursprünglich stammt das Konzept der implied powers aus dem US-amerikanischen Verfassungsrecht und fand später Anerkennung im Völkerrecht, vgl. *Klein*, in: Vitzthum/Bothe, Völkerrecht, S. 324.

644 Die Bedeutung des auswärtigen Handelns der Union hat in den letzten Jahren stark zugenommen. Zu den Außenbeziehungen der Union und der entsprechenden Rechtsprechung des EuGH: *Vranes*, EuR 2009, 44; *Vedder*, EuR Beiheft 3/2007, S. 57; speziell zur Energie-Außenpolitik: *Schmidt-Preuß*, RdE 2007, 281.

645 Vgl. nur *Nettesheim*, in: von Bogdandy, Europäisches Verfassungsrecht, S. 437.

646 Bejahend zur Möglichkeit energieaußenpolitischer Maßnahmen aufgrund des Energieartikels: *Haghighi*, Energy Security, S. 81 f.; *dies.*, ELJ 2008, 461 (474 f.); A.A. *Inglis*, MJ 2008, 125 (129).

cc) Energiemarkt und Energiepreis

Eine der Fragen, die der Normtext des Art. 194 Abs. 1 lit. a AEUV offen lässt, ist die, ob ein funktionierender Energiemarkt die Preisgünstigkeit der Energie umfasst und damit eine Politik der Preissteuerung im Interesse der Verbraucher zulässt und gebietet. Möglicherweise liegt eben darin der Unterschied zum Ziel der Schaffung des Energiebinnenmarkts, der zumindest nicht unmittelbar die Gewährleistung niedriger Energiepreise bezweckt. In Anbetracht der Entstehungszeit von Art. III-256 EUVV und Art. 194 AEUV wäre die Schaffung eines entsprechenden Instrumentariums durchaus zu erwarten. Beide Rechtsgrundlagen wurden vor dem Hintergrund des insbesondere durch die Verteuerung des Erdöls bedingten erheblichen Anstiegs der Energiekosten zwischen 2001 und 2008 erarbeitet.[647] Bevor die weltweite Finanzkrise gegen Ende des Jahres 2008 zu einer Entspannung auf den Rohstoffmärkten führte, wurde die kontinuierliche Steigerung der Preise zunehmend als volkswirtschaftliche und soziale Bedrohung wahrgenommen.[648]

In der Praxis der europäischen Energiepolitik spielt die Gewährleistung niedriger Energiepreise keine nennenswerte Rolle. Die in vielen Mitgliedstaaten bestehenden Preiskontrollmechanismen im Strom- und Gasbereich hält die Kommission für schädlich und „möglicherweise nicht mit EU-Recht vereinbar“.[649] Soweit die Preisgünstigkeit der Energie überhaupt Erwähnung findet, soll diese sich aus dem Wettbewerb im Energiesektor ergeben, weswegen die Kommission vom Ziel der „Wettbewerbsfähigkeit“ der Energie spricht.[650] Dabei bleibt unbeachtet, dass der tatsächliche Einfluss des Wettbewerbs auf die Energiepreise eher gering ausfällt. Der Anteil der unmittelbaren oder mittelbaren Staatsabgaben in Deutschland (verschiedene Steuern und Konzessionsabgaben) beträgt derzeit etwa 40% des Gesamt-Strompreises. Die Kosten für die Übertragung der Elektrizität im staatlich regulierten Netz betragen nochmals ca. 30% des Endpreises.[651] Demzufolge verbleibt lediglich ein Spielraum von 30% des Preises auf dem Gebiet der Strombeschaffung oder -produktion, in dem marktsteuernde Maßnahmen Wirkung erzielen können. Die Kosten für Erdgas und Rohölprodukte werden in noch höherem Maße durch Mechanismen gesteuert, die der Marktregulierung nicht zugänglich sind, insbesondere dem weltweiten

---

647 Der mittlere Preis für ein Barrel Rohöl lag im Jahr 2001 noch unter 25 US-$, stieg aber konstant an, bis im Jahr 2008 ein mittlerer Preis von über 90 US-$ erreicht wurde.

648 Die Energieausgaben privater Haushalte in Deutschland waren in den vergangenen fünf Jahren um etwa 55% gestiegen, was zu einem erheblichen Kaufkraftentzug führte, siehe FAZ vom 19.08.2008, S. 11 sowie 20.08.2008, S. 12. Zur Energieversorgung als „soziale Frage“: *Wetzel*, et 7/2008, 4.

649 KOM (2009) 115 endg., S. 14.

650 KOM (2007) 1 endgültig, S. 4 f.; SEK (2007) 1180.

651 *Riechmann*, in: Bartsch/Röhling/Salje/Scholz, Stromwirtschaft, S. 3 f.

Verhältnis von Förderung und Verbrauch sowie durch die Preisspekulationen.[652] In tatsächlicher Hinsicht werden niedrige Energiepreise also nicht allein durch den freien Wettbewerb zwischen Energieversorgungsunternehmen gewährleistet, so dass sich die europäische Energiepolitik im Hinblick auf das Bemühen um wettbewerbsorientierte Märkte nicht mit dem Ziel der Preisgünstigkeit deckt.[653]

Gerade deshalb muss das Fehlen eines ausdrücklichen Bezugs zur Preisgünstigkeit in Art. 194 Abs. 1 lit. a AEUV als Absage an die Möglichkeit einer politischen Preiskontrolle gewertet werden. Marktwirtschaftliche Effekte können zwar zu Preissenkungen führen. Umgekehrt führt der Markt aber eine effiziente Ressourcenverteilung gerade auch dann herbei, wenn sich der Preis für ein bestimmtes Gut aufgrund einer Verknappung des Angebots oder einer Steigerung der Nachfrage erhöht. Dass der Energieartikel insofern nicht ausschließlich auf die für den Verbraucher zunächst im Vordergrund stehende Preisgünstigkeit der Energieversorgung abstellt, sondern den Wettbewerb an sich schützt, ist unter Berücksichtigung der positiven Auswirkungen hoher Energiepreise auch sinnvoll.[654] Marktbestimmte Preise sind für den Verbraucher allenfalls kurzfristig von Nachteil, setzen aber mittel- und langfristig die richtigen Investitionssignale. Aufwendungen zur Energieeinsparung wie etwa die Verbesserung von Wärmedämmung in Gebäuden lohnen sich oft nur auf der Grundlage von konstant hohen Energiepreisen. Mit dem Interesse des Verbrauchers, seine Energiekosten zu senken, steigen auch die Anreize für Unternehmer, energieeffiziente Technologien und sparsame Produktionsverfahren zu entwickeln.

Der Energieartikel deckt sich insofern mit den Vorschriften über die Wirtschaftspolitik, die davon ausgehen, dass eine offene Marktwirtschaft mit freiem Wettbewerb den effizienten Einsatz der Ressourcen fördert.[655] Dass die Verfolgung der Preisgünstigkeit nicht vom Ziel des Art. 194 Abs. 1 lit. a AEUV umfasst ist, zeigt auch ein Vergleich mit der Agrarpolitik der Union. In Art. 39 Abs. 1 AEUV (Art. 33 Abs. 1 EG) wird neben der Stabilisierung der Märkte (lit. c) und der Sicherstellung der Versorgung (lit. d) ausdrücklich auch die „Beliefe-

---

652 Zur Preisbildung von Erdöl und Erdgas: *Erdmann/Zweifel*, Energieökonomik, S. 199 ff., 234 ff. Vgl. auch KOM (2000) 769 endg., S. 73 f.: „Der Binnenmarkt ermöglicht es zwar dank des Wettbewerbs, die Ressourcen zu optimieren und die Kosten zu senken, aber er entkoppelt den europäischen Markt als solchen nicht vom Weltmarkt".

653 *Kahl*, EuR 2009, 601 (602) und *Schalast*, IR 2007, 74 sehen die Preiswürdigkeit demgegenüber als Unterfall der Wettbewerbsfähigkeit an.

654 Ausführlich zu den positiven Auswirkungen hoher Energiepreise: *Hoffmann*, et 9/2008, 28. Vgl. auch das Grünbuch „Für eine Energiepolitik der Europäischen Union" vom 11. Januar 1995, KOM (95) 659 endg., S. 24: „So sind zu niedrige Energiepreise für die Unternehmen kein Anreiz für Investitionen in neue Produktions- oder Transportkapazitäten […]. Sinkende Preise tragen außerdem beim Verbraucher zu einem Nachlassen seiner Energiesparbemühungen bei".

655 Siehe oben Kap. 3 E. I. 1. b).

rung der Verbraucher zu angemessenen Preisen“ (lit. e) als Ziel der gemeinsamen Agrarpolitik genannt. Wenn der Gesetzgeber im Energieartikel, der ebenfalls die Gewährleistung von Vorsorgungssicherheit hinsichtlich eines bestimmten Gutes und eine sektorale Marktpolitik zum Gegenstand hat, auf die Normierung eines entsprechenden Ziels verzichtet, kann im Umkehrschluss davon ausgegangen werden, dass es sich um eine bewusste Auslassung handelt. Die Verfolgung einer Preispolitik durch entsprechende Regulierung findet nach Art. 194 Abs. 1 lit. a AEUV nicht statt.[656]

Nicht anders als Maßnahmen zur Senkung des Energiepreises sind solche zur Vermeidung von Energiepreisschwankungen zu behandeln. Einer hohen Preisvolatilität lassen sich im Gegensatz zu einem konstant hohen Preisniveau keine Vorteile abgewinnen; Voraussetzung für die positiven, gewollten Wirkungen hoher Energiepreise ist, dass Unternehmern und Verbrauchern ein gewisser Spielraum zukommt, der für die Anpassung an wirtschaftlich veränderte Gegebenheiten genutzt werden kann. Planungs- und Investitionssicherheit ist insbesondere für kapitalintensive Projekte wie Kraftwerks- oder Leitungsbau von entscheidender Bedeutung. Hohe Energiepreisschwankungen, wie sie in jüngerer Zeit zu beobachten waren, haben aus diesem Grund das Potential, Energieversorgungsunternehmen von notwendigen Investitionen in die Energieinfrastruktur abzuhalten.[657] Soweit aber die Volatilität auf Marktmechanismen wie Anleger-Erwartungen oder die Veränderung des Angebot-Nachfrage-Verhältnisses zurück zu führen ist, liegt noch keine Beeinträchtigung des Funktionierens des Energiemarkts vor. Der Hinweis auf „Preisstabilität“ findet sich nur in Regelungen über die Währungspolitik und meint dementsprechend die Geldwertstabilität, vgl. z.B. Art. 119 Abs. 2 AEUV (Art. 4 Abs. 2 EG). Art. 194 Abs. 1 lit. a AEUV verwendet demgegenüber gerade nicht mehr die noch in Art. 2 Abs. 1 lit. b TE enthaltene und mit Art. 39 Abs. 1 lit. c AEUV (Art. 33 Abs. 1 lit. c EG) vergleichbare Formulierung des Ziels einer „Stabilität“ der Energiemärkte. Anders als der Agrarmarkt, dessen primärrechtliche Organisation in weiten Teilen marktwirtschaftlichen Grundsätzen widerspricht,[658] sollen die Preise in der Energiewirtschaft grundsätzlich nicht durch Intervention bestimmt, sondern dem freien Wettbewerb unterstellt werden. Nach Art. 194 Abs. 1 lit. a AEUV zielt die Energiepolitik also nicht auf ein „Gleichgewicht der Märkte“ in Sinne eines

656 Anders im Spinelli-Entwurf des Parlaments von 1984, dessen Energiekompetenztitel das Spannungsverhältnis zwischen Wettbewerb und Preissteuerungsmechanismen deutlich zum Ausdruck brachte: „Im Energiebereich ist das Handeln der Union darauf ausgerichtet, die Versorgungssicherheit, die Stabilität des Marktes der Union und – soweit es eine Preisregulierung gibt – eine harmonisierte Preispolitik zu gewährleisten, die mit der Praxis des lauteren Wettbewerbs vereinbar ist.“

657 Siehe z.B. *Schürmann*, et 12/2008, 42.

658 Vgl. nur *Thiele*, in: Calliess/Ruffert, EUV/EGV, Art. 32 EGV Rdn. 4.

staatlich verordneten Ausgleichs zwischen Angebot und Nachfrage,[659] sondern auf die Verhinderung von Marktversagen ab.

2. Einfluss der Leitprinzipien

Aus dem Leitprinzip des Umweltschutzes ergeben sich keine Besonderheiten. Bei Maßnahmen zur Sicherstellung des Funktionierens des Energiemarkts müssen – wie sich bereits aus Art. 11 AEUV ergibt – die Auswirkungen auf die Umwelt berücksichtigt werden.[660] Fraglich ist im Hinblick auf die inhaltlichen Überschneidungen zwischen dem allgemeinen Binnenmarktziel und der Sicherstellung des Funktionierens des Energiemarkts, ob der Rahmenbedingung des Binnenmarkts für Art. 194 Abs. 1 lit. a AEUV eine eigenständige Bedeutung zukommt. Vor dem Hintergrund der global zunehmenden (Wieder-)Verstaatlichung von Energieressourcen, Energieunternehmen und Energieinfrastruktur[661] könnte eine Funktion der Rahmenbedingung des Binnenmarkts in der Verpflichtung auf ein System freien Wettbewerbs liegen. Eine planende Wirtschaftslenkung durch die Union ist jedoch bereits nach den allgemeinen Vorschriften des Primärrechts ausgeschlossen.[662] Die Unzulässigkeit dirigistischer Eingriffe in unternehmerische Entscheidungen ergibt sich zudem bereits aus der Verwendung des Marktbegriffs, ist also schon der energiepolitischen Zielvorgabe nach Art. 194 Abs. 1 lit. a AEUV immanent. Auch im Übrigen ist keine Bedeutung des Binnenmarkt-Leitprinzips für das Ziel des Funktionierens des Energiemarkts ersichtlich.

Zwischen dem vom Ziel aus Art. 194 Abs. 1 lit. a AEUV ausgedrückten Wettbewerbprinzip und dem Prinzip der Energiesolidarität scheint ein gewisses Spannungsverhältnis zu bestehen. Während nach liberalen Wettbewerbsvorstellungen das individualistische Streben von einzelnen Personen oder Personengruppen im Vordergrund steht, ist das Prinzip der Solidarität durch Gemeinsamkeit, Zusammengehörigkeit und gegenseitige Unterstützung gekennzeichnet. Trotz der insofern unterschiedlichen Ansätze ist die Herstellung eines freien Wettbewerbs jedoch nicht per se „unsolidarisch". Im Gegenteil birgt ein fairer Wettbewerb in der Union mit gleichen Ausgangsbedingungen für alle Marktteilnehmer das Potential, den Zusammenhalt zwischen den Mitgliedstaaten und die Integration zu fördern. Aus diesem Grund dürften sich aus dem Solidaritätsprinzip keine wesentlichen Einschränkungen für die Sicherstellung des Funktionierens des Energiemarkts ergeben.[663]

---

[659] Siehe oben, Fn. 629.

[660] Zur deklaratorischen Bedeutung des Leitprinzips Umweltschutz oben Kap. 3 D. II. 3.

[661] Dazu *Umbach*, et 2005, 629 (630).

[662] *Calliess*, in: Calliess/Ruffert, EUV/EGV, Art. 154 EGV Rdn. 23, *Scholz/Langer*, Europäischer Binnenmarkt und Energiepolitik, S. 234 f.; *Erberich*, in: Bleckmann, Europarecht, Rdn. 2731.

[663] Konfliktträchtiger ist die umgekehrte Konstellation, d.h. die Vereinbarkeit solidaritätsfördernder Maßnahmen (etwa die Schaffung eines gemeinsamen Krisenreaktionsme-

3. Konkurrenzen

Als konkurrierende Ermächtigungen kommen vor allem die nach innen gerichtete Rechtsangleichungskompetenz aus Art. 114 AEUV sowie die verschiedenen Rechtsgrundlagen im Bereich der integrierten Außenkompetenzen in Betracht.

a) Art. 114 AEUV

Zu klären ist zunächst das Verhältnis der Ermächtigung aus Art. 194 Abs. 2 UAbs. 1 i.V.m. Abs. 1 lit. c AEUV zur binnenmarktbezogenen Rechtsangleichungskompetenz des Art. 114 AEUV. Oben wurde festgestellt, dass sich das Ziel der Schaffung des Binnenmarkts nach Art. 26 Abs. 1 AEUV inhaltlich mit dem Ziel aus Art. 194 Abs. 1 lit. a AEUV überschneidet, soweit es um Maßnahmen geht, die die Herstellung oder Gewährleistung des Wettbewerbs auf den Energiemärkten zum Gegenstand haben.[664] Da Art. 114 AEUV zudem eine Ermächtigung für eine gemeinsame Energieaußenpolitik darstellt und Art. 194 Abs. 2 UAbs. 1 i.V.m. Abs. 1 lit. c AEUV auch im Hinblick auf die Gewährleistung niedriger oder stabiler Energiepreise nicht über die Binnenmarktharmonisierungskompetenz hinausgeht, ließen sich sämtliche Rechtsakte, die auf der Grundlage der Energiekompetenz getroffen werden können, auch auf Art. 114 AEUV stützen.

Für das Konkurrenzverhältnis zu Art. 114 AEUV ist jedoch entscheidend, dass sich die nicht näher eingeschränkte binnenmarktbezogene Rechtsangleichungskompetenz auf alle Wirtschaftsbereiche bezieht und damit einen höheren Generalitätsgrad aufweist als Art. 194 AEUV, der sich sachgegenständlich auf den Energiesektor beschränkt. Das gilt nicht nur für den Anwendungsbereich, sondern auch für die Schranken der jeweiligen Rechtsgrundlagen. Obwohl die Binnenmarktharmonisierungskompetenz mit ihrer inhaltlichen Weite die Gefahr in sich trägt, die neue Kompetenzordnung zu unterlaufen,[665] wurde die Rechtsgrundlage durch den Vertrag von Lissabon nicht einschränkend präzisiert.[666] Umso mehr gilt es, Inhalt und Grenzen der detaillierten Politiken zu beachten. Die Ermächtigung zur Sicherstellung des Funktionierens des Energiemarkts nach Art. 194 Abs. 2 UAbs. 1 i.V.m. Abs. 1 lit. a AEUV ist folglich gegenüber der Rechtsangleichungskompetenz aus Art. 114 AEUV speziell.[667]

---

chanismus) mit den Grundsätzen des freien Wettbewerbs, siehe dazu unten Kap. 3 E. II. 2.

664 Kap. 3. E. I. 1. c).

665 *ter Steeg*, EuZW 2003, 325 (330).

666 Vgl. *Herrnfeld*, in: Schwarze, EU-Kommentar, Art. 95 EGV Rdn. 78.

667 So auch *Kahl*, in: Schulze-Fielitz/Müller, Europäisches Klimaschutzrecht, S. 60; *ders.*, EuR 2009, 601 (617); *Hobe*, EuR 2009, Beiheft 1, S. 226; *Müller/Bitsch*, EurUP 2008, 220 (225).

b) Art. 113 AEUV

Nach Art. 114 Abs. 2 AEUV ist die Rechtsangleichungskompetenz unter anderem auf steuerliche Bestimmungen nicht anwendbar. Eine Rechtsgrundlage zur Harmonisierung der Bestimmungen über die „Umsatzsteuer, die Verbrauchsabgaben und sonstige indirekte Steuern" findet sich aber in Art. 113 AEUV (Art. 93 EG). Da auch steuerliche Hürden dem „Funktionieren des Energiemarkts" im oben genannten Sinne entgegen stehen können, bestehen Überschneidungen zum Energiekompetenztitel. Auch der Gesetzgeber scheint davon auszugehen, dass eine Harmonisierung der Energiesteuern nach Art. 194 AEUV grundsätzlich möglich ist. Anders wäre die Aufnahme des Einstimmigkeitsvorbehalts in Art. 194 Abs. 3 AEUV, der insoweit mit Art. 113 AEUV übereinstimmt, nicht zu erklären. Eine entsprechende Bestimmung existiert zudem in der umweltpolitischen Ermächtigungsgrundlage nach Art. 192 Abs. 2 lit. a AEUV (Art. 175 Abs. 2 lit. a EG). Da die erforderlichen Mehrheiten bei allen drei Vorschriften übereinstimmen und damit nicht die Gefahr einer Umgehung der besonderen Verfahrensanforderungen besteht, ist eine Mehrfachabstützung nach den allgemeinen Grundsätzen nicht ausgeschlossen.[668] Zumindest im Hinblick auf den Energieartikel, der im Gegensatz zur Umweltkompetenz auf der Grundlage der Zielverfolgung nach Art. 194 Abs. 1 lit. a AEUV spezifisch binnenmarktbezogene Maßnahmen zulässt, ist aber von einer Spezialität auszugehen. Dies entspricht auch dem Zweck der Steuerharmonisierung, der in Bezug auf die ausdrücklich im Vertrag geregelten Politiken lediglich eine Hilfs- und Ergänzungsfunktion zukommt.[669] Maßnahmen wie die Energiesteuer-Richtlinie 2003/96/EG[670] wären damit zukünftig auf Art. 194 Abs. 3 AEUV zu stützen.

c) Art. 216 Abs. 1 i.V.m. Art. 26 AEUV

Oben wurde festgestellt, dass die Ermächtigung zur Sicherstellung des Funktionierens des Energiemarkts angesichts des Fehlens einer räumlichen Eingrenzung zudem die Rechtsgrundlage für eine europäische Energieaußenpolitik darstellen kann. Da aber auch eine Kompetenz zum Abschluss internationaler Übereinkommen nicht ausdrücklich vorgesehen ist, sind entsprechende Maßnahmen nicht auf Art. 194 Abs. 2 UAbs. 1 i.V.m. Abs. 1 lit. a AEUV sondern auf Art. 216 Abs. 1 i.V.m. Art. 194 Abs. 1 lit. a AEUV zu stützen. Diesbezüglich ergeben sich keine Unterschiede gegenüber den Grundsätzen der AETR-Doktrin unter Geltung des EG-Vertrags. Für das Verhältnis zur binnenmarktbezogenen Außenkompetenz aus Art. 216 Abs. 1 i.V.m. Art. 26 AEUV gilt dabei nichts anderes als hinsichtlich der entsprechenden binnengerichteten Kompetenz. Soweit

---

668 So für das Verhältnis zur Umweltkompetenz: *Eilers/Bahns/Sedlaczek*, in: von der Groeben/Schwarze, EUV/EGV, Art. 93 EG Rdn. 13; *Wolffgang*, in: Lenz, EUV/EGV, Art. 93 EGV Rdn. 5. Zur Mehrfachabstützung siehe oben Kap. 3. A. III. 2.

669 Vgl. *Waldhoff*, in: Calliess/Ruffert, EUV/EGV, Art. 93 EGV Rdn. 1.

670 ABl. 2003, Nr. L 283, S. 51.

etwa internationale Abkommen über die Zusammenarbeit im Energiebereich getroffen werden, die Bestimmungen über Wettbewerb, Handel oder Investitionen enthalten, ist insofern auf Art. 216 Abs. 1 i.V.m. Art. 194 Abs. 1 lit. a AEUV abzustellen.

d) Gemeinsame Außen- und Sicherheitspolitik, Art. 26 ff. EUV

Des Weiteren kommt auswärtiges Handeln der Union auch auf der Grundlage der Bestimmungen der Gemeinsamen Außen- und Sicherheitspolitik (GASP), Art. 21 ff. EUV in Betracht. In einer Mischung der Ansätze des EUVV, der umfangreiche Änderungen vorsah, und der bisherigen Rechtslage, die durch den Vertrag von Maastricht geprägt wurde, bleibt die GASP Bestandteil des EUV, wird also nicht in den AEUV überführt.[671] Es bleibt bei der strukturellen Sonderstellung der GASP, die nach wie vor im Wesentlichen intergouvernemental betrieben wird. Auf diese Weise ergibt sich ein „gemischtes Bild" der teils im Rahmen der GASP, teils im Rahmen des AEUV geregelten Unionsaußenkompetenzen.[672] Wie schon nach bisherigem Recht ist darum davon auszugehen, dass nach den Änderungen des Vertrags von Lissabon der Schwerpunkt des gemeinsamen auswärtigen Handelns auf den supranationalen Außenbeziehungen liegt.[673] Auf der Grundlage der sehr allgemein ausgerichteten GASP bestünde die Gefahr, dass die supranationale Integration unterlaufen wird.[674] Aus diesem Grund geht die implizite Energieaußenpolitik gem. Art. 216 i.V.m. Art. 194 Abs. 1 AEUV der GASP vor.

4. Zusammenfassung

Das Ziel des Art. 194 Abs. 1 lit. a AEUV orientiert sich an der wirtschaftswissenschaftlichen Bedeutung des Wortes. Eine inhaltliche Beschränkung ergibt sich – ähnlich wie beim Begriff der Energiepolitik im einleitenden Satz des Artikels – aus der Formulierung in der Einzahl nicht. Es ist davon auszugehen, dass grundsätzlich alle Aspekte von Angebot und Nachfrage der verschiedenen Energiemärkte von dem Sammelbegriff erfasst sind. Der Energiemarkt bezieht sich folglich auf die Gesamtheit des Verhältnisses zwischen Angebot und Nachfrage im Energiesektor. Ein „funktionierender" Energiemarkt ist ein transparenter Energiemarkt, auf dem Wettbewerb stattfindet und auf dem Externalitäten (insbesondere Umweltverschmutzungen) internalisiert werden. Ein funktionierender Energiemarkt kann sich bei einem entsprechenden Angebot-Nachfrage-Verhältnis auch in hohen bzw. volatilen Energiepreisen äußern. Maßnahmen zur Gewährleistung niedriger oder stabiler Energiepreise fallen also nicht unter den Auftrag aus Art. 194 Abs. 1 lit. a AEUV.

---

671 *Terhechte*, in: Schwarze, EU-Kommentar, Art. 11 EUV Rdn. 5; *Weber*, EuZW 2008, 7 (13).

672 Vgl. *Oppermann*, Europarecht, § 30 Rdn. 3.

673 *Thym*, in Pernice, Der Vertrag von Lissabon, S. 180.

674 Vgl. *Terhechte*, in: Schwarze, EU-Kommentar, Art. 11 EUV Rdn. 12.

Mit diesem Anwendungsbereich deckt sich das Ziel der Sicherstellung des Funktionierens des Energiemarkts weitestgehend mit dem bislang auf der Grundlage der Rechtsangleichungskompetenz verfolgten Ziel der Realisierung des Energiebinnenmarkts. Aufgrund der stärkeren Sachnähe ist die Kompetenz aus Art. 194 Abs. 2 UAbs. 1 bzw. Abs. 3 i.V.m. Abs. 1 lit. a AEUV gegenüber Art. 114 AEUV und Art. 113 AEUV speziell. Im Außenbereich besteht ebenso eine Spezialität der Kompetenz aus Art. 216 Abs. 1 i.V.m. Art. 194 Abs. 1 lit. a AEUV gegenüber anderen impliziten Außenkompetenzen und der GASP. Soweit gemeinschaftliche Maßnahmen die Herstellung des Wettbewerbs oder die Beseitigung von Wettbewerbsfälschungen im Energiesektor bezwecken, sind diese auf die Energiekompetenz zu stützen.

II. Energieversorgungssicherheit in der Union

1. Inhalt der Zielvorgabe

a) Die verschiedenen Facetten der Versorgungssicherheit

Von den energiepolitischen Zielen des Art. 194 Abs. 1 lit. a-d AEUV war die Gewährleistung der Energieversorgungssicherheit dasjenige, dessen Einführung am umstrittensten war.[675] Die Kontroversen dürften zum einen damit zusammenhängen, dass – anders als bei den anderen Zielen – bislang keine Vorschrift im Primärrecht bestand, die einen spezifischen Bezug zur Energieversorgungssicherheit aufwies. Während sich das energiepolitische Ziel der Sicherstellung des Funktionierens des Energiemarkts mit dem Ziel der Herstellung des Energiebinnenmarkts deckt und auch die anderen beiden Ziele des Energieartikels zumindest eine gewisse Nähe zur Umweltpolitik bzw. der Politik über Transeuropäische Netze aufweisen, existiert im EG-Vertrag keine Zielvorgabe, die mit Art. 194 Abs. 1 lit. b AEUV vergleichbar ist.[676] Insofern handelt es sich beim Ziel der Gewährleistung der Energieversorgungssicherheit in der Union um die zentrale Neuerung des Energieartikels.[677] Zum anderen ist das Ausmaß des Begriffs unklar. Eine einheitliche Definition für „Energieversorgungssicherheit" hat sich

675 Vgl. insbesondere die Zusammenfassung der Reaktionen auf Art. III-152 VVE: CONV 821/03, S. 62.

676 Insbesondere rechtfertigte Art. 95 EG nicht die Verfolgung einer umfassenden, auf die Gewährleistung der Energieversorgungssicherheit gerichteten Politik. Dies verkennen *Papenkort/Wellershoff*, RdE 2010, 77 (79, 80), die davon ausgehen, dass die in Art. 194 AEUV aufgeführten Ziele auch bisher schon im Rahmen von Harmonisierungsmaßnahmen verfolgt werden konnten.

677 Zu ähnlichen Einschätzungen kommen auch *Kahl*, EuR 2009, 601 (609) und *Fischer*, integration 1/2009, 50 (57 f.). Der Mangel einer direkten Kompetenz bedeutet freilich nicht, dass die Energieversorgungssicherheit nicht Gegenstand von Politik und Rechtsetzung der Gemeinschaft geworden wäre. Näher zu den kompetenziell fragwürdigen Rechtsakten mit Bezug zur Energieversorgungssicherheit unten bei Kap. 3 E. II. 3.

im Schrifttum bislang nicht durchsetzen können.[678] Üblicherweise wird darunter die ausreichende und zuverlässige Befriedigung der Nachfrage an Energie zu vertretbaren Preisen verstanden.[679] Da dem Wortlaut der energiepolitischen Zielvorgabe keine Einschränkung entnommen werden kann, bestehen auch keine Bedenken, diese inhaltlich weite Definition auch der Energieversorgungssicherheit im Sinne des Art. 194 Abs. 1 lit. a AEUV zu Grunde zu legen. Dafür spricht auch der Umstand, dass sich die im Rahmen des Verfassungskonvents erhobenen Forderungen nach einer Begrenzung oder Präzisierung des Anwendungsbereichs nicht durchsetzen konnten.[680]

Aus der Bestimmung, dass die Energieversorgungssicherheit „in der Union" zu gewährleisten ist, ergibt sich keine Eingrenzung der Zielvorgabe. Wie im Folgenden dargestellt wird, erfordert eine effektive Politik zur Gewährleistung der Energieversorgungssicherheit gerade auch die Berücksichtigung auswärtiger Aspekte. Die Formulierung bedeutet lediglich, dass sich die Zielverfolgung in der Union auszuwirken hat. In Anlehnung an den gleichbedeutenden Begriff der „Sicherstellung" im Energiemarktziel bedeutet die „Gewährleistung" der Energieversorgungssicherheit, dass das Ziel aus Art. 194 Abs. 1 lit. b AEUV in einem – von den anderen Ziel und den über die Leitprinzipien auf die Energiepolitik Einfluss nehmenden Wertungen anderer Vertragsbestimmungen bestimmten – relativ hohen Maße verwirklicht werden muss.

Die Schwierigkeiten, eine nähere Bestimmung des Begriffs der Energieversorgungssicherheit vorzunehmen, hängen damit zusammen, dass jede weitere Betrachtung eine Auseinandersetzung mit den vielfältigen Bedrohungen für die Energieversorgung erforderlich macht. Um geeignete Maßnahmen zur Gewährleistung der Energieversorgungssicherheit zu treffen, muss nämlich zunächst identifiziert werden, auf welche Ursachen potentielle Versorgungsunterbrechungen zurück zu führen sein könnten. Erst im zweiten Schritt kann bestimmt werden, mit welchen Maßnahmen diesen Risiken entgegengetreten werden kann. Hinzu kommt, dass den Gefahren der Energieversorgung je nach Standpunkt eine sehr unterschiedliche Bedeutung beigemessen werden kann, was eine einheitliche Definition des Begriffs erschwert.

---

678 Vgl. auch *Frondel/Schmidt*, et 4/2008, 8; *Haghighi*, ELJ 2008, 461. Zur Definition aus wirtschaftswissenschaftlicher Sicht: *Böske*, Zur Ökonomie der Versorgungssicherheit in der Energiewirtschaft, S. 19 ff.

679 So etwa *Danner*, in: Danner/Theobald, EnWG, § 1 Rdn. 12; *Büdenbender*, EnWG, § 1 Rdn. 17; vgl. auch KOM (2008) 769 endg., S. 3.

680 Neben einer kompletten Streichung des Ziels (so die Delegierten *Wuermeling* und *Altmaier* sowie *Tiilikainen*, *Kiljunen*, *Vilén*, *Peltomäki*, *Takkula* und *Helle*) wurde etwa vorgeschlagen, die Gewährleistung der Energieversorgungssicherheit auf Krisenzeiten zu beschränken (*de Vries* und *de Bruijn*) oder neben dem Ziel eines weiteres Ziel der „langfristigen Sicherheit und Beseitigung von Risiken" aufzunehmen (*Voggenhuber* und *Lichtenberger*), CONV 821/03, S. 62.

Nach Ansicht der Kommission ist die steigende Energieimportabhängigkeit Europas als größte Gefahr für die Energieversorgungssicherheit der Union zu beurteilen.[681] Daneben sieht sie die Sicherheit der Energieinfrastruktur auch durch Naturkatastrophen, terroristische Bedrohungen und nicht näher definierte „politische Risiken" gefährdet.[682] In diesem Zusammenhang bemängelt die Kommission auch das Fehlen von Mechanismen, die im Falle einer Energiekrise die Solidarität in der Form von gegenseitiger Unterstützung der Mitgliedstaaten sicherstellen.[683] In einem Versuch, diese Risiken verschiedenen Kategorien zuzuordnen, unterscheidet die Kommission in ihrem Grünbuch „Hin zu einer europäischen Strategie für Energieversorgungssicherheit" Risiken physischer (Erschöpfung von Energiequellen), wirtschaftlicher (Volatilität und Preisanstieg), gesellschaftlicher (Energieimporte aus politisch instabilen Ländern) und ökologischer Art (Umweltschäden durch Energienutzung).[684] Diese Einteilung kann jedoch schon deshalb nicht überzeugen, weil sich die genannten Bereiche inhaltlich stark überschneiden – insbesondere können wirtschaftliche, gesellschaftliche und ökologische Risiken jeweils zum physischen Ausfall der Energieversorgung führen. Auch bei einer Einordnung nach der Wirkungsebene (Außen- und Innenaspekte der Versorgungssicherheit)[685] bestehen Überschneidungen. Beispielsweise dient die nach innen gerichtete Senkung der Energienachfrage ebenso der Verringerung der Gefahren der Importabhängigkeit wie die nach außen gerichtete Energieaußenpolitik.[686]

Eine sinnvolle Einordnung der verschiedenartigen Risiken der Energieversorgung bzw. der Ursachen der Energieversorgungsunterbrechung lässt sich für rechtliche Zwecke demgegenüber durch eine zeitliche Abgrenzung erzielen. So unterscheiden sich beispielsweise Maßnahmen zur Vermeidung von zeitnah auftretenden Störungen der Energieversorgung in Gestalt von Stromausfällen grundsätzlich von solchen zur Senkung zukünftiger Gefahren der Energieversorgungssicherheit durch die Endlichkeit fossiler Brennstoffe. Zur besseren Handhabung dieser unterschiedlichen Aspekte eines einheitlichen Begriffs der

---

681 Vgl. nur KOM (2007) 1, endg., S. 4.

682 KOM (2006) 105 endg., S. 9.

683 KOM (2007) 1 endg., S. 4. Ob mit einer solchen Unterstützung die technische Hilfe durch Wiederaufbau der zerstörten Infrastruktur oder die ersatzweise Lieferung von Energie zur Bedarfsdeckung gemeint ist, lässt diese Stellungnahme offen.

684 KOM (2000) 769 endg., S. 73 ff.

685 *Lecheler/Recknagel*, in: Dauses, Handbuch des EU-Wirtschaftsrechts, Band II, M Rdn. 327.

686 Dieser Ansatz hat noch weitere argumentative Schwächen. Bspw. werden Ursache und Wirkung von Versorgungsunterbrechungen verwechselt: die als „gesellschaftliches Risiko" aufgeführten sozialen Spannungen sind nicht selbst eine Bedrohung für die Energieversorgungssicherheit, sondern vielmehr die Folge einer mangelnden Energieversorgung. Auch führen die als ökologische Risiken genannten Schadstoffemissionen nicht notwendig zu einer Bedrohung der Energieversorgungssicherheit.

Energieversorgungssicherheit bietet sich eine Unterteilung in kurzfristige und langfristige Versorgungssicherheit an.[687]

b) Kurzfristige Energieversorgungssicherheit

Bei einer kurzfristigen Betrachtung erfordert die Energieversorgungssicherheit, den Ausfall der Energieversorgung aufgrund von technischen, logistischen oder anderweitig begründeten Problemen zu vermeiden. Ein Risiko besteht darin, dass es zu vorübergehenden Engpasssituationen kommt, bei denen ein Rohstoff zwar grundsätzlich in ausreichender Menge vorhanden ist, die Nachfrage aber etwa wegen fehlender Kapazitäten auf der Angebotsseite für einen bestimmten Zeitraum nicht im erforderlichen Maß bedient werden kann.[688] Aufgrund der technischen Anforderungen für die Bereitstellung von Elektrizität betrifft die Gefahr eines kurzfristigen Ausfalls der Versorgung vor allem den Stromsektor. Störungsanfällig ist bereits die Produktion in Kraftwerken, insbesondere die mit den spezifischen Risiken der Radioaktivität behaftete Elektrizitätserzeugung in Kernreaktoren und die wetterabhängige Produktion von Strom aus erneuerbaren Energien. Auch die Übertragung der Energie mittels elektrischer Leitungen birgt Risiken, die kurzfristig zum Ausfall der Versorgung führen können, z.B. Sturmschäden oder Überspannung durch Blitzeinschläge. Da Elektrizität nur begrenzt wirtschaftlich speicherbar ist, muss die erzeugte Leistung zu jedem Zeitpunkt genau die nachgefragte Menge decken, um die Versorgung sicherzustellen.[689] Zudem ist die Kapazität des Netzes wegen des Leitungswiderstandes und der Auslegung der Transformatoren begrenzt.[690] In der ebenfalls leitungsgebundenen Gaswirtschaft kann der Gefahr einer kurzfristigen Versorgungsunterbrechung dagegen im Umfang entsprechender Kapazitäten durch die Nutzung von Gasspeichern und der Anlegung von strategischen Reserven entgegengewirkt werden.

Maßnahmen zur Gewährleistung der kurzfristigen Energieversorgungssicherheit sind demnach etwa die Anlegung von strategischen Energiereserven, die Schaffung eines gemeinsamen Systems zur Reaktion auf Versorgungsunter-

---

[687] Vgl. *Hammer*, in: Roggenkamp/Hammer, European Energy Law Report I, S. 177; neuerdings auch KOM (2008) 769 endg., S. 3 (zur Versorgungssicherheit im Erdgassektor). Zu einer detaillierteren zeitlichen Untergliederung der Energieversorgungssicherheit in bis zu fünf Stufen siehe *Böske*, Zur Ökonomie der Versorgungssicherheit in der Energiewirtschaft, S. 23 ff., 60 ff.

[688] Vgl. *Frondel/Schmidt*, et 4/2008, 8, die diesen Zustand als „relative Knappheit" bezeichnen.

[689] *Riechmann*, in: Bartsch/Röhling/Salje/Scholz, Stromwirtschaft, S. 4.

[690] *Riechmann*, in: Bartsch/Röhling/Salje/Scholz, Stromwirtschaft, S. 6 f.

brechungen sowie allgemeine Vorschriften über die Betriebssicherheit und Infrastrukturinvestitionen.[691]

Die kurzfristige Energieversorgungssicherheit lässt sich messen, indem ein potentieller oder beobachteter Versorgungsausfall mit einem bestimmten Zeitraum bzw. dem prognostizierten Bedarf über einen bestimmten Zeitraum in Bezug gesetzt wird. Bei den speicherbaren Energieträgern Erdöl und Erdgas wird dieses Verhältnis in Form des Tagesverbrauchs sogar unmittelbar Gegenstand entsprechender Bevorratungsregelungen.[692] Im Stromsektor lassen sich dagegen vorübergehende Versorgungsunterbrechungen aufgrund der oben skizzierten Besonderheiten nicht vermeiden. Hier bietet sich eine Operationalisierung der Versorgungssicherheit über die Messung der Ausfallzeiten in Minuten oder Stunden pro Jahr an.[693] Weitere Indikatoren für die Versorgungssicherheit im Stromsektor sind die Häufigkeit und der Zeitpunkt von Ausfällen sowie die Qualität des Stroms, d.h. die Höhe von Schwankungen im Netz.[694]

c) Langfristige Energieversorgungssicherheit

Um die Energieversorgung langfristig sichern zu können, muss gewährleistet sein, dass Energie auf Dauer mengenmäßig ausreichend zur Verfügung steht. Das Hauptrisiko für die langfristige Energieversorgungssicherheit besteht in der Abhängigkeit von endlichen Brennstoffen, die aus Drittländern importiert werden müssen. Dies betrifft nicht nur den Öl- und Erdgasbereich, in dem eine Importabhängigkeit von rund 84% bzw. 61% besteht, sondern auch die Elektrizitätserzeugung, da EU-weit ein Großteil des Stroms durch die Verbrennung fossiler Energieträger produziert wird.[695] Hinzu kommt, dass wichtige Rohöl exportierende Länder wie Nigeria, der Irak oder Venezuela politisch instabil sind, so dass zwischenstaatliche oder innergesellschaftliche Spannungen zu Versorgungsunterbrechungen oder -ausfällen führen können. Im Erdgassektor sind die mittel- und osteuropäischen Staaten meist einseitig von Lieferungen aus Russland abhängig, was das Risiko politisch motivierter Lieferstopps mit sich bringt.

---

691 Vgl. nur RL 2006/67/EG, ABl. 2006, Nr. L 217, S. 8; RL 2004/67/EG; ABl. 2004, Nr. L 127, S. 92; RL 2005/89/EG, ABl. 2006, Nr. L 33, S. 22 und RL 2008/114/EG, ABl. 2008, Nr. L 345, S. 75.

692 Die Bevorratung von Kohle und Uran spielt aufgrund der heimischen Kohlevorkommen bzw. der wirtschaftlich günstigen Lagerbarkeit von Uran sowie einer stärkeren Diversifizierung in der Praxis keine Rolle.

693 Innerhalb der Union bestehen beträchtliche Unterschiede bei der vorübergehenden Nichtverfügbarkeit von Strom. So beträgt die Nichtverfügbarkeit in Deutschland durchschnittlich etwa 15 bis 20 Minuten pro Jahr, während in Polen oder Portugal mit ca. 300 Minuten Versorgungsausfall zu rechnen ist, siehe *Bothe/Riechmann*, et 10/2008, 30 (31).

694 Vgl. *Bothe/Riechmann*, et 10/2008, 30.

695 Im Jahr 2006 betrug der Anteil des mit konventionellen thermischen Kraftwerken produzierten Stroms im Schnitt der 27 Mitgliedstaaten 57,7%, siehe *Europäische Kommission*, EU energy and transport in figures, Statistical Pocketbook 2009, S. 39.

Im Zuge des Ausstiegs aus der Kohleförderung und den in absehbarer Zeit erschöpften Öl- und Gasvorkommen Europas wird die Abhängigkeit von Energieimporten, die im Schnitt der EU-27 schon jetzt über 50% liegt,[696] noch zunehmen. Vor diesem Hintergrund trägt auch eine Einwirkung auf die Energienachfrage zur Verbesserung der langfristigen Energieversorgungssicherheit bei. Eine Reduktion der Energieintensität, also des Energieverbrauchs im Verhältnis zum Bruttosozialprodukt, hilft, die mit der Abhängigkeit von Energieimporten verbundenen Gefahren zu mildern.

Die Gewährleistung der Energieversorgungssicherheit erfordert nicht nur die Beschaffung bzw. Erzeugung von Energie, sondern auch die Bereitstellung und Aufrechterhaltung der den Bedürfnissen des Endverbrauchers entsprechenden technischen Rahmenbedingungen. Energieinfrastrukturelle Maßnahmen wie der Bau oder die Modernisierung von Kraftwerken und Leitungen scheitern oft am Widerstand von Bürgern und Naturschutzverbänden oder können erst nach jahrelangen Verzögerungen gerichtlich durchgesetzt werden. Abbau, Transport und Wandlung fossiler Energiereserven sind zudem Vorgänge, die in den seltensten Fällen ohne Beeinträchtigung der Umwelt auskommen. Bedrohungen der Versorgungssicherheit ergeben sich dabei weniger aus unfallbedingten Umweltschäden wie Tankerunglücken oder Gaspipelinelecks, sondern vielmehr aus den zunehmend anspruchsvollen Umwelt- und Klimaschutzvorgaben. Die europäische Energiewirtschaft betreffende Umweltschutzvorschriften existieren von der kommunalen bis hin zur internationalen Ebene. Insbesondere die Reduzierung von Treibhausgasemissionen stellt hohe Anforderungen an die CO_2-intensive Energiewirtschaft.

Zu einem gewissen Grad haben auch die Energiepreise Einfluss auf die langfristige Sicherheit der Versorgung. In Art. 2 Abs. 1 lit. a TE wurde dieser Aspekt noch hervorgehoben, indem angeordnet wurde, „die Sicherheit der Versorgung der gesamten Union *unter wirtschaftlich befriedigenden Bedingungen* zu gewährleisten".[697] Dass die „Preiswürdigkeit" bei der Beurteilung der Energieversorgungssicherheit nicht außer Betracht bleiben darf, ergibt sich jedoch bereits aus allgemeinen Erwägungen. Wenn der Preis für Energie dauerhaft so hoch ist, dass sie nicht mehr bezahlbar ist, kann die den Bedürfnissen des Verbrauchers entsprechende Versorgung ebenso gefährdet sein wie durch physischen Ausfall der Versorgung. Anders als die Sicherstellung des Funktionierens des Energiemarkts setzt das Ziel aus Art. 194 Abs. 1 lit. b AEUV also voraus, dass die Versorgung mit Energie zu einem vertretbaren Preis erfolgt. Die Bestimmung einer

---

[696] Die Importabhängigkeit lag im Jahr 2006 bei 53,8%, *Europäische Kommission*, EU energy and transport in figures, Statistical Pocketbook 2009, S. 30.

[697] Hervorhebung vom Verfasser. In einem weiteren Sinne könnte die Versorgungssicherheit unter „wirtschaftlich befriedigenden Bedingungen" auch auf die allgemeinwirtschaftliche Lage abstellen. Bei einem solchen Verständnis würde die Formulierung eher der Rahmenbedingung des Binnenmarkts in Art. 194 Abs. 1 AEUV ähneln.

konkreten Grenze, bei der die „preisliche Zumutbarkeit“ der Energieversorgung überschritten wird, ist allerdings kaum möglich, zumal der Verbraucher in sehr unterschiedlichem Umfang von moderaten Energiepreisen abhängig ist. Beispielsweise treffen Energiepreiserhöhungen industrielle Großabnehmer regelmäßig empfindlicher als private Verbraucher. Die Beurteilung, ob diesbezüglich Handlungsbedarf vorliegt, liegt darum im Ermessen des Gesetzgebers.[698] Preissteuerungsmechanismen können also – unter Berücksichtigung der Rahmenbedingung des Binnenmarkts – auf das Ziel der Gewährleistung der Energieversorgungssicherheit gestützt werden, soweit sie gewährleisten sollen, dass die Preise keine erdrückende Wirkung haben.

Im Übrigen zielen die Instrumente zur Gewährleistung der langfristigen Energieversorgungssicherheit den oben genannten Risiken entsprechend vor allem darauf ab, die Verfügbarkeit von Ressourcen und Infrastruktureinrichtungen sicherzustellen. Konkrete Maßnahmen zur Umsetzung des Ziels aus Art. 194 Abs. 1 lit. b AEUV sind demnach etwa der energieaußenpolitische Dialog mit Liefer- und Transitländern, die Diversifizierung des Energieimports, die Senkung der Energienachfrage, der Ausbau heimischer Energien sowie der Ausbau der Energieinfrastruktur.

Die Beurteilung des Grades der langfristigen Versorgungssicherheit ist aufgrund der Unwägbarkeiten von Informationen, die sich auf zukünftige Entwicklungen beziehen, notwendigerweise schwieriger als bei der kurzfristigen Versorgungssicherheit. Die Risiken der langfristigen Energieversorgung lassen sich aber unter Berücksichtigung verschiedener Aspekte wie der Importabhängigkeit, dem Grad der Diversifizierung des Rohstoffbezugs sowie der politischen und wirtschaftlichen Stabilität der Lieferländer ebenfalls operationalisieren.[699]

d) Technische Sicherheit

Möglicherweise lässt sich unter den Begriff Energieversorgungssicherheit noch ein weiterer Aspekt subsumieren, der nicht unmittelbar die ausreichende Bereitstellung von Energie betrifft. Denkbar ist, dass sich die Sicherheit im Sinne der Zielvorgabe nicht nur auf die Energieversorgung selbst abzielt, sondern auch die Vermeidung der Gefahren umfasst, die mit der Energieversorgung einhergehen. Bei einem solchen Verständnis würde auch der Schutz von Menschen oder der Umwelt gegen die technischen Risiken der Energieinfrastruktur, etwa der Elektrizitätsleitungen oder der Kernkraftwerke, unter den Tatbestand des Art. 194 Abs. 1 lit. b AEUV fallen. Das Recht der technischen Sicherheit, insbesondere

---

[698] Wahrscheinlicher als Maßnahmen zur Preissteuerung auf Grundlage des Art. 194 Abs. 2 UAbs. 1 i.V.m. Art. 194 Abs. 1 lit. b AEUV ist die Einflussnahme der Energieversorgungssicherheit auf die Verfolgung anderer Ziele im Konfliktfall. Denkbar ist etwa, dass bei einer Harmonisierung der nationalen Systeme zur Förderung der Stromerzeugung aus erneuerbaren Energien Ausnahmen zugunsten besonders stromintensiver Unternehmen gemacht werden, vgl. auch §§ 40 ff. EEG.

[699] Vgl. *Frondel/Schmidt*, et 4/2008, 8; *Gnansounou*, Energy Policy 36 (2008), 3734.

das der Anlagensicherheit, könnte also vorbehaltlich spezieller Ermächtigungsgrundlagen und Kompetenzausübungsschranken auf den Energieartikel gestützt werden.

Der Begriff der Energieversorgungssicherheit scheint gegen eine solch weite Auslegung des Sicherheitsbegriffs zu sprechen. Im Gegensatz zu Art. 2 Abs. 1 lit. a TE verwendet Art. 194 Abs. 1 lit. b AEUV nicht mehr die weite Formulierung „Sicherheit der Versorgung [mit Energie]" sondern „Energieversorgungssicherheit". Der Unterschied besteht darin, dass im ersten Fall die Betonung auf den Aspekt der Sicherheit gelegt wird, während das Kompositum im Energieartikel den Begriff der Versorgung akzentuiert. Der Vergleich mit anderen Fassungen der Energiekompetenz zeigt jedoch, dass dieser Änderung gegenüber dem Textentwurf der Kommission keine Bedeutung beizumessen ist. In den anderen europäischen Sprachen, die nicht wie das Deutsche zur Bildung neuer Substantive durch Zusammensetzung neigen, bilden die drei Bestandteile des energiepolitischen Ziels nach wie vor drei Wörter.[700]

Art. 2 Abs. 2 TE enthielt noch eine Schutzniveauklausel zu Gunsten der „Sicherheit", während sich ein entsprechendes Leitprinzip im Energieartikel nicht mehr findet. Dieser Umstand ist nicht nur im Hinblick auf die Rechtsnatur der Leitprinzipien konsequent,[701] sondern spricht auch dafür, dass das Recht der technischen Energiesicherheit zum Schutz von Menschen, Sachen und der gesamten Umwelt vom Tatbestand des Art. 194 Abs. 1 lit. b AEUV umfasst ist.

2. Einfluss der Leitprinzipien

Im Hinblick auf die Gewährleistung der Energieversorgungssicherheit kommt dem Leitprinzip der Solidarität überragende Bedeutung zu. Angedeutet wird der Solidaritätsgedanke bereits im Wortlaut des Art. 194 Abs. 1 lit. b AEUV, nämlich in dem Zusatz, dass die Energieversorgungssicherheit „in der Union" zu gewährleisten ist. Die in den anderen Zielvorgaben des Energieartikels nicht vorhandene Formulierung ergibt erst vor dem Hintergrund des Energiesolidaritätsprinzips Sinn. Solidarität in der Energieversorgung bedeutet, dass sich die Beurteilung der Energieversorgungssicherheit nicht aus der Summe des jeweiligen Stands der nationalen Versorgung ergibt, sondern auf die Union als Ganzes abzustellen ist. Dieser Aspekt kam in Art. 2 Abs. 1 lit. a TE, der die Gewährleistung der „Sicherheit der Versorgung *der gesamten Union* unter wirtschaftlich befriedigenden Bedingungen"[702] zum Inhalt hat, besonders deutlich zum Aus-

---

[700] So etwa das Englische („ensure security of energy supply in the Union"), das Französische („assurer la sécurité de l´approvisionnement énérgetique dans l´Union"), das Spanische („garantizar la seguridad del abastecimiento energético en la Unión") und das Italienische („garantire la sicurezza dell'approvvigionamento energetico nell'Unione"). Anders aber z.B. das Dänische („at sikre energiforsyningssikkerheden i Unionen").

[701] Die „technische Sicherheit" ist weder Gegenstand einer Unionspolitik, noch entspricht sie einem allgemeinen Rechtsgrundsatz.

[702] Hervorhebung vom Verfasser.

druck. Ein hohes Niveau der Energieversorgungssicherheit in einem Mitgliedstaat gleicht entsprechende Defizite in einem anderen Mitgliedstaat nicht aus. Gemeinsame Maßnahmen zur Verbesserung der Energieversorgungssicherheit sind – unter Beachtung des Grundsatzes der Subsidiarität – vielmehr auch dann angezeigt, wenn die Versorgung nur vereinzelt und räumlich begrenzt bedroht wird. Soweit eine Erhöhung des Sicherheitsniveaus durch eine gezielte Förderung ohne Einfluss auf den Versorgungsstandard der Union im Übrigen erreichbar ist, ergibt sich dies zwar bereits allein aus der Zielvorgabe, also ohne Rückgriff auf die Energiesolidarität. Wenn aber eine Angleichung der Versorgungssicherheit nur unter Inkaufnahme von Einbußen in anderen Gebieten erzielt werden kann, präzisiert das Leitprinzip der Energiesolidarität den Auftrag aus Art. 194 Abs. 1 lit. b AEUV. Solidarität unter den Mitgliedstaaten bedeutet auch und gerade die Hinnahme von Nachteilen zum Wohle der Gemeinschaft.

Dabei äußert sich die Solidarität im Falle des Leitprinzips aus Art. 194 Abs. 1 AEUV nicht in erster Linie – wie beim allgemeinen Verfassungsprinzip der Solidarität – in einem Verbot bestimmter Verhaltensweisen, sondern als Gestaltungsauftrag an den europäischen Gesetzgeber. Die Union steht damit in der Pflicht, auf der Grundlage des Energieartikels den Rechtsrahmen für wechselseitige Beistandspflichten im Falle von Versorgungsunterbrechungen zu schaffen.

Da entsprechende Maßnahmen das Potential haben, den freien Lauf wirtschaftlicher und gesellschaftlicher Prozesse zu beeinträchtigen,[703] ist auch die Rahmenbedingung des Binnenmarkts zu beachten. Diese gebietet, beim Erlass von Rechtsakten zur Gewährleistung der solidarischen Energieversorgungssicherheit, die Auswirkungen auf das System freien Wettbewerbs zu beachten. Die widerstreitenden Prinzipien sind im Wege der praktischen Konkordanz miteinander in Einklang zu bringen.

3. Konkurrenzen

a) Die Maßnahmenkompetenz nach Art. 122 Abs. 1 AEUV

Die Einführung einer Energiekompetenz nach Art. 194 Abs. 2 UAbs. 2 i.V.m. Abs. 1 lit. b AEUV wirft vor allem die Frage auf, wie sich diese Ermächtigung zu der aus Art. 122 Abs. 1 AEUV verhält.

aa) Inhaltliche Überschneidungen von Art. 122 und 194 AEUV

Die Gewährleistung der langfristigen Energieversorgungssicherheit ist nicht vom Anwendungsbereich der Maßnahmenkompetenz erfasst, da Art. 122 Abs. 1 AEUV das Vorliegen „gravierender Schwierigkeiten" in der Versorgung mit Energie voraussetzt. Auch wenn man davon ausgeht, dass gravierende Schwierigkeiten im Sinne der Norm bereits vorhanden sind, bevor sich der Mangel an Energie in Form einer Versorgungsunterbrechung beim Verbraucher auswirkt, drückt der Wortlaut das Erfordernis einer gewissen (zeitlichen) Dringlichkeit

[703] Vgl. auch *Basedow*, EuZW 2008, 225.

aus, die bei langfristigen Maßnahmen nicht gegeben ist. Auch der Aspekt der technischen Anlagensicherheit und der Zuverlässigkeit der Energieinfrastruktur fällt mangels Bezugs zur Warenversorgung nicht unter Art. 122 Abs. 1 AEUV. Anders verhält es sich bei Engpässen oder Lieferausfällen bei der Energieversorgung. In einem solchen Fall ist aufgrund der Beeinträchtigung der Versorgungssicherheit einerseits bzw. der Auswirkung einer Energieverknappung auf die Volkswirtschaften der Mitgliedstaaten andererseits sowohl der Anwendungsbereich des Art. 194 AEUV als auch der des Art. 122 Abs. 1 AEUV eröffnet. Die Maßnahmenkompetenz aus Art. 122 Abs. 1 AEUV weist inhaltlich demnach gewisse Überschneidungen zum Energieartikel auf.

Kompetenzüberschneidungen im Energiebereich sind nach den Änderungen des Vertrags von Lissabon zwar durchaus häufig. Hinsichtlich des Konkurrenzverhältnisses zum Energieartikel besteht jedoch ein kategorischer Unterschied zwischen Art. 122 Abs. 1 AEUV und allen anderen Rechtsgrundlagen des Vertrages. Abgesehen vom Titel über Transeuropäische Netze nach Art. 170 ff. AEUV betreffen alle übrigen Bestimmungen den Energiesektor nur beiläufig, während Art. 122 Abs. 1 AEUV den „Energiebereich“ ausdrücklich in den eigenen Anwendungsbereich einbezieht. Von Art. 170 ff. AEUV unterscheidet sich Art. 122 Abs. 1 AEUV dadurch, dass der Energiebereich kein gleichrangiger Regelungsgegenstand neben anderen ist, sondern, wie der Zusatz „vor allem“ verdeutlicht den Hauptanwendungsfall der Maßnahmenkompetenz darstellen soll.

Der gegenüber den Vorgängervorschriften neue Bezug auf den Energiebereich bestätigt die Praxis der EG-Organe, denen die Maßnahmenkompetenz als energiepolitisches Instrument diente.[704] Es handelt sich bei Art. 122 Abs. 1 AEUV um eine Energiekompetenz außerhalb des Energiekompetenztitels.[705] Im Unterschied zu anderen Ermächtigungen kann deswegen nicht davon ausgegangen werden, dass Art. 194 AEUV grundsätzlich gegenüber Art. 122 Abs. 1 AEUV speziell ist. Die Abgrenzung ist nicht nur von theoretischem Interesse, da Art. 122 Abs. 1 AEUV ein verkürztes Verfahren vorsieht, während Rechtsakte auf der Grundlage des Energieartikels gem. Art. 194 Abs. 2 UAbs. 1 AEUV unter Beteiligung des Europäischen Parlaments gemäß dem ordentlichen Gesetzgebungsverfahren erlassen werden. Ein gleichzeitiges Abstellen auf beide Rechtsgrundlagen ist also – auch wenn dies im Hinblick auf die Betroffenheit der „Wirtschaft“ einerseits und der „Energie“ andererseits sinnvoll erscheinen

---

704 Dazu sogleich unter Kap. 3. E. II. 3. a) bb).

705 S. *Kahl*, in: Schulze-Fielitz/Müller, Europäisches Klimaschutzrecht, S. 47, der neben Art. 122 AEUV auch Art. 352 AEUV zu den „indirekten Energiekompetenzen“ zählt. Vgl. auch *Steindorff*, Grenzen der EG-Kompetenzen, S. 77: „Bis zum Inkrafttreten der EEA hat die Gemeinschaft eine Energiekompetenz aus Art. 104 Abs. 4 [EWGV] abgeleitet“.

mag – nicht möglich.[706] Das Verhältnis zwischen den beiden Rechtsgrundlagen bedarf einer eingehenden Untersuchung.

bb) Die Maßnahmenkompetenz nach Art. 100 Abs. 1 EG

Die Vorgängervorschrift des Art. 122 Abs. 1 AEUV ist Art. 100 Abs. 1 EG bzw. Art. 103a Abs. 1 EGV, der seinerzeit Art. 103 Abs. 2, 4 EWGV ablöste. Der Umfang der Maßnahmenkompetenz nach bisherigem Recht ist nicht zuletzt aufgrund der Änderungen, die die Vorschrift im Laufe der Vertragsreformen erfahren hat, umstritten. Die Bestimmungen des Art. 103 EWGV fanden sich noch im Kapitel über „Konjunkturpolitik“ und wurden dementsprechend im Wesentlichen als Ermächtigung für den Erlass konjunkturpolitischer Maßnahmen verstanden.[707] Art. 103a EGV, der im Übrigen mit Art. 103 Abs. 2 und 4 EWGV übereinstimmte, stand bereits nicht mehr in diesem Kapitel, sondern in dem über „Wirtschaftspolitik“ (vgl. Titel VI EGV / Titel VII EG). Ob die Eingliederung in die Wirtschaftspolitik, die im Gegensatz zur Konjunkturpolitik nicht nur kurzfristige Maßnahmen erfasst,[708] eine Erweiterung des Anwendungsbereichs der Maßnahmenkompetenz zur Folge hatte, ist jedoch unklar. Es ist umstritten, welche Anforderungen an die Ursache Versorgungsschwierigkeiten gem. Art. 100 Abs. 1 EG zu stellen sind. insbesondere ob es sich um eine Ausnahmevorschrift handelte, die nur bei bereits eingetretenen oder unmittelbar bevorstehen Krisen anwendbar ist oder ob auch Maßnahmen zur Vorbeugung zukünftiger Krisen abgedeckt werden.[709] Eng an das Problem des Anwendungsbereichs der Vorschrift gebunden ist zudem die Frage, ob die Maßnahmenkompetenz des Art.100 Abs. 1 EG gegenüber anderen Gemeinschaftspolitiken subsidiär war oder ob sie neben konkurrierenden Rechtsgrundlagen bestehen konnte.[710] Für die Annahme von Subsidiarität sprechen die einschränkende Klausel „unbeschadet der sonstigen in diesem Vertrag vorgesehenen Verfahren“ sowie die systematische Stellung in der vom Grundsatz der Verantwortlichkeit der Mitgliedstaaten geprägten Wirtschaftspolitik.[711]

[706] Zur (Un-)Möglichkeit einer Mehrfachabstützung siehe oben Kap. 3. A. III. 2.

[707] *Bandilla*, in: Grabitz/Hilf, Das Recht der EU, Art. 100 EGV Rdn. 3; EuGH, Rs. 5/73 (Balkan-Import-Export), Slg. 1973, 1091 Tz. 13.

[708] *Bandilla*, in: Grabitz/Hilf, Das Recht der EU, Art. 100 EGV Rdn. 3.

[709] Im Sinne der engeren Auffassung: Kempen, in: *Streinz*, EUV/EGV, Art. 100 EGV Rdn. 3; wohl auch *Bandilla*, in: Grabitz/Hilf, Das Recht der EU, Art. 100 EGV Rdn. 3; A.A.: *Hattenberger*, in: Schwarze, EU-Kommentar, Art. 100 EGV Rdn. 3; *Smulders*, in: von der Groeben/Schwarze, EUV/EGV, Art. 100 EG Rdn. 11.

[710] Für eine Subsidiarität: *Kempen*, in: Streinz, EUV/EGV, Art. 100 EGV Rdn. 3; *Bandilla*, in: Grabitz/Hilf, Das Recht der EU, Art. 100 EGV Rdn. 4. A.A. wohl *Smulders*, in: von der Groeben/Schwarze, EUV/EGV, Art. 100 EG Rdn. 24.

[711] Vgl. *Kempen*, in: Streinz, EUV/EGV, Art. 100 EGV Rdn. 3; *Hattenberger*, in: Schwarze, EU-Kommentar, Art. 100 EGV Rdn. 2. Für den Fall der Konkurrenz zum Energieartikel ist allerdings zu beachten, dass auch Art. 194 Abs. 2 UAbs. 1 AEUV den Hinweis auf die in anderen Vorschriften enthaltenen Verfahrensregelungen enthält.

Die Gemeinschaftsorgane scheinen ausweislich der auf die Maßnahmenkompetenz gestützten Rechtsakte ein weites Verständnis der Rechtsgrundlage zu vertreten. Die auf der Grundlage der Art. 103 EWGV Abs. 2, 4 und Art. 103a Abs. 1 bzw. 100 Abs. 1 EG erlassenen Rechtsakte sind – abgesehen von den beiden „Konvergenzentscheidungen" des Rates –[712] ausschließlich solche, die die Versorgung mit Energie zum Gegenstand haben. Die Mineralölbevorratungsrichtlinie war der erste Rechtsakt auf der Grundlage der Maßnahmenkompetenz und zugleich einer der ersten wesentlichen Gemeinschaftsmaßnahmen auf dem Gebiet der Energiepolitik überhaupt.[713] In der Folgezeit haben die E(W)G-Organe von der Maßnahmenkompetenz ausgiebigen Gebrauch gemacht.[714] Diese Rechtsakte sehen überwiegend gerade nicht oder nicht nur die Reaktion auf bereits eingetretene oder unmittelbar bevorstehende Versorgungskrisen vor, sondern zielen präventiv auf die Vermeidung von Krisenfällen ab. Dies gilt für die Erdöl-Bevorratungspflicht nach Art. 1 Abs. 1 der Richtlinie 2006/67/EG ebenso wie für die Festlegung „adäquate[r] Mindeststandards für die Versorgungssicherheit" in Bezug auf Erdgas gem. Art. 3 Abs. 1 der Richtlinie 2004/67/EG.

cc) Bewertung der Änderungen durch den Vertrag von Lissabon

Die vorangegangen Ausführungen zeigen, dass die Maßnahmenkompetenz für die Rechtsetzung im Energiebereich zwar eine wichtige Rolle gespielt hat, die kompetenzgerechte Ausübung der Zuständigkeit aber in Anbetracht der konkreten Richtlinien zumindest fraglich ist. Nach dem Inkrafttreten des Vertrags von Lissabon sind Umfang und Bedeutung der Maßnahmenermächtigung neu zu bewerten.

Einerseits existiert mit dem Energieartikel erstmals eine Rechtsgrundlage, deren Anwendungsbereich sich erheblich mit der Maßnahmenkompetenz überschneidet. Der einschränkende Hinweis auf die „sonstigen in diesem Vertrag

---

712 Entscheidung 74/120/EWG (ABl. 1974 Nr. L 63, S. 16) und Entscheidung 90/141/EWG (ABl. 1990 Nr. L 78, S. 23). Die beiden spezifisch konjunkturpolitischen Rechtsakte ergingen auf der Grundlage des Art. 103 EWGV.

713 Vgl. *Grunwald*, Das Energierecht der EG, S. 44.

714 Zu nennen sind insbesondere Richtlinie 68/414/EWG „zur Verpflichtung der Mitgliedstaaten der EWG, Mindestvorräte an Erdöl und/oder Erdölerzeugnissen zu halten" (ABl. 1968 Nr. L 308, S. 14) und die Entscheidung 68/416/EWG „über den Abschluss und die Ausführung von besonderen zwischenstaatlichen Übereinkünften betreffend die Verpflichtung der Mitgliedstaaten der EWG, Mindestvorräte an Erdöl und/oder Erdölerzeugnissen zu halten" (ABl. 1968 Nr. L 308, S. 19); die Richtlinie 73/238/EWG „über Maßnahmen zur Abschwächung der Auswirkungen von Schwierigkeiten bei der Versorgung mit Erdöl und Erdölerzeugnissen" (ABl. 1973 Nr. L 228, S. 1); deren Änderungs- bzw. Aufhebungsrichtlinien 98/93/EG (ABl. 1998 Nr. L 358, S. 100) und 2006/67/EG (ABl. 2006 Nr. L 217, S. 8) sowie die Richtlinie 2004/67/EG „über Maßnahmen zur Gewährleistung der sicheren Erdgasversorgung" (ABl. 2004, Nr. L 127, S. 92).

vorgesehenen Verfahren“ wurde bislang vor allem als für das Verhältnis zu den übrigen wirtschaftpolitischen Regelungen der Art. 99 EG und Art. 101 bis 104 EGV relevant angesehen. Deren spezielle Vorgaben dürften nicht durch die Anwendung der Maßnahmenkompetenz unterlaufen werden.[715] Dasselbe Argument gilt für das Verhältnis zwischen Art. 122 Abs. 1 AEUV und Art. 194 AEUV. Während die Maßnahmenkompetenz keine besonderen Einschränkungen der auf ihrer Grundlage zu treffenden Rechtsakte vorsieht, müssen im Rahmen des Energieartikels die Grenzen des Art. 194 Abs. 2 UAbs. 2 AEUV beachtet werden. Art. 122 Abs. 1 AEUV sieht zudem die Beschlussfassung allein durch den Rat auf Vorschlag der Kommission vor. Energierechtsakte nach Art. 194 AEUV werden dagegen durch Rat und Parlament gemeinsam erlassen. Bei der Rechtsetzung nach Art. 122 Abs. 1 AEUV besteht also sowohl die Gefahr einer Umgehung spezieller inhaltlicher (Schranken-)Bestimmungen als auch die Gefahr der Umgehung verfahrensmäßiger Anforderungen, was im Hinblick auf die demokratische Legitimation eines Rechtsakts durch die Mitwirkung des Europäischen Parlaments besonders schwer wiegt. Ein Vergleich der verfahrensmäßigen Anforderungen scheint somit für eine Verdrängung des Art. 122 Abs. 1 AEUV durch Art. 194 AEUV zu sprechen.

Andererseits muss bei der Auslegung der Maßnahmenkompetenz auch die Änderung des Gesetzestextes durch den Vertrag von Lissabon berücksichtigt werden. Die Entstehungsgeschichte des Vertrags von Lissabon lässt vermuten, dass mit der textlichen Neufassung keine Aussage über den Anwendungsbereich der Maßnahmenkompetenz beabsichtigt war. Es ist vielmehr wahrscheinlich, dass Polens Regierung, die treibende Kraft hinter der Aufnahme des Solidaritätsprinzips, „vorsorglich“ auf die Änderung beider Rechtsgrundlagen hinwirkte. In diesem Sinne wäre der Forderung Polens aber wohl auch Genüge getan worden, wenn nur der Passus über den Geist der Solidarität zwischen den Mitgliedstaaten und nicht auch der Hinweis auf den Energiebereich in Art. 122 Abs. 1 AEUV eingefügt worden wäre. Dem Beweggrund für die Änderung der Maßnahmenkompetenz lässt sich demnach keine definitive Aussage über ihren Anwendungsbereich entnehmen. Allein die Tatsache, dass eine Änderung erfolgt ist, spricht aber gegen einen unbedingten Vorrang des Energieartikels. Die Aufnahme des Hinweises auf den Energiebereich und den Geist der Solidarität in Art. 122 AEUV wäre überflüssig, wenn Maßnahmen zur Vermeidung künftiger oder bereits eingetretener Versorgungskrisen allein nach Art. 194 AEUV zu beurteilen wären. Hinzu kommt, dass Schwierigkeiten bei der Energieversorgung nach der Formulierung des Art. 122 AEUV („vor allem“ und nicht etwa „zum Beispiel“) sogar den Hauptanwendungsfall der Vorschrift bilden sollen. Dieser Umstand spricht entscheidend für eine Auslegung, die der Maßnahmenkompetenz gegenüber dem Energieartikel eine eigenständige Bedeutung einräumt.

---

[715] Vgl. *Kempen*, in: Streinz, EUV/EGV, Art. 100 EGV Rdn. 3; *Hattenberger*, in: Schwarze, EU-Kommentar, Art. 100 EGV Rdn. 2.

Wenn der Gesetzgeber trotz der Einführung des Titels über Energiepolitik eine andere Regelung mit dem Hinweis auf den Energiebereich versieht, stellt er nicht nur klar, dass die bislang auf Grundlage der Ermächtigung erfolgte Rechtsetzung gebilligt wird, sondern trifft auch eine entsprechende Aussage über die zukünftige Funktion der Maßnahmenkompetenz.

Bestätigt wird die energiepolitische Relevanz des Art. 122 Abs. 1 AEUV auch durch einen Vergleich des Art. 194 Abs. 1 AEUV mit Art. 2 Abs. 1 lit. d TE, der einen Auftrag an die europäische Energiepolitik enthält, „für jeden Energieträger die in Krisenzeiten zu treffenden Maßnahmen zu definieren“. Dieses Ziel stand im Kommissionsentwurf eigenständig neben dem Ziel der „Sicherheit der Versorgung“ nach Art. 2 Abs. 1 lit. a TE. Es ist zwar denkbar, dass die Streichung erfolgte, weil entsprechende Maßnahmen als vom Ziel der Energieversorgungssicherheit umfasst angesehen wurden. Im Hinblick auf die Existenz der Maßnahmenkompetenz, deren Tatbestand mit dem Anwendungsbereich des Art. 2 Abs. 1 lit. d TE übereinstimmt, liegt jedoch die Annahme einer kompetenziellen Aussage der Streichung näher.

Es ist folglich von einer Spezialität der Maßnahmenkompetenz gegenüber dem Energieartikel auszugehen.[716] Dies hat zur Folge, dass das Parlament von der Gesetzgebung ausgeschlossen ist und die energiepolitischen Schranken nach Art. 194 Abs. 2 UAbs. 2 AEUV keine (direkte) Anwendung finden. Beide Konsequenzen lassen sich unter Berücksichtigung des Zwecks der Vorschrift durchaus rechtfertigen. Bei einer Rechtsetzung gemäß dem ordentlichen Gesetzgebungsverfahren bestünde die Gefahr, dass eine effektive Bekämpfung von kurzfristigen Gefahren für die Energieversorgungssicherheit durch eine lange Verfahrensdauer behindert würde. Eine Anwendbarkeit der energiepolitischen Schranken würde den Mitgliedstaaten den Einwand eröffnen, gemeinschaftliche Krisenreaktionsmechanismen – etwa eine konzertierte Freigabe von Energiereserven – seien nicht mit ihrem Recht, „die Bedingungen für die Nutzung [ihrer] Energieressourcen“ zu bestimmen, vereinbar. Die Berufung auf dieses Recht stünde aber im Widerspruch zu dem vom Prinzip der Solidarität ausgedrückten Gedanken, die Lasten etwaiger Versorgungsunterbrechungen gemeinsam zu tragen. In diesem Sinne stellt die Geltung der Maßnahmenkompetenz eine gesetzgeberische Entscheidung für das Energiesolidaritätsprinzip dar, das gerade nicht nur im Energieartikel, sondern auch in der Maßnahmenkompetenz normiert wird. Die Identität der Formulierung über den „Geist der Solidarität“ deutet im Übrigen darauf hin, dass die zum Leitprinzip der Solidarität erarbeiteten Ergebnisse entsprechend für die Maßnahmenkompetenz gelten.

---

[716] Vgl. *Krötz*, EG-Kompetenzen einer europäischen Energiepolitik, S. 281 f. Von einer Spezialität scheint auch die Bundesregierung auszugehen, siehe Denkschrift zum Vertrag von Lissabon, S. 107.

dd) Zwischenergebnis

Während Art. 194 AEUV die Energiepolitik im Allgemeinen betrifft, regelt Art. 122 Abs. 1 AEUV als Vorschrift über mögliche Maßnahmen der EU bei gravierenden Schwierigkeiten in der Warenversorgung einen ganz bestimmten und eng eingegrenzten Aspekt der Energieversorgung. In ihrem Anwendungsbereich ist die Maßnahmenkompetenz nach Art. 122 Abs. 1 AEUV gegenüber der Ermächtigung zur Gewährleistung der Energieversorgungssicherheit aus Art. 194 Abs. 2 UAbs. 1 i.V.m. Abs. 1 lit. b AEUV darum eine lex specialis. Grundsätzlich muss die Maßnahmenkompetenz im Hinblick auf das verkürzte Rechtsetzungsverfahren und die Gefahr einer Umgehung der energiepolitischen Schranken nach Art. 194 Abs. 2 UAbs. 2 AEUV zwar restriktiv ausgelegt werden. Die Nennung des Energiebereichs und die Aufnahme des Solidaritätsprinzips unterstreichen aber, dass Maßnahmen, die mit den bisher auf Grundlage des Art. 100 Abs. 1 EG getroffenen vergleichbar sind, auch weiterhin der Maßnahmenkompetenz unterfallen sollen. Demnach werden insbesondere Rechtsakte erfasst, die kurzfristige Maßnahmen zur Sicherung der Energieversorgung (mit Ausnahme der technisch-anlagenbezogenen Sicherheit) vorsehen. Ein Anwendungsfall der Maßnahmenkompetenz wäre demnach etwa die Novellierung der Richtlinien 2004/67/EG und 2006/67/EG.[717] Auf der Grundlage des Art. 122 Abs. 1 AEUV

---

717 ABl. 2004, Nr. L 127, S. 92 und ABl. 2006 Nr. L 217, S. 8. Beides ist im Rahmen der Zweiten Überprüfung der Energiestrategie geplant, siehe KOM (2008) 781 endg., S. 12 ff.

Die Richtlinie 2009/119/EG, ABl. 2009 Nr. L 265, S. 9, „zur Verpflichtung der Mitgliedstaaten, Mindestvorräte an Erdöl und/oder Erdölerzeugnissen zu halten" ist bereits in Kraft getreten und muss bis spätestens zum 31. Dezember 2012 in nationales Recht umgesetzt werden. Gestützt wurde die Richtlinie abermals auf Art. 100 (Abs. 1) EG. Mit dem Erlass dieses Rechtsakts wurde eine von der Kommission seit langem erhobene Forderung (vgl. insbesondere KOM (2002) 488 endg.) umgesetzt. Die Schwäche der bisherigen EU-Bevorratungsrichtlinie liegt darin, dass die Union durch sie zwar die Höhe der Gesamtbevorratung (in Höhe von 90 Tagen) bestimmt, jedoch keine institutionellen oder organisatorischen Vorgaben macht. Den Mitgliedstaaten wird es freigestellt, ob sie eine öffentlich-rechtliche Körperschaft betrauen, private Marktteilnehmer zur Vorratshaltung verpflichten oder eine Mischform beider Modelle wählen. Das Verfahren zur Feststellung eines Krisenfalles bleibt ebenso den Mitgliedstaaten überlassen wie die Art und Weise der Verwendung der Erdölreserven. Demgegenüber sind nach der neuen Richtlinie erweiterte Koordinations- und Überwachungsbefugnisse der Kommission sowie die Angleichung an das parallel zu den EU-Vorgaben bestehende „IEA Response System for Oil Supply Emergencies" vorgesehen.

Bei der geltenden Richtlinie über die sichere Erdgasversorgung sieht die Kommission ebenfalls inhaltliche Defizite, insbesondere hinsichtlich der Harmonisierung von Versorgungssicherheitsstandards und der Schaffung von Krisenreaktionsmechanismen, siehe KOM (2008) 761 endg., S. 9 ff. Bemerkenswerterweise bestanden aber nach Ansicht der Kommission „derzeit keine ausreichenden Grundlagen für die EU, um über verbindliche strategische Erdgasvorräte zu entscheiden", KOM (2008) 781 endg., S. 13. Der auf Art. 95 EG gestützte Vorschlag für eine Verordnung „über Maßnahmen zur Gewährleis-

(in Verbindung mit Art. 216 AEUV) ist auch der Abschluss von internationalen Übereinkünften denkbar.[718] Soweit es um die Gewährleistung der langfristigen Energieversorgungssicherheit und der technischen Sicherheit der Energieversorgung geht, ist Art. 122 Abs. 1 AEUV hingegen nicht einschlägig.

b) Art. 222 AEUV

Der Vertrag von Lissabon führt mit Art. 222 AEUV, der als Titel VII im fünften Teil des AEUV über das auswärtige Handeln der Union amtlich als „Solidaritätsklausel" bezeichnet wird, eine neue Rechtsgrundlage ein, die ebenfalls ein Handeln „im Geiste der Solidarität" vorsieht. Gegenstand der Solidaritätsklausel ist das gemeinsame Vorgehen in Reaktion auf Terroranschläge, Naturkatastrophen und vom Menschen verursachte Katastrophen. Soweit durch entsprechende Vorkommnisse die Energieversorgung gefährdet ist, bestehen zwar Überschneidungen mit Art. 194 und Art. 122 AEUV. Da Art. 222 AEUV aber inhaltlich breiter angelegt ist und insbesondere auf den Bevölkerungsschutz abzielen dürfte, stellt die Solidaritätsklausel sowohl gegenüber der allgemeinen als auch gegenüber der besonderen Energiekompetenz eine lex generalis dar.[719]

c) Art. 114 AEUV

Neben der Maßnahmenkompetenz diente auch die binnenmarktbezogene Harmonisierungskompetenz des Art. 95 EG als Rechtsgrundlage für Maßnahmen mit Relevanz für die Versorgungssicherheit. Das wichtigste Beispiel ist die Richtlinie 2005/89/EG über „Maßnahmen zur Gewährleistung der Sicherheit der Elektrizitätsversorgung und von Infrastrukturinvestitionen".[720] Die Richtlinie verpflichtet die Mitgliedstaaten unter anderem, Mindeststandards für die Netzsicherheit, die Aufrechterhaltung des Gleichgewichts zwischen Elektrizitätsnachfrage und -kapazität und Netzinvestitionen zu gewährleisten. Damit werden im Wesentlichen Anforderungen aufgestellt, die der technischen Sicherheit der Energieinfrastruktur dienen und damit dem Ziel des Art. 194 Abs. 1 lit. b AEUV unterfallen. Der Versuch, eine Verbindung zwischen diesen Sicherheitsaspekten und dem Funktionieren des Binnenmarkts herzustellen, kann im Rahmen dieser Richtlinie nicht überzeugen.[721] Auch bei anderen Gesetzesinitiativen der Kom-

---

tung der sicheren Erdgasversorgung und zur Aufhebung der Richtlinie 2004/67/EG" enthält dementsprechend keine entsprechenden Regelungen, s. KOM (2009) 363 endg. Auf Grundlage des Art. 122 Abs. 1 AEUV ist dies möglicherweise anders zu beurteilen.

718 A.A. wohl *Haghighi*, Energy Security, S. 81.

719 Vgl. *Kahl*, in: Schulze-Fielitz/Müller, Europäisches Klimaschutzrecht, S. 47.

720 ABl. 2006, Nr. L 33 S. 22.

721 Nach Ansicht der Kommission ist die „Gewährleistung einer hohen Sicherheit der Elektrizitätsversorgung [...] eine Grundvoraussetzung für das erfolgreiche Funktionieren des Binnenmarkts", siehe Erwägungsgrund 1 sowie Art. 1 Abs. 1 der RL 2005/89/EG. Nach dieser Logik behindern die fehlenden Versorgungssicherheits- und Solidaritätsmechanismen den Binnenmarkt, weil alle Mitgliedstaaten aufgrund des innergemeinschaftlichen Handels durch Energiekrisen betroffen werden. Das Funktionieren des

mission wurde einseitig und ohne schlüssige Argumentation die Gewährleistung der Versorgungssicherheit als Mittel zum Zweck der Schaffung des Energiebinnenmarkts dargestellt.[722] Soweit in Zukunft das Ziel der Versorgungssicherheit um ihrer selbst willen verfolgt wird, ist die entsprechende Maßnahme auf Art. 194 Abs. 2 UAbs. 1 i.V.m. Abs. 1 lit. b AEUV zu stützen.[723] Wie oben bereits festgestellt wurde, besteht eine Spezialität des Energieartikels gegenüber der Binnenmarktkompetenz ebenfalls im Hinblick auf das Ziel der Sicherstellung des Funktionierens des Energiemarkts. Der Energiekompetenztitel ist damit unabhängig von der Frage, ob die Gewährleistung der Energieversorgungssicherheit den objektiven Schwerpunkt Maßnahme bildet, oder – wie bei den Beschleunigungsrichtlinien der Fall – der Aspekt der Versorgungssicherheit neben dem Funktionieren des Wettbewerbs nur am Rande geregelt wird, die richtige Rechtsgrundlage.

d) Art. 196 AEUV

Soweit es um die Sicherheit kerntechnischer Anlagen geht, kommt darüber hinaus die neu geschaffene Ergänzungskompetenz (vgl. Art. 2 Abs. 5, Art. 6 lit. f AEUV) im Bereich des Katastrophenschutzes in Betracht, Art. 196 AEUV. Neben der Verhütung von Naturkatastrophen wird auch die Risikoprävention im Hinblick auf von Menschen verursachte Katastrophen erfasst, so dass Maßnahmen wie solche zur Vermeidung nuklearer Havarien grundsätzlich auch auf Art. 196 AEUV gestützt werden könnten. Da entsprechende Maßnahmen jedoch als

---

Binnenmarkts wird durch lokale Versorgungsausfälle aber allenfalls mittelbar beeinträchtigt. Schwerpunktmäßig sind die vorgeschlagenen Regelungen (energie-)sicherheitspolitischer Art. Teilweise sind die regulativen Maßnahmen der RL im Hinblick auf die Liberalisierung der Strommärkte sogar kontraproduktiv, was bei der Verfolgung der Versorgungssicherheit als eigenständiges Ziel möglicherweise zulässig wäre, im Hinblick auf die Rechtsangleichungskompetenz jedoch nicht gerechtfertigt ist. Zu dem entsprechenden Richtlinien-Entwurf, KOM (2003) 740 endg., ausführlich: *Ehricke*, ZNER 2004, 211. Ebenfalls kritisch: *Maichel*, in: FS Götz, S. 61 f.

722 Vgl. insbesondere KOM (2002) 488 endg., S. 9: „Es ist von existenzieller Bedeutung, die Abhängigkeit der Europäischen Union im Energiebereich bestmöglich in den Griff zu bekommen, da dies zur Schaffung des Energiebinnenmarktes beitragen wird." Die umfangreiche Mitteilung der Kommission an Parlament und Rat (Titel: „Energiebinnenmarkt: Abgestimmte Maßnahmen im Bereich der Energieversorgungssicherheit") führte – nach zahlreichen Änderungen – zur Annahme der RL 2004/67/EG, wurde im Übrigen aber zurückgenommen. Die fragwürdige Fokussierung auf die wirtschaftlichen Auswirkungen von Versorgungsunterbrechungen kommt auch in der RL noch zum Ausdruck, siehe insbesondere Erwägungsgrund 2: „ Gemäß der Richtlinie […] wird der Erdgasmarkt der Gemeinschaft gegenwärtig liberalisiert. Bei der Versorgungssicherheit könnte infolgedessen jede Schwierigkeit, die zu einem Rückgang der Erdgasversorgung führt, ernste Störungen in der Wirtschaftstätigkeit der Gemeinschaft verursachen; es ist daher in zunehmendem Maße notwendig, die Sicherheit der Erdgasversorgung zu gewährleisten."

723 Vgl. *Krötz*, EG-Kompetenzen einer europäischen Energiepolitik, S. 288.

spezifisch energie-sicherheitsrechtlicher Art einzuordnen sind und Art. 194 AEUV als geteilte Zuständigkeit zudem weitergehende Maßnahmen zulässt,[724] ist diesbezüglich von einer Spezialität der Energiekompetenz auszugehen.

e) Art. 216 AEUV

Eines der wichtigsten Handlungsfelder im Bereich der (ungeteilt dem Anwendungsbereich des Energieartikels unterfallenden) langfristigen Energieversorgungssicherheit betrifft die Energieaußenpolitik.[725] Da die meisten Mitgliedstaaten der Union ihren Energiebedarf bei weitem nicht aus heimischen Quellen decken können,[726] erfordert die Gewährleistung der Energieversorgungssicherheit den Energieimport aus Drittländern. Um diese Importabhängigkeit zu verringern, kann die Union intern zwar auf die Nachfrageseite einwirken, hat aber ohne externe Maßnahmen keinen Einfluss auf die Bereitstellung eines ausreichenden Energieangebots. Oben wurde bereits festgestellt, dass die kodifizierte AETR-Doktrin in Gestalt des Art. 216 Abs. 1 i.V.m. Art. 194 Abs. 1 AEUV eine entsprechende Vertragsschlusskompetenz der Union vermittelt.[727] Da Maßnahmen, die darauf abzielen, Lieferbeziehungen zu anderen Ländern aufzubauen oder zu festigen, regelmäßig in erster Linie die Gewährleistung der Energieversorgungssicherheit in der Union bezwecken, ist von einer Spezialität gegenüber anderen potentiellen Rechtsgrundlagen der Energieaußenpolitik wie Art. 216 i.V.m. Art. 122 AEUV oder Art. 192 AEUV auszugehen. Dasselbe gilt für das Verhältnis zur GASP.[728]

f) Euratom-Vertrag

Die Bestimmungen des EAGV sind im Vergleich zum AEUV zwar grundsätzlich speziell, eine subsidiäre Anwendbarkeit des Energiekompetenztitels im Nuklearbereich scheidet jedoch nicht per se aus.[729] In Anbetracht der bisherigen Kommissions-Initiativen im Bereich der Nuklearpolitik könnte die Frage nach dem konkreten Umfang der Spezialität der Euratom-Regelungen gegenüber der Energiekompetenz vor allem bei der Zielverfolgung nach Art. 194 Abs. 1 lit. b AEUV relevant werden. Nach vorangegangener Mitteilung an Rat und Parlament über die nukleare Sicherheit in der Union[730] schlug die Kommission den Erlass zweier Richtlinien vor, die einen einheitlichen Rahmen für die Entsorgung abgebrannter Brennelemente und radioaktiver Abfälle – unter Einschluss

---

724 Bei Ergänzungs- und Unterstützungsmaßnahmen ist insbesondere die Harmonisierung nationaler Rechtsvorschriften ausgeschlossen, vgl. Art. 2 Abs. 2 UAbs. 2 AEUV sowie ausdrücklich Art. 196 Abs. 2 AEUV.

725 Dazu *Schmidt-Preuß*, RdE 2007, 281; *Müller*, SWP-Studie 2006/S 33. Sowie KOM (2006) 105 endg., S. 16 ff.

726 Siehe oben Fn. 90.

727 Siehe oben Kap. 3. E. I. 1. c) bb).

728 Siehe oben Kap. 3. E. I. 3. d).

729 Siehe oben Kap. 3. B. III.

730 KOM (2002) 605 endg.

von Vorgaben über deren Endlagerung – sowie insgesamt einheitliche Standards zur Gewährleistung nuklearer Sicherheit vorsahen.[731] Die Maßnahmen des sog. Nuklearpakets sollten auf die Euratom-Zuständigkeit zum Gesundheitsschutz gem. Art. 30 ff. EAGV gestützt werden. Die Mitgliedstaaten betrachteten den politisch sensiblen Themenkomplex „nukleare Sicherheit" jedoch einhellig als nationale Angelegenheit und ließen das Vorhaben im Rat scheitern. Auch im rechtswissenschaftlichen Schrifttum wurde der Kommissionsvorschlag ganz überwiegend als kompetenzwidrig abgelehnt.[732] Eine Ermächtigung für die von der Kommission vorgeschlagenen Maßnahmen ergebe sich weder aus den Art. 31, 32 EAGV, noch aus ungeschriebenen Gemeinschaftsbefugnissen oder der Auffangkompetenz nach Art. 203 EAGV.[733]

Der kompetenzrechtliche Rahmen für die Sachbereiche Strahlenschutz und Kernmaterialüberwachung muss aber seit Inkrafttreten des AEUV neu bewertet werden – möglicherweise lassen sich die Maßnahmen nun auf den Energiekompetenztitel stützen.[734] Sieht man das Recht der technischen Sicherheit mit der hier vertretenen Auffassung als Teilaspekt eines weiten Begriffs der Energieversorgungssicherheit, fällt der Regelungsgegenstand des Nuklearpakets jedenfalls unter den Tatbestand der Zielvorgabe des Art. 194 Abs. 1 lit. b AEUV. Ob die Art. 30 ff. EAGV aber Raum für die Anwendung des Energieartikels lassen, hängt davon ab, inwieweit man die Vorschriften des EURATOM-Vertrags für den Bereich der nuklearen Sicherheit als abschließend erachtet. Unter Berücksichtigung der Änderungen des Vertrags von Lissabon spricht aber viel dafür, auch Maßnahmen zur Sicherheit von Kernkraftwerken oder zur Entsorgung radioaktiver Abfälle als von Art. 194 AEUV umfasst anzusehen.[735]

4. Zusammenfassung

Unter das Ziel des Art. 194 Abs. 1 lit. b AEUV fallen alle Aspekte der Energieversorgungssicherheit, angefangen bei der kurzfristigen Gewährleistung der je-

---

[731] KOM (2003) 32 endg. sowie KOM (2004) 526 endg. Siehe dazu *Schneider/Schäfer*, EurUP 2004, 197.

[732] Vgl. nur *von Danwitz*, Fragen vertikaler Kompetenzabgrenzung nach dem EURATOM-Vertrag, S. 19 ff.; *Heller*, atw 2002, 788; *Maichel*, atw 2003, 156 (160); differenzierend: *Hermes*, ZUR 2004, 12.

[733] *von Danwitz*, Fragen vertikaler Kompetenzabgrenzung nach dem EURATOM-Vertrag, S. 34 ff.

[734] Neben Art. 194 Abs. 1 lit. b AEUV könnte auch das Ziel aus Art. 194 Abs. 1 lit. a AEUV relevant sein, vgl. *Jasper*, ZNER 2003, 210 (213).

[735] Dass die Kommission auf diesem Gebiet nach wie vor die Schaffung eines einheitlichen Rechtsrahmens anstrebt, tritt in den jüngeren Publikationen offen zu Tage, vgl. etwa die Mitteilung „50 Jahre Euratom-Vertrag", KOM (2007) 124 endg., S. 10; das „Hinweisende Nuklearprogramm", KOM (2007) 565 endg., S. 23 ff. oder die Empfehlung 2006/851/Euratom „für die Verwaltung der Finanzmittel für die Stilllegung kerntechnischer Anlagen und die Entsorgung abgebrannter Brennelemente und radioaktiver Abfälle", ABl. 2006, Nr. L 330, S. 31.

derzeitigen Verfügbarkeit von Elektrizität bis hin zur langfristigen Sicherung der Energielieferungen aus Drittländern. Das Ziel ermächtigt und verpflichtet die Union zudem, Vorkehrungen zur Vermeidung technischer Risiken der Energieversorgung, also der Bedrohung von Mensch und Umwelt durch die Energieversorgung, zu treffen. Ab einer gewissen Schwelle werden auch Preissteuerungsmechanismen zur Gewährleistung eines vertretbaren Energiepreises von Art. 194 Abs. 1 lit. b AEUV erfasst. Dem Prinzip der Solidarität kommt für die Gewährleistung der Energieversorgungssicherheit eine besondere Bedeutung zu. Das Energiesolidaritätsprinzip bewirkt den gesetzgeberischen Auftrag, die unterschiedlichen nationalen Versorgungsniveaus aneinander anzugleichen, wobei sich die Union am niedrigsten Stand der Versorgung zu orientieren hat.

Während sich die langfristige Energieversorgungssicherheit ausschließlich nach dem Energieartikel richtet, sind Maßnahmen zur kurzfristigen Gewährleistung der Energieversorgung auf die besondere Energiekompetenz des Art. 122 Abs. 1 AEUV zu stützen, soweit sie einer akuten Krisensituation vorbeugen oder auf sie reagieren sollen. Als solche sind insbesondere Maßnahmen zur Vorratshaltung im Öl- und Gassektor sowie gemeinsame Krisenreaktionsmechanismen anzusehen. Die Energiesolidarität ist für Art. 122 AEUV und für Art. 194 AEUV gleichermaßen relevant. Die im Rahmen der Untersuchung des energiepolitischen Leitprinzips festgestellten Ergebnisse sind auf die Maßnahmenkompetenz übertragbar. Eine Doppelabstützung eines Rechtsakts auf Art. 122 AEUV und Art. 194 AEUV kommt nicht in Frage, da die Maßnahmenkompetenz ein besonderes, verkürztes Gesetzgebungsverfahren vorsieht. Im Übrigen ist die Energiekompetenz gegenüber konkurrierenden Rechtsgrundlagen aus dem AEUV lex specialis. Die Vorschriften des Euratom-Vertrags bilden im Verhältnis zum AEUV zwar das vorrangige Regelungswerk, verdrängen die Anwendbarkeit des Energieartikels aber nicht zur Gänze. Denkbar sind insbesondere Maßnahmen nach Art. 194 Abs. 2 UAbs. 1 i.V.m. Abs. 1 lit. b AEUV zur Gewährleistung der nuklearen Sicherheit.

III. Energieeffizienz, Energieeinsparungen, neue und erneuerbare Energien

1. Inhalt der Zielvorgabe

a) Struktur

Art. 194 Abs. 1 lit. c AEUV unterscheidet sich in einem wesentlichen Punkt von den übrigen Zielbestimmungen der Energiepolitik. Während Art. 194 Abs. 1 lit. a, b, d AEUV jeweils nur einen Regelungsgegenstand (Energiemarkt, Energieversorgungssicherheit, Energienetze) betrifft, bezieht sich das Ziel aus lit. c auf mindestens zwei Regelungsgegenstände oder Teilziele, nämlich die Förderung der Energieeffizienz und -einsparungen einerseits sowie die Entwicklung neuer und erneuerbarer Energien andererseits.[736] In jedem Fall handelt es sich um ein einheitliches Ziel, wie die Systematik der Vorschrift, d.h. die Zusammenfassung der Vorgaben in einem Aufzählungspunkt, verdeutlicht.

Die gemeinsame Regelung beider Aspekte der Zielbestimmung erklärt sich durch den engen inhaltlichen Zusammenhang. Energieeffizienz und -einsparungen erhöhen die Versorgungssicherheit, indem sie eine effektivere Nutzung der vorhandenen Ressourcen gewährleisten. Erneuerbare Energiequellen helfen, die externe Verwundbarkeit durch die Abhängigkeit von Energieimporten zu reduzieren. Neben den positiven Auswirkungen auf die Versorgungssicherheit leisten beide Seiten des Ziels gleichzeitig einen Beitrag zum Umwelt- und Klimaschutz. Der Grundgedanke und gemeinsame Fluchtpunkt der Teilziele des Art. 194 Abs. 1 lit. c AEUV ist mithin die – sowohl im Hinblick auf die Ressourcenschonung als auch bezüglich des Klimaproblems notwendige – Verringerung der Nutzung fossiler Primärenergieträger.[737]

b) Gegenstand

aa) Energieeffizienz und Energieeinsparungen

Zwischen den ersten beiden Aspekten des Art. 194 Abs. 1 lit. c AEUV besteht ein enger inhaltlicher Zusammenhang. Beide Gesichtspunkte werden kontextbezogen im Sekundärrecht definiert, nämlich in der Richtlinie 2006/32/EG über Endenergieeffizienz und Energiedienstleistungen als „das Verhältnis von Ertrag an Leistung, Dienstleistungen, Waren oder Energie zu Energieeinsatz" (Energieeffizienz) bzw. als „die eingesparte Energiemenge, die durch Messung und/oder Schätzung des Verbrauchs vor und nach der Umsetzung einer oder mehrerer Energieeffizienzmaßnahmen und bei gleichzeitiger Normalisierung zur Berücksichtigung der den Energieverbrauch negativ beeinflussenden äußeren Bedingungen ermittelt wird" (Energieeinsparungen).[738]

Der zu Grunde liegende Gedanke dieser Definitionen lässt sich auf Art. 194 Abs. 1 lit. c AEUV übertragen. Vereinfacht ausgedrückt bedeutet Energieeinsparung also die Verringerung des Energieverbrauchs und Energieeffizienz einen größeren Ertrag aus dem Energieaufwand. Betont man den qualitativen Unterschied zwischen der Vermeidung des Energieeinsatzes und einer erhöhten Energieproduktivität, handelt es sich bei Energieeffizienz und Energieeinsparungen

---

[736] Ob die „Förderung der Energieeffizienz und von Energieeinsparungen" ein einheitliches Unterziel bildet oder materiell zwei selbständige Unterziele bezeichnet, ist für den Umfang der Ermächtigung aus Art. 194 Abs. 1 lit. c AEUV unerheblich. Inhaltliche Auswirkungen ergeben sich dagegen aus der Frage, ob die „Entwicklung neuer und erneuerbarer Energien" einen einheitlichen Regelungsgegenstand bildet oder in zwei Aspekte zu unterteilen ist, dazu sogleich.

[737] Vgl. auch *Ehricke/Hackländer*, ZEuS 2008, 579 (591).

[738] Art. 3 lit. b und d der RL 2006/32/EG, ABl. 2006 Nr. L 114, S. 67 f. Erfasst wird nur die Endenergieeffizienz, also die Einsparung beim Verbrauch. Die effiziente Erzeugung von Energie regelt die RL nicht.

um zwei voneinander unabhängige Teilziele.[739] Da aber auch die Energieeffizienz auf einen verringerten Energieeinsatz abzielt, ist eine Unterscheidung zwischen Energieeinsparung und -effizienz, wie sie der Energieartikel scheinbar trifft, nicht logisch zwingend. Im Gegenteil ist es schlüssig, die Energieeffizienz als spezielle, auf einzelne Prozesse ausgerichtete Einsparung zu begreifen, so dass Maßnahmen zur Förderung der Energieeffizienz „relative Energieeinsparungen" darstellen und vom Begriff der Energieeinsparung umfasst sind.[740] Auch wenn man mit der hier vertretenen Meinung davon ausgeht, dass die Steigerung der Energieeffizienz eine „Energieeinsparung" darstellt, ist die ausdrückliche Nennung beider Aspekte im Energieartikel nicht überflüssig. Durch die Normierung drückt der Gesetzgeber zumindest aus, dass er die Förderung der Energieeffizienz grundsätzlich für ein geeignetes Mittel hält, den Einsatz an Energie insgesamt zu reduzieren.[741]

bb) Neue und erneuerbare Energiequellen

Der Begriff der erneuerbaren Energiequellen ist im Sekundärrecht schon länger gebräuchlich[742] und bezeichnet dasselbe, was das deutsche Recht schlicht „erneuerbare Energie"[743] nennt, nämlich die Nutzung von Energie aus regenerativen Energieträgern. Art 2 lit. a der Richtlinie 2009/28/EG zur Förderung von Energie aus erneuerbaren Energiequellen[744] definiert den Begriff der erneuerbaren Energiequellen zunächst negativ, indem eine Abgrenzung zu den fossilen Brennstoffen als konventionelle, nicht erneuerbare Energiequellen vorgenommen wird und zählt die als erneuerbar angesehenen Energiequellen im Folgenden auf.[745] Anhaltspunkte für eine abweichende Bedeutung des Begriffs der erneuerbaren Energien im Energieartikel sind nicht ersichtlich. Wie das Sekundär-

---

739 Als gemeinsamer Oberbegriff für Energieeffizienz und Energieeinsparungen könnte etwa die „Verbesserung der Energienutzung" dienen, vgl. *Schomerus*, NVwZ 2009, 418.

740 So *Keyhanian*, Rechtliche Instrumente zur Energieeinsparung, S. 48 ff.

741 Ob die Förderung der Energieeffizienz tatsächlich ein geeignetes Mittel zur Reduktion des Energieverbrauches darstellt, ist vor dem Hintergrund des sog. „Rebound-Effekts" fraglich. Der Begriff bezeichnet den Umstand, dass Effizienzsteigerungen Mittel freisetzen, die wiederum für Mehrkonsum ausgegeben werden. Im Extremfall kann eine erhöhte Energieeffizienz sogar zur Steigerung des absoluten Energieverbrauchs führen (in diesem Fall spricht man von „Backfire"), vgl. nur *Madlener/Alcott*, et 10/2007, S. 70.

742 Vgl. nur KOM (1997), 599 endgültig; RL 2001/77/EG, ABl. 2001, Nr. L 283, S. 32.

743 Vgl. § 1 Abs. 1, 2, § 3 Abs. 1 EEG. Auch die französische, spanische und italienische Fassung verwenden jeweils lediglich den Oberbegriff „Energie". In der englischen Fassung des Vertrags von Lissabon heißt es demgegenüber „new and renewable forms of energy".

744 ABl. 2009, Nr. L 240, S. 16. Die RL übernimmt die Definition mit geringfügigen Änderungen aus der aufgehobenen RL 2001/77EG (ABl. 2001, Nr. L 283, S. 32).

745 Genannt werden Wind, Sonne, Aerothermie, Hydrothermie, Geothermie, Meeresenergie, Wasserkraft, Biomasse, Deponiegas, Klärgas und Biogas.

recht der erneuerbaren Energien ist Art. 194 Abs. 1 lit. c nicht auf die Elektrizitätserzeugung beschränkt, sondern fördert auch die Wärme-, Kälte- und Kraftstofferzeugung durch erneuerbare Energien.[746] Entscheidend dürfte sein, dass mit der erneuerbaren Energie die Nachteile der Nutzung von Kohle, Öl und Gas, also in erster Linie der Treibhausgasausstoß und die Gefährdung der Versorgungssicherheit aufgrund von Importabhängigkeit, überwunden werden.

Als „neue" Energiequellen wird man demgegenüber schon die Energiegewinnung durch konventionelle Energiequellen ansehen können, soweit dabei eine Technologie verwendet wird, die bisher nicht oder kaum genutzt worden ist.[747] Insbesondere sind also auch Umwandlungsprozesse erfasst, die nichterneuerbare Ressourcen wie fossile Brennstoffe oder Kernbrennstoffe als primärenergetische Grundlage nutzen.

Um die Frage zu beantworten, welche Energien dem Ziel aus Art. 194 Abs. 1 lit. c AEUV unterfallen, muss weiterhin geklärt werden, ob eine Energiequelle gleichzeitig neu und erneuerbar sein muss, oder ob die jeweils alleinige Qualifizierung einer Energiequelle als neu bzw. erneuerbar ausreichend ist. Die Formulierung des Gesetzestextes lässt diese entscheidende Frage offen. Vor dem Hintergrund des Zwecks aller Teilziele des Art. 194 Abs. 1 lit. c AEUV, dem Umwelt- und Klimaschutzgedanken, spricht einiges dafür, nur erneuerbare Energiequellen zu begünstigen, also das „und" als Erfordernis des kumulativen Vorliegens beider Tatbestandsmerkmale anzusehen. In diesem Sinne beurteilt die wohl herrschende Meinung in der Literatur auch die ähnlich problematische Formulierung in Art. 175 Abs. 2 UAbs. 1 lit. c EG (Art. 192 Abs. 2 lit. c AEUV).[748] Schließlich scheint die Politik der Kommission, auf deren Entwurf die konkrete Gestaltung der Zielvorgabe zurückgeht,[749] ein solches Verständnis nahe zu legen. Diese betonte oftmals die Dringlichkeit des Wandels hin zu einer CO_2-armen Energiewirtschaft und sprach sogar davon, eine „neue industrielle Revolution" in Gang zu setzen[750]. Ein „drastischer Ausbau" der heimischen, erneuerbaren Energien lässt sich aber nur durch eine gezielte, kostenintensive Förderung erreichen. Wird daneben auch die Energieumwandlung von fossilen Roh-

---

746 Vgl. Art. 1 der RL 2009/29/EG, wonach (anders als nach der RL 2001/77/EG) eine Erhöhung des Anteils erneuerbarer Energien am *Gesamt*energieverbrauch angestrebt wird.

747 *Maichel*, in: FS Götz, S. 66, nennt als Beispiele: Brennstoffzelle, Stirling-Motor, Energiespeichersysteme auf chemischer Basis, Wasserstoffgewinnungssysteme und widerstandsfreier Elektronentransport.

748 Vgl. *Calliess*, in: Calliess/Ruffert, EUV/EGV, Art. 175 EGV Rdn. 25; *Käller*, in: Schwarze, EU-Kommentar, Art. 175 EGV Rdn. 25; *Nettesheim*, in: Grabitz/Hilf, Das Recht der EU, Art. 175 Rdn. 79. A.A.: *Kahl*, NVwZ 2009, 265 (268); *Lecheler*, RdE 2008, 167 (168).

749 Nach Art. 2 Abs. 1 lit. e TE zielt die Energiepolitik darauf ab, den „Einsatz neuer und erneuerbarer Energiequellen zu fördern".

750 KOM (2007) 1 endgültig, S. 6.

stoffen gefördert, ist es fraglich, ob sich diese ambitionierten Ziele verwirklichen lassen.

Verlangt man in diesem Sinne das kumulative Vorliegen der Eigenschaft einer Energiequelle als neu und erneuerbar, würden umgekehrt allerdings auch diejenigen erneuerbaren Energien aus dem Förderkatalog fallen, deren Nutzung nicht auf einer „neuen“ Technologie beruht. So lässt sich die Nutzung der mechanischen Energie des Wassers, der für die Elektrizitätsversorgung der Union neben der Biomasse wichtigsten erneuerbaren Energiequelle,[751] auch bei einem weiten Verständnis des Begriffes nicht mehr als „neu“ bezeichnen.[752] Gleiches gilt wohl für die Windenergie[753] und die Nutzung von Biomasse, insbesondere Holz als Brennstoff. Eine Ausnahme der Wasserkraft ließe sich angesichts des in Europa aufgrund des topographisch bedingt größtenteils ausgeschöpften Potentials der Energiequelle[754] und der weitgehenden Wettbewerbsfähigkeit energiepolitisch möglicherweise rechtfertigen. Der Windenergienutzung werden dagegen aufgrund ihrer vielseitigen Einsatzmöglichkeiten noch große Wachstumschancen eingeräumt. Es ist nicht davon auszugehen, dass ein Ausschluss dieser „alten“ erneuerbaren Energien vom Förderungszweck beabsichtigt ist. Die vorangegangen Beispiele zeigen zudem, dass die Bestimmung, welche Energien als „neu“ anzusehen sind, Schwierigkeiten bereitet. Auch im Interesse der Rechtssicherheit ist folglich die Deutung zu bevorzugen, die die Abgrenzung zwischen neuen und nicht neuen Energien hinfällig macht. Neue und erneuerbare Energien lösen mithin alternativ das Förderungsziel des Art. 194 Abs. 1 lit. c AEUV aus.[755]

c) Zweck: Förderung / Entwicklung

Fraglich ist, was unter einer „Entwicklung“ nach Art. 194 Abs. 1 lit. c AEUV zu verstehen ist. Möglicherweise stellt der Begriff der Entwicklung eine Einschränkung gegenüber einem umfassenderen Begriff der Förderung dar, etwa in der Form, dass nur die technologische Entwicklung neuer und erneuerbarer Ener-

---

751 Vgl. *Europäische Kommission*, EU energy and transport in figures, Statistical Pocketbook 2009, S. 28.

752 Bereits gegen Ende des neunzehnten Jahrhunderts wurde elektrischer Strom aus Wasserkraftwerken gewonnen. Die mechanische Nutzung der Energie des Wassers mittels Wasserrädern ist Jahrtausende alt.

753 A.A. *Görlach/Meyer-Ohlendorf*, in: Ecologic Briefs, S. 14.

754 In Deutschland ist das nutzbare Potential des Energieträgers Wasser laut Bundesumweltamt bereits zu 85% erschlossen, 10. Februar 2010, URL: http://www.umweltbundesamt.de/wasser/themen/oberflaechengewaesser/wasserkraft.htm (Abruf am 23.03.2010).

755 So auch *Maichel*, in: FS Götz, S. 66; *Papenkort*, Der Euratom-Vertrag, S. 133; *Nettesheim*, JZ 2010, 19 (20); *Görlach/Meyer-Ohlendorf*, in: Ecologic Briefs, S. 14.

gien vom Energiekompetenztitel erfasst wird.[756] Dem Wortlaut ist eine solche Beschränkung nicht zu entnehmen. Vielmehr deutet das Fehlen von Präzisierungen gerade auf ein umfassendes Verständnis des Begriffs der Entwicklung im Sinne eines allgemeinen Vorgangs hin. Etwas anderes könnte sich daraus ergeben, dass der Gesetzestext zwischen der „Entwicklung" neuer und erneuerbarer Energien einerseits und der „Förderung" der Energieeffizienz und von Energieeinsparungen andererseits zu differenzieren scheint.[757] Bei dieser Formulierung handelt es sich jedoch um eine sprachliche Besonderheit der deutschen Version des Art. 194 Abs. 1 lit. c AEUV. Der Vergleich mit dem Wortlaut anderer Sprachfassungen zeigt, dass nicht die *Entwicklung* neuer und erneuerbarer Energien Gegenstand der Zielbestimmung ist, sondern die *Förderung der Entwicklung*. Die meisten anderen Sprachfassungen beginnen die Aufzählung der energiepolitischen Ziele mit einem Verb, das sich nicht nur auf die ersten beiden Teilziele bezieht, sondern auch die Entwicklung neuer und erneuerbarer Energien umfasst.[758] Art. 194 Abs. 1 lit. c AEUV grenzt die Begriffe „Förderung" und „Entwicklung" also nicht etwa voneinander ab, sondern verbindet sie, was gegen eine Einschränkung des Entwicklungsbegriffs spricht.[759]

Deutlich tritt die Stoßrichtung dieses Tatbestandsmerkmals auch in der Urfassung des Energiekompetenztitels zu Tage. Nach Art. 2 Abs. 1 lit. e TE bezweckt die Energiepolitik, „die sparsame Energieverwendung sowie den *Einsatz* neuer und erneuerbarerer Energiequellen zu fördern".[760] Diese Formulierung verdeutlicht nicht nur, dass neue und erneuerbare Energien generell vom Förderzweck des Art. 194 Abs. 1 lit. c AEUV umfasst sind. Sie bringt auch zum Ausdruck, dass die Zielbestimmung eine umfassende Förderung neuer und erneuerbarer Energiequellen zum Gegenstand hat, die sich in einer tatsächlichen Stärkung und Verbreitung dieser Energiequellen niederschlagen soll. Der Begriff der „Entwicklung" neuer und erneuerbarer Energiequellen ist folglich in einem weiten Sinne zu verstehen und umfasst die wissenschaftliche und technische Weiterentwicklung ebenso wie die Steigerung ihres Einsatzes. Aus diesem Grund kommt es im Rahmen der Förderung „neuer" Energien auch nicht darauf an, wie

756 In diesem Sinne grenzt *Kahl*, in: Schulze-Fielitz/Müller, Europäisches Klimaschutzrecht, S. 60 f., den Anwendungsbereich des Art. 194 Abs. 1 lit. c AEUV von der konkurrierenden Kompetenz aus Art. 192 AEUV ab.

757 Vgl. *Kahl*, in: Schulze-Fielitz/Müller, Europäisches Klimaschutzrecht, S. 60 f.

758 Besonders deutlich wird dies etwa in der italienischen Fassung, wonach die ersten beiden Teilziele nicht durch ein „und", sondern durch ein Komma verbunden sind, sowie in der niederländischen Fassung, in der das Verb am Ende der Vorschrift steht („promuovere il risparmio energetico, l'efficienza energetica e lo sviluppo di energie nuove e rinnovabili" / „energie-efficiëntie, energiebesparing en de ontwikkeling van nieuwe en duurzame energie te stimuleren").

759 A.A. *Kahl*, in: Schulze-Fielitz/Müller, Europäisches Klimaschutzrecht, S. 60 f.

760 Hervorhebung vom Verfasser.

lange eine bestimmte Technologie bereits bekannt ist, sondern ob und inwiefern diese zur praktischen Einsatzreife gelangt ist.

Die Förderung der erneuerbaren Energiequellen wird auf der Ebene der Mitgliedstaaten bislang auf sehr unterschiedliche Weise verfolgt. Grundsätzlich zu unterscheiden sind regulatorische und freiwillige Modelle sowie direkt und indirekt wirkende Instrumente.[761] Die direkte und regulatorische Förderung erfolgt wie in Deutschland meist über Preisregelungen mit festen Einspeisetarifen, teilweise aber auch über Quotensysteme oder Steuervergünstigungen.[762] Wenn der EU-Gesetzgeber zu der Einschätzung gelangen sollte, dass sich die Förderung erneuerbarer Energien am effektivsten mit einem europaweiten Fördersystem erreichen ließe,[763] wäre auf Grundlage des Energiekompetenztitels auch eine Harmonisierung der verschiedenen nationalen Fördermodelle denkbar, die bislang nebeneinander existieren.[764]

2. Einfluss der Leitprinzipien

Im Bereich des Art. 194 Abs. 1 lit. c AEUV sind die energiepolitischen Leitprinzipien in vielfältiger Hinsicht zu beachten. Die Berücksichtigung des Umweltschutzes ist auch für das Ziel, das neben seinem Beitrag zur Versorgungssicherheit maßgeblich dem Klimaschutz zu dienen bestimmt ist, nicht ohne Bedeutung. Dies gilt in erster Linie für die beiden Teilziele der Entwicklung neuer und erneuerbarer Energien, deren Ausbau aufgrund der Verringerung des Anteils fossiler Brennstoffe einerseits regelmäßig einen positiven Effekt auf die CO_2-Bilanz der Energieproduktion hat, andererseits aber auch mit erheblichen Umwelteingriffen verbunden sein kann. Zu denken ist etwa an Landschaftsverbrauch und negative Auswirkungen auf die natürliche Artenvielfalt, die bei großflächigen Projekten wie etwa dem Bau von Windkraftanlagen entstehen können. Diesbezüglich sind insbesondere die Bestimmungen des medialen Umweltschutzes zu beachten und in die inhaltliche Gestaltung von Rechtsakten mit einzubeziehen. Ein weiterer wichtiger Aspekt, der in den Teilzielen des Art. 194

---

761 Vgl. nur *Schneider*, in: Schneider/Theobald, Recht der Energiewirtschaft, § 21 Rdn. 21 ff.

762 Übersichten bei *Rusche*, ZNER 2007, 143; *Oschmann/Ragwitz/Resch*, ZNER 2006, 7 sowie KOM (2006) 627 endg.

763 Bislang ist nicht ersichtlich, dass es seitens der Kommission in absehbarer Zeit zu entsprechenden Initiativen kommen wird. Die RL 2009/28/EG geht anders als die RL 2001/77/EG (dort Art. 4 Abs. 2) ebenfalls nicht mehr von der Möglichkeit eines Vorschlags für ein harmonisiertes Fördermodell aus. Im Rahmen der in der novellierten RL über erneuerbare Energien geregelten Berichterstattungspflichten der Kommission wird dieser sogar ausdrücklich untersagt, Vorschläge zu unterbreiten, die sich „auf die Kontrolle der Mitgliedstaaten über nationale Förderregelungen […] auswirken", siehe Art. 28 Abs. 8 lit. c Spiegelstrich 2 der RL 2009/28/EG. Siehe dazu *Lehnert/Vollprecht*, ZUR 2009, 307 (312).

764 Vgl. auch *Maichel*, in: FS Götz, S. 70 und *Jasper*, ZNER 2003, 210 (211).

Abs. 1 lit. c AEUV nicht zum Ausdruck kommt, aber vom Leitprinzip des Umweltschutzes erfasst wird, ist die Nachhaltigkeit energiepolitischer Maßnahmen. Das Prinzip der Nachhaltigkeit besagt, dass die natürlichen Ressourcen zur Bewahrung der Lebensgrundlagen künftiger Generationen langfristig zu sichern sind.[765] Für die Förderung neuer und erneuerbarer Energien kann das Leitbild der nachhaltigen Entwicklung wiederum gewisse Einschränkungen nach sich ziehen. So trägt die Förderung des Anbaus von nachwachsenden Rohstoffen (innerhalb und außerhalb der EU), die zu Biokraftstoffen verarbeitet werden, aufgrund der Vermeidung des Verbrauchs fossiler Brennstoffe zwar zum Klimaschutz bei, stimmt jedoch nicht immer mit dem Prinzip der Nachhaltigkeit überein, etwa wenn Wälder für die Schaffung landwirtschaftlicher Flächen zerstört werden oder Böden durch die Entnahme von Nährstoffen ausgelaugt werden. Diese Gesichtspunkte sind unter dem Einfluss des Leitprinzips des Umweltschutzes und des Art. 11 AEUV[766] bei allen Rechtsakten gem. Art. 194 Abs. 2 UAbs. 1 i.V.m. Abs. 1 lit. c AEUV zu berücksichtigen.

Das Solidaritätsprinzip könnte sich ebenfalls auf die Maßnahmen zur Förderung erneuerbarer Energien auswirken. Soweit etwa verbindliche Vorgaben für den Anteil regenerativer Energien am Gesamtenergieverbrauch vorgegeben werden, um das europäische Gesamtziel in Höhe von 20% bis zum Jahr 2020 zu erreichen, müssen sich die einzelnen Verpflichtungen an der Leistungsfähigkeit der Mitgliedstaaten orientieren, so dass eine solidarische Lastenverteilung („effort sharing“) erfolgt.[767]

Das Leitprinzip des Binnenmarkts bringt schließlich zum Ausdruck, dass auch die Förderung der in Art. 194 Abs. 1 lit. c AEUV genannten Aspekte, insbesondere die Förderung neuer und erneuerbarer Energien, grundsätzlich in das System eines freien Wettbewerbs eingebunden werden muss. Dies bedeutet beispielsweise, dass weder die Union selbst noch die Mitgliedstaaten direkt als Anlagenbetreiber in den Ausbau neuer und erneuerbaren Energien investieren, sondern die Anreize für private Investoren schaffen sollen, die entsprechenden Kapazitäten auszubauen. Die Förderung muss transparent und nicht diskriminierend sein und darf nicht in eine dauerhafte Abhängigkeit von den jeweiligen Instrumenten führen, sondern soll mittel- und langfristig in eine Wettbewerbsfähigkeit der geförderten Technologien bzw. Energien münden.

---

765 Eine einheitliche Definition des Begriffs hat sich bislang nicht durchsetzen können, im Einzelnen ist vieles strittig, vgl. *Käller*, in: Schwarze, EU-Kommentar, Art. 6 EGV Rdn. 14; *Calliess*, in: Calliess/Ruffert, EUV/EGV, Art. 6 EGV Rdn. 13 f.; *Kahl*, in: Streinz, EUV/EGV, Art. 6 EGV Rdn. 17 ff. m.w.N.

766 Zum Verhältnis zwischen dem energiepolitischen Leitprinzip des Umweltschutzes und der umweltrechtlichen Querschnittsklausel oben Kap. 3 C. II. 2. b).

767 Vgl. KOM (2008) 19 endg., KOM (2008) 30 endg. Diesbezüglich fordert Polen, dessen Stromversorgung zu 94% auf Kohlekraftwerken beruht, die Solidarität anderer Mitgliedstaaten ein, siehe FAZ vom 08.10.2008, S. 6.

3. Konkurrenzen

Als konkurrierende Ermächtigungen kommen die umweltschutzrechtlichen Kompetenzen aus Art. 192 Abs. 1 und 2 AEUV[768], Rechtsgrundlagen aus dem Bereich der Forschungs- und Entwicklungspolitik sowie Ermächtigungen aus dem EAGV in Betracht.

a) Art. 192 AEUV

aa) Allgemeines

Maßnahmen zur Erreichung des Ziels der Förderung von Energieeffizienz, Energieeinsparungen und der Entwicklung neuer bzw. erneuerbarer Energiequellen lassen sich auch als solche zur Erreichung der in Art. 192 Abs. 1 AEUV (Art. 175 Abs. 1 EG) genannten Ziele einstufen. Art. 175 Abs. 1 EG, auf den etwa die Richtlinien 2001/77/EG[769] (Stromerzeugung aus erneuerbaren Energiequellen), 2003/30/EG[770] (Biokraftstoffe), 2004/8/EG[771] (Kraft-Wärme-Kopplung) und 2006/32/EG[772] (Energieeffizienz) gestützt worden sind, zählte bislang neben Art. 95, 308 EG zu den wichtigsten Kompetenznormen für Rechtsakte mit Energiebezug.[773] Dass eine europäische Förderung erneuerbarer Energien aufgrund der Umweltkompetenz des Art. 175 Abs. 1 EG grundsätzlich möglich war, zeigte Art. 175 Abs. 2 UAbs. 1 lit. c EG, wonach Maßnahmen mit Energiebezug, „welche die Wahl eines Mitgliedstaats zwischen verschiedenen Energiequellen und die allgemeine Struktur seiner Energieversorgung erheblich berühren" einstimmig zu beschließen sind.

Seit den Änderungen des Vertrags von Lissabon ist jedoch fraglich, ob das europäische Recht der erneuerbaren Energien bzw. der Energieeffizienz und -einsparungen weiterhin – zumindest teilweise – der Umweltkompetenz unterfällt. Grundsätzlich lässt sich aus dem Umstand, dass sich Maßnahmen zum Umweltschutz regelmäßig nicht nur auf die genuine Umweltkompetenz stützen lassen, sondern auch in anderen Politikbereichen auf Grundlage der dort vorge-

---

768 Bezüglich Art. 175 Abs. 2 EG (Art. 192 Abs. 2 AEUV) ist es umstritten, ob die Vorschrift eine eigenständige Rechtsgrundlage darstellt oder lediglich Abweichungen in verfahrenstechnischer Hinsicht enthält. Im Folgenden wird davon ausgegangen, dass es sich um eine Ermächtigung handelt, die selbständig zwischen denen aus Abs. 1 und Abs. 3 steht. Wie hier: *Kahl*, in: Streinz, EUV/EGV, Art. 175 EGV Rdn. 15; *ders.*, in: NVwZ 2009, 265 (268); *Müller/Bitsch*, EurUP 2008, 220 (223); A.A.: *Calliess*, in: Calliess/Ruffert, EUV/EGV, Art. 175 EGV Rdn. 21; *Breier*, in: Lenz/Borchardt, EUV/EGV, Art. 175 EGV Rdn. 7; *Käller*, in: Schwarze, EU-Kommentar, Art. 175 EGV Rdn. 17.

769 ABl. 2001, Nr. L 283, S. 33.

770 ABl. 2003, Nr. L 123, S. 42.

771 ABl. 2004, Nr. L 52, S. 50.

772 ABl. 2006, Nr. L 114, S. 64.

773 Eine Analyse der jüngeren Energie- und Klimapolitik der EU findet sich bei *Geden*, Integration 2008, 353.

sehenen Kompetenzgrundlagen und Rechtsetzungsverfahren in Betracht kommen, der Schluss ziehen, dass im Falle von Überschneidungen die sachbezogenen Kompetenzen vorgehen.[774] Da die Bereiche Energieeffizienz, Energieeinsparungen sowie neue und erneuerbare Energien in Art. 194 Abs. 1 lit. c AEUV ausdrücklich als energiepolitisches Ziel genannt werden, liegt bei einer isolierten Betrachtung der Energiekompetenz die Annahme einer lex specialis nahe.

bb) Art. 192 Abs. 2 AEUV

Dass sich die Förderung der in Art. 194 Abs. 1 lit. c AEUV genannten Bereiche gleichwohl nicht ausschließlich nach dem Energieartikel richtet, ergibt sich aus Art. 192 Abs. 2 UAbs. 1 lit. c AEUV (Art. 175 Abs. 2 UAbs. 1 lit. c EG). Mit dem ausdrücklichen Bezug auf die „Wahl eines Mitgliedstaats zwischen verschiedenen Energiequellen und die Struktur seiner Energieversorgung" impliziert der Einstimmigkeitsvorbehalt, dass energierelevante Bestimmungen weiterhin auf der Grundlage der Umweltkompetenzen getroffen werden können.

Wäre eine umfassende Spezialität des Energiekompetenztitels auf dem Gebiet des Rechts der erneuerbaren Energien sowie der Energieeffizienz und -einsparungen gewollt gewesen, hätte der Gesetzgeber diese Bestimmung streichen müssen. Im Gegenteil ordnet der Energieartikel in Art. 194 Abs. 2 UAbs. 2 AEUV sogar an, dass die energiepolitischen Maßnahmen die dort aufgezählten Rechte der Mitgliedstaaten nur „unbeschadet des Artikels 192 Absatz 2 Buchstabe c" nicht berühren. Die Zielrichtung der Unbeschadetheitsklausel tritt in der Fassung des Energieartikels auf dem Stand des Vorentwurfs des Verfassungskonvents besonders deutlich zu Tage. Nach Art. III-152 Abs. 2 UAbs. 2 VVE berühren die Gesetze oder Rahmengesetze „nicht die Wahl eines Mitgliedstaats zwischen verschiedenen Energiequellen und die allgemeine Struktur seiner Energieversorgung. Derartige Maßnahmen werden gemäß Artikel [ex 175 Absatz 2 Buchstabe c] erlassen."[775] Der Verweis zeigt, dass die energierelevante Umweltkompetenz nach Art. 192 Abs. 2 UAbs. 1 lit. c AEUV nicht nur weiter besteht, sondern für Maßnahmen, die Energieeffizienz, -einsparungen oder neue und erneuerbare Energien fördern und dabei „die Wahl eines Mitgliedstaats zwischen verschiedenen Energiequellen und die allgemeine Struktur seiner Energieversorgung erheblich berühren" sogar speziell ist.

Zu den „Vorschriften überwiegend steuerlicher Art" nach Art. 192 Abs. 2 lit. a AEUV bestehen ebenfalls Überschneidungen. Da diesbezüglich sowohl der

---

[774] *Calliess*, in: Calliess/Ruffert, EUV/EGV, Art. 175 EGV Rdn. 16 ff.; *Kahl*, in: Streinz, EUV/EGV, Art. 175 EGV Rdn. 8, 70 ff.

[775] CONV 725/03, S. 91 sowie Anhang II. Vgl. auch die Erläuterung zum Energieartikel in CONV 727/03, S. 110: „Es wird darauf verwiesen, dass Maßnahmen, die die Wahl eines Mitgliedstaats zwischen verschiedenen Energieträgern und die allgemeine Struktur seiner Energieversorgung berühren, nach einem besonderen Gesetzgebungsverfahren vom Rat einstimmig nach Anhörung des Europäischen Parlaments gemäß ex-Artikel 175 Absatz 2 Buchstabe c angenommen werden."

Umweltkompetenztitel als auch, wie Art. 194 Abs. 3 AEUV anordnet, der Energieartikel die einstimmige Beschlussfassung vorsehen und es sich jeweils um spezielle Sachpolitiken handelt, ist nicht von einem Vorrang einer der beiden Rechtsgrundlagen auszugehen. Ob Art. 194 Abs. 3 AEUV oder Art. 192 Abs. 2 lit. a AEUV die richtige Ermächtigung für eine steuerliche Maßnahme ist, hängt vom objektiven Schwerpunkt des Rechtsakts ab.

cc) Art. 192 Abs. 1 AEUV

Über das Verhältnis zwischen der Energiekompetenz und der allgemeinen Umweltkompetenz nach Art. 192 Abs. 1 AEUV trifft Art. 194 AEUV keine Aussage. Die Existenz des Art. 192 Abs. 2 UAbs. 1 lit. c AEUV lässt zwar darauf schließen, dass energiebezogene Maßnahmen auch nach Art. 192 Abs. 1 AEUV möglich sein sollen (nämlich solche, die die Wahl eines Mitgliedstaats zwischen verschiedenen Energiequellen und die allgemeine Struktur seiner Energieversorgung *nicht* erheblich berühren). Bezüglich der Sachbereiche Energieeffizienz und -einsparungen sowie neue und erneuerbare Energien existiert aber mit Art. 194 Abs. 2 UAbs. 1 i.V.m. Abs. 1 lit. c AEUV gerade eine Rechtsgrundlage, die eine spezielle Regelung trifft. Dies folgt nicht nur aus der ausdrücklichen Erwähnung in Art. 194 Abs. 1 lit. c AEUV sondern auch aus dem Zweck des Förderziels.

Die bisher auf Grundlage der Kompetenz aus Art. 175 Abs. 1 EG getroffenen Maßnahmen im Bereich des Regelungsgegenstandes von Art. 194 Abs. 1 lit. c AEUV, bspw. die oben bereits erwähnten Richtlinien 2001/77/EG, 2003/30/EG, 2004/8/EG und 2006/32/EG,[776] stellen mangels alternativer Rechtsgrundlagen einseitig den Umweltschutzaspekt – teilweise auch die positiven Auswirkungen auf den Binnenmarkt – in den Vordergrund.[777] Dies entspricht jedoch nicht dem tatsächlichen Schwerpunkt der Regelungen, die sich gleichermaßen positiv auf den Klimaschutz und auf die Versorgungssicherheit sowie möglicherweise auf die Wettbewerbsfähigkeit auswirken. Zumindest die Erhöhung der Versorgungssicherheit ist objektiv betrachtet gerade nicht lediglich die beiläufige Folge einer Maßnahme zum Zwecke des Umweltschutzes sondern selbst Ziel der Maßnahme.

Auch wenn man die Steigerung der Wettbewerbsfähigkeit, also die spezifisch wirtschaftlichen Auswirkungen entsprechender Maßnahmen betont, ist die Nähe zur Energiekompetenz, die im Rahmen des Binnenmarkts stattzufinden hat, größer als die Nähe zur Umweltkompetenz. Nach der Rechtsprechung des EuGH müssten entsprechende Maßnahmen seit Inkrafttreten des Vertrags von

---

776 ABl. 2001, Nr. L 283, S. 33.; ABl. 2003, Nr. L 123, S. 42; ABl. 2006, Nr. L 114, S. 64; ABl. 2004, Nr. L 52, S. 50.

777 Vgl. etwa die beiläufige Erwähnung in der KWK-RL, ABl. 2004, Nr. L 52, S. 50.: „Ferner kann eine effiziente Nutzung der in KWK produzierten Energie auch zur Energieversorgungssicherheit und Wettbewerbsfähigkeit der Europäischen Union und ihrer Mitgliedstaaten beitragen."

Lissabon darum nicht (auch) auf die Umweltkompetenz nach Art. 192 AEUV sondern ausschließlich auf die Energiekompetenz gestützt werden, die beide Aspekte erfasst. Dies gilt jedoch nur vorbehaltlich der Verweisung in Art. 194 Abs. 2 UAbs. 2 AEUV, die unter den dort genannten Voraussetzungen wiederum zu einer Anwendbarkeit der Umweltkompetenz nach Art. 192 Abs. 2 lit. c AEUV führt. Ein in dieser Hinsicht problematischer Fall ist die (nach altem Primärrecht ergangene) Richtlinie zur Förderung der Nutzung von Energie aus erneuerbaren Quellen,[778] die möglicherweise die Wahl eines Mitgliedstaats zwischen verschiedenen Energiequellen und die allgemeine Struktur seiner Energieversorgung erheblich berühren.[779]

Soweit nicht wie bei den oben genannten Richtlinien die Teilbereiche des Art. 194 Abs. 1 lit. c AEUV Hauptgegenstand einer bestimmten Maßnahme sind, sondern die Bereiche Energieeffizienz und -einsparungen sowie neue und erneuerbare Energien nur mittelbar betroffen werden, ist weiterhin die Umweltkompetenz aus Art. 192 Abs. 1 AEUV die einschlägige Rechtsgrundlage.[780]

b) Art. 179 ff. AEUV

Hinsichtlich der wissenschaftlich-technischen Dimension der Förderung von Energieeffizienz und -einsparungen sowie neuer und erneuerbarer Energien kommt neben der entsprechenden Ermächtigung aus dem Energiekompetenztitel auch ein Handeln aufgrund der Bestimmungen der Forschungs- und Entwicklungspolitik nach Art. 179-190 AEUV in Betracht. Titel XVIII des AEUV unterscheidet sich von Titel XVIII, Art. 163-173 EG, in einigen Punkten, insbesondere wird die Raumfahrtpolitik ausdrücklich geregelt.[781] Bestimmungen mit ausdrücklichem Energiebezug finden sich dagegen in den Art. 179 ff. AEUV nicht. Aus diesem Grund ist davon auszugehen, dass Maßnahmen, die schwerpunktmäßig die Forschung auf den in Art. 194 Abs. 1 lit. c AEUV genannten Gebieten betrifft, der Energiekompetenztitel die speziellere Rechtsgrundlage darstellt.[782] Allgemeine Forschungsprogramme, die Energieeffizienz und -einsparungen sowie neue und erneuerbare Energien nur beiläufig betreffen, werden dagegen auf Art. 179 ff. AEUV gestützt.[783]

---

778 RL 2009/28/EG, ABl. 2009, Nr. L 140, S. 16.

779 So *Müller/Bitsch*, EurUP 2008, 220 (225 f.); A.A.: *Kahl*, NVwZ 2009, 265 (270); *ders.*, EuR 2009, 601 (611); *Lehnert/Vollprecht*, ZUR 2009, 307 (309).

780 So bspw. die Entscheidung Nr. 406/2009/EG, ABl. 2009, Nr. L 140, S. 136 „über die Anstrengungen der Mitgliedstaaten zur Reduktion ihrer Treibhausgasemissionen mit Blick auf die Erfüllung der Verpflichtungen der Gemeinschaft zur Reduktion der Treibhausgasemissionen bis 2020“.

781 Mit einer Übersicht zu Änderungen: *Fischer*, Der Vertrag von Lissabon, S. 313 ff.

782 Zu möglichen Maßnahmen vgl. die Mitteilung der Kommission „Auf dem Weg zu einem Europäischen Strategieplan für Energietechnologie“, KOM (2006) 847 endg.

783 *Kahl*, in: Schulze-Fielitz/Müller, Europäisches Klimaschutzrecht, S. 60 f.

c) Euratom-Vertrag

Möglicherweise lassen sich auch kernenergiepolitische Maßnahmen zur Förderung der Entwicklung neuer Energiequellen auf die Kompetenz aus Art. 194 Abs. 2 UAbs. 1 i.V.m. Abs. 1 lit. c AEUV stützen. Aufgrund der Spezialität des Euratom-Vertrages gegenüber dem AEUV steht die Anwendung des Energiekompetenztitels jedoch unter dem Vorbehalt, dass im EAGV keine spezifischen Rechtsgrundlagen zum jeweiligen Sachgebiet enthalten sind. Dies ist für den Bereich der Förderung der Entwicklung neuer Technologien im Bereich der Nuklearenergie gerade der Fall. Das materielle Recht des Vertrags dient insgesamt der Förderung und Entwicklung der Kernenergie, vgl. Art. 1, 2 lit. a EAGV. Zwar hat sich das Sekundärrecht Euratoms mit der Zeit von der politisch umstrittenen Förderung der Kernenergie ab- und der Verfolgung einer nuklearen Sicherheitspolitik zugewandt.[784] Die detaillierten Rechtsgrundlagen zur Förderung der Entwicklung der Kernenergie, etwa im Bereich Kernforschung (Art. 4-11 EAGV), der Verbreitung der Kenntnisse (Art. 12-29 EAGV) oder hinsichtlich der Investitionslenkung im Kernenergiebereich (Art. 40-51 EAGV) sind jedoch nach wie vor vorhanden. Aufgrund der Spezialbestimmungen im EAGV können kernenergiepolitische Maßnahmen folglich nicht auf Art. 194 Abs. 2 UAbs. 1 i.V.m. Abs. 1 lit. c AEUV gestützt werden.

4. Zusammenfassung

Die vier in Art. 194 Abs. 1 lit. c AEUV genannten Aspekte können in drei Teilziele unterteilt werden, nämlich die Förderung von Energieeffizienz und -einsparungen, die Förderung der Entwicklung neuer Energien und die Förderung der Entwicklung erneuerbarer Energien. Energieeffizienz und Energieeinsparungen bilden ein Begriffspaar, dessen Normierung die Verringerung des Energieeinsatzes in der Union bezweckt. Die Förderung der Entwicklung neuer und erneuerbarer Energien besteht demgegenüber aus zwei voneinander unabhängigen Teilzielen, da schon die alternative Einordnung einer Energieform als neu *oder* erneuerbar für die Auslösung des Förderziels ausreicht. Der Begriff der „Entwicklung“ ist in einem weiten Sinne zu verstehen und umfasst die wissenschaftliche und technische Weiterentwicklung ebenso wie die Steigerung des Einsatzes neuer oder erneuerbarer Energien.

Die Konkurrenz zur Ermächtigung nach Art. 192 Abs. 2 lit. c AEUV wird durch Art. 194 Abs. 2 UAbs. 2 AEUV im Sinne eines Vorrangs der Umweltkompetenz aufgelöst. Im Übrigen ist der Erlass energierelevanter Rechtsakte auf der Grundlage des Art. 192 Abs. 1 AEUV zwar prinzipiell möglich. Soweit jedoch durch eine Förderung von Energieeffizienz, Energieeinsparungen, neuer oder erneuerbarer Energien auch die Versorgungssicherheit oder die Wettbewerbsfähigkeit der Union verbessert wird – was regelmäßig der Fall sein dürfte – ist die Ermächtigung aus Art. 194 Abs. 2 UAbs. 1 i.V.m. Art. 194 Abs. 1 lit. c

---

784 Vgl. nur *Schroeder*, DVBl. 1995, 323 (329).

AEUV speziell. Spezialität besteht auch gegenüber den Vorschriften über Forschung und technologische Entwicklung, sofern ein überwiegender Bezug zu den Teilzielen des Art. 194 Abs. 1 lit. c AEUV besteht. Die Förderung der Kernenergie richtet sich aufgrund der einschlägigen Bestimmungen des Euratom-Vertrags dagegen nicht nach dem Energiekompetenztitel.

IV. Förderung der Interkonnektion der Energienetze

1. Inhalt der Zielvorgabe

Das Ziel der Interkonnektion der Energienetze nach Art. 194 Abs. 1 lit. d AEUV ist nicht nur die zuletzt genannte, sondern auch die jüngste der energiepolitischen Zielvorgaben und Änderungen des Energieartikels überhaupt.[785] Eine entsprechende Bestimmung wurde also offenbar weder in den verschiedenen Stadien des Verfassungsvertrags, noch im Textentwurf der Kommission oder im Spinelli-Entwurf des Parlaments für notwendig erachtet. Die Motive für die Einfügung des Art. 194 Abs. 1 lit. d AEUV gehen aus den Materialien zur Regierungskonferenz 2007 nicht hervor, erschließen sich aber im Zusammenhang mit den anderen Zielvorgaben und der europäischen Energiepolitik auf der Grundlage des EG-Vertrags.

Die Verbindung zwischen den Energienetzen der Mitgliedstaaten ist die Grundvoraussetzung für den transnationalen physischen Handel mit leitungsgebundenen Energien. Während der Großhandel mit Kohle und Erdöl schon seit Jahrzehnten eine wichtige Rolle für die Deckung der Energienachfrage spielt, hat eine nennenswerte Marktentwicklung im Strom- und Gasbereich erst nach dem Beginn der Liberalisierung der europäischen Netzwirtschaften im Jahr 1998 stattgefunden.[786] Von einem wettbewerbsbestimmten Großhandel erhofft man sich vielfache Effizienzgewinne, etwa hinsichtlich Betrieb, Instandhaltung und Nutzung der Energienetze sowie der Preisbildung und der Energieversorgungssicherheit.[787] In technischer Hinsicht ist vor allem vorteilhaft, dass die Betriebssicherheit grundsätzlich mit der Größe des Netzes steigt. Über- und Unterkapazitäten, etwa durch wetterbedingte erhöhte oder verminderte Produktivität von erneuerbaren Energien, können durch eine überregionale Verteilung besser ausgeglichen werden. Betrachtet man die Interkonnektion der Netze aus dem Blickwinkel der anderen energiepolitischen Zielvorgaben, bestehen positive

---

785 Während die Formulierung des Energiesolidaritätsprinzips schon bei den bilateralen Verhandlungen im Vorfeld der Regierungskonferenz 2007 geklärt worden war, schien der Wortlaut des Ziels aus Art. 194 Abs. 1 lit. d AEUV noch nicht festgestanden zu haben, vgl. Europäischer Rat (Brüssel), 21./22. Juni 2007, Schlussfolgerungen des Vorsitzes, 11177/1/07 REV 1 CONCL 2 Anlage I, S. 22, 29.

786 Zur Entwicklung des europäischen Großhandels mit Energie: *Zenke/Schäfer*, in: Zenke/Schäfer, Energiehandel in Europa, § 1 Rdn. 1 ff.; *Niedrig*, in: Horstmann/Cieslarczyk, Energiehandel, S. 1 ff.

787 *Niedrig*, in: Horstmann/Cieslarczyk, Energiehandel, S. 5 ff.

Auswirkungen sowohl auf das Funktionieren des Energiemarkts, als auch auf die Energieversorgungssicherheit. Diesen Zusammenhang betont auch die energiepolitische Praxis. Der Ausbau des europäischen Verbundnetzes ist in jüngerer Zeit kontinuierlich Gegenstand sowohl der Beschlussfassungen des Europäischen Rates[788] als auch – aufbauend und vertiefend – von Initiativen der Kommission.[789] Dabei ist die Qualität des existierenden Verbundes in der Union höchst unterschiedlich. Während der Netzverbund in Nordwest-Europa verhältnismäßig weit vorangeschritten ist,[790] sind etwa die baltischen Staaten bislang kaum an die übrigen Märkte angeschlossen.[791]

Die Verbindung der Netze ist aber nicht nur die Voraussetzung dafür, dass überhaupt ein Handel mit leitungsgebundenen Energien stattfindet. Da der Bedarf an Übertragungskapazitäten notwendigerweise mit dem Umfang des Handels ansteigt, gibt der Grad der Interkonnektion der Netze auch Aufschluss über die Qualität der Verwirklichung des Binnenmarkts. Aufgrund der technischen Anforderungen der Einspeisung und Übertragung von Elektrizität ist die Interkonnektion der Netze vor allem im Stromsektor von hoher Relevanz. Das Hauptproblem für die Übertragung von Elektrizität in andere Mitgliedstaaten ist die durch eine unzureichende Anzahl an Grenzkuppelstellen hervorgerufene Beschränkung der Übertragungskapazitäten.[792] Auch in den besser verbundenen Gebieten der Union können diese regelmäßig nicht mit der Nachfrage an grenzüberschreitendem Stromhandel Schritt halten.[793] Während sich die Energiepolitik kurzfristig darauf richten muss, die Engpässe zu verwalten, kann der Mangelsituation mittel- und langfristig nur durch Investitionsmaßnahmen zur Verringerung der Engpässe abgeholfen werden.[794] Art. 194 Abs. 1 lit. d AEUV zielt in diesem Sinne darauf ab, die physische Verbindung zwischen den Energienetzen zu fördern, insbesondere durch den Ausbau von Kuppelstellen zwischen bestehenden Netzen, aber auch durch den Neubau von Verbindungen.

---

788 Europäischer Rat (Brüssel), 18. / 19. Juni 2009, Schlussfolgerungen des Vorsitzes, 11225/09 CONCL 2, S. 13; Europäischer Rat (Brüssel), 19. / 20. März 2009, Schlussfolgerungen des Vorsitzes, 7880/1/09 REV 1 CONCL 1, S. 9; Europäischer Rat (Brüssel), 11. / 12. Dezember 2008, Schlussfolgerungen des Vorsitzes, 17271/1/08 REV 1 CONCL 5, S. 9; Europäischer Rat (Brüssel), 15. / 16. Oktober 2008, Schlussfolgerungen des Vorsitzes, 14368/08 CONCL 4, S. 7; Europäischer Rat (Brüssel), 13. / 14. März 2008, Schlussfolgerungen des Vorsitzes, 7652/1/08 REV 1 CONCL 1, S. 7.

789 Vgl. KOM (2008) 781 endg., S. 4 ff.; KOM (2007) 1 endg., S. 10 f.

790 Vgl. *Böttcher*, emw 2/2009, 24.

791 Die Kommission gibt in der Zweiten Überprüfung der Energiestrategie darum den „Ostseeverbundplan für Gas, Strom und Speicherung“ als vorrangiges Infrastrukturprojekt an, vgl. KOM (2008) 781 endg., S. 5.

792 *Kühling*, RdE 2006, 173.

793 Vgl. *Böttcher*, emw 2/2009, 24; *Pritzsche/Stephan/Pooschke*, RdE 2007, 36 m.w.N.

794 Vgl. *Zimmer u.a.*, et 2004, 786.

Vom Ziel der Interkonnektion der Netze wird auch der Ausbau von Verbindungen mit außerhalb der Union gelegenen Energienetzen erfasst. Anders als bei den Art. 170 ff. AEUV (*trans*europäische Netze) kommt im Wortlaut des Art. 194 Abs. 1 lit. d AEUV zwar nicht zur Geltung, dass sich das Förderziel über die Grenzen der Union hinaus auf Drittstaaten erstrecken soll.[795] Im Gegenteil könnte man im Hinblick auf die Verwendung des Begriffs der *Inter*konnektion argumentieren, dass lediglich die zwischen den Mitgliedstaaten der Union bestehenden Netze miteinander verbunden werden sollen. Nach dem Sinn und Zweck der Zielvorgabe ergibt sich jedoch das Gegenteil. Eine wirksame Infrastrukturpolitik macht gerade nicht an der Unionsgrenze halt, sondern verlangt nach harmonisierten technischen Standards und einheitlichen Zugangsregeln.[796] Für eine solche Auslegung spricht auch der systematische Vergleich mit dem Ziel der Versorgungssicherheit, das im Gegensatz zu Art. 194 Abs. 1 lit. d AEUV ausdrücklich eine Begrenzung auf das Unionsgebiet enthält.

Fraglich ist, ob neben dem physischen Ausbau der Netze und ihrer Verbindungsstellen auch die Beseitigung etwaiger Kompatibilitätshindernisse für den Betrieb im grenzüberschreitenden Verbund beseitigt werden sollen. Die bloße Verbindung der Netze ist zwar nicht förderlich, solange nicht auch deren technische Funktionsfähigkeit gewährleistet ist. Das Fehlen eines ausdrücklichen Bezugs auf die „Interoperabilität" der Netze, wie ihn Art. 170 Abs. 2 AEUV und Art. 171 Abs. 1 Erwägungsgrund 2 AEUV enthalten, spricht jedoch eher dafür, diesen Aspekt nicht als vom Ziel der „Interkonnektion der Netze" erfasst anzusehen. Bei der Harmonisierung technischer Normen handelt es sich vielmehr um einen Sachkomplex, der bereits dem Energiemarktziel aus Art. 194 Abs. 1 lit. a AEUV unterfällt. Eine entsprechende Befugnis aus dem Energieartikel besteht also ohnehin.

Anders verhält es sich wiederum mit Maßnahmen, die auf die Schaffung geeigneter Rahmenbedingungen für den physischen Ausbau der Netze abzielen. Denkbar ist, dass im Vorfeld der Interkonnektion der Netze eine Förderung in Form von Vorschriften über die Durchführung nationaler Genehmigungsverfahren stattfindet. Bislang gibt es auf europäischer Ebene keine effektiven Regelungen über vorrangige Infrastrukturprojekte, was in der Praxis oft dazu führt, dass Vorhaben von europäischem Interesse durch aufwendige Genehmigungsverfahren verschleppt werden.[797] Zur Verfolgung des Ziels der Interkonnektion der Netze könnten bspw. zeitliche Vorgaben über die Höchstdauer von Verwal-

---

[795] So zur Zielbestimmung der TEN: *Schäfer*, in: Streinz, EUV/EGV, Art. 154 EGV Rdn. 7.

[796] *Schäfer*, in: Streinz, EUV/EGV, Art. 154 EGV Rdn. 7, 27 f.

[797] Vgl. aber Entscheidung 1364/2006/EG, ABl. 2006 Nr. L 262, S. 1 sowie *Meier-Weigt*, IR 2007, 7.

tungsverfahren oder über die Rechtsbehelfe gegen den Bau von Teilen des europäischen Verbundnetzes erlassen werden.[798]

2. Einfluss der Leitprinzipien

Die Rahmenbedingung des Binnenmarkts hat für das Ziel aus Art. 194 Abs. 1 lit. d AEUV keine Bedeutung, da die Interkonnektion der Netze auch und vor allem der Realisierung des Binnenmarkts dient. Aus der Berücksichtigung des Umweltschutzes ergeben sich keine Besonderheiten. Einfluss auf die Zielverwirklichung könnte demgegenüber das Solidaritätsprinzip nehmen. Im Geiste der Solidarität ist die Union verpflichtet, einen gewissen Mindeststandard der Anbindung für die Staaten und Regionen zu gewährleisten, deren Versorgungsgebiete bislang isoliert sind und möglicherweise abseits größerer Handels- oder Transitrouten liegen.[799]

3. Konkurrenzen

Die Energiekompetenz aufgrund der Förderung der Interkonnektion der Netze überschneidet sich vor allem mit der Ermächtigung aus dem Titel über Transeuropäischer Netze (TEN) im Energiebereich (TEN-E) sowie mit der Binnenmarktharmonisierungskompetenz.

a) Art. 171 AEUV

Die Förderung der Interkonnektion der Energienetze war zusammen mit der Förderung der Verkehrs- und Telekommunikationsinfrastruktur seit dem Vertrag von Maastricht ausdrücklicher Gegenstand der Gemeinschaftspolitik, Art. 3 lit. o, 154 ff. EG. Der Politikbereich wurde durch den Vertrag von Lissabon inhaltlich unverändert als geteilte Unionszuständigkeit übernommen, Art. 4 Abs. 2 lit. h, Art. 170 ff. AEUV. Nach Art. 170 Abs. 1 AEUV trägt die Unionspolitik nach wie vor zum „Auf- und Ausbau transeuropäischer Netze“ bei, um einen Beitrag zur Verwirklichung des Binnenmarkts (Art. 26 AEUV) sowie zum wirtschaftlichen, sozialen und territorialen Zusammenhalt (Art. 174 AEUV) zu leisten. Die Interkonnektion der Netze im oben dargestellten Sinne ist tatbestandlich jedenfalls vom Auf- und Ausbau transeuropäischer Netze, der ausweislich des Art. 170 Abs. 2 AEUV auch „die Förderung des Verbunds [...] der einzelstaatlichen Netze“ betrifft, erfasst.

In der Literatur wird im Allgemeinen aufgrund der sachlichen Eingrenzung und der Hervorhebung der drei Infrastrukturbereiche von einer Spezialität der TEN-Politik im Verhältnis zu anderen Politiken ausgegangen.[800] Ein Vorrang

---

[798] Vgl. *Meier-Weigt*, IR 2007, 7 (8).

[799] Vgl. auch KOM (2008) 781 endg., S. 5; Europäischer Rat (Brüssel), 11. / 12. Dezember 2008, Schlussfolgerungen des Vorsitzes, 17271/1/08 REV 1 CONCL 5, S. 9.

[800] *Calliess*, in: Calliess/Ruffert, EUV/EGV, Art. 154 EGV Rdn. 3; *Schäfer*, in: Streinz, EUV/EGV, Art. 154 EGV Rdn. 11 ff.; *Voet van Vormizeele*, in: Schwarze, EU-Kommentar, Art. 154 EGV, Rdn. 19 ff.; *Erdmenger*, in: von der Groeben/Schwarze,

gegenüber der binnenmarktbezogenen Rechtsangleichungskompetenz und der Kohäsionspolitik ergibt sich nicht nur aus allgemeinen konkurrenzrechtlichen Erwägungen, sondern auch aus dem ausdrücklichen Hinweis in Art. 170 Abs. 1 AEUV auf die „Ziele der Artikel 26 und 174“. Praktische Relevanz hatte die Frage nach der Kompetenzabgrenzung im Wesentlichen nur hinsichtlich der Verkehrspolitik, die im Gegensatz zu den Sachbereichen Energie und Telekommunikation bereits vor der Einführung des Titels über die TEN im Primärrecht geregelt war. Der Umstand, dass die Förderung der TEN-E neben der Förderung der Netze im Bereich der Telekommunikation und des Verkehrs im AEUV beibehalten worden ist, spricht zwar dafür, dass die Vorschriften der Art. 170 ff. AEUV auch nach der Einführung der allgemeinen Energiekompetenz Bedeutung haben sollen. Die für eine Spezialität gegenüber der Verkehrspolitik angeführten Argumente lassen jedoch im Übrigen nicht darauf schließen, dass die TEN-E-Kompetenz auch im Verhältnis zum Energieartikel vorrangig heranzuziehen ist.

Im Gegenteil ist von einer Spezialität des Art. 194 AEUV auszugehen.[801] Obwohl die Interkonnektion der Netze erstens tatbestandlich bereits den Art. 170 ff. AEUV unterfällt und zweitens auch Art. 194 Abs. 1 lit. a und b AEUV eine entsprechende Zielverfolgung nahe legt, wurde mit dem Vertrag von Lissabon das Ziel des Art. 194 Abs. 1 lit. d AEUV eingeführt. Allein unter Geltung der Ziele nach Art. 194 Abs. 1 lit. a und b AEUV (wie noch in Art. III-256 EUVV vorgesehen) wäre der Energieartikel gegenüber der TEN-Politik zwar immer noch eine lex posterior gewesen. Angesichts der im Vergleich zu Art. 194 AEUV eng definierten Vorgaben der Art. 170 ff. AEUV wäre ein Vorrang der energiepolitischen Vorschriften aber eher nicht anzunehmen gewesen. Wenn demgegenüber mit Inkrafttreten des AEUV einer der entscheidenden Aspekte der TEN-E-Politik ausdrücklich dem Energieartikel unterstellt wird, bedeutet dies zugleich eine gesetzgeberische Entscheidung zu Gunsten der Anwendung des Art. 194 AEUV. Möglicherweise liegt in der konkurrenzrechtlichen Aussage des Art. 194 Abs. 1 lit. d AEUV sogar der spezifische Nutzen der Zielvorgabe. In Anbetracht des rechtlichen Instrumentariums zur Umsetzung der Politikziele ist es nämlich nicht unerheblich, ob eine Maßnahme an Art. 194 AEUV oder an Art. 170 ff. AEUV zu messen ist. Art. 171 AEUV sieht als Maßnahmen zur Umsetzung der Ziele des Art. 170 AEUV allein Leitlinien, Aktionen zur Gewähr-

---

EUV/EGV, vor Art. 154-156 EG Rdn. 4 ff.; *Neumann*, in: Lenz/Borchardt, EUV/EGV, vor Art. 154-156 EGV Rdn. 13; *Oppermann*, Europarecht, § 22 Rdn. 59. Differenzierend dagegen *Lecheler*, in: Grabitz/Hilf, Das Recht der EU, vor Art. 154-156 EGV Rdn. 13 ff.

801 Anders *Krötz*, EG-Kompetenzen einer europäischen Energiepolitik, S. 283, die von einer Exklusivität der Anwendungsbereiche der TEN-E-Politik und der Interkonnektion der Netze nach dem Energieartikel ausgeht.

leistung der Interoperabilität sowie finanzielle Unterstützungen vor.[802] Für die Energienetze spielte vor allem das Instrument der Leitlinie (in Form der Entscheidung) eine Rolle.[803] Bei Leitlinien handelt es sich zwar um verbindliche, planungsleitende Rechtsakte.[804] Allerdings verläuft der Ausbau der TEN-E in der Praxis schleppend, da es keine effektiven Vorgaben über Art und Dauer der oftmals langwierigen nationalen Genehmigungsverfahren gibt.[805] Insofern könnten auf den Energieartikel gestützte Richtlinien, die die Mitgliedstaaten verpflichten, die Vorhaben von europäischem Interesse im Energiebereich bevorzugt durchzuführen, Abhilfe schaffen.[806]

b) Art. 114 AEUV

Es wurde bereits festgestellt, dass Maßnahmen zur Ausgestaltung des rechtlichen Zugangs nicht unter das Ziel der Interkonnektion der Netze fallen, da Art. 194 Abs. 1 lit. d AEUV nur den tatsächlichen Ausbau der Infrastruktur betrifft. Sofern also Vorgaben etwa auf die Ausgestaltung des Engpassmanagements abzielen,[807] stellt die Schaffung des Energiebinnenmarkts weiterhin den relevanten Maßstab dar. Die richtige Rechtsgrundlage ist aber aufgrund des Vorrangs des Art. 194 Abs. 1 lit. a AEUV nicht Art. 114 AEUV sondern ebenfalls die Energiekompetenz. Für eine einheitliche Beurteilung energie-infrastrukturpolitischer Maßnahmen nach dem Energiekompetenztitel spricht auch, dass sich der (physische) Leitungsausbau nicht sinnvoll vom (rechtlichen) Ausbau des Energiebinnenmarkts trennen lässt.

4. Zusammenfassung

Die Interkonnektion der Energienetze ist gleichbedeutend mit dem Ausbau zwischenstaatlicher Netzverbindungen. Dies kann durch den punktuellen Ausbau von Kuppelstellen oder durch den Neubau von Leitungen – auch über die Au-

---

802 Die Aufzählung ist abschließend, *Calliess*, in: Calliess/Ruffert, EUV/EGV, Art. 155 EGV Rdn. 1; *Voet van Vormizeele*, in: Schwarze, EU-Kommentar, Art. 155 EGV, Rdn. 1; *Schäfer*, in: Streinz, EUV/EGV, Art. 155 EGV Rdn. 2.

803 Siehe insbesondere die Entscheidung 1364/2006/EG des Europäischen Parlamentes und des Rates, ABl. 2006 Nr. L 262, S. 1, die die beiden vorangegangenen TEN-E Entscheidungen 1229/2003/EG und 96/391/EG aufhebt.

804 So die ganz h.M.: *Calliess*, in: Calliess/Ruffert, EUV/EGV, Art. 155 EGV Rdn. 4; *Schäfer*, in: Streinz, EUV/EGV, Art. 154 EGV Rdn. 24, Art. 155 Rdn. 4; *Erdmenger*, in: von der Groeben/Schwarze, EUV/EGV, Art. 155 EG Rdn. 16 ff; *Lecheler*, in: Grabitz/Hilf, Das Recht der EU, Art. 155 EGV Rdn. 3.

805 Zu den Problemen im Einzelnen *Meier-Weigt*, IR 2007, 7. Von „Planungswirrwarr" spricht auch *Oppermann*, Europarecht, § 22 Rdn. 62. Ausführlich zur rechtlichen Einordnung von Leitlinien, den Ungereimtheiten bei ihrer Verwendung und der Bedeutung für den Energiesektor: *Lecheler*, DVBl 2008, 873.

806 Vgl. auch *Meier-Weigt*, IR 2007, 7 (8).

807 Vgl. die Leitlinien zum Engpassmanagement: VO 1228/2003, ABl. 2003 Nr. L 176, S. 1 ff., 9 f.

ßengrenzen der Union hinaus – erreicht werden. Entscheidend ist, dass die Kapazitäten für den grenzüberschreitenden physischen Handel mit leitungsgebundenen Energien zunehmen. In diesem Bereich ist der Energieartikel gegenüber den Vorschriften aus der TEN-E-Politik speziell. Auch soweit Fragen des rechtlichen Zugangs zum Netz durch Unions-Rechtsakte betroffen werden, ist der Energieartikel (allerdings im Hinblick auf die Zielverfolgung nach Art. 194 Abs. 1 lit. a AEUV) die richtige Rechtsgrundlage. Nach den Änderungen des Vertrags von Lissabon richtet sich das Recht der leitungsgebundenen Energien einheitlich nach dem Energieartikel.

V. Zwischenergebnis

Unter die kompetenzbegründenden Ziele des Art. 194 Abs. 1 lit. a-d können eine Vielzahl von Unionsmaßnahmen mit Relevanz für den Energiebereich subsumiert werden. Dabei ergeben sich regelmäßig Überschneidungen sowohl zu anderen Zielvorgaben des Energieartikels wie auch zu anderen Unionspolitiken, die teilweise hinter dem Energiekompetenztitel zurücktreten, teilweise selbst Bedeutung für energiebezogene Maßnahmen haben. Der Kompetenzabgrenzung kommt nicht nur aufgrund der inhaltlichen Weite des Energieartikels eine besondere Bedeutung zu sondern auch wegen des Umstandes, dass im Bereich jedes einzelnen der energiepolitischen Ziele mindestens eine Sachpolitik existiert, auf die schon nach bisherigem Recht entsprechende Maßnahmen gestützt wurden.[808]

Dabei ist bemerkenswert, dass mit der Energieversorgungssicherheit der einzige Teilbereich, in dem der Union bislang keine umfassenden Befugnisse aufgrund von Kompetenzen mit anderer Zielrichtung zukamen, zukünftig nach zwei Rechtsgrundlagen beurteilt werden muss. Während sich die langfristige Energieversorgungssicherheit, insbesondere die Sicherung von Energielieferungen aus Drittstaaten, nach Art. 194 AEUV richtet, stellt Art. 122 Abs. 1 AEUV die maßgebliche Rechtsgrundlage für Vorgaben im Bereich der Öl- und Gasbevorratung sowie für gemeinsame Krisenreaktionsmechanismen dar. Ein weiteres wichtiges Beispiel für eine energierelevante Bestimmung außerhalb des Energieartikels ist Art. 192 Abs. 2 lit. c AEUV. Die Umweltkompetenz im Übrigen ist demgegenüber ebenso subsidiär zur Kompetenz aus Art. 194 AEUV wie die Rechtsangleichungskompetenz nach Art. 114 AEUV oder die Bestimmungen über die TEN-E gemäß Art. 170 ff. AEUV. Soweit im Binnenverhältnis ein Sachbereich der Energiekompetenz zuzurechnen ist, besteht, vermittelt über Art. 216 AEUV, der die schon nach bisherigem Recht anerkannten Grundsätze impliziter Kompetenzen kodifiziert, auch eine entsprechende Unionsbefugnis zum Abschluss internationaler Übereinkommen.

[808] Siehe dazu schon oben Kap. 3 A. III. 1.

F. Zielkonkurrenzen

Nachdem der Inhalt der Ziele und Leitprinzipien dargestellt worden ist, wird im Folgenden auf das Verhältnis der Elemente des Energieartikels untereinander eingegangen. Da die Leitprinzipien zueinander keine direkte, sondern allenfalls eine über die energiepolitischen Ziele vermittelte Wechselwirkung entfalten, wird auf die Leitprinzipien nur eingegangen, soweit sich aus ihnen eine Aussage über die Gewichtung der Zielvorgaben entnehmen lässt.

I. Das Verhältnis der Ziele untereinander

1. Zur Einteilung von Zielen

Systeme der Kategorisierung von Zielbeziehungen und der darauf aufbauenden Harmonisierung von Konflikten sind aus der Betriebswirtschaftslehre bekannt. Die Ziele privatwirtschaftlicher Unternehmen lassen sich in Formal- oder Erfolgsziele und in Sachziele einteilen, wobei die Erfolgsziele, die durch Größen wie etwa Produktivität, Wirtschaftlichkeit oder Gewinn gekennzeichnet sind, im Hinblick auf das erwerbswirtschaftliche Prinzip der langfristigen Gewinnmaximierung als übergeordnet anzusehen sind, während den Sachzielen Instrumentalcharakter zukommt.[809] Bezüglich der Arten von Zielbeziehungen wird zwischen Komplementarität, Konkurrenz und Indifferenz unterschieden.[810] Komplementarität liegt vor, wenn sich mit der Verbesserung des Erreichungsgrades des einen Ziels gleichzeitig der Erreichungsgrad des anderen Ziels verbessert. Bei Zielkonkurrenz wirkt sich die Verfolgung eines Ziels negativ auf den Erreichungsgrad des anderen aus, von Indifferenz spricht man, wenn zwischen den Zielen keine Beziehung in Form einer gegenseitigen Beeinflussung vorliegt. Im Gegensatz zur Betriebswirtschaftspolitik stehen der gouvernementalen Politik zwar keine mathematischen Modelle zur Lösung von Zielkonflikten zur Verfügung, inhaltlich lässt sich aber zumindest die Bezeichnung der Zielbeziehungen auf die Ziele einzelner Staatspolitiken übertragen.[811]

2. Zielbeziehungen im Energieartikel

Unter den Zielvorgaben des Energieartikels sind alle oben genannten Arten von Beziehungen zu beobachten. Die Untersuchung des Inhalts der einzelnen energiepolitischen Zielvorgaben hat gezeigt, dass diese nicht in einem Verhältnis der Ausschließlichkeit zueinander stehen, sondern sich teilweise inhaltlich überschneiden. Besonders deutlich wird dies in Ansehung des Ziels der Interkonnek-

---

809 *Domschke/Scholl*, Grundlagen der BWL, S. 8; *Wöhe*, Einführung in die Allgemeine BWL, S. 78.

810 Vgl. *Domschke/Scholl*, Grundlagen der BWL, S. 52; *Wöhe*, Einführung in die Allgemeine BWL, S. 78 f.

811 Vgl. auch *Salje*, EnWG, § 1 Rdn. 48 ff.

tion der Netze, das sich auch als bloßer Unterfall des Funktionierens des Energiemarkts (und ggf. der Energieversorgungssicherheit) begreifen lässt. Soweit eine Maßnahme den Ausbau der Netze fördert, besteht eine Komplementarität mit dem Ziel der Sicherstellung des Funktionierens des Energiemarkts. Im Verhältnis zum Ziel aus Art. 194 Abs. 1 lit. c AEUV sind solche Maßnahmen demgegenüber regelmäßig indifferent. Schließlich können auch Konflikte zwischen den Zielvorgaben des Art. 194 Abs. 1 lit. a-d AEUV entstehen, wenn sich Maßnahmen zur Förderung eines Ziels nur auf Kosten eines anderen Ziels erreichen lassen, wie bspw. im Falle der Förderung neuer und erneuerbarer Energien, die regelmäßig mit Eingriffen in den Wettbewerb zu Ungunsten der Produzenten konventioneller Energien einhergehen.

Rechtliche Implikationen ergeben sich nur aus der Zielkonkurrenz. Die gleichzeitige Verfolgung mehrerer Ziele ist unproblematisch. Insbesondere muss der Gesetzgeber sich nicht entscheiden, welche der Vorgaben des Energieartikels beim Erlass eines Rechtsakts die maßgebliche ist, da ein Rechtsakt in der Praxis immer nur auf die jeweilige Ermächtigungsgrundlage gestützt wird (Art. 194 Abs. 2 UAbs. 1 AEUV) und die ihm zugrunde liegenden Ziele (Art. 194 Abs. 1 lit. a-d AEUV) nicht nennt. Der mit dem Rechtsakt verfolgte Zweck muss zwar aus den Erwägungsgründen des Sekundärrechts hervorgehen. Die Entscheidung für oder gegen die Verfolgung eines bestimmten Ziels wird dem Gesetzgeber aber nicht abverlangt.

II. Ansätze zur Bestimmung einer Zielhierarchie

Der Befund eines Konkurrenzverhältnisses zwischen den Zielvorgaben des Art. 194 Abs. 1 lit. a-d AEUV führt zu der Frage, ob eine Hierarchie besteht, die im Konfliktfall das Ermessen des Gesetzgebers in Richtung einer Entscheidung für das höherrangige Ziel lenkt. Explizite Aussagen über eine etwaige Priorisierung einzelner Ziele gegenüber anderen enthält der Energieartikel nicht. Möglicherweise ergibt sich aus dem Inhalt, der Stellung oder dem Zusammenspiel mit anderen Vertragsbestimmungen dennoch eine abstrakte Gewichtung der energiepolitischen Zielvorgaben.

1. Reihenfolge der Aufzählung

Art. 194 Abs. 1 AEUV wählt mit der Aufzählung der energiepolitischen Ziele in jeweils einzelnen Buchstaben eine im Vergleich mit den anderen Sachpolitiken eher unübliche Regelungstechnik. Die Zielbestimmungen der meisten Politiken werden entweder nacheinander im Fließtext genannt oder in Form von Spiegelstrichen angeführt.[812] Die Entscheidung für eine Aufzählung in Buchstabenform

---

[812] Vgl. z.B. die Zielbestimmungen zur Verbraucherschutz-, Art. 169 Abs. 1 AEUV (Art. 153 EG), und zur Forschungspolitik, Art. 179 Abs. 1 AEUV (Art. 163 Abs. 1 EG), bzw. zur Bildungs-, Jugend- und Sportpolitik, Art. 165 Abs. 2 AEUV (Art. 149 Abs. 2 EG),

könnte darum ein Hinweis darauf sein, dass die energiepolitischen Ziele nach ihrer abstrakten Bedeutung in absteigender Reihenfolge genannt werden. Die Sicherstellung des Funktionierens des Energiemarkts wäre demnach gewichtiger als die Gewährleistung der Energieversorgungssicherheit, die wiederum grundsätzlich der Förderung von Energieeffizienz und -einsparungen, neuen und erneuerbaren Energien vorgehen würde. Der Vergleich mit den beiden ebenfalls neu eingeführten Politiken Tourismus, Art. 195 AEUV, und Katastrophenschutz, Art. 196 AEUV, die ebenfalls Ziele in Buchstabenform aufzählen, entkräftet jedoch die Vermutung, der Gesetzgeber habe mit der im Energieartikel gewählten Regelungstechnik eine besondere Absicht verfolgt. Im Gegenteil zeigt die Formulierung in Art. 195 Abs. 1 AEUV („Die Union verfolgt […] *das* Ziel: a) […]; b) […]")[813], dass die dort in lit. a und lit. b aufgezählten Tätigkeiten als zwei Aspekte eines einheitlichen Ziels angesehen werden. Von einem Vorrang des zuerst genannten Teilziels kann in diesem Fall gerade nicht ausgegangen werden. Dieses Ergebnis bestätigt auch der Vergleich mit der Zielen der Agrarpolitik gem. Art. 39 Abs. 1 lit. a-e AEUV (Art. 33 Abs. 1 lit. a-e EG). Diesbezüglich ist in Rechtsprechung und Literatur anerkannt, dass keine Hierarchie zwischen den Einzelzielen besteht, sondern der Gesetzgeber aus politischen und wirtschaftlichen Gründen den von ihm bestimmten Zielen Vorrang einräumen kann, wobei ihm ein breiter Ermessensspielraum zukommt.[814]

2. Grad der Zielpräzision

Oben wurde bereits festgestellt, dass die ersten beiden Zielvorgaben des Energieartikels die Union auf einen Zustand (das Funktionieren des Energiemarkts / das Bestehen von Energieversorgungssicherheit) verpflichten, während die beiden nachfolgenden Ziele mit der Förderung der genannten Bereiche (lediglich) eine bestimmte Richtung vorgeben. Überträgt man das allgemeine methodologische Prinzip, dass einer Rechtsnorm mit einer präzisen Rechtsfolge gegenüber einer Rechtsnorm mit einer weniger genau bestimmten Rechtsfolge der Vorrang zukommt, müssten die Vorgaben des Art. 194 Abs. 1 lit. a-b AEUV als Zu-

zur Industrie-, Art. 173 Abs. 1 AEUV (Art. 157 Abs. 1 EG), und zur Umweltpolitik, Art. 191 Abs. 1 AEUV (Art. 174 Abs. 1 EG).

813 Hervorhebung vom Verfasser.

814 *Priebe*, in: Grabitz/Hilf, Das Recht der EU, Art. 33 EGV Rdn. 3 m.w.N. zur Rechtsprechung. Vgl. auch *van Rijn*, in: von der Groeben/Schwarze, EUV/EGV, Art. 33 EG Rdn. 4; *Busse*, in: Lenz/Borchardt, EUV/EGV, Art. 3 EGV Rdn. 2. Dasselbe gilt erst recht für die Aufzählung von Zielen, die nicht dem Schema des Art. 194 AEUV folgt, vgl. nur *Lurger*, in: Streinz, EUV/EGV, Art. 157 EGV Rdn. 14; *Breier*, in: Lenz/Borchardt, EUV/EGV, Art. 157 EGV Rdn. 5 sowie für allgemeine Zielbestimmungen: *Ruffert*, in: Calliess/Ruffert, Verfassung der Europäischen Union, Art. I-3, Rdn. 11.

standsziele gegenüber denen des Art. 194 Abs. 1 lit. c-d AEUV vorrangig sein.[815]

Dieser rechtsfolgenorientierte Ansatz, die Präzision der Zielvorgaben zu bestimmen, setzt sich im Fall des Energieartikels allerdings in Widerspruch zum Tatbestand der Einzelziele. Die Ziele aus Art. 194 Abs. 1 lit. c-d AEUV geben zwar ebenso wenig wie die Ziele aus Art. 194 Abs. 1 lit. a-b AEUV darüber Aufschluss, welcher Art die Förderung sein soll, d.h. mit welchen Mitteln die Zielvorgaben umgesetzt werden sollen. Inhaltlich weisen die beiden Richtungs- bzw. Förderziele aber eine höhere Genauigkeit auf als die Zustandsziele, da sie im Gegensatz zu diesen eher eingegrenzte Aspekte der Energiepolitik betreffen. Beispielsweise dient die Förderung erneuerbarer Energien immer auch der Energieversorgungssicherheit, wohingegen sich nicht jede Maßnahme zur Verbesserung der Energieversorgungssicherheit in der Förderung erneuerbarer Energien äußert. Entsprechendes gilt für das Verhältnis zwischen den Zielen der Interkonnektion der Netze und der Sicherstellung des Funktionierens des Energiemarkts.[816] Tatbestandlich wird der Anwendungsbereich der Ziele des Art. 194 Abs. 1 lit. c und d AEUV also vollständig von dem der Ziele des Art. 194 Abs. 1 lit. a und b AEUV umfasst. Als Instrument zur Lösung von Zielkonflikten taugt der insofern gegenüber den ersten beiden Zielen höhere Grad der Zielpräzision allerdings nicht. Aufgrund des Spezialitätsverhältnisses kann es zwischen Art. 194 Abs. 1 lit. d AEUV und Art. 194 Abs. 1 lit. a AEUV ebenso wenig zum Zielkonflikt kommen wie zwischen Art. 194 Abs. 1 lit. c AEUV und Art. 194 Abs. 1 lit. b AEUV. Es wird auch keine Aussage über das Verhältnis zwischen Energiemarkt und Energieversorgungssicherheit getroffen, da beiden Zielen jeweils in annähernd gleicher Weise konkretisierte Spezialziele zur Seite stehen. Art. 194 Abs. 1 lit. c und d AEUV lassen sich insofern zwar als gezielte Schwerpunktsetzung des Gesetzgebers, nicht aber als Regelung über die Gewichtung von Zielen im Konfliktfall begreifen. Der Grad der Zielpräzision ist mithin ebenfalls kein geeignetes Kriterium zur Bestimmung einer Zielhierarchie im Energieartikel.

3. Nähe zu den energiepolitischen Endzielen

Nicht alle energiepolitischen Zielbestimmungen weisen die gleiche Nähe zu den Elementen der Zieltrias auf.[817] Das Ziel aus Art. 194 Abs. 1 lit. b AEUV stimmt mit dem Endziel der Energieversorgungssicherheit überein und unter Art. 194

815 So für die Gemeinschaftsziele nach Art. 3 Abs. 1 EG: *Basedow*, in: FS Everling, S. 49, 59 f.

816 Regelmäßig bestehen auch positive Auswirkungen des Ziel aus Art. 194 Abs. 1 lit. c AEUV auf die Wettbewerbsfähigkeit sowie des Ziels aus Art. 194 Abs. 1 lit. d auf die Versorgungssicherheit. Insofern stehen die beiden letzteren Ziele zwischen den „Ecken“ der Zieltrias, vgl. *Fischer*, Integration 1/2009, 51 (55).

817 Siehe schon oben Kap. 3 A. III. 1.

Abs. 1 lit. a AEUV lassen sich die üblicherweise zu Gunsten der Wirtschaftlichkeit der Energieversorgung ergreifbaren Maßnahmen subsumieren. Dem dritten Aspekt der Zieltrias, dem Umwelt- und Klimaschutz, ist dagegen keines der energiepolitischen Ziele allein zu dienen bestimmt – Maßnahmen zur Förderung der in Art. 194 Abs. 1 lit. c AEUV genannten Bereiche wirken sich zwar regelmäßig positiv auf die Umweltverträglichkeit der Energieversorgung aus, verbessern jedoch gleichzeitig die Energieversorgungssicherheit sowie unter Umständen die Wirtschaftlichkeit der Energieversorgung. Ordnet man die Ziele des Art. 194 Abs. 1 lit. a-d AEUV den jeweiligen Enden des Zieldreiecks zu, ergibt sich mithin ein Schwergewicht zugunsten der Energieversorgungssicherheit und der Wirtschaftlichkeit. Eine gesetzgeberische Entscheidung zu Lasten des Umweltschutzaspektes lässt sich aus diesem Umstand gleichwohl nicht ableiten. Dies ergibt sich schon aus dem Leitprinzip des Umweltschutzes, dessen – angesichts der identischen Vorgaben des Art. 11 AEUV scheinbar überflüssigen – Nennung den Stellenwert des Endziels der Trias betont.[818] Die hohe Bedeutung des Umweltschutzes ergibt sich zudem aus der engen Verflechtung der Umwelt- und Energiepolitik, die sich unter anderem in dem (konkurrenzrechtlich bedeutsamen) Hinweis auf Art. 192 Abs. 2 lit. c AEUV in Art. 194 Abs. 2 UAbs. 2 AEUV und in der systematischen Stellung des Art. 194 AEUV unmittelbar nach den Art. 191-193 AEUV äußert.[819] Begreift man die Energie- und Klimapolitik in diesem Sinne als „integrierte Politiken"[820] und bezieht die Umweltkompetenz in die Betrachtung der Zieltrias ein, ergibt sich ein ausgeglicheneres Bild, bei dem eine deutliche Betonung oder Vernachlässigung eines Aspektes der Zieltrias nicht mehr zu erkennen ist.[821]

4. Einfluss der Leitprinzipien

Denkbar ist schließlich, dass die Leitprinzipien die Gewichtung der energiepolitischen Ziele beeinflussen. Eine solche Aussage der Leitprinzipien entspräche gerade ihrem Zweck, auf die Auslegung der Zielvorgaben zu Gunsten der in ihnen zum Ausdruck gebrachten Sachbereiche einzuwirken. Insbesondere könnte die allgemeine Stärkung oder Schwächung des einen oder anderen Vertragsprin-

---

818 Zur Gewichtung durch den Einfluss der Leitprinzipien siehe auch sogleich.

819 Insoweit besteht Übereinstimmung zur bisherigen Rechtslage, die ausweislich der PreußenElektra-Rechtsprechung des EuGH (Rs. C-379/89, Slg. 2001, I-2009) wettbewerbseinschränkende Maßnahmen zu Gunsten der Umwelt(energie)politik nicht pauschal verbietet. In jüngerer Zeit wird aber vermehrt die Auffassung vertreten, die Voraussetzungen der Rechtfertigung des Verstoßes des deutschen Modells der Förderung erneuerbarer Energien seien entfallen, weil sich der im Urteil ausdrücklich in Bezug genommene „gegenwärtige Stand des Gemeinschaftsrechts" geändert habe. Vgl. dazu *Cremer*, EuZW 2007, 591 m.w.N.

820 Vgl. insb. Europäischer Rat (Brüssel), 8. / 9. März 2007, Schlussfolgerungen des Vorsitzes, 7224/1/07 REV 1 CONCL 1 S. 10 ff.

821 Vgl. auch die grafische Darstellung bei *Fischer*, Integration 1/2009, 51 (55).

zips durch den Vertrag von Lissabon über das Einfalltor der Leitprinzipien auf die Gewichtung der energiepolitischen Ziele zugreifen. Zwar gilt jedes der Leitprinzipien für jede der Vorgaben aus Art. 194 Abs. 1 lit. a-d, so dass sich die Frage stellt, inwiefern nur bestimmte Regelungen beeinflusst werden können und sollen. Zu beachten ist aber, dass die hinter den drei Leitprinzipien stehenden Grundsätze schwerpunktmäßig jeweils einem Endziel der Energiepolitik zugeordnet werden können: Die Rahmenbedingung des Binnenmarkts betont den Gesichtspunkt der Wirtschaftlichkeit, das Leitprinzip des Umweltschutzes entspricht dem Endziel des Umweltschutzes und die Solidarität ist vor allem für die Energieversorgungssicherheit bedeutsam.[822] Sollte nun einem der Prinzipien eine höhere Wertigkeit als anderen Prinzipien zukommen, könnte dies der Zielvorgabe, die dem entsprechenden Aspekt der Zieltrias zuzuordnen ist, gegenüber den anderen Zielvorgaben privilegieren (z.B. im Fall eines Vorrangs der Rahmenbedingung des Binnenmarkts die Zielvorgabe aus Art. 194 Abs. 1 lit. a AEUV).

Die Bestimmung eines abstrakten Rangverhältnisses zwischen den durch die Leitprinzipien ausgedrückten Belangen bereitet allerdings erhebliche Schwierigkeiten. Dem Wettbewerbsprinzip wird zwar im Hinblick auf seine Stellung in den Verträgen und die Bedeutung der Marktintegration als Ausgangspunkt der europäischen Einigung üblicherweise ein besonderer Stellenwert eingeräumt.[823] Das Wettbewerbsprinzip steht jedoch angesichts der Aufnahme und Stärkung neuer Gemeinschafts- bzw. Unionspolitiken bereits seit längerem in der Gefahr, seinen besonderen Rang zu verlieren.[824] Insbesondere das Verhältnis zum Umweltschutz, der durch die EEA als selbständiger Politikbereich ins Primärrecht aufgenommen und seither kontinuierlich erweitert wurde, ist äußerst umstritten.[825]

Hinzu kommt, dass der Vertrag von Lissabon zu Änderungen im Hinblick auf die Stellung des Wettbewerbsprinzips geführt hat. Zum einen ist auf verschiedenen Gebieten eine deutliche Zunahme des Bezugs auf das Prinzip der Solidarität zu beobachten, was für eine Akzentuierung der energiesolidarischen Versorgungssicherheit gegenüber einer wettbewerblich organisierten Energiewirtschaft sprechen könnte.[826] Zum anderen hat eine im Rahmen des Gipfeltreffens der Staats- und Regierungschefs im Juni 2007 beschlossene Änderung des Mandats für die Ausarbeitung des Vertrags von Lissabon für besonderes Aufsehen ge-

822 Vgl. auch Papenkort/Wellershoff, RdE 2010, 77 (78), nach denen die Leitprinzipien als „Ausfluss des allgemein anerkannten Zieldreiecks der Energiepolitik“ verstanden werden können.

823 Vgl. nur *Basedow*, in: FS Everling, S. 49, 67 f.

824 Vgl. *Oppermann*, Europarecht, § 15 Rdn. 5; *Streinz/Ohler/Hermann*, Der Vertrag von Lissabon, S. 68.

825 Siehe statt aller *Kahl*, in: Streinz, EUV/EGV, Art. 174 EGV Rdn. 22 ff.

826 Dazu oben Kap. 3 C. III. 1. b).

sorgt. Auf das Drängen des französischen Staatspräsidenten *Sarkozy* hin wurde die Regelung des Art. 3 Abs. 1 lit. g EG über die Schaffung eines Systems, „das den Wettbewerb innerhalb des Binnenmarkts vor Verfälschungen schützt" gestrichen, d.h. nicht in die Neufassung der einheitlichen Bestimmung über die Unionsziele in Art. 3 EUV übernommen. Stattdessen wurde die Aufnahme eines Protokolls „über den Binnenmarkt und den Wettbewerb" vereinbart, wonach das System eines unverfälschten Wettbewerbs, wie es im EG-Vertrag als Gemeinschaftsziel enthalten ist, weiterhin zum Binnenmarkt gehört.[827] Ob diese Änderung neben der politischen Signalwirkung, die mit der Auslagerung des tragenden Grundsatzes der europäischen Wirtschaftsverfassung in ein Protokoll verbunden ist, auch eine rechtliche Schwächung des Wettbewerbsprinzips bedeutet, ist unklar.[828] Jenseits der Aufregung, die die „Verbannung"[829] des Systems freien Wettbewerbs hervorgerufen hat,[830] spricht vieles dafür, jedenfalls im Bezug auf die energiepolitischen Leitprinzipien von einer Gleichrangigkeit auszugehen.

Dies gilt auch und gerade im Hinblick auf den Umstand, dass ein jeder Aspekt der Zieltrias durch die Leitprinzipien abgedeckt ist. Wenn etwa im einleitenden Satz des Art. 194 Abs. 1 AEUV nur der Binnenmarkt- oder der Umweltschutzaspekt Erwähnung gefunden hätte, wäre dies unter Umständen als Bewertung des jeweiligen Aspekts der Zieltrias und mittelbar auch der Ziele des Art. 194 Abs. 1 lit. a-d AEUV einzuordnen gewesen. Da aber jedenfalls keine offensichtliche Rangfolge der Leitprinzipien besteht, ist davon auszugehen, dass der Gesetzgeber auch keine gesetzliche Vorfestlegung zugunsten einer der Zielvorgaben bezweckt hat. Insbesondere steht die Rahmenbedingung des Binnenmarkts gleichberechtigt neben dem Umweltschutz- und dem Solidaritätsgedanken, was keine Rückschlüsse auf eine hervorragende Bedeutung des Ziels zulässt.

---

827 ABl. 2007 Nr. C 306, S. 156. Vgl. auch Europäischer Rat (Brüssel), 21./22. Juni 2007, Schlussfolgerungen des Vorsitzes, 11177/1/07 REV 1 CONCL 2, S. 24.

828 Überwiegend wird die Änderung für rechtlich unerheblich gehalten, da auch Protokolle Bestandteile des Primärrechts sind und sich der Status des Systems unverfälschten Wettbewerbs damit allenfalls formal ändert. Siehe dazu: *Basedow*, EuZW 2008, 225; *Behrens*, EuZW 2008, 193; *Wernicke*, in: Pernice, Der Vertrag von Lissabon, S. 184 ff.; *Mayer*, ZaöRV 2007, 1141 (1164 f.); *Streinz/Ohler/Hermann*, Der Vertrag von Lissabon, S. 67 f.; *Müller-Graff*, in: Pernice/Angelov, Auf dem Weg zum Vertrag von Lissabon, S. 110 ff.

829 *Behrens*, EuZW 2008, 193.

830 *Streinz/Ohler/Hermann*, Der Vertrag von Lissabon, S. 67, sprechen von einer „obskuren" Gestaltung, *Fischer*, Der Vertrag von Lissabon, S. 41, von einem „verschämten" Verstecken. *Müller-Graff*, in: Pernice/Angelov, Auf dem Weg zum Vertrag von Lissabon, S. 120 nennt den Vorgang „nahezu anstößig" und „bizzar" [sic].

III. Das Verhältnis zu anderen Vertragszielbestimmungen

Im Rahmen der Untersuchung der Zielbeziehungen stellt sich schließlich die Frage, wie sich die energiepolitischen Ziele ins System der übrigen Zielbestimmungen des Primärrechts einordnen.[831] Soweit sich die Bestimmungen des Art. 194 Abs. 1 lit. a-d AEUV mit den Zielen verwandter Sachpolitiken decken, sind die daraus erwachsenden Konkurrenzprobleme im Rahmen der Untersuchung der einzelnen Zielvorgaben erörtert worden. Die allgemeinen Vertragszielbestimmungen haben demgegenüber noch keine Erwähnung gefunden. Die maßgebliche Norm ist insoweit Art. 3 EUV, der die bisherigen Unions- und Gemeinschaftszielbestimmungen in Art. 2 EUV a.F. sowie in Art. 2 und 3 EG in sich vereint. Die in Art. 3 EUV enthaltenen Bestimmungen sind wie die Vorgaben des Art. 194 Abs. 1 lit. a-d AEUV als „Ziele" bezeichnet und begründen – anders als die Präambel, deren Bedeutung sich vor allem mittelbar aus ihrem Charakter als Anhaltspunkt für die Auslegung der eigentlichen Vertragsbestimmungen ergibt –[832] rechtliche Pflichten.[833] Im Verhältnis zu den speziellen Politikzielen wird im Allgemeinen von einer Steuerungs- und Maßstabsfunktion ausgegangen; die Interpretation der besonderen Ziele sei als Konkretisierung der allgemeinen Ziele vorzunehmen.[834] Teilweise wird bei einer Kollision auch von einem Vorrang der politikspezifischen Ziele ausgegangen.[835] Letztere Konstellation dürfte aber zumindest im Rahmen der Zielverfolgung nach Art. 194 Abs. 1 lit. a-d AEUV praktisch keine Rolle spielen. Zum einen sind die staatszielanalogen Bestimmungen des Art. 3 EUV teils recht unspezifisch,[836] zum anderen existieren mit den energiepolitischen Leitprinzipien Vorgaben, die den Einfluss der an anderer Stelle der Verträge getroffenen Wertungen, wozu auch und gerade die Vorgaben des Art. 3 EUV zählen, in die Energiepolitik der Union einflie-

[831] Wie schon nach bisherigem Recht ist die Terminologie im Hinblick auf die als „Ziele" bezeichneten Vorgaben in EUV und AEUV uneinheitlich. Vgl. nur *Müller-Graff*, in: Dauses, Handbuch des EU-Wirtschaftsrechts, Band I, A.I Rdn. 100 ff.; *Ruffert*, in: Calliess/Ruffert, Verfassung der Europäischen Union, Art. I-3 Rdn. 22.

[832] *Hilf/Pache*, in: Grabitz/Hilf, Das Recht der EU, EUV Präambel Rdn. 5 ff.

[833] Der Vertrag von Lissabon brachte insoweit keine Änderungen mit sich, siehe *Stumpf*, in: Schwarze, EU-Kommentar, Art. 2 EUV Rdn. 21; *Hatje*, in: Schwarze, EU-Kommentar, Art. 2 EGV Rdn. 33. Vgl. auch *Pechstein*, in: Streinz, EUV/EGV, Art. 2 EUV Rdn. 4; *Blanke*, in: Calliess/Ruffert, EUV/EGV, Art. 2 EUV Rdn. 26; *Ruffert*, in: Calliess/Ruffert, EUV/EGV, Art. 2 EGV Rdn. 5; *Hatje*, in: Schwarze, EU-Kommentar, Art. 2 EGV Rdn. 2; *Stumpf*, in: Schwarze, EU-Kommentar, Art. 2 EUV Rdn. 19.

[834] Siehe *Reimer*, EuR 2003, 992 (1003 f.); *v. Bogdandy*, in: Grabitz/Hilf, Das Recht der EU, Art. 2 EGV Rdn. 59 f.

[835] *Basedow*, in: FS Everling, S. 59. Vgl. auch *van Rijn*, in: von der Groeben/Schwarze, EUV/EGV, Art. 33 EG Rdn. 5.

[836] Vgl. z.B. Art. 3 EUV: „Ziel der Union ist es, den Frieden, die Werte und das Wohlergehen ihrer Völker zu fördern".

ßen lassen.[837] Die allgemeinen Ziele der Union entfalten ihre Wirkung also vor allem in dem von den energiepolitischen Leitprinzipien vorgegebenen Rahmen.

IV. Zwischenergebnis

Bei den Zielvorgaben handelt es sich teilweise (so Art. 194 Abs. 1 lit. a und b AEUV) um grundlegende Ziele der Energiepolitik und teilweise (so Art. 194 Abs. 1 lit. c und d AEUV) um Ziele, die den übergeordneten Aspekten der Energiepolitik zu dienen bestimmt sind. Tatbestandlich handelt es sich bei den zuletzt genannten Zielvorgaben um Konkretisierungen der zuerst genannten Ziele. Aus diesem Verhältnis lässt sich zwar eine politische Aussage über die als besonders dringlich erachteten Ziele (besser: Mittel) der Energiepolitik, aber keine Zielhierarchie im Sinne des Vorrangs eines Ziels vor dem anderen im Konfliktfall ableiten.[838]

Der Umweltschutzaspekt ist im Hinblick auf die Einordnung der Vorgaben des Art. 194 Abs. 1 lit. a-d AEUV in das Dreieck der Zieltrias zwar unterrepräsentiert. Die ausdrückliche Nennung des entsprechenden Leitprinzips im Energieartikel und der enge systematische Zusammenhang zwischen Energie- und Umweltpolitik lassen jedoch nicht zu, daraus eine Gewichtung zu Ungunsten des Umweltschutzes abzuleiten. Der Umstand, dass sich jedes der energiepolitischen Leitprinzipien schwerpunktmäßig jeweils einem Aspekt der Zieltrias zuordnen lässt, spricht vielmehr für die Annahme einer Gleichrangigkeit der Endziele und gegen die Annahme einer Hierarchie im Sinne einer Vorfestlegung zu Gunsten eines oder mehrerer Ziele. Dies schließt freilich nicht aus, dass einem der Ziele im Einzelfall gegenüber den anderen Zielen der Vorrang einzuräumen ist, wobei das zurückgestellte Ziel nicht vollständig preisgegeben werden darf. Zielkonflikte sind nach allgemeinen Grundsätzen im Sinne einer praktischen Konkordanz zu lösen, wobei dem Gesetzgeber ein weites Ermessen zukommt.

---

837 Ein Beispiel für den durch die Leitprinzipien vermittelten Einfluss der allgemeinen Vertragszielbestimmungen ist die soeben erörterte Frage, ob durch die Streichung des Bezugs auf ein System freien und unverfälschten Wettbewerbs in Art. 3 EUV eine Schwächung des Binnenmarktprinzips verbunden ist.

838 So auch *Nettesheim*, JZ 2010, 19 (22).

G. Rechtsetzung nach Art. 194 Abs. 2 UAbs. 1, Abs. 3 AEUV

„Maßnahmen“ zur Umsetzung der energiepolitischen Ziele werden gem. Art. 194 Abs. 2 UAbs. 1 AEUV „unbeschadet der Anwendung anderer Bestimmungen der Verträge“ im ordentlichen Gesetzgebungsverfahren nach Art. 289 Abs. 1, 294 AEUV erlassen.

I. Das ordentliche Gesetzgebungsverfahren

Das ordentliche Gesetzgebungsverfahren wird in Art. 294 AEUV geregelt und entspricht im Wesentlichen dem Mitentscheidungsverfahren nach Art. 251 EG.[839] Parlament und Rat entscheiden in einem mehrstufigen Ablauf gemeinsam die dem ordentlichen Gesetzgebungsverfahren zugewiesenen Rechtsakte. Die Einleitung des Rechtsetzungsverfahrens obliegt der Kommission, der weiterhin – von einigen wenigen Ausnahmen abgesehen – ein Initiativmonopol zukommt, Art. 293 AEUV (Art. 250 EG).[840] Im Gegensatz zum besonderen Gesetzgebungsverfahren nach Art. 289 Abs. 2 AEUV, das in den von den Verträgen vorgesehenen Fällen zur Anwendung kommt, erhält das Parlament also echte Entscheidungsbefugnisse. Gegenüber dem bisherigen Primärrecht wird das Verfahren, in dem das Parlament als ebenbürtiger Gesetzgeber neben dem Rat fungiert, deutlich ausgeweitet.[841] Wie schon aus der Bezeichnung als „ordentliches“ Gesetzgebungsverfahren hervorgeht, soll die gemeinsame Legislativfunktion von Parlament und Rat nunmehr nach Art. 14 EUV den Regelfall der Rechtsetzung darstellen. Eine weitere Neuerung und Stärkung des Europäischen Parlaments besteht darin, dass dieses in der ersten Lesung nicht lediglich zu einem Vorschlag der Kommission Stellung nimmt (Art. 251 Abs. 2 EG), sondern nach Art. 294 Abs. 3 AEUV einen eigenständigen Standpunkt festlegt.[842]

---

839 Vgl. *Fischer*, Der Vertrag von Lissabon, S. 404; *Inglis*, MJ 2008, 125 (128) sowie die amtliche Überschrift des Art. 294 AEUV („ex-Artikel 251 EGV“), ABl. 2008, Nr. C 115, S. 47, 173.

840 Obwohl sich das Verfahren insofern nicht von dem nach bisherigem Recht unterscheidet, könnte die Schaffung eines Energiekompetenztitels eine Stärkung der Kommission mit sich bringen. Bislang wurde die Kommission häufig erst nach einer Aufforderung durch den Europäischen Rat tätig, was sich unter der Geltung des Art. 194 AEUV ändern könnte, vgl. *Inglis*, MJ 2008, 125 (134).

841 Es wurden nicht nur neue Politiken eingeführt, die den Erlass von Rechtsakten im ordentlichen Gesetzgebungsverfahren vorsehen, sondern auch eine größere Anzahl an Verfahren, die bislang lediglich eine Anhörung des Parlaments vorsahen, in das ordentliche Gesetzgebungsverfahren überführt (vgl. nur die Agrarpolitik nach Art. 37 Abs. 2 EG / Art. 43 Abs. 2 AEUV). Deren Zahl erhöht sich von bisher 36 auf insgesamt 86 Verfahren, siehe *Schoo*, in: Schwarze, EU-Kommentar, Art. 251 EGV Rdn. 12 ff.

842 *Schoo*, in: Schwarze, EU-Kommentar, Art. 251 EGV Rdn. 28.

Im Rat wird nach den Grundsätzen der qualifizierten Mehrheit abgestimmt, vgl. Art. 294 Abs. 8 AEUV, Art. 16 Abs. 3 EUV (Art. 205 Abs. 1 EG), was für die in Art. 16 Abs. 4, 5 EUV bestimmte Übergangszeit den Regelungen des bisherigen Rechts entspricht. Ab dem 1. November 2014 wird dagegen grundsätzlich gemäß dem bei den Verhandlungen des Vertrags von Lissabon gefundenen Kompromiss nach dem System der doppelten Mehrheit abgestimmt.[843] Dann gilt als qualifizierte Mehrheit nur noch die Mehrheit von mindestens 55% der Mitglieder des Rates, gebildet aus mindestens 15 Mitgliedstaaten, die zusammen mindestens 65% der Bevölkerung der Union ausmachen, Art. 16 Abs. 5 EUV.

II. Handlungsformen

Erlassen werden die von der Union als erforderlich erachteten „Maßnahmen". Der Maßnahmenbegriff dient hier wie auch sonst in den Verträgen als Chiffre für alle denkbaren Handlungsmöglichkeiten der Unionsorgane einschließlich aller in Art. 288 AEUV (Art. 249 EG) typisierten Rechtsakte.[844] Die Handlungsformen des Art. 288 AEUV entsprechen denen des Art. 249 EG mit der Ausnahme, dass die bisherigen „Entscheidungen" künftig unter den Begriff des „Beschlusses" fallen.[845] Art. 194 AEUV enthält folglich keine rechtlichen Einschränkungen hinsichtlich der zulässigen Instrumente der Energiepolitik.[846] Bestätigt wird dies von Art. 296 AEUV, der gegenüber der Vorgängernorm Art. 253 EG neue Vorgaben enthält, indem er unter anderem für den Fall der Nichtregelung der „Art des zu erlassenden Rechtsakts" eine Entscheidung der Organe „von Fall zu Fall unter Einhaltung der geltenden Verfahren und des Grundsatzes der Verhältnismäßigkeit" vorsieht.[847]

Grundsätzlich werden im ordentlichen Gesetzgebungsverfahren nach Art. 289 Abs. 1, 294 AEUV Richtlinien, Verordnungen und Beschlüsse erlassen. Art. 289 Abs. 3 AEUV stellt klar, dass es sich nur bei den in einem (ordentlichen oder besonderen) Gesetzgebungsverfahren erlassenen Rechtsakte um Gesetzgebungsakte handelt. Abzugrenzen sind diese zum einen von den unverbindlichen

---

[843] Weitere Einzelheiten finden sich in Art. 3 des Protokolls über die Übergangsbestimmungen, ABl. 2007, Nr. C 306, S. 159, 160.

[844] Vgl. nur *Niedobitek*, in: Streinz, EUV/EGV, Art. 149 Rdn. 39, *ders.* in: Streinz, EUV/EGV, Art. 150 Rdn. 13; *Fischer*, in: Lenz, EUV/EGV, Art. 150 Rdn. 7.

[845] In anderen Sprachen wie im Englischen („decisions") und im Französischen („décisions") werden die Begrifflichkeiten nicht verändert.

[846] Der umfassende Maßnahmenbegriff in Art. 194 Abs. 2 UAbs. 1 AEUV trifft auch keine politische Aussage über die zu bevorzugenden Instrumente. A.A.: *Linkohr*, in: Wuppertal Bulletin 2/2004, 2 (3), der die Wortwahl (des Energieartikels im VVE) als gesetzliche Entscheidung in Richtung unverbindlicher Handlungsformen deutet.

[847] Diesbezüglich geht Art. 296 AEUV über Art. 253 EG, der nur die Begründungspflicht regelt, hinaus. Außerdem führte der Vertrag von Lissabon zu einer Aufnahme der Klarstellung, dass Rat und Parlament keine Rechtsakte annehmen dürfen, die für den betreffenden Bereich der Gesetzgebung nicht vorgesehen sind.

Handlungsformen, nämlich Empfehlungen und Stellungnahmen, s. Art. 288 AEUV, sowie von den Rechtsakten ohne Gesetzescharakter nach Art. 290, 291 AEUV. Während sich bei den Empfehlungen und Stellungnahmen gegenüber dem bisherigen Recht keine Veränderungen ergeben, handelt es sich bei der Normierung der Rechtsakte ohne Gesetzgebungscharakter um eine aus dem EUVV übernommene Neuheit.[848] Art. 290 AEUV betrifft den Fall, dass die Kommission durch einen Gesetzgebungsakt ermächtigt wird, „Rechtsakte ohne Gesetzescharakter mit allgemeiner Geltung zur Ergänzung oder Änderung bestimmter nicht wesentlicher Vorschriften dieses Gesetzgebungsaktes zu erlassen". Solche delegierten Rechtsetzungsbefugnisse entsprechen – insbesondere im Energiebereich – bereits der gängigen Praxis und werden durch die neue Regelung auf eine vertragliche Grundlage gestellt.[849] Den zweiten Fall der exekutiven oder „tertiären" Rechtsetzungsbefugnisse bilden Rechtsakte, die einheitliche Bedingungen für die Durchführung verbindlicher Rechtsakte gewährleisten sollen, die sog. Durchführungsrechtsakte nach Art. 291 AEUV.

III. Ausnahmen zu Gunsten „anderer Bestimmungen"

Der Erlass energiepolitischer Maßnahmen im ordentlichen Gesetzgebungsverfahren gilt nach Art. 194 Abs. 2 UAbs. 1 AEUV ausdrücklich nur unbeschadet der Anwendung anderer Bestimmungen- eine Einschränkung, die sich in anderen Verfahrensvorschriften nicht findet.

1. Steuerliche Maßnahmen nach Art. 194 Abs. 3 AEUV

Der Hinweis war im endgültigen Konventsentwurf noch nicht enthalten, wurde also erst während der Verhandlungen der Regierungskonferenz 2004 eingeführt. Dasselbe gilt für die in Art. 194 Abs. 3 AEUV enthaltene Ausnahme, nach der Maßnahmen überwiegend steuerlicher Art einstimmig zu beschließen sind. Insofern scheint die Einschränkung zu Gunsten anderer Bestimmungen in erster Linie auf die Beachtung des Einstimmigkeitserfordernisses abzuzielen. Art. 194 Abs. 3 AEUV enthält eine autonome Kompetenzgrundlage für Maßnahmen, die überwiegend Energiesteuern betreffen. Das Einstimmigkeitserfordernis, das den Vorgaben des Art. 113 AEUV und des Art. 192 Abs. 2 lit. a AEUV entspricht, spiegelt die Bedenken der Mitgliedstaaten wider, die als Kernbereich der nationalen Souveränität angesehene Steuerhoheit der Unionszuständigkeit zu unter-

---

[848] Dazu *Ruffert*, in: Calliess/Ruffert, Verfassung der Europäischen Union, Art. I-36, Art. I-37; *Biervert*, in: Schwarze, EU-Kommentar, Art. 249 Rdn. 41 ff.; *Becker*, in: Pernice, Der Vertrag von Lissabon, S. 142 ff.; *Gundel*, JA 2008, 910; *Riedel*, EuR 2006, 512; *Möllers*, in: Schmidt-Aßmann/Schöndorf-Haubold, Der Europäische Verwaltungsverbund, S. 293 ff.

[849] Ausführlich: *Lecheler*, DVBl 2008, 873 (876 ff.).

werfen.[850] Da die bewusst strengen Anforderungen an das Abstimmungsverfahren nicht unterlaufen werden dürfen,[851] handelt es sich bei Art. 194 Abs. 3 AEUV um eine „andere Bestimmung" im Sinne des Art. 194 Abs. 2 UAbs. 1 AEUV.

Konstitutive Wirkung kommt der Einschränkung zugunsten „anderer Bestimmungen" in Art. 194 Abs. 2 UAbs. 1 AEUV in Bezug auf das Einstimmigkeitserfordernis indes nicht zu. Die Vorrangigkeit des in Art. 194 Abs. 3 AEUV festgelegten Verfahrens ergibt sich bereits aus der Stellung der Vorschrift, die ein Regel-Ausnahme-Verhältnis im Bezug auf die vorangegangene Kompetenzgrundlage ausdrückt. Der Wortlaut („Abweichend von Absatz 2") unterstreicht diesen Ausnahmecharakter zusätzlich. Insofern hätte es der Einschränkung zu Gunsten „anderer Bestimmungen" in Art. 194 Abs. 2 UAbs. 1 AEUV nicht bedurft.

2. Rechtsetzung nach anderen Politiken

Dass mit der Einschränkung zumindest nicht ausschließlich auf Art. 194 Abs. 3 AEUV Bezug genommen wird, ergibt sich auch aus dem Bezugspunkt des Art. 194 Abs. 2 UAbs. 1 AEUV, der andere Bestimmungen „der Verträge" – und nicht etwa „dieses Titels" – für unbeschadet erklärt. Die Wortwahl deutet darauf hin, dass auch außerhalb des Art. 194 AEUV energierelevante Bestimmungen mit abweichendem Rechtsetzungsverfahren berücksichtigt werden müssen. Eine solche Vorschrift benennt der Energieartikel im Folgenden (Art. 194 Abs. 2 UAbs. 2 AEUV) selbst, nämlich Art. 192 Abs. 2 lit. c AEUV. Wie bei den überwiegend steuerlichen Maßnahmen nach Art. 194 Abs. 3 AEUV handelt es sich dabei um ein Einstimmigkeitserfordernis. „Andere Bestimmungen" im Sinne des Art. 194 Abs. 2 UAbs. 1 AEUV sind jedoch nicht nur Verfahrensvorschriften, die strengere Anforderungen an den Erlass eines Rechtsakts stellen, sondern auch solche, die eine Verkürzung der Beschlussfassung ermöglichen.

Insbesondere der Ermächtigung nach Art. 122 Abs. 1 AEUV, wonach Maßnahmen zur Reaktion auf kurzfristige Versorgungsschwierigkeiten ohne Beteiligung des Parlaments erlassen werden können, kommt für den Energiesektor eine besondere Bedeutung zu. Diesbezüglich lässt sich der Hinweis in Art. 194 Abs. 2 UAbs. 1 AEUV als Klarstellung deuten, dass die Möglichkeit des Erlasses von energierelevanten Rechtsakten im besonderen, verkürzten Verfahren nach Art. 122 Abs. 1 AEUV auch angesichts der Zuordnung von Energierechtsakten nach Art. 194 AEUV zum ordentlichen Gesetzgebungsverfahren nicht zu beanstanden ist.

---

850 Vgl. *Stumpf*, in: Schwarze, EU-Kommentar, Art. 93 EGV Rdn. 1; *Kamann*, in: Streinz, EUV/EGV, Art. 93 EGV Rdn. 10; *Waldhoff*, in: Calliess/Ruffert, EUV/EGV, Art. 93 EGV Rdn. 1.

851 Siehe oben Kap. 3 E. I. 3. b).

IV. Zusammenfassung

Rechtsakte zur Umsetzung der Ziele des Art. 194 Abs. 1 lit. a-d AEUV werden im Regelfall nach den Vorgaben des ordentlichen Gesetzgebungsverfahrens nach Art. 289 Abs. 1, 294 AEUV erlassen. Ausnahmsweise, nämlich soweit der Gesetzgebungsakt überwiegend steuerlicher Art ist, gilt das Einstimmigkeitserfordernis des Art. 194 Abs. 3 AEUV. Die jeweils beteiligten Organe sind in der Wahl des energiepolitischen Handlungsinstruments nicht eingeschränkt. Der Maßnahmenbegriff in Art. 194 Abs. 2 UAbs. 1 AEUV umfasst sämtliche verbindliche und unverbindliche Rechtsakte nach Art. 288 AEUV. Möglich ist auch der Erlass von Sekundärrecht, das die Kommission gem. Art. 290, 291 AEUV zum Erlass von Durchführungsbestimmungen ermächtigt.

Die Einschränkung zugunsten der Anwendung anderer Bestimmungen in Art. 194 Abs. 2 UAbs. 1 AEUV stellt klar, dass energierelevante Maßnahmen nicht nur auf Grundlage der Verfahrensvorschriften des Art. 194 AEUV erlassen werden können. Soweit konkurrierende Ermächtigungen wie Art. 122 Abs. 1 AEUV oder Art. 192 Abs. 2 lit. c AEUV denen aus Art. 194 Abs. 2 UAbs. 1 AEUV bzw. Art. 194 Abs. 3 AEUV vorgehen, sind deren Vorgaben auch bei Abweichung zu den im Energieartikel vorgesehenen Verfahren zu beachten.

H. Schranken der Energiepolitik

I. Begrenzung der EU-Energiekompetenz

Die Zielbestimmungen des Art. 194 Abs. 1 lit. a-d AEUV definieren nur den äußersten, inhaltlich sehr weit gezogenen Rahmen der Energiepolitik, indem sie die Tätigkeitsfelder der unionalen Energiepolitik abschließend aufzählen.[852] Gemeinsame Maßnahmen, die sich auf den Energiesektor beziehen und tatbestandlich nicht mindestens einem der energiepolitischen Ziele unterfallen, sind kaum vorstellbar.[853] Eine gewisse Eingrenzung des Anwendungsbereichs des Art. 194 AEUV entsteht erst dadurch, dass bestimmte Maßnahmen mit Energiebezug nicht dem Energieartikel, sondern anderen Ermächtigungsgrundlagen unterfallen. Insbesondere das Energie-Umweltrecht und Maßnahmen zur Gewährleistung der kurzfristigen Energieversorgungssicherheit sind zumindest nicht ausschließlich nach Art. 194 AEUV zu beurteilen. Die Inanspruchnahme einer anderen Ermächtigungsgrundlage bewirkt jedoch keine materielle Einschränkung der unionalen Rechtsetzungsbefugnisse, sondern verschiebt diese nur auf horizontaler Ebene.

Die vertikale Kompetenzabgrenzung zwischen der Union und den Mitgliedstaaten wurde bisher noch nicht erörtert. Insofern sind die Grenzen der Kompetenzwahrnehmung maßgeblich. Solche ergeben sich zum einen aus den allgemeinen Kompetenzausübungsregeln, insbesondere dem Subsidiaritäts- und dem Verhältnismäßigkeitprinzip, zum anderen aus den besonderen energierechtlichen Schranken des Art. 194 Abs. 2 UAbs. 2 AEUV.

II. Allgemeine Schranken

1. Das Subsidiaritätsprinzip, Art. 5 Abs. 3 EUV

Als allgemeine Kompetenzausübungsregel[854] ist in Bereichen, die wie die Energiepolitik nicht in die ausschließliche Zuständigkeit der Union fallen, das Subsidiaritätsprinzip zu wahren. Nach dem in Art. 5 Abs. 3 EUV niedergelegten und gegenüber Art. 5 EG nur geringfügig veränderten Prinzip kommt den Mitgliedstaaten nach Maßgabe ihrer Leistungsfähigkeit der Vorrang im Handeln gegenüber der Union zu.[855] Das Subsidiaritätsprinzip stellt nach allgemeiner Auffassung ein Erforderlichkeits- und ein Effizienzkriterium auf, d.h., die Union darf nicht handeln, wenn entweder die verfolgten Ziele von den Mitgliedstaaten aus-

---

852 Siehe oben Kap. 3 C. II. 2. a).

853 Vgl. *Kahl*, in: Schulze-Fielitz/Müller, Europäisches Klimaschutzrecht, S. 51.

854 *Calliess*, in: Calliess/Ruffert, EUV/EGV, Art. 5 Rdn. 2 EGV; *Langguth*, in: Lenz/Borchardt, Art. 5 EGV Rdn. 15;

855 Vgl. *Calliess*, in: Calliess/Ruffert, EUV/EGV, Art. 5 Rdn. 2 EGV; *Zuleeg*, in: von der Groeben/Schwarze, EUV/EGV, Art. 5 EG Rdn. 27; *Lienbacher*, in: Schwarze, EU-Kommentar, Art. 5 EGV Rdn. 20.

reichend erreicht werden können, oder wenn sie von den Mitgliedstaaten genauso gut erreicht werden können.[856] Eine aus dem EUVV übernommene Neuheit gegenüber den Verträgen in der Fassung von Nizza ist der ausdrückliche Verweis auf das „Protokoll über die Anwendung der Grundsätze der Subsidiarität und der Verhältnismäßigkeit".[857] Gegenüber dem bis zum Inkrafttreten des Vertrags von Lissabon maßgeblichen Subsidiaritätsprotokoll des Amsterdamer Vertrags[858] enthält das Protokoll keine für die Interpretation des materiellen Gehalts des Subsidiaritätsprinzips maßgebliche Innovationen. Diskussionswürdig ist allein die Frage, ob es sich auswirkt, dass die im Subsidiaritätsprotokoll des Amsterdamer Vertrags enthaltenen Leitlinien nicht in die Protokolle zum EUVV und zum Vertrag von Lissabon übernommen wurden.[859]

Hervorzuheben sind zwei prozedurale bzw. prozessuale Neuerungen. Erstens werden die Vorschläge der Kommission nicht mehr lediglich auf Unionsebene von Rat und Parlament geprüft, sondern auch den nationalen Gesetzgebern zugeleitet. Diese können binnen acht Wochen Stellungnahmen abgeben, die auf jeden Fall berücksichtigt werden müssen. Gibt ein Drittel, bzw. die einfache Mehrheit der nationalen Parlamente eine Stellungnahme ab, muss der Vorschlag überprüft werden und im letzteren Fall ein besonderes Verfahren in Parlament und Rat durchlaufen. Zweitens wird es die Möglichkeit geben, wegen eines Verstoßes gegen das Subsidiaritätsprinzip beim EuGH (Nichtigkeits-)Klage zu erheben. Der Vertrag von Lissabon stellt der Übertragung von Kompetenzen zu Gunsten der Union also neue Instrumente zur Durchsetzung des Subsidiaritätsprinzips gegenüber, nämlich eine ex-ante-Kontrolle durch die nationalen Parlamente („Frühwarnsystem") und eine ex-post-Kontrolle durch den EuGH („Subsidiaritätsklage").

2. Das kompetenzielle Verhältnismäßigkeitsprinzip

Eine weitere Kompetenzausübungsschranke bildet das kompetenzielle Verhältnismäßigkeitsprinzip, Art. 5 Abs. 4 EUV. Auch sind diesbezüglich die Vorgaben des Protokolls über die Anwendung der Grundsätze der Subsidiarität und der Verhältnismäßigkeit zu beachten. Anders als beim Subsidiaritätsprinzip, das in der europäischen Rechtsprechung kaum Spuren hinterlassen hat und dessen Einhaltung bislang weitgehend der legislativen und exekutiven Gewalt überantwortet ist,[860] werden auch die Urteile des EuGH auf ihre Vorgaben hinsichtlich der

---

856 *Lienbacher*, in: Schwarze, EU-Kommentar, Art. 5 EGV Rdn. 20; *Zuleeg*, in: von der Groeben/Schwarze, EUV/EGV, Art. 5 EG Rdn. 27; *Streinz*, in: Streinz, EUV/EGV, Art. 5 Rdn. 36.

857 ABl. 2007, Nr. C 306, S. 150.

858 ABl. 1997, Nr. C 340, S. 105.

859 Vgl. *Calliess*, in: Calliess/Ruffert, Verfassung der Europäischen Union, Art. I-11 Rdn. 23, der die „Entmaterialisierung der Subsidiaritätsprüfung" für eine Verschlechterung hält. Ebenso: *Weber*, EuZW 2008, 7 (11).

860 S. nur *von Danwitz*, FAZ vom 28.20.2008, S. 8.

Auslegung des Verhältnismäßigkeitsprinzips zu untersuchen sein. Insbesondere die Reichweite des dem Rat vom EuGH zugebilligten Ermessensspielraumes[861] könnte für die Verhältnismäßigkeit bzw. Justiziabilität energiepolitischer Maßnahmen eine entscheidende Rolle spielen.

III. Besondere Schranken

Neben diesen allgemeinen Schranken, die für die gesamte Kompetenzordnung gelten, normiert Art. 194 Abs. 2 UAbs. 2 AEUV besondere Schranken für die Energiepolitik.

1. Das Wesen der Vorgaben des Art. 194 Abs. 2 UAbs. 2 AEUV

Bei Wahrnehmung einer geteilten Kompetenz durch die Union gem. Art. 2 Abs. 2 AEUV liegt grundsätzlich eine abschließende Regelung des betroffenen Bereichs vor, mit der Folge, dass die Mitgliedstaaten ihre ursprünglich vorhandenen Rechtsetzungsbefugnisse verlieren. Etwas anderes gilt nur dann, wenn sich aus dem Unionsrechtsakt ergibt, dass er inhaltlich begrenzt ist und weitergehende nationale Regelungen nicht ausschließt.[862] An diesem Grundsatz ändern auch die in Art. 194 Abs. 2 UAbs. 2 AEUV genannten Rechte nichts. Der Gesetzestext geht in Art. 194 Abs. 2 UAbs. 2 AEUV davon aus, dass „Maßnahmen" nach Art. 194 Abs. 2 UAbs. 1 AEUV prinzipiell möglich, dabei aber materiellen Beschränkungen unterworfen sind. Es handelt bei den Rechten der Mitgliedstaaten also nicht um eine Ausnahme von der geteilten Unionskompetenz sondern um eine inhaltliche Beschränkung derselben. Dass die Schranken des Art. 194 Abs. 2 UAbs. 2 AEUV keinen Souveränitätsvorbehalt im Sinne einer ausschließlichen Zuständigkeit der Mitgliedstaaten begründen, belegt auch ein Vergleich mit den Zielen des Art. 194 Abs. 1 lit. a-d AEUV. Während die für den Inhalt der Unionszuständigkeit im Energiebereich maßgeblichen Zielbestimmungen naturgemäß bestimmte Handlungsfelder darstellen, handelt es sich bei den Vorgaben des Art. 194 Abs. 2 UAbs. 2 AEUV nicht um Sachgebiete, sondern um von ihren Folgen her definierte Einschränkungen der Unionsrechtsakte im Energiebereich.

Im Falle einer „Berührung" der Schranken des Art. 194 Abs. 2 UAbs. 2 AEUV kann eine Maßnahme nur erlassen werden, soweit sie auf der Grundlage des Art. 192 Abs. 2 lit. c AEUV erfolgt, also insbesondere den Zielen des Art. 191 AEUV dient und einstimmig beschlossen wird. Im Übrigen ist die Gesetzgebung bei Vorliegen der Voraussetzungen des Art. 194 Abs. 2 UAbs. 2 AEUV unzulässig. Dadurch erfolgt eine gewisse Privilegierung des Umweltschutzes gegenüber anderen Vertragszielen. Unbeabsichtigte Kompetenzverschiebungen

---

861 Vgl. *Calliess*, in: Calliess/Ruffert, EUV/EGV, Art. 5 EGV Rdn. 53; *Streinz*, in: Streinz, EUV/EGV, Art. 5 EGV Rdn. 52.

862 Siehe oben Kap. 3 A. I. 2.

zu Lasten der Mitgliedstaaten sind aufgrund des nationalen Vetorechts im Rat aber auch bei umweltbezogenen Maßnahmen nicht zu befürchten.

Aus dem Charakter des Art. 194 Abs. 2 UAbs. 2 AEUV als Ausnahme zum Grundsatz der Rechtsetzungsmöglichkeit bei der Zielverfolgung nach Art. 194 Abs. 1 lit. a-d AEUV ergibt sich, dass die Grenzen der Energiekompetenz eng auszulegen sind. Das Gebot einer restriktiven Handhabung ist auch bei der parallelen Formulierung in Art. 58 Abs. 1 EG (Art. 65 Abs. 1 AEUV) anerkannt, der die Vorgaben für die Liberalisierung des Kapital- und Zahlungsverkehrs nach Art. 56 EG (Art. 63 AEUV) beschränkt.[863]

2. Die Unbeschadetheitsklausel

Die Rechte der Mitgliedstaaten gelten nur „unbeschadet des Art. 192 Abs. 2 lit. c AEUV". Danach werden Maßnahmen zu Gunsten des Umweltschutzes, welche „die Wahl eines Mitgliedstaats zwischen verschiedenen Energiequellen und die allgemeine Struktur seiner Energieversorgung" erheblich berühren, nicht im ordentlichen Gesetzgebungsverfahren, sondern einstimmig vom Rat erlassen. Aus der Verweisung lassen sich unterschiedliche Schlüsse ziehen.

a) Übertragung des Einstimmigkeitserfordernisses

Bei den in Art. 192 Abs. 2 lit. c AEUV genannten Aspekten handelt es sich wortlautgleich um zwei der drei Vorgaben des Art. 194 Abs. 2 UAbs. 2 AEUV. Die Unbeschadetheitsklausel in Art. 194 Abs. 2 UAbs. 2 AEUV könnte in diesem Sinne auf die Übertragung des Einstimmigkeitserfordernisses der umweltrechtlichen Maßnahmen auf die Energiekompetenz abzielen, um so einen Gleichlauf der umwelt- und energierechtlichen Verfahrensanforderungen zu gewährleisten. Demnach würde es sich bei der Verweisung um eine verfahrensmäßige Einschränkung handeln.[864] Dem Wortlaut des Art. 194 Abs. 2 UAbs. 2

---

863 Nach Art. 58 Abs. 1 EG „berührt [Art. 56 EG] nicht das Recht der Mitgliedstaaten [...]". S. EuGH, Rs. C-319/02 (Manninen), Slg. 2004, I-7477 Tz. 28; EuGH, Rs. C-54/99 (Scientology), Slg. 2000, I-1335 Tz. 17 sowie *Kiemel*, in: von er Groeben/Schwarze, Art. 58 EG Rdn. 2; *Bröhmer*, in: Calliess/Ruffert, EUV/EGV, Art. 58 Rdn. 1 EGV; *Glaesner*, in: Schwarze, EU-Kommentar, Art. 58 EGV Rdn. 1; *Schürmann*, in: Lenz/Borchardt, EUV/EGV, Art. 58 EGV Rdn. 1. Ob auch der von Art. 194 Abs. 2 UAbs. 2 AEUV in Bezug genommene Art. 192 Abs. 2 lit. c AEUV (Art. 175 Abs. 2 lit. c EG) eng auszulegen ist, hängt davon ab, ob man diesen als Ausnahmevorschrift zum Gesetzgebungsverfahren nach Absatz 1 oder als eigenständige Rechtsgrundlage ansieht. Siehe dazu oben Fn. 768.

864 So wohl *Maichel*, in: FS Götz, S. 67. Dieser Auffassung scheint auch das Europäische Parlament in seiner Stellungnahme zum Verfassungsvertragsentwurf vom 10. September 2003 (A5-0299/2003, S. 55) zu sein, betont aber gleichzeitig die Unklarheit der energiepolitischen Schrankenbestimmung. Es sei „der Auffassung, dass eine Klärung des Geltungsbereichs und der Anwendung der Bestimmung des einschlägigen Artikels (III-157 Absatz 2 zweiter Unterabsatz) notwendig ist, durch die aus dem Umweltkapitel die Vorschrift der Einstimmigkeit im Rat und der Konsultation des EP übernommen wird,

AEUV ist eine Übertragung des Einstimmigkeitserfordernisses auf energiepolitische Maßnahmen allerdings nicht zu entnehmen. Entscheidend gegen eine entsprechende Interpretation spricht zudem der Aufbau des Energiekompetenztitels. Wie oben erörtert, sieht der Energieartikel in Art. 194 Abs. 3 AEUV ein Einstimmigkeitserfordernis vor, nämlich für Maßnahmen überwiegend steuerlicher Art. Bei Art. 194 Abs. 3 AEUV handelt es sich um eine Ausnahme zur Anordnung des ordentlichen Gesetzgebungsverfahrens nach Art. 194 Abs. 2 AEUV. Der zweite Absatz umfasst aber auch und gerade den zweiten Unterabsatz und damit die Verweisung auf Art. 192 Abs. 2 lit. c AEUV. Abgesehen von der systematischen Unstimmigkeit, dass in beiden Absätzen ein Einstimmigkeitserfordernis normiert würde, spricht damit auch der eindeutige Wortlaut „abweichend von Absatz 2" – also abweichend von der Abstimmung mit *qualifizierter* Mehrheit – gegen das Verständnis als Verfahrensvorschrift. Die Unbeschadetheitsklausel bewirkt folglich keine Übertragung des umweltrechtlichen Einstimmigkeitserfordernisses auf die Energiegesetzgebung.

b) Die Schranken energie- und umweltbezogener Maßnahmen

Vor diesem Hintergrund lässt sich die Unbeschadetheitsklausel nur als Hinweis darauf deuten, dass der Erlass von Maßnahmen, die eine Berührung mit den in Art. 194 Abs. 2 UAbs. 2 AEUV genannten Rechten aufweisen, auf der Grundlage der Umweltkompetenz aus Art. 192 Abs. 2 AEUV nicht ausgeschlossen ist. Insofern kommt Art. 194 Abs. 2 UAbs. 2 AEUV zunächst eine konkurrenzrechtliche Bedeutung zu.[865] Maßnahmen, die einstimmig auf Grundlage der Umweltkompetenz getroffen werden, können also auch unter der Geltung des Energieartikels wesentliche Auswirkungen auf den Energiebereich haben.[866] Bei näherer Betrachtung der Folgen des Verweises auf die Umweltkompetenz entstehen indes Unstimmigkeiten.

aa) Die Sonderstellung des Ressourcennutzungsrechts

Auffällig ist zunächst, dass Art. 192 Abs. 2 lit. c AEUV lediglich „die Wahl eines Mitgliedstaats zwischen verschiedenen Energiequellen und die allgemeine Struktur seiner Energieversorgung" erfasst, nicht dagegen das in Art. 194 Abs. 2 UAbs. 2 AEUV zusätzlich enthaltene Recht eines Mitgliedstaats, die Bedingungen für die Nutzung seiner Energieressourcen zu bestimmen. Sieht man den

---

wenn es um die 'Wahl eines Mitgliedstaats zwischen verschiedenen Energiequellen und die allgemeine Struktur seiner Energieversorgung' geht".

865 Art. 194 Abs. 2 UAbs. 2 AEUV ordnet eine Spezialität der Umweltkompetenz aus Art. 192 Abs. 2 lit. c AEUV gegenüber dem Energieartikel an, siehe oben Kap. 3 E. III. 3. a). Die Zulässigkeit von Eingriffen ergibt sich zwar möglicherweise bereits ohne Rückgriff auf den Energieartikel aus Art. 192 Abs. 2 lit. c AEUV. Die Unbeschadetheitsklausel stellt jedoch zumindest klar, dass die absoluten Schranken des Energieartikels nicht auf die umweltpolitische Rechtsgrundlage übertragbar sind.

866 Vgl. auch *Papenkort*, Der Euratom-Vertrag, S. 128 sowie *Haghighi*, Energy Security, S. 79.

Verweis in Art. 194 Abs. 2 UAbs. 2 AEUV aufgrund der fehlenden Übereinstimmung in der Umweltkompetenz als gegenstandslos an, wären Eingriffe in die Wahl eines Mitgliedstaats zwischen verschiedenen Energiequellen und die allgemeine Struktur seiner Energieversorgung im Wege der Einstimmigkeit nach Art. 192 Abs. 2 AEUV überwindbar. Eine Berührung des Rechts zur Nutzung der Energieressourcen wäre dagegen vorbehaltlos unzulässig, da aufgrund der Spezialität des Energieartikels energiebezogene Maßnahmen, die einen entsprechenden Eingriff bewirken, auch nicht auf der Grundlage des Art. 192 Abs. 1 AEUV erlassen werden können.

Die deutsche Fassung des Energieartikels scheint einer Gleichrangigkeit der drei in Art. 194 Abs. 2 UAbs. 2 AEUV genannten Bereiche dadurch Rechnung zu tragen, dass alle drei Schranken als „Recht" bezeichnet werden. Diesbezüglich ist die deutsche Fassung des Energieartikels jedoch missverständlich (und grammatisch falsch) formuliert – einerseits steht das Verb „bestimmen" am Ende des Satzes und bezieht sich somit auf alle drei Schranken, andererseits wird der Begriff „Recht" in der Einzahl verwendet. Dass es sich nicht bei allen drei Schranken, sondern nur bei der erstgenannten Vorgabe um ein „Recht [...] zu bestimmen" handelt, zeigt der Vergleich mit anderen Sprachfassungen.[867] Insofern besteht eine begriffliche Abweichung zwischen den drei Schranken, die die Sonderstellung des Ressourcennutzungsrechts bestätigt.

Ob eine solche Ungleichbehandlung der energiepolitischen Schranken der Absicht des Gesetzgebers entspricht, ist fraglich. Der Verweis auf das energiebezogene Einstimmigkeitserfordernis der Umweltkompetenz war bereits im Energieartikel des Vorentwurfs des Verfassungskonvents enthalten. Dabei nahm Art. III-152 Abs. 2 UAbs. 2 VVE lediglich die Wahl zwischen verschiedenen Energiequellen und die allgemeine Struktur der Energieversorgung in Bezug, lehnte sich mithin inhaltlich an die Umweltkompetenz des Art. 175 Abs. 2 lit. c EG an.[868] Die energiepolitischen Schranken waren also ursprünglich nicht auf eine Abweichung zum umweltpolitischen Einstimmigkeitserfordernis ausgelegt. Das Recht der Bestimmung der Bedingungen für die Nutzung der Energieressourcen wurde erst durch die Regierungskonferenz 2003/2004 aufgenommen.

---

867 Vgl. nur die englische Fassung des Art. 194 Abs. 2 UAbs. 2 AEUV: „Such measures shall not affect a Member State's right to determine the conditions for exploiting its energy resources, its choice between different energy sources and the general structure of its energy supply, without prejudice to Article 192(2)(c)." Korrekt formuliert würde die deutsche Fassung folgendermaßen lauten: „Diese Maßnahmen berühren unbeschadet des Artikels 192 Absatz 2 Buchstabe c nicht das Recht eines Mitgliedstaats, die Bedingungen für die Nutzung seiner Energieressourcen zu bestimmen und berühren nicht die Wahl eines Mitgliedstaats zwischen verschiedenen Energiequellen und die allgemeine Struktur seiner Energieversorgung".

868 Vgl. auch *Kahl*, in: Schulze-Fielitz/Müller, Europäisches Klimaschutzrecht, S. 52 sowie *Rodi*, in: Vedder/Heintschel von Heinegg, EUVV, Art. III-256, Rdn. 5, die von einer „Rezeption" bzw. „Fortschreibung" des Art. 175 Abs. 2 lit. c EG ausgehen.

Anzeichen dafür, dass dem neu hinzugefügten Recht ein höherer Stellenwert eingeräumt werden sollte als den bereits vorhandenen Einschränkungen, sind nicht ersichtlich. Möglicherweise hat der Gesetzgeber übersehen, dass die Veränderung des Energieartikels aufgrund der Unbeschadetheitsklausel eine Angleichung der umweltpolitischen Bestimmung erforderlich gemacht hatte – die wechselhafte Entstehungsgeschichte des Ressourcennutzungsrechts spricht für die Annahme eines Redaktionsversehens.[869] Angesichts des eindeutigen Fehlens einer Entsprechung in der Umweltkompetenz muss aber von der Unüberwindbarkeit des Ressourcennutzungsrechts ausgegangen werden.[870]

bb) Anforderungen an die Eingriffsintensität

Ein weiteres Problem besteht darin, dass der Energieartikel und die Umweltkompetenz scheinbar unterschiedliche Anforderungen an die Eingriffsintensität stellen. Nach Art. 192 Abs. 2 lit. c AEUV sind nur solche Maßnahmen vom Rat einstimmig zu erlassen, welche die Wahl eines Mitgliedstaats zwischen verschiedenen Energiequellen und die allgemeine Struktur seiner Energieversorgung „erheblich" berühren. In Art. 194 Abs. 2 UAbs. 2 AEUV ist hingegen kein Hinweis auf das Ausmaß des Rechtseingriffs enthalten. Geht man in Übereinstimmung mit dem Wortlaut des Art. 194 Abs. 2 UAbs. 2 AEUV vom Fehlen qualitativer Anforderungen aus und lässt bereits eine einfache Berührung für das Eingreifen der energiepolitischen Schranken genügen, ergeben sich daraus jedoch widersinnige Konsequenzen.

Maßnahmen mit Energie- und Umweltbezug, insbesondere solche zur Förderung der in Art. 194 Abs. 1 lit. c AEUV genannten Bereiche, die nicht die Schwelle einer Berührung der mitgliedstaatlichen Rechte nach Art. 194 Abs. 2 UAbs. 2 AEUV erreichen, sind grundsätzlich auf den Energieartikel zu stützen.[871] Bei einer *erheblichen* Berührung der mitgliedstaatlichen Rechte durch entsprechende Maßnahmen ist Art. 192 Abs. 2 lit. c AEUV vorrangig und der Erlass eines Rechtsakts bei Einstimmigkeit im Rat möglich. Sofern eine Maßnahme aber eines der mitgliedstaatlichen Rechte lediglich *unerheblich* berührt, würde die Gesetzgebung wiederum auf der Grundlage des Art. 194 AEUV erfolgen und wäre wegen Eingreifens der energiepolitischen Schranken unzulässig. Eine unmodifizierte, wortlautgetreue Anwendung des Primärrechts würde also zu dem unakzeptablen Ergebnis führen, dass umweltbezogene Maßnahmen im Energiebereich mit hoher Eingriffsintensität (immerhin) unter der Voraussetzung der Einstimmigkeit zulässig, weniger einschneidende Maßnahmen aber

---

869 Nachdem das Ressourcennutzungsrecht zwischenzeitlich die Schranke der mitgliedstaatlichen Wahl zwischen verschiedenen Energiequellen ersetzt hatte, wurde es schließlich zusätzlich zu den beiden vorhandenen Vorgaben aufgenommen, siehe oben Kap. 2 C. VIII. 2. b) bb).

870 Vgl. *Thimig*, Die rechtlichen Möglichkeiten zur Errichtung eines europäischen Erdgasnotstandsprogramms, S. 91.

871 Siehe oben Kap. 3 E. III. 3. a).

schlechthin unzulässig sind, auch wenn sie den Schutz der Umwelt im Sinne des Art. 191 AEUV bezwecken.

c) Konsequenzen für die Auslegung des Art. 194 Abs. 2 UAbs. 2 AEUV

Die Unbeschadetheitsklausel führt erst dann zu zweckmäßigen Ergebnissen, wenn an die Grenzen der Energiepolitik nach Art. 194 Abs. 2 UAbs. 2 AEUV dieselben Anforderungen gestellt werden, wie an das Einstimmigkeitserfordernis des Art. 192 Abs. 2 lit. c AEUV. Dies ergibt sich aus der Erwägung, dass andernfalls Maßnahmen mit hoher Eingriffsintensität unter Umständen auf der Grundlage der Umweltkompetenz zulässig wären, weniger einschneidende Maßnahmen hingegen nicht. Ohne Gleichlauf der energie- und der umweltpolitischen Vorschriften würde die Einführung des Energieartikels die Instrumente zur Umsetzung der Energie- und Klimapolitik sogar schwächen, was nicht der Absicht des Gesetzgebers entspricht.[872]

Dies ergibt sich sowohl aus der Entstehungsgeschichte des Einstimmigkeitserfordernisses in der Umweltkompetenz, als auch aus der des Energieartikels. Die Einbeziehung des Energiebereichs in Art. 175 Abs. 2 EG diente dazu, zu vermeiden, dass mit Mehrheit beschlossene umweltpolitische Maßnahmen die grundsätzlich in der Kompetenz der Mitgliedstaaten liegende Energiepolitik beeinflussen.[873] Nach den Änderungen des Vertrags von Lissabon fällt die Energiepolitik gerade nicht mehr allein in die mitgliedstaatliche Zuständigkeit – ein Schutz der nationalen Kompetenzen im Energiebereich, der über die bisherige Rechtslage hinaus geht, wäre widersprüchlich. Dass der Erlass von Maßnahmen, die bislang auf der Grundlage der Umweltkompetenz getroffen wurden, auch in Zukunft möglich bleiben soll, kommt im Vorentwurf des Konvents deutlich zu Tage. Entsprechend der Regelung in Art. 194 Abs. 2 UAbs. 2 AEUV berühren Maßnahmen auf der Grundlage des Energieartikels gem. Art. III-152 Abs. 2 UAbs. 2 S. 1 VVE „nicht die Wahl eines Mitgliedstaats zwischen verschiedenen Energiequellen und die allgemeine Struktur seiner Energieversorgung“. Statt der Unbeschadetheitsklausel ordnet Art. III-152 Abs. 2 UAbs. 2 S. 2 VVE jedoch an: „Derartige Maßnahmen werden gemäß Artikel [ex 175 Absatz 2 Buchstabe c] erlassen.“ Der Konventsentwurf ging also von einer vollumfänglichen Übereinstimmung zwischen den jeweiligen Tatbestandsmerkmalen in der Umwelt- und in der Energiekompetenz aus.

Die Streichung des Art. III-152 Abs. 2 UAbs. 2 S. 2 VVE und die Aufnahme der Unbeschadetheitsklausel während der Verhandlungen des Verfassungskonvents spricht nicht gegen die Annahme einer Kontinuität des Regelungsgehalts. Die in Art. III-152 Abs. 2 UAbs. 2 VVE enthaltene Formulierung ist nämlich insofern missverständlich, als sie impliziert, dass sich alle energiebezogenen

[872] So auch *Thimig*, Die rechtlichen Möglichkeiten zur Errichtung eines europäischen Erdgasnotstandsprogramms, S. 93.

[873] Vgl. *Epiney*, Umweltrecht in der EU, S. 60.

Maßnahmen, die die mitgliedstaatlichen Rechte berühren, nach dem umweltpolitischen Einstimmigkeitserfordernis richten. Dies ist aber selbstverständlich nur der Fall, wenn der entsprechende Energierechtsakt Umweltbezug aufweist. Aus der Unbeschadetheitsklausel, die in allen neueren Versionen des Energieartikels enthalten ist, geht nunmehr hervor, dass nicht mit jedem Fall der Berührung eines der mitgliedstaatlichen Rechte gleichzeitig der Anwendungsbereich des Art. 192 Abs. 2 lit. c AEUV eröffnet ist.

3. Die Einschränkungen im Einzelnen

a) Die Wahl der Energiequellen und die Struktur der Energieversorgung

aa) Deutungsansätze im Schrifttum

Bei der Betrachtung der Wahl eines Mitgliedstaats „zwischen verschiedenen Energiequellen und [der] allgemeine[n] Struktur seiner Energieversorgung" stellt sich die Frage, ob es sich um eine einheitliche Schranke oder um voneinander grundsätzlich unabhängige Vorgaben handelt. Im Rahmen des umweltrechtlichen Einstimmigkeitserfordernisses ist das Verhältnis zwischen den beiden Tatbestandsmerkmalen unklar. Überwiegend wird zwar davon ausgegangen, dass eine kumulative Berührung der Wahl eines Mitgliedstaats zwischen verschiedenen Energiequellen und der allgemeinen Struktur seiner Energieversorgung vorliegen muss.[874] Ob und wie sich die beiden Aspekte voneinander unterscheiden wird jedoch regelmäßig nicht erörtert.[875] Soweit es überhaupt Ansätze zur Definition gibt, beschränken sich diese auf beispielhafte Aufzählungen möglicher Anwendungsfälle. Als Beispiele für die Wahl eines Mitgliedstaats zwischen verschiedenen Energiequellen werden etwa die Entscheidung für den Ausstieg aus der Kernenergie oder der Verzicht auf Braunkohle genannt.[876] Die allgemeine Struktur der Energieversorgung eines Mitgliedstaats sei betroffen, wenn die Union beschließe, auf die Einfuhr von Erdöl aus Drittstaaten zu verzichten oder die Stromerzeugung verstärkt auf Atomkraft umzustellen.[877]

---

874 So *Nettesheim*, in: Grabitz/Hilf, Das Recht der EU, Art. 175 EGV Rdn. 79; *Käller*, in: Schwarze, EU-Kommentar, Art. 175 EGV Rn. 25; *Calliess*, in: Calliess/Ruffert, EUV/EGV, Art. 175 EGV Rn. 25. Entsprechend zum Energieartikel: *Krötz*, EG-Kompetenzen einer europäischen Energiepolitik, S. 300. A.A.: *Kahl*, NVwZ 2009, 265 (268); kritisch auch *Lecheler*, RdE 2008, 167 (168).

875 *Käller*, in: Schwarze, EU-Kommentar, Art. 175 EGV Rn. 25; *Calliess*, in: Calliess/Ruffert, EUV/EGV, Art. 175 EGV Rn. 25; *Breier*, in: Lenz/Borchardt, EUV/EGV, Art. 175 EGV Rdn. 12; *Müller/Bitsch*, EurUP 2008, 220 (225); *Epiney*, Umweltrecht in der EU, S. 60.

876 So *Kahl*, in: Streinz, EUV/EGV, Art. 175 EGV Rdn. 29; *Krämer*, in: von der Groeben/Schwarze, EUV/EGV, Art. 175 EG Rdn. 39. Letzterer sieht zudem den „Bau von Staudämmen zur Verringerung der Einfuhr von Erdöl" als von der Wahl zwischen verschiedenen Energiequellen erfasst an.

877 *Kahl*, in: Streinz, EUV/EGV, Art. 175 EGV Rdn. 29; *Krämer*, in: von der Groeben/Schwarze, EUV/EGV, Art. 175 EG Rdn. 39.

Die für die Wahl zwischen verschiedenen Energiequellen genannten Beispiele stimmen insoweit überein, als sie die Entscheidung betreffen, eine bestimmte Energiequelle nicht zu nutzen. Die Wahl zwischen verschiedenen Energiequellen umfasst danach jedenfalls die Entscheidung des Verzichts auf einzelne Energiequellen, also eine negative Wahlfreiheit der Mitgliedstaaten. Der Wortlaut spricht allerdings nicht dagegen, umgekehrt auch die Bestimmung des Umfangs der Nutzung einer Energiequelle als von der energiepolitischen Schrankenbestimmung erfasst anzusehen. Ein Beispiel für eine Maßnahme, die die positive Wahlfreiheit betrifft, wäre etwa die Verpflichtung, einen bestimmten Anteil am Stromverbrauch aus Kernenergie zu decken. Dies soll nach der dargestellten Ansicht aber gemeinsam mit der Vorgabe, auf die Einfuhr von Erdöl aus Drittstaaten zu verzichten dem Aspekt der allgemeinen Struktur der Energieversorgung unterfallen. Die genannten Beispiele lassen also keine Gemeinsamkeiten erkennen, die Rückschlüsse auf die wesentlichen Eigenschaften oder die Art der Verknüpfung der jeweiligen Tatbestandsmerkmale zulassen.

bb) Auslegung der Tatbestandsmerkmale

Die Überschneidungen bei den exemplarisch aufgeführten Maßnahmen verdeutlichen die Schwierigkeiten, den beiden Aspekten einen abgegrenzten Anwendungsbereich zu verleihen.[878] Sowohl die Wahl der Energiequellen als auch die Struktur der Energieversorgung betreffen die nationalen Entscheidungen über die Zusammensetzung der primären Energieträger, wie z.B. Erdöl, Erdgas, Kernkraft oder erneuerbare Energien, also den sog. Energiemix.[879] Dass nicht die Nutzenergie gemeint ist, ergibt sich zum einen aus dem Begriff „Energiequelle", zum anderen aus dem Abstellen auf die „Struktur" der Energieversorgung, die begrifflich nicht betroffen ist, wenn sich nur das Verhältnis der sekundären Energieträger ändert. Der Bezugspunkt der beiden Aspekte stimmt also überein. Unterschiede ergeben sich jedoch bei den Anforderungen des jeweiligen Tatbestands.

Legt man den Wortlaut zu Grunde, erfasst die Wahl zwischen verschiedenen Energiequellen jede Entscheidung für oder gegen eine bestimmte Energiequelle. Im Hinblick auf eine etwaige Anordnung der Union an die Mitgliedstaaten, eine bestimmte Energiequelle nicht zu nutzen, ist die Unzulässigkeit entsprechender Rechtsakte nach Art. 194 Abs. 2 UAbs. 2 AEUV aufgrund der potentiell hohen Eingriffsintensität plausibel. Fraglich ist hingegen bereits, ob die Schrankenbestimmung einschlägig sein kann, soweit kein absolutes Verbot erlassen wird, sondern lediglich Vorgaben im Hinblick auf einen Höchstanteil bestimmter Energiequellen an der Energieversorgung erlassen werden. Dasselbe gilt für positive Vorgaben quantitativer oder qualitativer Art, etwa mengenmäßige Ziele für

---

[878] Dazu auch *Krötz*, EG-Kompetenzen einer europäischen Energiepolitik, S. 284.

[879] Vgl. auch *Fischer*, Integration 1/2009, 50 (60) sowie Europäischer Rat (Brüssel), 8. / 9. März 2007, Schlussfolgerungen des Vorsitzes, 7224/1/07 REV 1 CONCL 1 S. 11.

den Anteil erneuerbarer Energien oder Nachhaltigkeitsanforderungen für erneuerbare Energien.[880] Angesichts des Erfordernisses der restriktiven Auslegung kann nicht jede noch so geringfügige Maßnahme betreffend die Wahl zwischen verschiedenen Energiequellen zur Unzulässigkeit nach Art. 194 Abs. 2 UAbs. 2 AEUV (bzw. zur Einstimmigkeit nach Art. 192 Abs. 2 lit. c AEUV) führen.[881]

Die gebotene Einschränkung lässt sich durch eine Verknüpfung mit dem zweiten Aspekt der Schrankenbestimmung erzielen. Der Begriff „Struktur" deutet an, dass die Energieversorgung nicht in allen ihren Facetten sondern nur in ihrer wesentlichen Beschaffenheit geschützt wird. Hinzu kommt, dass die mitgliedstaatlichen Entscheidungen auf die „allgemeine" Struktur der Energieversorgung begrenzt werden. Die Einschränkung unterstreicht, dass die Schranke nur grundsätzliche Entscheidungen über den Energiemix erfasst. Der Aspekt der allgemeinen Struktur der Energieversorgung baut demnach auf dem Aspekt der Wahl zwischen verschiedenen Energiequellen auf und bewirkt eine einschränkende Präzisierung der einheitlichen Schrankenbestimmung.

Geht man mit der herrschenden Meinung vom Erfordernis des kumulativen Vorliegens beider Tatbestandsmerkmale aus und stellt zudem gewisse qualitative Anforderungen an die Betroffenheit der „allgemeinen Struktur" der Energieversorgung, ist damit zugleich das Problem der scheinbaren Abweichung zwischen Art. 192 Abs. 2 lit. c AEUV und Art. 194 Abs. 2 UAbs. 2 AEUV gelöst. Sofern eine Berührung der beiden in der Umwelt- und der Energiepolitik genannten Aspekte vorliegt, ist diese immer zugleich „erheblich", da sich das Erfordernis einer gewissen Eingriffsintensität bereits aus dem Tatbestandsmerkmal der allgemeinen Struktur der Energieversorgung ergibt. Die Nennung der Erheblichkeit in Art. 192 Abs. 2 lit. c AEUV ist deklaratorischer Art und bewirkt keine Abweichung zwischen der umwelt- und der energiepolitischen Bestimmung.

Das Ergebnis der Auslegung des Tatbestandsmerkmals der allgemeinen Struktur der Energieversorgung stimmt also mit den Anforderungen überein, die im Schrifttum an das Vorliegen einer „erheblichen Berührung" im Sinne der Umweltkompetenz gestellt werden.[882] Die Grenze zu einem Eingriff ist überschritten, wenn die nationale Energieversorgung in ihrer „Grundstruktur" bzw.

---

880 Vgl. Art. 3 Abs. 1 sowie Art. 17 ff. der RL 2009/28/EG (ABl. 2009, Nr. L 140, S. 16).

881 Siehe oben Kap. 3 H. III. 1.

882 Durch die Rechtsprechung wurde die Frage, wann eine erhebliche Berührung der nationalen Belange vorliegt, bislang nicht geklärt – die Praxis der EG-Organe, entsprechende Rechtsakte auf die Umweltkompetenz nach Art. 175 Abs. 1 EG zu stützen, ist bislang unangewendet geblieben. Fragwürdig ist die Wahl dieser Rechtsgrundlage vor allem in Hinblick auf die RL 2009/28/EG (ABl. 2009, Nr. L 240, S. 16). Die Anwendbarkeit des Art. 175 Abs. 2 lit. c EG bejahen *Müller/Bitsch*, EurUP 2008, 220, 226; *Cremer*, in: Schulze-Fielitz/Müller, Europäisches Klimaschutzrecht, S. 130. A.A.: *Lehnert/Vollprecht*, ZUR 2009, 307, 309; *Kahl*, NVwZ 2009, 265, 269. Mit Beispielen zu weiteren kritischen Fällen der Energiegesetzgebung: *Krämer*, in: von der Groeben/Schwarze, EUV/EGV, Art. 175 EG Rdn. 41.

ihrem „Kern“ betroffen wird.[883] Dies ist der Fall, wenn auf bestimmte Energieträger nicht mehr oder in wesentlich geringerem Ausmaß zurückgegriffen werden kann.[884] Bloße „Verschiebungen“ der genutzten Energiequellen, die die Grundstruktur der Energieversorgung unberührt lassen, sind dagegen nicht erfasst.[885] Daraus folgt, dass die Quotierung des Anteils bestimmter Energien am nationalen Energiemix durch Unionsrecht nicht per se unzulässig ist,[886] sondern erst, sobald die von Art. 194 Abs. 2 UAbs. 2 AEUV vorausgesetzte Eingriffsintensität gegeben ist.

b) Die Bedingungen für die Nutzung der Energieressourcen

Die im Laufe der Regierungskonferenz 2003/2004 aufgenommene Einschränkung der unionalen Energiekompetenz wurde aufgenommen, um den Bedenken Großbritanniens und der Niederlande hinsichtlich einer Einschränkung der nationalen Souveränität über die Nutzung von Öl- und Gaslagerstätten in der Nordsee entgegen zu kommen.[887] Der Rechtsbegriff „Nutzung der Energieressourcen“ wurde bereits im Jahr 1987 Bestandteil des Primärrechts. Die Schlussakte zur EEA enthielt eine „Erklärung zu Art. 130 r des EWG-Vertrags“, in der die Konferenz der Vertreter der Regierungen der Mitgliedstaaten feststellt, dass „die Tätigkeit der Gemeinschaft auf dem Gebiet des Umweltschutzes sich nicht störend auf die einzelstaatliche Politik der Nutzung der Energieressourcen auswirken darf.“[888] Auch diese Erklärung zielte offenbar insbesondere auf die Erdölgewinnung des Vereinigten Königreichs in der Nordsee ab.[889] Die Tragweite und rechtliche Bedeutung der Erklärung waren allerdings unklar.[890] Praktische Relevanz erlangte die Erklärung in der Folgezeit jedoch nicht, da sie bei der Verabschiedung des Vertrags von Maastricht nicht wiederholt wurde. Stattdessen kam es zur Normierung der Einschränkung des Art. 130 s Abs. 2 Spiegelstrich 3 EGV (Art. 175 Abs. 2 lit. c EG / Art. 192 Abs. 2 lit. c AEUV), womit

---

883 *Kahl*, in: Streinz, EUV/EGV, Art. 175 EGV Rdn. 29; *Nettesheim*, in: Grabitz/Hilf, Das Recht der EU, Art. 175 EGV Rdn. 79 bzw. *Scherer/Heselhaus*, in: Dauses, Handbuch des EU-Wirtschaftsrechts, Band II, O Rdn. 70.

884 *Scherer/Heselhaus*, in: Dauses, Handbuch des EU-Wirtschaftsrechts, Band II, O Rdn. 70; *Epiney*, Umweltrecht in der EU, S. 60; *Breier*, in: Rengeling, EUDUR, Band I, § 13 Rdn. 28.

885 *Epiney*, Umweltrecht in der EU, S. 60.

886 So *Krötz*, EG-Kompetenzen einer europäischen Energiepolitik, S. 285 f.

887 Siehe *Maichel*, in: FS Götz, S. 63 sowie oben Kap. 2 C. VIII. 2. b).

888 ABl. 1987, Nr. L 169, S. 25. Art. 130 r EWGV entspricht Art. 175 EG / Art. 191 AEUV.

889 *Krämer*, in: Groeben/Thiesing/Ehlermann, 4. Auflage, Art. 130 r EWGV Rdn. 22.

890 *Krämer*, in: Groeben/Thiesing/Ehlermann, 4. Auflage, Art. 130 r EWGV Rdn. 22. Vereinzelt wurde aus der Erklärung ein allgemeiner Vorrang der staatlichen Energiepolitik abgeleitet, vgl. *Geiger*, EGV, Art. 130 r Rdn. 11. Kritisch dazu: *Krämer*, in: Groeben/Thiesing/Ehlermann, 5. Auflage, Art. 130 r EGV Rdn. 13. Näher zur Rechtsnatur von Erklärungen sogleich unter Kap. 3 H. IV.

klargestellt wurde, dass die Gemeinschaft zumindest unter der Bedingung der Einstimmigkeit energiebezogene Maßnahmen erlassen kann.

Hinsichtlich der Frage, unter welchen Voraussetzungen eine „Berührung“ vorliegt, ergibt sich aufgrund der Sonderstellung des Ressourcennutzungsrechts zwar nicht das Erfordernis des Gleichlaufs mit der Umweltkompetenz nach Art. 192 Abs. 2 lit. c AEUV. Um die Kohärenz des Begriffs der „Berührung“ im Sinne des Art. 194 Abs. 2 UAbs. 2 AEUV und das Erfordernis der engen Auslegung der Schranken zu wahren, ist aber ebenfalls ein bestimmter Grad der Betroffenheit zu fordern. Ein Eingriff in das Ressourcennutzungsrecht eines Mitgliedstaats liegt also jedenfalls dann vor, wenn Vorkommen von Energierohstoffen der Kontrolle der Union unterworfen werden oder die mitgliedstaatliche Verfügungsbefugnis auf andere Weise in grundsätzlicher Art eingeschränkt wird. Der (unspezifische) Begriff der Nutzung scheint darüber hinaus darauf hinzudeuten, dass nicht nur die im Boden lagernden Rohstoffe sondern auch strategische Energiereserven erfasst sind. Das Recht eines Mitgliedstaats, die Bedingungen für die Nutzung seiner Energieressourcen zu bestimmen, wäre demnach bereits bei einer Berührung der Erdöl- oder Erdgasvorräte durch einen Gesetzgebungsakt auf der Grundlage des Energieartikels betroffen. Der Vergleich mit anderen Sprachfassungen zeigt jedoch, dass unter „Nutzung“ nur der Abbau von Rohstoffen aus natürlichen Lagerstätten fällt. In diesem Sinne verwenden beispielsweise die englische, französische und spanische Version den Begriff der „Ausbeutung“ („exploitation“ / „exploitation“ / „explotación“), der im Deutschen aufgrund der negativen Konnotation vermieden worden zu sein scheint. Dieses Ergebnis steht in Übereinstimmung mit dem Erfordernis der restriktiven Auslegung des Art. 194 Abs. 2 UAbs. 2 AEUV und der Entstehungsgeschichte der Einschränkung, d.h. den mitgliedstaatlichen Bedenken hinsichtlich der nationalen Souveränität über die Öl- und Gaslagerstätten.

Vom Ressourcennutzungsrecht sind nicht nur die derzeit bekannten und bewirtschafteten Lagerstätten sondern alle Vorkommen erfasst. In Abgrenzung zur „Reserve“, die nur die sicher nachgewiesenen und mit vorhandener Technologie wirtschaftlich gewinnbaren Vorkommen umfasst, wird der Begriff der Ressource üblicherweise mit dem Gesamtpotential eines Vorkommens gleichgesetzt.[891] Die Rohstoffvorkommen sind also vor einem Eingriff auf der Grundlage des Energieartikels umfassend geschützt. Eine Regelung, die den Zugriff auf die nationalen Lagerstätten ermöglicht und eine solidarische Verteilung unter den Mitgliedstaaten vornimmt, wird dadurch nicht gänzlich ausgeschlossen.[892] Im Fall von akuten Versorgungskrisen ist eine gemeinsame Regelung über die Nutzung der Energieressourcen auf der Grundlage des Art. 122 Abs. 1 AEUV denkbar, da das Ressourcennutzungsrecht aus Art. 194 Abs. 2 UAbs. 2 AEUV nicht

[891] Vgl. *Thimig*, Die rechtlichen Möglichkeiten zur Errichtung eines europäischen Erdgasnotstandsprogramms, S. 93.

[892] A.A. *Linkohr*, Wuppertal Bulletin 2/2004, 2 (3).

auf die – für die Gewährleistung kurzfristiger Energieversorgungssicherheit spezielle – Maßnahmenkompetenz übertragbar ist.[893]

IV. Die Erklärung Nr. 35 zum Vertrag von Lissabon

Die 35. Erklärung zum Vertrag von Lissabon lautet: „Die Konferenz ist der Auffassung, dass Artikel 176a das Recht der Mitgliedstaaten unberührt lässt, Bestimmungen zu erlassen, die für die Gewährleistung ihrer Energieversorgung unter den Bedingungen des Artikels 297 erforderlich sind."[894] Die in der Erklärung genannten „Artikel 176a" bzw. „Artikel 297" entsprechen in der konsolidierten Fassung der Verträge den Art. 194 AEUV und Art. 347 AEUV (Art. 297 EG).[895]

Inhaltlich bezieht sich die Erklärung entgegen der Überschrift („Erklärung zu Artikel 176a des Vertrags über die Arbeitsweise der Europäischen Union") weniger auf den Energieartikel als vielmehr auf die Bestimmung über das gemeinsame Vorgehen bei Beeinträchtigung des Binnenmarktes durch innerstaatliche Störungen gem. Art. 347 AEUV. Diese Bestimmung fungiert als Schutzklausel,[896] die die Zielsetzungen des Binnenmarktes mit bestimmten sensiblen, in besonderer Weise souveränitätsrelevanten Interessen der Mitgliedstaaten in Ausgleich bringen soll.[897] Als potentiellen Anwendungsfall des Art. 347 AEUV sieht die Konferenz der Mitgliedstaaten offenbar auch Maßnahmen zur Gewährleistung der Energieversorgung an. Der Zweck der Erklärung könnte darin liegen, klarzustellen, dass das Ressourcennutzungsrecht nach Art. 194 Abs. 2 U-Abs. 2 AEUV nicht die Anwendbarkeit des Art. 347 AEUV sperrt. Die Schutzklausel ist als ultima ratio nämlich nur dann anwendbar, wenn keine andere Vertragsvorschrift dem mitgliedstaatlichen Sicherheitsbedürfnis bzw. der nationalen Letztverantwortung für den Schutz der Bürger Rechnung tragen kann.[898]

Praktische Folgen dürfte die Erklärung gleichwohl nicht haben. Bei Erklärungen handelt es sich – anders als bei Protokollen und Anhängen, vgl. Art. 51 EUV (Art. 311 EG) –[899] nicht um einen Bestandteil der Verträge.[900] Aus diesem

---

893 Siehe oben Kap. 3 E. II. 3. a).

894 ABl. 2007, Nr. C 306, S. 261.

895 Zur Umbenennung der Artikel siehe oben Fn. 9.

896 Vgl. *Calliess*, in: Calliess/Ruffert, EUV/EGV, Art. 297 EGV Rdn. 1.

897 Vgl. *Jaeckel/Kotzur*, in: Grabitz/Hilf, Das Recht der EU, Art. 297 EGV Rdn. 1.

898 *Calliess*, in: Calliess/Ruffert, EUV/EGV, Art. 297 EGV Rdn. 1.

899 Die Nennung der „Anhänge" als Bestandteile der Verträge in Art. 51 EUV ist zwar gegenüber der Vorgängervorschrift Art. 311 EG neu, bringt jedoch keine Änderungen mit sich, da die Anhänge auch bisher schon zum Primärrecht zählten, siehe *Becker*, in: Schwarze, EU-Kommentar, Art. 311 EGV Rdn. 10.

900 *Booß*, in: Lenz/Borchardt, EUV/EGV, Art. 311 EGV Rdn. 5; *Becker*, in: Schwarze, EU-Kommentar, Art. 311 EGV Rdn. 8; *Weber*, in: von der Groeben/Schwarze, EUV/EGV, Art. 311 EG Rdn. 2; *Schmalenbach*, in: Calliess/Ruffert, EUV/EGV, Art. 311 EGV

Grund sind Erklärungen rechtlich unverbindlich; allenfalls lassen sie sich als Interpretationshilfe für die Vertragsbestimmungen heranziehen.[901] Begreiflich wird die Aufnahme der Erklärung unter Betrachtung ihres Entstehungszeitpunktes Ende des Jahres 2003. Damals war die scheidende italienische Ratspräsidentschaft darauf bedacht, eine schnelle Einigung über den Verfassungsvertrag zu erreichen. Die Erklärung zum Energieartikel stellt den Versuch dar, die gegenüber dem Energieartikel skeptisch eingestellten Mitgliedstaaten zur Zustimmung zu bewegen, ohne den Inhalt der neuen Rechtsgrundlage zu verändern.[902] Eine Einschränkung des Energieartikels bewirkt die 35. zum Vertrag von Lissabon nicht.[903]

V. Zusammenfassung

Allgemeine Grenzen der Unionskompetenz ergeben sich aus dem Subsidiaritätsprinzip gemäß Art. 5 Abs. 3 EUV und dem Verhältnismäßigkeitsprinzip nach Art. 5 Abs. 4 EUV Besonderheiten für die Kompetenzausübung im Energiebereich ergeben sich aus den Schranken des Art. 194 Abs. 2 UAbs. 2 AEUV, die als Ausnahmeregelungen eng auszulegen sind.

Probleme entstehen durch die Verknüpfung mit der umweltpolitischen Verfahrensvorgabe nach Art. 192 Abs. 2 lit. c AEUV. Die in Art. 194 Abs. 2 UAbs. 2 AEUV enthaltene Unbeschadetheitsklausel ist in mehrfacher Weise verfehlt. Zum einen führt die fehlende Entsprechung zum Ressourcennutzungsrecht in Art. 192 Abs. 2 lit. c AEUV zu einer wohl unbeabsichtigten Hierarchisierung der energiepolitischen Schranken. Während die Wahl zwischen verschiedenen Energiequellen und die allgemeine Struktur der Energieversorgung zumindest im Wege der Einstimmigkeit auf der Grundlage der Umweltkompetenz überwindbar sind, ist eine Berührung des Ressourcennutzungsrechts stets unzulässig.

Zum anderen weichen die Anforderungen an die Eingriffsintensität in der Umwelt- und in der Energiekompetenz scheinbar voneinander ab, da in Art. 192 Abs. 2 lit. c AEUV eine „erhebliche“ Berührung gefordert wird, während Art. 194 Abs. 2 UAbs. 2 AEUV keine Angabe über die Art der Berührung enthält. Die Annahme strengerer Voraussetzungen im Rahmen der Umweltkompetenz hätte aber zur Folge, dass Maßnahmen mit höherer Eingriffsintensität unter Umständen getroffen werden könnten, während Maßnahmen mit geringerer Eingriffsintensität unzulässig wären. Ein solches Ergebnis wäre nicht nur aus logi-

---

Rdn. 4; *Kokott*, in: Streinz, EUV/EGV, Art. 311 EGV Rdn. 7; *Folz*, in: Grabitz/Hilf, Das Recht der EU, Art. 311 EGV Rdn. 1.

[901] *Becker*, in: Schwarze, EU-Kommentar, Art. 311 EGV Rdn. 9; *Kokott*, in: Streinz, EUV/EGV, Art. 311 EGV Rdn. 7; *Folz*, in: Grabitz/Hilf, Das Recht der EU, Art. 311 EGV Rdn. 1.

[902] Siehe oben Kap. 2 C. VIII. 2. b).

[903] So aber *Thimig*, Die rechtlichen Möglichkeiten zur Errichtung eines europäischen Erdgasnotstandsprogramms, S. 94 und *Fischer*, Integration 1/2009, 50 (60).

schen Gesichtspunkten widersprüchlich, sondern entspricht auch nicht dem Willen des Gesetzgebers. Die nach bisherigem Recht bei einstimmiger Beschlussfassung im Rat zu Gunsten des Umweltschutzes treffbaren Maßnahmen sollten auch nach den Änderungen des Vertrags von Lissabon weiterhin möglich sein. Die beiden im Umwelt- und im Energieartikel genannten Tatbestandsmerkmale sind aus diesem Grund so auszulegen, dass sie unter jeweils gleichen Voraussetzungen einschlägig sind. Dies lässt sich erzielen, indem man die Verknüpfung durch das „und" zwischen beiden Aspekten als Erfordernis des kumulativen Vorliegens ansieht. Im Gegensatz zur Wahl eines Mitgliedstaats zwischen verschiedenen Energiequellen ist die allgemeine Struktur seiner Energieversorgung erst dann berührt, wenn die Bestimmung des Energiemix in grundsätzlicher Weise betroffen wird. Die energiepolitische Schranke enthält folglich bereits unabhängig vom Begriff der Berührung qualitative Anforderungen an die Eingriffsintensität.

Das Ressourcennutzungsrecht der Mitgliedstaaten ist berührt, wenn die mitgliedstaatliche Verfügungsbefugnis über Energieressourcen in grundsätzlicher Art und Weise eingeschränkt wird. „Nutzung der Energieressourcen" im Sinne des Art. 194 Abs. 2 UAbs. 2 AEUV meint nicht die Verwendung von primären Energieträgern als strategische Reserve, sondern nur den Abbau von Rohstoffen aus natürlichen Lagerstätten.

Aus der 35. Erklärung zum Energieartikel, die der Schlussakte des Vertrags von Lissabon beigefügt ist, ergibt sich schon mangels Rechtsverbindlichkeit keine Einschränkung der Unionsbefugnisse im Energiebereich.

J. Kompetenzerweiterung oder -beschränkung?

Die Zusammenschau der Zielbestimmungen und der energiepolitischen Schranken führt letztlich zu der Frage, ob mit der Einführung des Art. 194 AEUV eine Erweiterung der unionalen Kompetenzen im Energiebereich verbunden ist. Dies wird im Schrifttum sehr unterschiedlich beurteilt. Die Auffassungen reichen über das gesamte Spektrum, angefangen bei der materiellen Ausweitung der Unionskompetenzen[904] über die Kontinuität der Zuständigkeiten[905] bzw. die Klarstellung schon bestehender Kompetenzen[906] oder die Erleichterung der bisherigen Energiepolitik[907] bis hin zur Schwächung der Energiegesetzgebung.[908]

Richtigerweise muss differenziert werden.[909] Im Bereich der Schaffung des Energiebinnenmarkts bestanden mit Art. 95 EG schon seit längerem umfassende Rechtsetzungsmöglichkeiten. Dasselbe gilt für Energieeffizienz und Energieeinsparungen sowie neue und erneuerbare Energien, deren Förderung auf der Grundlage des Art. 175 EG möglich war. Diesbezüglich wird die Einführung des Energieartikels lediglich zu Änderungen in der horizontalen Kompetenzabgrenzung führen. Hinsichtlich der Förderung der Interkonnektion der Netze könnte Art. 194 AEUV demgegenüber auch eine materielle Zuständigkeitserweiterung zu Gunsten der Union bewirken. Die wichtigste Neuerung gegenüber dem bisherigen Recht bewirkt jedoch die Einführung einer Kompetenz für die Gewährleistung der (langfristigen) Energieversorgungssicherheit, für die es bislang keine tragfähigen Rechtsgrundlagen gab.

Konfliktpotential ergibt sich aus der Regelung des Art. 194 Abs. 2 UAbs. 2 AEUV, die den umfassenden Zielen des Art. 194 Abs. 1 lit. a-d AEUV Grenzen entgegen stellt. Eine Schwächung der Energiepolitik ergibt sich aus den Schranken jedoch nicht. Maßnahmen, die bislang auf der Grundlage anderer Bestimmungen getroffen werden konnten, sind unter der Geltung des Energieartikels weiterhin zulässig.

---

904 Vgl. *Jasper*, ZNER 2003, 210 (211); *Schröder*, JZ 2004, 8 (10); *Thimig*, Die rechtlichen Möglichkeiten zur Errichtung eines europäischen Erdgasnotstandsprogramms, S. 81. Vorsichtig in diese Richtung auch: *Maichel*, in: FS Götz, S. 63 sowie *Baumann/Turek*, in: Weidenfeld, S. 167.

905 Vgl. *Wuermeling*, EuR 2004, 216 (226); *Rodi*, in: Vedder/Heintschel von Heinegg, EUVV, Art. III-256, Rdn. 1.

906 *Görlitz*, DÖV 2004, 374 (381); *Kahl*, in: Schulze-Fielitz/Müller, Europäisches Klimaschutzrecht, S. 51 f.; *Kuhlmann*, Energierecht nach dem Vertrag von Lissabon, S. 25 f.; *Neveling*, et 2004, 340 (342 f.); wohl auch: *Papenkort/Wellershoff*, RdE 2010, 77 (79, 83); *Hobe*, EuR 2009, Beiheft 1, S. 229 ff.

907 *Oppermann*, Europarecht, § 20 Rdn. 39; *Kahl*, in: Schulze-Fielitz/Müller, Europäisches Klimaschutzrecht, S. 51.

908 *Linkohr*, in: Wuppertal Bulletin 2/2004, 2; vgl. auch *Schmidt-Preuß*, et 2003, 776.

909 Zutreffend: *Nettesheim*, JZ 2010, 19 (24); *Fischer*, Integration 1/2009, 50 (52 f., 56 f.).

Zusammenfassung der Ergebnisse

– Hintergrund und Entstehungsgeschichte des Energieartikels

Mit der Einführung der allgemeinen Energiekompetenz des Art. 194 AEUV durch den Vertrag von Lissabon wurde die Rechtsgrundlage für eine umfassende europäische Energiepolitik geschaffen. Obwohl die Notwendigkeit einer supranationalen Aufgabenwahrnehmung im Energiebereich – etwa im Hinblick auf die Schaffung des Energiebinnenmarkts oder die Herausforderungen des Klimawandels – unter den Mitgliedstaaten der Union seit langem anerkannt war, fehlte bislang das entsprechende rechtliche Instrumentarium. Besondere Vorgaben über die Art und das Ausmaß der gemeinsamen Energiepolitik existierten nur im Atomenergiebereich. Die für die Energieversorgung der Union ungleich bedeutsamere Energieerzeugung aus fossilen und erneuerbaren Energiequellen wurde im Primärrecht nicht geregelt. Aufgrund des Fehlens einer besonderen Rechtsgrundlage für eine gemeinsame Energiepolitik musste die Gemeinschaft auf Kompetenzzuweisungen in anderen Bereichen zurückgreifen, um energiebezogene Maßnahmen treffen zu können. Die Behandlung des Energiesektors als Annexmaterie anderer Politiken, insbesondere der Umwelt- und der Binnenmarktpolitik, war jedoch mit Defiziten rechtlicher und tatsächlicher Art behaftet. Insbesondere die unzweckmäßige Unterscheidung verschiedener Energieträger und die mangelnde Transparenz des Umfangs und der Zielsetzung der energiepolitischen Zuständigkeiten machten die Schaffung einer besonderen Energiekompetenz erforderlich.

Entsprechende Bemühungen existierten seit dem Beginn der europäischen Integration. Bereits im Jahr 1955, also noch vor der Gründung der EAG und der EWG durch die Verträge von Rom, gab es Überlegungen, eine Europäische Energiegemeinschaft zu gründen. Zum Scheitern des Projekts trug bei, dass seit 1952 die EGKS existierte, die geändert oder aufgelöst hätte werden müssen. Hinzu kam, dass Mitte der 1950er-Jahre der Mangel an Kohle, auf der die europäische Energieversorgung zum überwiegenden Teil beruhte, als dringendstes Problem erschien und die Nutzbarmachung der Kernkraft auch das künftige Ansteigen der Energienachfrage zu befriedigen versprach. Erst mit dem Strukturwandel auf dem Energiemarkt im Jahr 1957, als der Kohlemangel in ein Überangebot umschlug und das Öl die Kohle als wichtigsten Energieträger ablöste, trat die Notwendigkeit einer sektorübergreifenden Energiepolitik offen zu Tage. Die Schaffung einer entsprechenden Rechtsgrundlage wurde in den folgenden Jahrzehnten Dauergegenstand der Verhandlungen über die Änderungen der Gründungsverträge. Während es im Vorfeld der ersten großen Vertragsreform, dem Fusionsvertrag von 1967, noch Überlegungen gab, die drei Gemeinschaften zu fusionieren, wurde später wiederholt die Einführung eines Energiekompetenztitels in den E(W)GV diskutiert. Die EEA von 1987 führte mit der Einführung der Rechtsangleichungs- sowie der Umweltkompetenz zu Änderungen im Bereich der mittelbaren Energiekompetenzen. Konkrete Formen nahmen die Bestrebungen den Energiesektor als eigenständigen Gemeinschaftspolitikbereich zu etablieren jedoch erstmals anlässlich der Verhandlungen zum Vertrag von Maastricht an.

Die Kommission präsentierte in ihrem Beitrag zur Regierungskonferenz im Jahr 1990 den Entwurf eines Energiekompetenztitels, der im Laufe der Verhandlungen wiederholt aufgegriffen wurde. Der vier Artikel umfassende Textentwurf der Kommission bot die Vorlage für die späteren Versionen des Energiekompetenztitels und ist als solche noch heute für die Auslegung des Art. 194 AEUV von Bedeutung. Aufgrund des Widerstands einiger Mitgliedstaaten wurde der Energieartikel nicht übernommen. Die korrespondierende Vorschrift über Energie als Tätigkeitsfeld der Gemeinschaft (Art. 3 Abs. 1 lit. t EGV / Art. 3 Abs. 1 lit. u EG) fand dagegen ebenso Einzug in die Verträge wie das Kapitel über Transeuropäische Netze. Die Regierungskonferenz konnte sich angesichts dieser – mangels Entsprechung im Vertragsteil über die Politiken der Gemeinschaft – unvollkommenen Zielbestimmung immerhin auf eine Überprüfung anlässlich der nachfolgenden Vertragsrevision einigen. Trotz eines Kommissionsberichtes, der die Einführung einer Energiekompetenz bzw. die Zusammenführung der verstreuten Rechtsgrundlagen forderte, konnten die Mitgliedstaaten auch im Rahmen der Verhandlungen des Vertrags von Maastricht keine entsprechende Einigung erzielen. Wie später beim Vertrag von Nizza standen andere, grundsätzliche Streitpunkte im Vordergrund der Regierungskonferenz.

Einzug in die endgültige Fassung eines Vertragstextes fand die Rechtsgrundlage für eine gemeinsame Energiepolitik erst aufgrund der Vorarbeiten des Verfassungskonvents in den Jahren 2002 und 2003. Durch die Erklärung von Laeken „zur Zukunft der Europäischen Union" erhielt der zweite Europäische Konvent den Auftrag, die Grundfragen des Verständnisses der Union zu klären. Dass es dabei zur Aufnahme des Energieartikels kam, ist insofern überraschend, als das Mandat ausdrücklich vorgab, die Verträge zu vereinfachen, ohne sie inhaltlich zu ändern. Dementsprechend befasste sich keine der elf Arbeitsgruppen explizit mit der Frage nach neuen Unionszuständigkeiten. Die Notwendigkeit der Einführung einer Energiekompetenz kam jedoch im Rahmen der Empfehlung von Arbeitsgruppe V zum Ausdruck. Die Arbeitsgruppe war unter anderem mit der Überprüfung der Kompetenzergänzungsklausel betraut und bemängelte in diesem Zusammenhang auch deren Verwendung für energiebezogene Rechtsakte. Entscheidend begünstigt wurde die Einführung des Energieartikels zudem durch die Fürsprache des Konventspräsidiums, das die Arbeit des Verfassungskonvents lenkte und inhaltlich beeinflusste. Der Energieartikel fand nach mehreren Änderungen die Zustimmung der Regierungskonferenz 2003/2004 und hielt schließlich in Form des Art. III-256 EUVV Einzug in den Verfassungsvertrag.

Das Mandat für die Regierungskonferenz 2007 war auf die Übernahme der wesentlichen Neuerungen des EUVV gerichtet, was ausdrücklich die Aufnahme des Energiekompetenztitels mit einschloss. Obwohl darauf hingewirkt wurde, den Verfassungsvertrag inhaltlich in seiner Gesamtheit zu übernehmen, sah das Mandat zur Ausarbeitung des jüngsten Reformvertrags zwei substantielle Änderungen vor, nämlich die Aufnahme des Ziels der Interkonnektion der Netze sowie die Nennung der Energiesolidarität. Die Änderungen, die im Gegensatz zu den bei der Regierungskonferenz 2003/2004 beschlossenen Modifizierungen den Energieartikel erweitern bzw. präzisieren, wurden in Form des Art. 194 AEUV mandatsgemäß umgesetzt.

– Art. 194 AEUV und die Kernenergiepolitik

Der Vertrag von Lissabon lässt den EAGV als Bestandteil des Primärrechts unberührt. Die Pläne, den EAGV im Zuge der Schaffung eines Energieartikels zu ändern oder aufzulösen, haben sich bei den Verhandlungen des Verfassungskonvents, deren Ergebnisse der Vertrag von Lissabon unverändert übernimmt, nicht durchsetzen können. Da die „Energiepolitik" nach Art. 194 Abs. 1 AEUV nicht ausdrücklich auf bestimmte Energiequellen beschränkt ist, stellt sich die Frage nach dem Konkurrenzverhältnis zum primären Kernenergierecht.

Problematisch ist, dass die insofern maßgebliche Vorschrift, Art. 305 Abs. 2 EG, sich nicht im AEUV wiederfindet. Mit Art. 106 Abs. 3 EAGV entstand stattdessen eine neue Abgrenzungsvorschrift im Euratom-Recht. Art. 106 Abs. 3 EAGV unterscheidet sich zwar im Wortlaut und der systematischen Stellung von der EG-rechtlichen Bestimmung, soll jedoch – wie sich anhand der Entstehungsgeschichte belegen lässt – deren Regelungsgehalt übernehmen. Trotz intensiver Bemühungen, den EAGV in die Verfassungsentwicklung einzubeziehen, konnte keine Einigung über die zukünftige Rolle Euratoms erzielt werden. Die am EAGV vorgenommenen Änderungen sind darum nicht als inhaltliche Neuausrichtung, sondern, falls möglich, als Erhaltung des status quo ante zu interpretieren. Art. 106 Abs. 3 EAGV tritt mithin in die Nachfolge des Art. 305 Abs. 2 EG, der nach allgemeiner Auffassung eine Spezialität des Euratom-Vertrages anordnet.

Nach bisherigem Recht war die konkrete Reichweite der Spezialitätsanordnung nach umstritten. Während ein Teil des Schrifttums die im EAGV nicht enthaltenen Vorschriften als bewusste Auslassung auffasst, hält die Rechtsprechung und die herrschende Meinung in der Literatur einen Rückgriff auch bei kernenergiepolitischen Maßnahmen die Regelungen des EG für anwendbar, sofern der EAGV zum betreffenden Sachgebiet keine spezifischen Rechtsgrundlagen enthält. Seit den Änderungen des Vertrags von Lissabon und der Einführung des allgemeinen Energiekompetenztitels muss erst recht von einer subsidiären Anwendbarkeit der energiepolitischen Bestimmungen des AEUV ausgegangen werden. Das bislang für eine abschließende Spezialität des EAGV vorgebrachte

Argument, die Verträge hätten einen grundsätzlich verschiedenen Anwendungsbereich, trifft unter Geltung des Vertrags von Lissabon nicht mehr zu – die Förderung bestimmter Energien ist dann kein Ausschließlichkeitsmerkmal des EAGV mehr, sondern wird in vergleichbarer Weise auch Gegenstand des AEUV. Eine subsidiäre Anwendbarkeit des Art. 194 AEUV im Kernenergiebereich ist darum nicht grundsätzlich ausgeschlossen.

– Die Regelungstechnik des Art. 194 AEUV

Die in Art. 194 Abs. 1 AEUV enthaltenen Vorgaben unterteilen sich in zwei voneinander zu unterscheidende Gruppen, Ziele und Leitprinzipien. Im Zentrum des ersten Absatzes sowie des Energieartikels insgesamt stehen die energiepolitischen Ziele nach Art. 194 Abs. 1 lit. a-d AEUV. Gemeinsam mit den allgemeinen und besonderen Schranken der Energiekompetenz bestimmen sie Inhalt und Umfang der Energiegesetzgebung nach Art. 194 Abs. 2 UAbs. 1 AEUV. Die Zielbestimmungen lassen sich wiederum in zwei Gruppen unterteilen, nämlich die Zustandsziele nach Art. 194 Abs. 1 lit. a und b AEUV, die ihrem Wortlaut nach auf die Herstellung eines (End-)Zustands gerichtet sind, und die Richtungs- oder Förderziele nach Art. 194 Abs. 1 lit. c und d, die einen bestimmten Kurs ausdrücken.

Den Leitprinzipien fehlt demgegenüber der direkte Bezug zur Verfahrensvorschrift und Kompetenzgrundlage des Art. 194 Abs. 2 AEUV. Ihr Einfluss auf die Energiegesetzgebung äußert sich mittelbar über die Einwirkung auf die Zielvorgaben. Bei den Leitprinzipien handelt es sich um Bestimmungen, die im Regelungsgefüge des Primärrechts einzigartig sind. Es bestehen jedoch gewisse Übereinstimmungen mit der in Art. 114 Abs. 3 AEUV (Art. 95 Abs. 3 EG) enthaltenen Schutzniveauklausel, die ebenfalls auf die Ziele (der Binnenmarktpolitik) Einfluss nimmt. Inhaltlich handelt es sowohl bei den Schutzniveauklauseln als auch bei den Leitprinzipien um Spezialfälle von Querschnittsklauseln. Beide bilden einen Anknüpfungspunkt für die Wertungen externer Sachbereiche bzw. allgemeiner Rechtsprinzipien und transportieren deren Inhalt auf eine andere, insofern sachfremde Politik. Die Leitprinzipien fungieren also als ermessenslenkende Vorgaben zu Gunsten allgemeiner Vertragsgrundsätze. Bestätigt wird dieser Befund von der Entstehungsgeschichte des Art. 194 Abs. 1 AEUV, dessen Vorgängernorm, Art. 2 TE, sich hinsichtlich der darin enthaltenen Schutzniveauklausel seinerseits an der Vorgängernorm des Art. 114 Abs. 3 AEUV, Art. 100a Abs. 3 EWGV, orientierte. Materiell-rechtlich äußern sich die Leitprinzipien in einer Pflicht zur Beachtung der drei genannten Bereiche, auf verfahrensmäßiger Ebene in einer entsprechenden Darlegungs- und Substantiierungslast im Kontext der Begründungspflicht nach Art. 296 AEUV (Art. 253 EG).

Rechtstheoretisch lassen sich die Leitprinzipien, die sämtlich einen hohen Generalitätsgrad aufweisen und nur relativ zu den gegebenen Möglichkeiten realisierbar sind, als Rechtsprinzipien klassifizieren. Die Einordnung der energiepolitischen Ziele in die Kategorien „Rechtsregel“ oder „Rechtsprinzip“ bereitet demgegenüber Schwierigkeiten. Die für Rechtsregeln charakteristische Zweiteilung in Tatbestand (Vorliegen von Regelungsbedarf in den Bereichen des Art. 194 Abs. 1 lit. a - d AEUV) und Rechtsfolge (Einleitung eines Gesetzgebungsverfahrens nach Art. 194 Abs. 2 UAbs. 1 AEUV) lässt sich bei ihnen zwar beobachten, ein regeltypisches Kollisionsverhalten in Form der Eliminierung eines der beteiligten Ziele dagegen nicht.

Jedenfalls stellen beide Vorgabengruppen Normen im Rechtssinne dar, sind also nicht lediglich politische Programmsätze. Bei den energiepolitischen Zielen ergibt sich dies schon aus einem Vergleich mit den Zielvorgaben anderer Politiken, denen sämtlich Rechtsverbindlichkeit zukommt. Bei Vorliegen von Regelungsbedarf bezüglich eines der in Art. 194 Abs. 1 lit. a-d AEUV genannten Ziele ist die Union darum nicht nur berechtigt, sondern auch verpflichtet, entsprechende Maßnahmen einzuleiten.

– Die energiepolitischen Leitprinzipien

Die Rahmenbedingung des Binnenmarkts bezieht sich auf den Binnenmarkt als Unionsziel und Politikbereich in allen seinen Ausprägungen. Wortlaut und Entstehungsgeschichte belegen, dass der Begriff des Binnenmarktes in Art. 194 Abs. 1 AEUV mit dem des Art. 26 Abs. 1, 2 AEUV übereinstimmt. Es wird demnach nicht nur auf die Wertungen der vier Grundfreiheiten, sondern auch auf die des Kartell- und Beihilfenrechts verwiesen. Der Bezug auf den Binnenmarkt als „Rahmen“ der Energiepolitik bedeutet indes keine sachliche Begrenzung der Rechtsetzungsbefugnisse im Energiebereich, sondern ist parallel zu dem in der deutschen Fassung gleichlautenden Begriff in Art. 308 EG als Gebot der Beachtung möglicher Auswirkungen auf den Binnenmarkt zu verstehen. Für eine energiepolitische Maßnahme „im Rahmen der Verwirklichung oder des Funktionierens des Binnenmarkts“ ist es nicht erforderlich, dass sie positive Auswirkungen auf den Binnenmarkt erwarten lässt. Es genügt vielmehr, dass die Grundelemente der Verwirklichung oder des Funktionierens des Binnenmarkts nicht beseitigt oder beeinträchtigt werden.

Die Berücksichtigung der Notwendigkeit der Erhaltung und Verbesserung der Umwelt begründet die Pflicht, die Auswirkungen energiebezogener Maßnahmen auf die Umwelt zu beachten. Der Umweltbegriff ist wie in Art. 191 AEUV (Art. 174 EG) in einem umfassenden Sinne zu verstehen. Das energiepolitische Leitprinzip des Umweltschutzes trifft damit im Wesentlichen dieselben Anforderungen wie die umweltrechtliche Querschnittsklausel des Art. 11 AEUV (Art. 6 EG). Ein wichtiger Aspekt des Leitprinzips bzw. der Querschnittsklausel ist der Aspekt der Nachhaltigkeit, der insbesondere für das Ziel aus Art. 194 Abs. 1 lit. c AEUV von Bedeutung ist.

Das Leitprinzip der Solidarität unterscheidet sich insofern von den anderen Leitprinzipien, als dass es nicht ausschließlich auf das allgemeine Rechtsprinzip der Solidarität verweist, sondern in gewisser Weise gegenüber diesem verselbständigt ist. Anders als das allgemeine Solidaritätsprinzip äußert sich die Energiesolidarität nach Art. 194 Abs. 1 AEUV nicht vorwiegend in einem Verbot unsolidarischer Verhaltensweisen für die Mitgliedstaaten sondern vielmehr in einem Auftrag an die Union, die Energiegesetzgebung solidarisch zu gestalten. Von besonderer Bedeutung ist das Leitprinzip der Solidarität für das Ziel aus Art. 194 Abs. 1 lit. b AEUV. Die Union steht in der Pflicht, auf der Grundlage des Energieartikels den Rechtsrahmen für wechselseitige Beistandspflichten im Falle von Versorgungsunterbrechungen zu schaffen. Die Beurteilung der Energieversorgungssicherheit hat sich dabei am jeweils schwächsten Mitgliedstaat zu orientieren. Maßnahmen zur Verbesserung der Versorgung eines Mitgliedstaats mit niedrigem Sicherheitsniveau sind gegebenenfalls auch dann zu treffen, wenn sich ein Forschritt nur unter Inkaufnahme von Einbußen in anderen Mitgliedstaaten einstellt.

– Die Zielvorgaben und ihr Verhältnis zueinander

Der Marktbegriff in Art. 194 Abs. 1 lit. a AEUV deckt sich mit der wirtschaftswissenschaftlichen Bedeutung des Wortes. Erfasst sind grundsätzlich alle Aspekte von Angebot und Nachfrage der verschiedenen Energiemärkte. Eine inhaltliche Beschränkung ergibt sich aus der Formulierung in der Einzahl („Energiemarkt“) nicht. Ein „funktionierender“ Energiemarkt ist ein transparenter Energiemarkt, auf dem Wettbewerb stattfindet und auf dem Externalitäten (insbesondere Umweltverschmutzungen) internalisiert werden. Das Funktionieren des Energiemarktes kann sich bei einem entsprechenden Angebot-Nachfrage-Verhältnis auch in hohen bzw. volatilen Energiepreisen äußern. Maßnahmen zur Gewährleistung niedriger oder stabiler Energiepreise fallen nicht unter den Auftrag aus Art. 194 Abs. 1 lit. a AEUV. Die Zuständigkeit zur Sicherstellung des Funktionierens des Energiemarkts gemäß dem Energieartikel ist gegenüber der allgemeinen Rechtsangleichungskompetenz speziell.

Die Gewährleistung der Energieversorgungssicherheit in der Union nach Art. 194 Abs. 1 lit. b AEUV bedeutet die ausreichende und zuverlässige Befriedigung der Nachfrage an Energie zu vertretbaren Preisen. Darunter fällt sowohl die Vermeidung von vorübergehenden Engpasssituationen und anderen Störungen mit zeitnaher Auswirkung (kurzfristige Energieversorgungssicherheit) als auch die dauerhafte Sicherstellung der mengenmäßigen Verfügbarkeit von Energie (langfristige Energieversorgungssicherheit). Die Energieversorgungssicherheit ist auch betroffen, wenn die Energie für den Verbraucher nicht mehr erschwinglich ist. Vom Tatbestand der Zielbestimmung umfasst ist schließlich die Gewährleistung der technischen Anlagensicherheit. Die Formulierung, dass die Energieversorgungssicherheit „in der Union“ zu gewährleisten ist, stellt keine Schranke für energieaußenpolitische Aktivitäten der Union dar. Soweit die Gewährleistung der Energieversorgungssicherheit Abkommen mit Drittstaaten erforderlich macht, was insbesondere im Bereich der langfristigen Energieversorgungssicherheit typischerweise der Fall ist, besteht – wie bei den anderen Zielen – eine über Art. 216 AEUV vermittelte Außenkompetenz. Die Maßnahmenkompetenz des Art. 122 Abs. 1 AEUV (Art. 100 Abs. 1 EG) ist in ihrem Anwendungsbereich, d.h. bei Rechtsakten zur Vorbeugung oder als Reaktion auf akute Versorgungskrisen, gegenüber der Ermächtigung des Energieartikels eine lex specialis. Für die Rechtsetzung auf der Grundlage von Art. 122 Abs. 1 AEUV gelten weder die energiepolitischen Schranken noch wird das Europäische Parlament beteiligt.

Der Tatbestand des Art. 194 Abs. 1 lit. c AEUV besteht aus drei Teilzielen, der Förderung der Energieeffizienz und -einsparungen, der Förderung der Entwicklung neuer Energien und der Förderung der Entwicklung erneuerbarer Energien. Bereits die alternative Qualifizierung einer Energie als „neu“ oder „erneuerbar“ löst das Förderungsziel des Art. 194 Abs. 1 lit. c AEUV aus. Die Förderung von Energieeffizienz und -einsparungen bildet demgegenüber ein einheitliches Teilziel und bezweckt, den Energieverbrauch in der Union insgesamt zu reduzieren. Neue Energiequellen sind solche, die Energie mit Hilfe einer Technologie nutzbar machen, die bisher nicht oder nur wenig verwendet wurde. Erfasst sind auch Umwandlungsprozesse, die nicht-erneuerbare Ressourcen wie fossile Brennstoffe oder Kernbrennstoffe als primärenergetische Grundlage nutzen. Erneuerbare Energiequellen sind solche, die nachhaltig genutzt werden können und die Nachteile der Nutzung fossiler Energieträger überwinden. Der Begriff der „Entwicklung“ neuer und erneuerbarer Energiequellen ist in einem weiten Sinne zu verstehen und umfasst die wissenschaftliche und technische Weiterentwicklung ebenso wie die Steigerung ihres tatsächlichen Einsatzes. Es besteht eine Spezialität gegenüber der Ermächtigung nach Art. 192 Abs. 1 AEUV (Art. 175 Abs. 1 EG). Soweit durch Maßnahmen zur Förderung der Teilziele des Art. 194 Abs. 1 lit. c AEUV eine erhebliche Berührung der in Art. 192 Abs. 2 lit. c AEUV (Art. 175 Abs. 2 lit. c EG) und Art. 194 Abs. 2 UAbs. 2 AEUV genannten Bereiche vorliegt, kann die Maßnahme nur einstimmig im Rahmen der Umweltkompetenz erlassen werden.

Das Ziel der Interkonnektion der Netze nach Art. 194 Abs. 1 lit. d AEUV bezweckt die Förderung des physischen Ausbaus der Elektrizitäts- und Gasnetze durch die Errichtung zusätzlicher Kuppelstellen zwischen bestehenden Netzen oder den Neubau von Leitungen. Vom Ziel erfasst wird auch der Ausbau von Verbindungen mit außerhalb der Union gelegenen Energienetzen. Die „Interoperabilität“, d.h. die technische Funktionsfähigkeit der Netze, fällt dagegen unter das Energiemarktziel aus Art. 194 Abs. 1 lit. a AEUV. Gegenüber den Vorschriften der TEN-E-Politik gem. Art. 174 ff. AEUV (Art. 154 ff. EG) besteht Spezialität.

Unter den Zielen des Art. 194 Abs. 1 lit. a-d AEUV bestehen vielfältige tatbestandliche Überschneidungen. Oftmals steigt bei der Verfolgung des einen

Ziels auch der Erreichungsgrad des anderen Ziels oder lässt diesen zumindest unberührt. Es kann jedoch auch zu der umgekehrten Situation kommen, dass sich die Verfolgung eines Ziels nur auf Kosten eines anderen Ziels erreichen lässt. In diesem Fall bleibt die Lösung der konfligierenden Ziele dem Ermessen der EU-Organe überlassen – aus dem Energieartikel oder den im Wege der Leitprinzipien transportierten Wertungen anderer Bestimmungen ergibt sich keine Priorisierung der einen oder anderen Zielbestimmung. Die energiepolitischen Endziele Versorgungssicherheit, Umweltverträglichkeit und Wettbewerbsfähigkeit werden durch den Energieartikel in gleicher Weise konkretisiert.

– Die Grenzen der Energiekompetenz

Art. 194 Abs. 2 UAbs. 2 AEUV enthält zwei eng auszulegende inhaltliche Grenzen der unionalen Energiekompetenz. Bei der Wahl eines Mitgliedstaats zwischen verschiedenen Energiequellen und der allgemeinen Struktur seiner Energieversorgung handelt es sich um eine einheitliche Schranke, wobei der Aspekt der Struktur der Energieversorgung den Aspekt der Wahl zwischen Energiequellen einschränkt und präzisiert. Die Grenze greift ein, wenn den Mitgliedstaaten durch einen Gesetzgebungsakt grundlegende Entscheidungsbefugnisse über die Zusammensetzung der primären Energieträger am nationalen Energiemix entzogen werden. Das Recht der Mitgliedstaaten, die Bedingungen für die Nutzung ihrer Energieressourcen zu bestimmen, ist einschlägig, wenn natürliche Vorkommen an Energierohstoffen der Kontrolle der Union unterworfen werden oder die mitgliedstaatliche Verfügungsbefugnis in anderer grundsätzlicher Art und Weise eingeschränkt wird.

Beide Schranken gelten nur im Rahmen des Energieartikels vorbehaltlos und werden als Ausnahmeregelungen nicht auf andere Kompetenzen übertragen. Bestimmungen über die Nutzung der Energieressourcen können im Falle von akuten Versorgungskrisen über Art. 122 Abs. 1 AEUV erlassen werden. Dass die Wahl eines Mitgliedstaats zwischen verschiedenen Energiequellen und der allgemeinen Struktur der Energieversorgung unter der Voraussetzung einer einstimmigen Beschlussfassung im Rat auf der Grundlage der Umweltkompetenz überwindbar ist, ordnet die Unbeschadetheitsklausel des Art. 194 Abs. 2 UAbs. 2 AEUV an. Die Verweisung auf die Umweltkompetenz hat außerdem zur Konsequenz, dass das Einstimmigkeitserfordernis in Art. 192 Abs. 2 lit. c AEUV (Art. 175 Abs. 2 lit. c EG) trotz scheinbar abweichender Anforderungen des Wortlauts unter denselben Bedingungen einschlägig sein muss, wie die entsprechende Schranke des Energieartikels.

Anhang

– Anhang I

Der Kommissionsentwurf eines Energiekompetenztitels aus dem Jahr 1990 (Bulletin der EG, Beilage 2/91, S. 151 f.)

Artikel 1

Die Ziele des Vertrags werden, was den von diesem Titel geregelten Bereich anbelangt, im Rahmen einer gemeinsamen Energiepolitik verfolgt.

Die gemeinsame Energiepolitik wird mit den im Rahmen des EGKS- und des Euratom-Vertrags verfolgten Politiken eng koordiniert.

Artikel 2

Die gemeinsame Energiepolitik bezweckt,

a) die Sicherheit der Versorgung der gesamten Union unter wirtschaftlich befriedigenden Bedingungen zu gewährleisten;

b) zur Stabilität der Energiemärkte beizutragen;

c) die Verwirklichung des Binnenmarktes im Energiebereich sicherzustellen;

d) für jeden Energieträger die in Krisenzeiten zu treffenden Maßnahmen zu definieren;

e) die sparsame Energieverwendung sowie den Einsatz neuer und erneuerbarerer Energiequellen zu fördern.

Sie soll ein hohes Schutzniveau sowohl hinsichtlich der Umwelt als auch der Gesundheit und der Sicherheit gewährleisten.

Artikel 3

Die zur Erreichung der in Artikel 2 genannten Ziele erforderlichen Maßnahmen erhalten Gesetzesform und werden vom Europäischen Parlament und vom Rat gemeinsam auf Vorschlag der Kommission und nach Anhörung des Wirtschafts- und Sozialausschusses verabschiedet. Die eventuell notwendigen gemeinschaftlichen Forschungsanstrengungen werden im Rahmen der Bestimmungen von Artikel 130 f und 130 q geleistet.

Artikel 4

1. Die Vorschriften des Artikels 85 Absatz 1 können auf jede Vereinbarung im Energiebereich für unanwendbar erklärt werden, die dazu beiträgt, die Versorgungssicherheit der Union zu gewährleisten, soweit die damit verbundenen Beschränkungen zur Erreichung dieses Ziels unerlässlich sind und es den jeweiligen Unternehmen nicht ermöglichen, den Wettbewerb für einen wesentlichen Teil der betreffenden Erzeugnisse auszuschalten.

2. Als mit dem Gemeinsamen Markt vereinbar angesehen werden können die in Artikel 92 Absatz 1 genannten Beihilfen, die effektiv dazu beitragen, die Versorgungssicherheit der Union zu gewährleisten, sofern sie das Funktionieren des Binnenmarktes im Energiebereich nicht in einer dem gemeinsamen Interesse zuwiderlaufenden Weise beeinträchtigen.

– Anhang II

Der Energieartikel im Vorentwurf des Konvents
(CONV 725/03, S. 91)

Artikel III-152 (neu)

(1) Die Energiepolitik der Union hat im Rahmen der Verwirklichung des Binnenmarktes und unter Berücksichtigung der Erfordernisse der Erhaltung und der Verbesserung der Umwelt folgende Ziele:

a) Sicherstellung des Funktionierens des Energiemarktes,

b) Gewährleistung der Energieversorgungssicherheit in der Union und

c) Förderung der Energieeffizienz und von Energieeinsparungen sowie Entwicklung neuer und erneuerbarer Energiequellen.

(2) Die für die Erreichung der in Absatz 1 genannten Ziele erforderlichen Maßnahmen werden durch Europäische Gesetze oder Rahmengesetze festgelegt. Diese werden nach Anhörung des Ausschusses der Regionen sowie des Wirtschafts- und Sozialausschusses erlassen.

Die Gesetze oder Rahmengesetze berühren nicht die Wahl eines Mitgliedstaats zwischen verschiedenen Energiequellen und die allgemeine Struktur seiner Energieversorgung. Derartige Maßnahmen werden gemäß Artikel [ex 175 Absatz 2 Buchstabe c] erlassen.

– Anhang III

Der Energieartikel im endgültigen Entwurf des Konvents
(CONV 850/03, S. 131)

Artikel III-157

(1) Die Energiepolitik der Union hat im Rahmen der Verwirklichung des Binnenmarkts und unter Berücksichtigung der Erfordernisse der Erhaltung und der Verbesserung der Umwelt folgende Ziele:

a) Sicherstellung des Funktionierens des Energiemarkts,

b) Gewährleistung der Energieversorgungssicherheit in der Union und

c) Förderung der Energieeffizienz und von Energieeinsparungen sowie Entwicklung neuer und erneuerbarer Energiequellen.

(2) Die für die Erreichung der in Absatz 1 genannten Ziele erforderlichen Maßnahmen werden durch Europäische Gesetze oder Rahmengesetze festgelegt. Diese werden nach Anhörung des Ausschusses der Regionen sowie des Wirtschafts- und Sozialausschusses erlassen.

Diese Gesetze oder Rahmengesetze berühren unbeschadet des Artikels III-130 Absatz 2 Buchstabe c nicht die Wahl eines Mitgliedstaats zwischen verschiedenen Energiequellen und die allgemeine Struktur seiner Energieversorgung.

– Anhang IV

Der Energieartikel im EU-Verfassungsvertrag
(ABl. 2004, Nr. C 310, S. 112)

ARTIKEL III-256

(1) Die Energiepolitik der Union hat im Rahmen der Verwirklichung oder des Funktionierens des Binnenmarkts und unter Berücksichtigung der Erfordernisse der Erhaltung und der Verbesserung der Umwelt folgende Ziele:

a) Sicherstellung des Funktionierens des Energiemarkts,

b) Gewährleistung der Energieversorgungssicherheit in der Union und

c) Förderung der Energieeffizienz und von Energieeinsparungen sowie Entwicklung neuer und erneuerbarer Energiequellen.

(2) Unbeschadet der Anwendung anderer Bestimmungen der Verfassung werden die Maßnahmen, die erforderlich sind, um die Ziele des Absatzes 1 zu verwirklichen, durch Europäisches Gesetz oder Rahmengesetz festgelegt. Es wird nach Anhörung des Ausschusses der Regionen sowie des Wirtschafts- und Sozialausschusses erlassen.

Das Europäische Gesetz oder Rahmengesetz berührt unbeschadet des Artikels III-234 Absatz 2 Buchstabe c nicht das Recht eines Mitgliedstaats, die Bedingungen für die Nutzung seiner Energieressourcen, seine Wahl zwischen verschiedenen Energiequellen und die allgemeine Struktur seiner Energieversorgung zu bestimmen.

(3) Abweichend von Absatz 2 werden die darin genannten Maßnahmen durch Europäisches Gesetz oder Rahmengesetz des Rates festgelegt, wenn sie überwiegend steuerlicher Art sind. Der Rat beschließt einstimmig nach Anhörung des Europäischen Parlaments.

– Anhang V

Der Energieartikel im Vertrag von Lissabon
(ABl. 2008, Nr. C 115, S. 134 f.)

Art. 194 AEUV

(1) Die Energiepolitik der Union verfolgt im Geiste der Solidarität zwischen den Mitgliedstaaten im Rahmen der Verwirklichung oder des Funktionierens des Binnenmarkts und unter Berücksichtigung der Notwendigkeit der Erhaltung und Verbesserung der Umwelt folgende Ziele:

a) Sicherstellung des Funktionierens des Energiemarkts;

b) Gewährleistung der Energieversorgungssicherheit in der Union;

c) Förderung der Energieeffizienz und von Energieeinsparungen sowie Entwicklung neuer und erneuerbarer Energiequellen und

d) Förderung der Interkonnektion der Energienetze.

(2) Unbeschadet der Anwendung anderer Bestimmungen der Verträge erlassen das Europäische Parlament und der Rat gemäß dem ordentlichen Gesetzgebungsverfahren die Maßnahmen, die erforderlich sind, um die Ziele nach Absatz 1 zu verwirklichen. Der Erlass dieser Maßnahmen erfolgt nach Anhörung des Wirtschafts- und Sozialausschusses und des Ausschusses der Regionen.

Diese Maßnahmen berühren unbeschadet des Artikels 175 Absatz 2 Buchstabe c nicht das Recht eines Mitgliedstaats, die Bedingungen für die Nutzung seiner Energieressourcen, seine Wahl zwischen verschiedenen Energiequellen und die allgemeine Struktur seiner Energieversorgung zu bestimmen.

(3) Abweichend von Absatz 2 erlässt der Rat die darin genannten Maßnahmen gemäß einem besonderen Gesetzgebungsverfahren einstimmig nach Anhörung des Europäischen Parlaments, wenn sie überwiegend steuerlicher Art sind.

Studien zum deutschen und europäischen Gesellschafts- und Wirtschaftsrecht

Herausgegeben von Ulrich Ehricke

Band 1 Detlef Laub: Die Nachgründung nach § 52 AktG als kapitalerhaltende Norm. Auswirkungen auf den Tatbestand und seine Anwendung nach dem Umwandlungsgesetz (UmwG). 2004.

Band 2 Michael Silvio Kusche: Die aktienrechtliche Zulässigkeit der Durchführung einer Due Diligence anlässlich eines Unternehmenskaufes. Mit Due Diligence-Checkliste für die Zielgesellschaft. 2005.

Band 3 Thomas Stephan Oldemanns: Vorratsgründung und Mantelverwendung – Alternativmöglichkeiten zum gesetzlichen Gründungsverfahren? 2005.

Band 4 Gunnar Isenberg: Die Geschäftsordnung für die Organe der Aktiengesellschaft. 2005.

Band 5 Anette Gärtner: Die Umsetzung der Verbrauchsgüterkaufrichtlinie in Deutschland und Großbritannien. 2006.

Band 6 Tobias Teufer: Alternative Beilegung privater Wettbewerbsstreitigkeiten. Kartellmediation, Kartellschiedsgerichtsbarkeit und Wettbewerbsvergleich im Spannungsfeld zwischen Privatautonomie und staatlicher Regelung. 2006.

Band 7 Axel Godron: Das Weisungsrecht des Franchisegebers unter besonderer Berücksichtigung eines Konzerncharakters von Franchisesystemen. 2006.

Band 8 Nadin Pia Sondermann: Die kartellrechtliche Beurteilung von Unterkostenpreisen marktmächtiger Unternehmen auf europäischer Ebene, im Vereinigten Königreich und in Deutschland. 2007.

Band 9 Anne Maria Arnold: Die erbrechtliche Nachfolge in der Partnerschaftsgesellschaft. Unter besonderer Berücksichtigung berufsrechtlicher Implikationen. 2006.

Band 10 Tobias Felix D. Plath: Das Lebensversicherungsunternehmen in der Insolvenz. Unter besonderer Berücksichtigung des Gesetzes zur Umsetzung aufsichtsrechtlicher Bestimmungen zur Sanierung und Liquidation von Versicherungsunternehmen und Kreditinstituten vom 10. Dezember 2003. 2007.

Band 11 Philipp Jansen: Ungeschriebene Zuständigkeiten der Hauptversammlung bei der Sanierung der Aktiengesellschaft. 2007.

Band 12 Michael Wangemann: Finanzielle Anreize zur Steigerung der Hauptversammlungspräsenz in der Aktiengesellschaft. 2008.

Band 13 Guido Eusani: Die Erfassung verdeckter Vermögensverlagerungen im Rahmen eines bilanzgestützten Kapitalschutzes bei der GmbH de lege lata et ferenda. Eine Untersuchung unter besonderer Berücksichtigung des Cash Poolings im faktischen GmbH-Konzern sowie des Regierungsentwurfs eines Gesetzes zur Modernisierung des GmbH-Rechts und zur Bekämpfung von Missbräuchen (MoMiG). 2008.

Band 14 Mine Elfi Reimnitz: Der neue Wettbewerbliche Dialog. Eine Alternative zum Verhandlungsverfahren unter Berücksichtigung von Public Private Partnership-Modellen. 2009.

Band 15 Cathérine Hinger: Die Bauunternehmerinsolvenz. Die Sicherungs- und Vertragslösungsrechte zum Schutz der Vermögensinteressen des privaten Auftraggebers im Kontext von § 103 InsO. 2010.

Band 16 Daniel Hackländer: Die allgemeine Energiekompetenz im Primärrecht der Europäischen Union. Eine Analyse des Artikels 194 des Vertrags über die Arbeitsweise der Europäischen Union in der Fassung des Vertrags von Lissabon unter Berücksichtigung der historischen Entwicklung der Energiekompetenz. 2010.

www.peterlang.de